정세청세

정의로운
세상을 꿈꾸는
청소년,
세계와 소통하다

정의로운
세상을 꿈꾸는
청소년,
세계와 소통하다

정세청세

인디고 아이들이 쓰고 윤한결 · 이윤영이 엮다

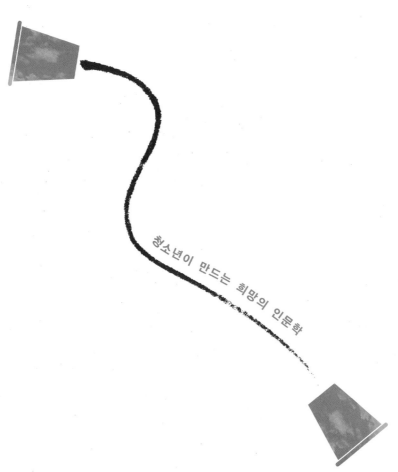

청소년이 만드는 희망의 인문학

궁리
KungRee

여는 글

혁명은 인간과 인간, 인간과 사회의 기본적인 관계에 변화를 가져오는 새로운 가치관을 전하는 것이다. 혁명은 사회악을 무너뜨리는 단순한 개혁활동이 아니고, 형식과 제도를 단순히 변경하는 것도 아니며, 사회복지를 재분배하는 것만도 아니다. 혁명은 이 모든 것이고, 또한 그 이상의 것이다. 무엇보다도 혁명은 가치관을 재평가하여 '새로운' 가치관을 전달하는 것이다. 혁명은 인간에게 삶의 새로운 의미를 불어넣고, 사회적 관계에서 그 새로운 의미가 발현되도록 독려하는 새로운 윤리의 훌륭한 교사이다. (……) 혁명은 정신적·영적 재생을 가져오는 것이다.
- 엠마 골드만

달빛이 물고기처럼 첨벙거리는 밤바다를 보고 있으면 어느 샌가 영혼은 금빛 물고기가 되어 시간의 바다를 건너 어릴적 매순간이 새로웠고 온 세상이 신비했던 시간들에 가닿습니다. 꿈만 같던 그 시간들의 물결을 타고 흘러 흘러 어느 샌가 도착한 곳은 어른들이 말하는 현실, 열심히 노력해서 다른 사람들과의 경쟁에서 이기지 않으면 살아남지 못한다는 현실의 급류. 그러나 숨 가쁘게, 숨 가쁘게 헤엄쳐 가다 문득 멈춰서서 주위를 둘러보면 여전히 밤바다는

5

깊고 푸르고 잔잔하기만 한데 급류라고 생각했던 그 격한 거품들은 그 바다 위에서 열심히 발버둥치던 우리들이 만들어낸 작고 얕은 물결에 불과한 것이었는데, 어른들이 만들어낸 그 작고 얕은 현실에 왜 우리들은 이토록 아름다운 바다를 함께 자유롭게 헤엄치지 못하고 서로 할퀴고 상처주며 고통받아야 하는지 눈물이 났습니다. 서로가 발버둥치면 물결은 더욱 거세어져서 모두가 갈수록 더 힘들어질 뿐인데, 여기서 벗어나는 길은 남보다 빨리 나아가 그곳을 벗어나는 것이 아니라 다 같이 함께 손잡고 조금 더 느리게, 조금 더 존엄하게 헤엄치는 것뿐인데, 나 혼자만의 작은 목소리로는 도저히 그런 변화를 일으킬 수 없으리라는 무력감에 가슴이 먹먹해지기도 했습니다. 슬픔의 눈물, 답답한 가슴조차도 거품에 가려 아무도 알아주지 않는 그 현실이 너무 야속해 '그냥 조금 힘들더라도 남들과 똑같이 열심히 발버둥치며 사는 것이 혼자서 슬픈 것보다 덜 고통스럽지 않을까?' 라는 생각을 하며 모든 것을 포기하고 체념하려는 그 순간, 황금빛 물고기 한 마리가 다가와 용기 있는 목소리로 "왜 잘못된 걸 알면서도 그것을 외치지 않지?"라고 말해주었습니다.

정의와 순수를 꿈꾸는 청소년들이 글로 자신의 목소리를 용기 있게 외칠 수 있는 장場, '청소년이 직접 만드는 인문 교양지 《인디고잉INDIGO+ing》'은 이렇게 탄생되었습니다. 많은 청소년들이 《인디고잉》 기자로 활동하면서 세계와 소통해왔고 저 또한 그 기자들 중 한 명으로 활동하고 있습니다. 기자를 대표하는 것은 아니지만 《인디고잉》 기자로 활동하면서 제가 배우고 느낀 것을 말해볼까 합니다. 아마 많은 기자들이 저와 비슷한 것을 배우거나 느꼈을 것이고 우리는 실제로 서로 이런 것에 대해 이야기했기 때문입니다. 첫째로 느낀 것은 정직한 글을 쓰는 것이 어렵다는 것이었습니다. 일상에서 항상 깨어 있는 자세로 치열하게 생각하고 느껴서 마음속에서 우러나오는 뜨거운 열정으로 글을 쓰지 않으면 언제나 손은 거짓말을 쓰기 일쑤였습니다. 그래서 저는 언젠가부터 정직한 글이 안 써질 때면 치열하지 못했던 제 삶의 태도를 반성하게 되었습니다. 둘째로는 치열하게 생각하고 느껴서 정직한 글을 쓴다고 해도 그것을 다른 사람에게 보여주기가 쉽지 않다는 것이었습니다. 내 진심을 담아 쓴 글임에도 불구하고 어떤 순간에는 다른 사람들에게 자신 있게 보여주기가 조금 부끄럽게 느껴지기도 했습니다. 그러나 이것 역시 평소 제 삶이, 제가 다른 사람을 대하는 태도가 진실하지 못함을 반증하는 것이었습니다. 이러한 인식은 글만 정직하게 쓸게 아니라 평소 다른 사람과 대화를 할 때도 내 존재의 무게를 실어 정직하고 진실하게 소통하려는 노력을 해야겠다는 반성으로 이어졌습니다. 세 번째는 저와 다른 기자들이 《인디고잉》을 통해 쓴 글을 누군가 읽고 그 사람의 삶이 조금이라도 변화했으면 좋겠다는 바람과, 실제로 변화시키고 있을 것이라는 희망이었습니다. 《인디고잉》 기자로서 활동하는 이유는 단순히 내가 하고 싶은 말을 주장하기 위해서가 아니라 나의 진심이 담긴 말이 다른 사람의 가슴에 작은 진동을 일으켜 그 사람의 생각과 삶이 조금이라도 변하기를, 또 그 사람도 자신의 치열한 삶속에서 우러나온 진실한 마음을 표현하기를, 그리하여 많은 사람들이 서로 소통하며 서로를 변화시켜 더 아름다운 세상을 만들어가기를 꿈꾸기 때문입니다.

그러나 소통 면에서 분명 지면이 가지는 한계도 있었습니다. 글로 마음을 다 표현해내지 못하는 경우도 있었고 얼굴을 직접 보고 이야기하는 것이 아니기 때문에 어떨 땐 일방적인 소통이 되어버리기도 했습니다. 물론 기자들이 이런 한계를 극복하기 위해 부단히 반성하고 노력하고 있지만 또 다른 방편으로 소통의 움직임을 확장시키기 위해서 저를 비롯한 인디고 서원의 청소년들은 '정의로운 세상을 꿈꾸는 청소년, 세계와 소통하다^{정세청세}'라는 청소년 토론의 장을 만들었습니다. 우리가 스스로 이런 소통의 장이 필요함을 절실히 느꼈기에 우리 스스로 행사를 기획하고 진행하였습니다. 2007년부터 시작된

이 행사는 지난 2007년, 2008년 동안 연 8회씩 총 16회를 부산에서 진행하였으며 총 1천 2백여 명의 청소년들이 참여하여 서로의 꿈을 나누고 정의로운 세상을 만들기 위해 무엇을 할 수 있을지 이야기하고 자기 삶에서부터 변화를 약속하였습니다.

그리고 올해부턴 소통의 장을 넓혀서 정세청세가 대구, 부산, 서울, 순천, 울산, 전주, 전국 6개 도시에서 동시에 열립니다. 총 여덟 번 진행될 정세청세의 각 회별 주제는 청소년 기획팀의 회의를 통해 '선택하기-자유, 의심하기-진실, 실천하기-신념, 저항하기-용기, 공감하기-평등, 소통하기-공생, 창조하기-희망, 사랑하기-정의'로 정해졌습니다. 각 회마다 우리가 삶에서 실천해야 할 실천강령과 그 실천이 추구하는 가치를 짝지은 것입니다. 전국에서 정의로운 청소년들이 이러한 우리 삶의 본질적인 가치들에 대해 진지하게 고민하고 서로 소통한다는 것은 생각만 해도 꿈같은 일입니다. 처음 인용한 엠마 골드만의 말처럼 혁명이 "가치관을 재평가하여 '새로운' 가치관을 전달하는 것"이라면 저는 청소년들의 이 진실한 소통이야말로 그 자체로서 혁명임을 믿습니다.

이 책의 차례는 올해 치러질 정세청세의 8개 주제로 정했습니다. 각 부마다 그 주제를 잘 설명할 수 있는 《인디고잉》의 기사들을 골라 내용을 엮었습니다. 이 책이 이 땅의 정의로운 세상을 꿈꾸는 사람들을 위한 소통의 도구가 되어 본질적인 삶을 위한 혁명에 기여할 수 있었으면 좋겠습니다.

2009년 3월
인디고 서원에서
윤한결

Freedom

1부

선택하기
: 자유

우리는 매순간 선택의 기로에 섭니다. 살아가는 데 선택에서 결코 자유로울 수 없지요. 왜냐하면 만약 누군가가 "나는 선택을 하지 않겠다"라고 하더라도 그 사람은 결국 '선택하지 않는 것'을 선택한 것이기 때문입니다. 이렇듯 우리는 선택으로부터 자유로울 수는 없지만, 수많은 선택의 갈래 중에서 무엇을 선택할 것인지에 대한 자유는 전적으로 우리 자신에게 주어져 있습니다. 이렇게 말하면 "나에게는 선택의 자유조차 없어. 다른 사람들 또는 내가 속한 사회의 강요에 의해 내가 선택하기 싫은 것을 어쩔 수 없이 선택해야 할 때도 많은 걸"이라고 말하는 사람이 있을지도 모르겠습니다. 하지만 이렇게 말하는 사람도 결국은 자기가 진정으로 원하는 것을 포기하고 다른 사람이나 사회의 강요에 복종하기를 자기 스스로 선택한 것이라고 할 수 있습니다. 우리는 살면서 자유롭지 못하다고 또는 행복하지 못하다고 불평할 때가 많습니다. 하지만 그것 역시 우리가 선택한 것은 아닐까요?

선택들의 연속과 그로 인한 행위의 결과가 곧 우리의 삶이며, 그러한 우리의 삶이 모여 서로에게 영향을 주며 만들어나가는 것이 바로 우리가 살고 있는 이 세상입니다. 그렇기에 '내가 삶의 순간마다 어떤 선택을 할 것인가' 하는 문제는 결국 '나는 어떤 삶을 살 것인가?', '나는 어떤 세상을 만들어갈 것인가?'라는 문제이며 이는 결국 '나에게 가장 소중한 것은 무엇인가?'라는 가치의 물음으로 연결됩니다. 1부에서는 이러한 물음들에 대하여 함께 이야기해보고 싶습니다.

소통과 자유

참여 ▪ 《인디고잉》 기자들 │ **정리** ▪ 신동진

사람이 살면서 자유롭다고 느끼는 경우가 얼마나 될까요? 저는 자유롭다고 느낀 적이 별로 없습니다. 어렸을 때는 부모님께 구속받고, 조금씩 커가면서 주위의 환경에 구속받기 시작합니다. 학교 선생님들, 사회제도 등 많은 것이 우리를 구속하고 우리는 언제나 그 구속에서 탈출하려고 합니다. 우리는 그 탈출을 자유라고 부르기도 합니다. 그런데 과연 '탈출'이 '자유'가 될 수 있을까요? 우리는 교육제도 안에서 탈출하려고 하지만 그 다음에 우리는 무엇이 되는 것일까요? 자유로운 몸이 될 수 있을까요? 이 질문에 대해서는 답을 할 수가 없었습니다. '탈출'을 시도한 적이 없기 때문입니다. 점점 더 커져가는 의문들, 늘어가는 질문들. 결국 저는 한 가지 궁극적인 물음에 도달하게 되었습니다. 과연 자유란 무엇일까요?

　그러던 중 생각난 것이 장자와 니체입니다. 장자와 니체는 자유에 대해 깊게 사유했던 사람들입니다. 예를 들자면 장자는 공동체의 자유와 소통을 중요시했고 니체는 개인적인 자유를 중요시했습니다. 장자와 니체에 관한 책을 읽으면서 자유를 고민하던 저는 혼자서는 답을 내릴 수 없다고 생각하여 '우리가 추구해야 하는 진정한 자유란 무엇인가?'를 주제로 토론을 해보고 싶었습니다.

자신의 삶을 완성하기 위해 적극적으로 사는 사람 :

흔히 우리는 자유주의 시대에 살고 있다고 말합니다. 그만큼 우리에게 많은 자유가 있다는 말이지요. 그런데 우리는 많은 자유들 중 우리가 추구해야 할 자유가 무엇인지 모릅니다. 이 혼란스러운 상황에서 우리가 살펴봐야 할 인물이 장자와 니체라고 생각하는데요. 이들의 사상에서 우리는 우리에게 필요한 진정한 자유를 찾을 수 있을까요? 니체와 장자는 자유에 대해 어떻게 생각했나요?

정연주 ★ 니체는 자유란 우리를 둘러싸고 있는 사회규범들로부터 자유로워지는 것이라고 생각했습니다. 구체적으로 말하자면 니체가 추구했던 개념 중 위버멘쉬라는 개념이 있는데, 이 위버멘쉬란 인간을 인간이게 하는 많은 규정들과 우리의 정체성을 구성하는 규정으로부터 벗어나는 것을 의미합니다. 니체가 생각했던 자유는 이 위버멘쉬라는 개념을 통해 이해될 수 있습니다. 이 위버멘쉬는 자신의 몸에 있는 많은 자아들이 자신의 몸을 차지하기 위해 다투면서 생긴다고 합니다.

위버멘쉬라는 생소한 개념을 처음 접한 저는 집에 와서 다시 이것을 검색해 보았습니다. 정연주 기자의 설명에 조금 덧붙이자면 위버멘쉬란 지성보다는 본능, 합리보다는 의지, 이성보다는 정열, 사고보다는 육체를 존중할 줄 아는 의지의 인간을 뜻한다고 합니다. 즉, 자신의 완성된 삶을 위해 적극적으로 사는 사람을 이야기합니다. 과연 니체의 말대로 자신의 삶을 위해서 적극적으로 사는 사람이 자유로운 사람일까요?

타자와의 연대를 통한 진정한 자유 :

윤한결 ★ 저는 장자를 읽으면서 절대적인 이념들로부터 자유로워지고자 한다는 점에서 장자의 자유에 대한 생각이 니체와 비슷하다고 생각했습니다. 그렇지만 저는 장자가 니체의 철학에서 한 발자국 더 나아간 것이라고 생각합니다. 장자 철학의 슬로건은 소통疏通인데 소疏는 막힌 것을 터버린다는 개념이고 통通은 타자와 연결한다는 개념입니다. 이 '통' 이라는 개념이 니체의 철학에서 부족한 부분이라고 생각합니다.

정연주 ★ 니체도 자유가 찾아온 다음 어떻게 해야 할지 이야기하고 있습니다. 그 이야기를 읽어보겠습니다. "첫 번째 동물은 낙타다. 그의 희생은 정말 그의 착한 마음씨에서 온 것인가. 혹시 희생이라 부를 수밖에 없을 정도로 자기 삶을 고된 것으로 만들어놓은 것은 그가 아닐까. 자기 스스로가 삶을 '견뎌야 할' 고통으로 만들어놓고 '삶이란 고된 것이다' 라는 말을 진리라고 믿고 있는 건 아닌가. 두 번째 동물은 사자다. 이 동물에겐 자유를 향한 열망이 있다. 언젠가 나는 사자가 '황금빛 비늘' 을 가진 용과 대적하는 것을 보았다. 사자는 몰랐지만 사실 그 용은 신이 위장한 모습이었다. 용이 말했다. '너는 해야만 한다'. 용은 사자에게 의무나 당위에 대해 말한 것이다. 용의 목소리는 도덕의 목소리이고 법의 목소리이고, 관습이나 제도의 목소리이다. 그때 사자는 으르렁거리며 이렇게 외쳤다. '나는 하고 싶다' , '나를 내버려두라. 나는 그 누구의 명령도 받고 싶지 않다. 나는 자유를 원한다.' , '형제들이여, 자유를 얻으려면, 그리고 의무에 대해서도 신성한 '아니오' 를 말할 수 있으려면 우선 사자가 되어야 한다." 결국 그는 용에게 '나는 싫다' 고 반항했지만 그러고 나서 무엇을 할 수 있을지는 말하지 못했습니다. 그는 자신이 싫어하는 것만을 알고 있었을 뿐 좋아하는 것에 대해선 많이 알고 있지 못했습니다. 용으로부터 자유를 찾아왔다고 해도 그는 그것을 어떻게 써야 하는지를 몰랐습니다. 아이들이 정신의 세 번째 단계입니다. 도덕이나 법률, 제도는 아이의 행동을 심판할 수 없습니다. 아이는 천진난만하게 웃을 뿐입니다. 어린아이에게는 양심의 가책이 없습니다. 그는 비도덕적 존재입니다. 그것은 그가 악한 존재라는 의미에서가 아니라 도덕을 필요로 하지 않고 도덕을 갖고 있지도 않다는 의미에서 그렇습니다. "그렇다, 형제들이여, 창조의 놀이에는 아이의 신성한 긍정이 필요하다. 아이에 이르러서야 정신은 자기 자신의 의지를 의욕하며, 세계를 상실한 자는 자신의 세계를 되찾는다. 세 단계로 나뉘는 유형은 각각 자유를 얻기 전, 자유만 얻은 후, 그리고 자신이 원하는 것을 아는 단계이다." 니체는 즉 자유를 얻은 후 그것을 자신이 원하는 방향으로 써야 한다는 것을 말하고 있습니다.

장자와 니체의 자유 :

이윤영 ★ 저는 니체와 장자의 자유가 다르다고 생각합니다. 니체에 대해 읽을 때 떠올랐던 것이 『소유냐 존재냐』 속에 나타난 개념입니다. 우리는 자유라는 것에 대해 억압된 어떤 힘에서 벗어나는 것을 생각하는데 그것이 방금 말한 사자라고 할 수 있습니다. 자기가 뭘 해야 할지 모르는 것입니다. 이것을 어떻게 표현하느냐면 '낡은 형태의 권위와 속박으로부터 벗어나는 것을 자유라고 생각하지만 내부적 요소, 즉 나만의 생각이 결여된 것은 잘 모른다'는 것입니다. 그런 의미에서 니체의 자유는 자신의 생각을 유지하는 것이라면 장자는 편견에서 벗어나는 것을 의미한다고 말할 수 있습니다. 저는 이 점을 유의해야 한다고 생각합니다. 학교, 국가에서만 벗어나는 것을 자유라고 생각하고 자신을 찾는 것을 자유라고 생각하지 않아 자신을 잃어버릴 수 있는 위험이 있기 때문입니다. 그런 의미에서 장자의 자유는 많은 사람들의 자유를 인정할 줄 알고 소통할 줄 알지만 어떠한 굴레에서 벗어나지 못하는 것 같고, 니체는 그 굴레에서 빠져나갈 수 있는 해법을 제시하는 것 같습니다. 그래서 장자의 자유와 니체의 자유는 이질적인 것 같으면서도 상호보완적이기도 한 것 같습니다.

자유를 얻은 뒤, 우리는 무엇을 해야 할까?

이러한 장자와 니체의 이야기는 단지 자유에만 국한되는 이야기일까요? 우리나라는 광복 이후 민주주의 발전을 위해 부단히 노력했습니다. 독재정권에서의 해방과 공정한 선거 등을 위해 많은 사람들이 희생하기도 했습니다. 그런데 우리는 아직도 완전한 민주주의를 갖추지 못했습니다. 그 이유는 어디에 있을까요? 이 문제 또한 장자의 이야기로 설명될 수 있습니다.

> **윤한결 ★** 장자의 자유는 자유를 구속하는 것에 대한 해방이라고 할 수 있는데 진정한 자유는 자유를 얻은 다음 주체적으로 자신이 뭔가를 찾아내는 것이라고 생각합니다. 이 개념은 우리나라의 민주주의에 연관시킬 수 있는 것 같은데요, 우리나라의 민주주의가 독재정권에서 해방되고 나서 민주주의를 연구하지도 민주주의의 방향을 찾지도 않고, 해방의 과정이 자연스럽게 민주주의가 된다고 생각했던 것이 자유를 얻은 다음 주체적으로 자기 자신에 대해 연구하지 않은 구체적인 예라고 생각합니다.

그렇습니다. 우리나라의 민주주의가 더 이상 전진을 하지 못하고 제자리걸음을 하는 이유가 바로 우리가 자유를 잘못 누리고 있기 때문입니다. 민주주의는 저절로 찾아오는 것이 아니라 끊임없이 노력해야 비로소 완성되는 것입니다. 그러나 우리는 그것을 간과하고 단지 자유를 얻었다는 이유로 더 이상 민주주의를 연구하지 않고 발전시키지 않았습니다. 때문에 지금 우리의 민주주의는 불완전한 상태입니다. 여기에 이윤영 기자가 자신의 생각을 덧붙였습니다.

> **이윤영** ★ 저도 그런 생각을 한 적이 있습니다. 우리가 민주주의를 이뤘을 때 그 민주주의가 결함을 가질 수밖에 없었던 이유가 어떤 눈에 보이는 구속에서만 벗어나는 것을 자유라고 생각했기 때문이 아닐까요? 또 시대상황에 휩쓸려 민주주의 운동을 너무 성급하게 진행하지 않았나 생각합니다. 저는 우리가 그런 운동을 동경만 해서는 안 된다고 봅니다. 우리가 이렇게 장자와 니체의 철학을 들고 와서 우리 삶에 적용시켜야 하는 이유는 무엇이 우리의 진짜 자유인가에 대해 생각해야 하기 때문입니다. 그리고 그 자유를 넘어섰을 때 우리가 무엇을 할 수 있는지에 대해 생각하는 것이 장자와 니체가 우리에게 가르쳐주는 것이라고 생각합니다.

진정한 자유를 위한 노력 :

이미 우리는 장자와 니체에게서 많은 것을 얻을 수 있다는 것을 깨달았습니다. 문제는 이제 그 깨달음들을 어떻게 우리 삶으로 가져오느냐입니다.

사실 이제까지 제대로 된 자유를 누리지 못한 제가 니체와 장자의 철학을 단숨에 제 삶으로 가져와 진정한 자유를 누릴 수 있다는 것은 말도 안 되는 것이었습니다. 그러나 조금씩 노력한다면 그것은 분명히 가능한 일입니다. 하지만 저는 알 수 있었습니다. 짧은 대답만큼 진정한 자유에 이르는 길이 쉽지만은 않다는 걸 말입니다. 또 이 길을 헤쳐가기 위해서는 장자가 말한 편견을 버리는 것이 필요하다고 생각했습니다.

니체가 추구하던 자유, 장자가 추구하던 자유 둘 중 어느 것이 더 낫다고 말할 수 없습니다. 또 둘 중 어느 것을 우리가 추구해야 한다고도 말할 수 없습니다. 우리는 우리 삶에 맞는 자유를 추구해야 하기 때문입니다. 그것은 다양한 형태로 실현될 수도 있습니다. 다만 중요한 것은 우리가 진정한 자유를 위해서 노력한다는 것이고 그 과정에서 우리는 많은 것을 발견하고 실천할 수 있다는 것입니다.

좋은 시민이 되는 15가지 방법

정리 ▪ 정유리

안녕하세요? 저희는《인디고잉》기자회의 시간에 '좋은 시민이 되는 15가지 방법'을 큰소리로 읽고 발표했습니다. 아래 15가지 방법 중 각자 필요하다고 생각하는 것을 한 가지씩 고르고, 또 나뿐만 아니라 사회 전체에 중요하다고 생각하는 것을 한 가지 골라 이유와 사례를 들어보았습니다. 여러분도 함께 고민해주세요.

✚ 좋은 시민이 되는 15가지 방법

1 │ 선택한다는 것

2 │ 수락한다는 것

3 │ 거절한다는 것

4 │ 지켜야 한다는 것(법, 규칙 등등)

5 │ 관용한다는 것

6 │ 저항한다는 것

7 │ 뛰어든다는 것(위급한 상황에서 발 벗고 나설 수 있는 것)

참여하는 것, 관용한다는 것 :

허혜령 ★ 저는 개인적으로 '참여하는 것'이 가장 필요하다고 생각합니다. 국가란 시민에 의해 이루어지는 것으로서 시민들이 참여를 하지 않으면, 의미가 없어집니다. 국가 자체가 없어질 수도 있겠지요. 저는 그다지 참여를 잘 하지 않는 편입니다. 워낙 게으름뱅이라 그런 것 같기도 하고, 굳이 이유를 찾자면 낯을 좀 가리는 편이라 항상 익숙한 것만 하려 한다는 것 정도. 어쨌든 마음만 먹으면 언제든지 깨고 나올 수 있음에도 저는 거의 참여를 하지 않습니다. 모두 저와 같은 삶을 산다면, 생각만 해도 답답해지네요. 지금부터라도 차근차근 게으름의 벽, 자기 합리화의 벽에서 나올 수 있도록 노력해야겠습니다.

또한 사회적으로 가장 필요한 것은 '관용하는 것'이라고 생각합니다. 현재의 세상이 평화롭다고 생각하는 사람? 아마 없을 거라 생각합니다. 저 또한 그렇게 생각하는데, 그 이유가 전쟁 혹은 분쟁 같은 것에 있다고 생각해요. 작게는 우리가 주로 생활하는 학교의 사소한 충돌에서부터 크게는 국가 간의 전쟁까지. 이런 것 때문에 지금 이 세상이, 사회가 제대로 돌아가지 못한다고 생각합니다. 그리고 이런 것들은 의견 차이 때문에 발생하는 것이겠지요. 서로 이해하면서 좀 더 나은 생각 또는 의견을 이끌어내어 실천하면 이상적인 사회에 가까워질 수 있을 것입니다. 그런 역할을 해주는 것이 관용입니다. 서로의 생각을 인정하면서 편협한 시선에서 빠져나오는 것. 관용이 있다면 사회는 좀 더 나아질 것입니다. 이제부터는 정말로 훌륭한 사회를 만들 수 있도록, 사회적으로도 개인적으로도 열심히 열정적으로 노력하는 사람이 되도록 노력해야겠습니다.

뛰어든다는 것 :

류진경 ★ 우리에게 필요한 가치는 '뛰어든다는 것' 이라고 생각합니다. 우리는 소극적입니다. 지나치게 소극적입니다. 자신에게 직접적으로 관련된 일이 아닌 다음에야, 별로 나서고 싶어하지 않습니다. '뛰어 보일까봐, 잘난 척하는 것 같아서 나서지 않는다' 라는 자기 합리화로 무장하고서, 그리고 자신의 안전지대 안에 앉아 상황을 멀뚱멀뚱 지켜만 봅니다. 결코 옳지 못한 상황이 눈앞에서 펼쳐지고 있는데도 말이죠. 우리는 당장 현실로, 그리고 진리 속으로 뛰어들어야 합니다.

의심하는 것, 자기 통제를 한다는 것 :

이준민 ★ 저는 개인적으로는 '의심하는 것' 이라고 생각합니다. 하지만 지나치게 의심을 하는 것은 상대방에게 상처를 줄 수도 있습니다. 적당한 의심은 좀 더 관심을 갖고 주위를 살핀다는 뜻도 있기 때문에 더 많은 장단점을 찾을 수 있고 더 많은 발전을 할 수 있다고 생각합니다.

사회적으로는 '자기 통제를 한다는 것' 이라고 생각합니다. 우리 사회는 종종 '우리' 보다는 '자기' 위주로 생각하는 한 사람을 위해 돈을 벌고 있다고 느껴질 때가 있습니다. 결국 우리는 그 사람의 더 많은 욕심과 허영심을 채우기 위해 노력하고 일하는 것밖에 되지 않습니다. 그렇기에 공동체 사회에서는 '나'를 위해서보다는 '우리'를 위한다는 생각을 먼저 해야 된다고 생각합니다.

저도 학교에서 저의 이익을 위해 옆사람과 이야기하거나 행동하는 경우가 있습니다. 저는 그때 제가 수업에 방해될 수 있다는 생각보다는 제가 하고 싶은 것을 해야 한다는 욕망이 더 컸기 때문에 그런 식으로 행동한 것입니다. 그러나 자기 절제를 하고 서로를 위해 노력하는 것이 더 중요하다고 생각합니다.

선택한다는 것, 뛰어든다는 것, 대화를 한다는 것 :

이미지 ★ 저에게 필요한 것은 '선택한다는 것'과 '뛰어든다는 것'입니다. 저는 언제나 우유부단하고 망설이는 편입니다. 무섭기 때문이죠. 때로는 작은 선택이 큰 결과를 가져오기도 합니다. 저는 항상 너무 큰 결과가 다가오지 않을까 무서워하면서 기권을 할 때도 적지 않습니다. 때로는 위험하더라도 제 의지에 따라 옳은 선택을 하고 싶습니다.

사회에 필요한 것은 '뛰어든다는 것'과 '대화를 한다는 것'입니다. 지금 우리 사회는 상당히 이기적입니다. 나밖에 생각할 줄 모르기 때문에 '대화'가 아닌 '독백'을 하고 있습니다. '대화'를 하면 더 많은 소통을 할 수 있게 되고, 소통을 하면 더 큰 관심을 갖고 세상을 보게 됩니다. 그 다음, 세상의 문제점에 뛰어드는 것입니다. 사회에 위험을 무릅쓰고 뛰어들어서 많은 사람과 대화하며 더 크게 생각하고 소통하고, 이해할 수 있는 사람과 사회가 되어야 합니다.

우리들의 아름다운 가치사전

정리 ■ **김태현**

주위를 둘러보면 시선이 가는 곳마다 사랑으로 가득 차 있습니다. 길거리에서 만나는 연인, 가난한 사람들을 돕는 자원봉사자 그리고 가족까지. 사회 곳곳에 사랑이 스며들어 있습니다. 그래서 그런 걸까요? 우리는 사랑을 언제든지 느낄 수 있는 것, 언제나 똑같은 느낌으로 다가오는 아주 평범한 것으로 여깁니다. 그렇다면 사랑을 소리 내어 천천히 발음해보죠. '사아-라앙', 혀의 움직임이 미묘하게 바뀌면서 그냥 사랑이라고 발음했을 때보다 더욱 부드럽고 달콤하게 느껴질 것입니다.

사랑만이 아닙니다. 모든 가치가 이렇게 사소한 차이에도 다르게 느껴질 때가 있습니다. 너무나 쉽게 접하고 당연하게 받아들이는 가치 하나하나가 어느 날 아주 소중하게 다가올 때가 있습니다. 가치의 아름다움은 바로 이런 것입니다. 평소에는 있는 듯 없는 듯 숨어 있지만, 시선을 약간만 돌리고, 조금만 자세히 보면 알 수 있는 아름다움, 그것이 진정한 가치의 아름다움입니다.

그런 섬세한 가치의 아름다움을 『아름다운 가치사전』에서는 아이들의 눈을 통해 보여줍니다. 아이들의 눈으로 본 가치는 때로는 너무 엉뚱해서 웃음이 날 때도 있습니다. 하지만 다시 생각해보면 그만큼 가치를 잘 표현한 문장도 없습니다. 우리가 바쁘다는 핑계로 지나쳤던 많은 가치들을 아이들은 자신의 생각 그대로, 순수한 의미 그대로 받아들이고 표현합니다. 사회에 구속되지 않은 말랑말랑하고 순수한 아이들의 시선, 그런 아이들의 시선으로 본 가치들, 그 가치들의 소중함과 아름다움을 지금부터 하나씩 느껴봅시다.

행복 :

박상환 ★ 행복하지 못하다면 아무리 돈이 많더라도 그것은 의미 없는 헛된 삶일 뿐이고, 돈이 없지만 자신이 행복하다고 느끼면 그것이 더 좋은 삶이라고 할 수 있습니다. 가령 힘들게 물건을 팔더라도 자신이 행복하다면, 그 누구보다도 그 일에 집중하여 하나라도 더 팔 수 있을 것입니다. 그리고 의사를 하더라도 자신이 불행하다고 느끼면 일에 흥미를 가질 수 없고, 또 그 소중함을 느낄 수 없을 것입니다. 많은 사람들이 돈이 많으면 행복할 거라고 생각하는데, 그렇지 않을 수도 있습니다. 돈이 많은 사람은 돈을 벌기 위해서 하루 종일 일을 하느라 바쁘기 때문에 행복에 대해 생각할 겨를이 없습니다. 행복은 자신의 생각이 좌우하는 것입니다. 항상 자신을 긍정적으로 받아들이는 태도가 중요합니다. 자기 자신의 가치를 잘 안다면 행복할 수 있습니다.

구이진 ★ 제게 제일 부족하다고 생각하는 가치는 행복이라고 생각합니다. 요즘은 초등학생이고 어른이고 다들 바쁜 생활을 하고 있습니다. 학생들은 항상 공부에 찌들어 살며, 어른들은 일에 찌들어 삽니다. 물론, 바쁜 생활이 행복한 사람들도 있겠지만, 대부분 바쁘게 살다보면 스트레스를 많이 받습니다. 그리고 항상 시간에 쫓겨 살다보니 행복을 느낄 수 있는 시간이 줄어든다고 생각합니다. 저도 항상 학교와 학원수업에 쫓겨 지내다 집에 돌아오면 그제야 행복하다고 느낀답니다.

그렇지만 집에서 항상 노는 사람도 행복하지는 않다고 생각합니다. 항상 시간에 쫓겨 사는 사람은 노는 사람을 보면 부럽다고 생각하지만, 항상 노는 사람 자신은 그렇지 않다고 생각할 것입니다. 바쁜 사람이 보기엔 집에서 저렇게 노는 게 행복이구나 하고 생각하겠지만, 사실 그런 생활은 심적으로 더욱 힘들지도 모릅니다. 진정한 행복은 자기가 하고 싶은 일을 하면서 보람을 느끼는 것이라고 생각합니다. 자기가 하고 싶은 일을 하면 보람뿐만 아니라 행복도 느낄 수 있다고 생각합니다.

유머 :

김한솔 ★ 4학년인가 5학년 때, 친구들과 그림을 그리고 있었습니다. 밑그림은 매우 잘 그려져 있었고 우리는 그 그림을 다른 친구들에게 보여줄 생각에 잔뜩 우쭐해 있었습니다. 그리고 마지막 남은 색칠. 조금 까다로울 수도 있었기 때문에 우리 중에서 가장 미술을 잘 한다는 친구가 색을 칠하기로 했습니다. 그러나 우리가 그렸던 캐릭터의 눈을 색칠할 때 눈 위로 검정색이 튀어나가고 말았습니다. 순간 모두 깜짝 놀랐고 그 친구를 쳐다보았죠. 물론 그 친구 얼굴은 홍당무가 되었습니다. 그때 제가 다른 눈에도 비슷하게 선을 그리며 말했습니다.

"야. 넌 센스 만점인데. 눈에 속눈썹까지 붙여주고 말이야. 우리 캐릭터는 원래 좀 귀엽게 가려고 했는데 덕분에 여성스러워졌는걸. 근데 짝짝이잖아. 이쪽에도 속눈썹 그려야지." 그렇게 해서 다행히 냉랭해질 수 있는 분위기를 넘기고 그림을 완성했습니다. 각자 집으로 갈 때 그 친구가 저에게 고맙다고 말하더군요. 전 말 한마디로 친구를 도와줄 수 있다는 걸 깨닫고 매우 기뻤습니다. 그리고 유머가 가장 소중한 가치라고 생각하는 계기가 되었죠.

양심 :

정유리 ★ 양심이란, 우리에게 무엇이 옳은 일인지 그릇된 일인지를 알려주는 마음의 목소리입니다. 양심이 있는 사람은 옳고 그름을 알고 그에 따라 확고하게 행동하는 사람입니다. 반면 양심을 버린 사람은 옳고 그름을 아는데도 불구하고 자신의 이익을 위해서 옳고 그름을 모르는 사람처럼 행동하는 사람입니다. 우리 사회에서 양심이 없는 사람이 계속 생겨나고 있습니다. 나라를 위해 일하는 공무원이 뇌물을 받은 사건, 지하철에서 애완견의 배설물을 치우지 않고 갔던 '개똥녀' 사건, 살아 있는 강아지를 쓰레기봉투에 넣어 함께 버렸던 사건, 생물을 풍선에 매달고 하늘로 띄워 보냈던 사건 모두 양심을 버린 사람이 한 행동입니다.

세상의 모든 사람들이 양심을 지킨다면 아마 범죄도 사라질 것입니다. 그렇지만 양심을 꼭 지켜야 한다는 사실을 많은 사람들이 실감하지 못하기 때문에 일상생활에서도 양심을 버리는 행동을 예사롭게 볼 수 있습니다. 담배꽁초, 쓰레기를 아무데나 버리는 것, 주운 돈이나 물건을 주인에게 찾아주려고 노력하지 않는 것, 시험에서 커닝을 하는 것, 남이 공들여 한 숙제를 베끼는 것, 공중전화박스에서 전화번호부를 찢어가는 것, 불법복사하는 것들이 그 예입니다. 양심을 꼬박꼬박 다 지킨 사람은 아마도 거의 없을 것입니다. 하지만 마음속에서 목소리가 들려올 때, 다른 사람이 피해를 입지 않을지를 잘 생각해보고 결정을 내린다면, 양심을 지켰을 뿐만 아니라 바른 일을 했다는 뿌듯함으로 기쁘고 자랑스러운 양심의 웃음소리가 들릴 것입니다.

류진경 ★ 언젠가 누군가가 다른 친구의 물건을 훔쳐간 일로 같은 반 친구들과 눈을 감고 침묵해본 적이 있습니다. 이때 범인이 손을 들어서 자백해주기만 하면 빨리 끝날 수 있을 텐데, 하는 생각도 했습니다. '아까 저 아이가 다른 애들의 가방 근처에서 기웃거리는 것을 봤는데' 만일 (물론 절대로 쉬운 일은 아니겠지만) 범인이 끝까지 선생님께 말하지 않는다면 우리는 같은 반 친구들을 서로 의심하게 됩니다. 그것은 단체기합보다 더욱더 부끄러운 일일지도 모릅니다.

혹시 양심과 관련된 이야기 중 이런 이야기를 아시나요? 사람들은 양심에 어긋나는 일을 하면 흔히들 '찔린다'고 표현합니다. 왜 그럴까요? 그 이유는 사람은 저마다 마음속에 별을 하나씩 갖고 있는데 비양심적인 일을 하면 그 별이 돌아가고, 별의 날카로운 모서리가 사람들의 마음을 찔러서 그렇게 표현하는 것이라고 합니다. 또 비양심적인 일을 서슴지 않고 하는 사람들이 있는데, 그런 사람들의 별은 너무 많이 돌아가서 끝내 모서리가 다 닳아버리기 때문에 그 뒤로는 아무리 별이 많이 돌아가도 모서리가 무뎌졌으므로 아픔을 느낄 수 없다고 합니다. 근거가 있는 이야기는 아니지만 왠지 공감이 가지 않나요? 모두가 함께 살아가기 위해서 양심은 절대로 무시해서는 안 되는 가치라고 생각합니다.

용기 :

정유리 ★ 용기란, 어려움 특히 두려움에 부딪혔을 때 나타나는 씩씩하고 굳센 마음입니다. 꼭 필요한 상황에서 필요한 만큼만 쓰는 경제적인 미덕이기도 합니다. 어떤 일을 함으로써 내가 피해를 입는 것은 아니지만 나와 많은 사람들이 하기를 꺼려할 때 저는 그런 상황에서 용기를 잘 못 냅니다. 특히 저는 무언가를 해보기도 전에 결과가 안 좋을 것 같아서 안절부절못할 때가 많습니다. 일단 자신 있는 것은 열심히 해보려고 노력하지만, 가능성이 별로 없어 결과가 안 좋을 땐 창피할까봐, 다른 사람들이 나를 어떻게 생각할지에 대해서 걱정이 되기 때문에 용기를 내지 못합니다. 그래서 저는 제가 다른 사람들의 시선을 지나치게 신경 쓰지 않고 용기를 내어 결국은 자신과의 싸움에서 이기도록 노력해야겠다고 느꼈습니다. 용기 있는 사람이 되기까지 얼마나 시간이 걸릴지는 잘 모르겠지만, 한편으로는 용기가 필요없는 곳에서 과장된 행동으로 괜한 허세를 부리는 것은 진정한 용기가 아니라는 것도 깨달았습니다.

마음 나누기 :

신수민 ★ 요즈음 우리 사회는 점점 메말라가고 있습니다. 이 지구도, 이 세상도, 사람들도 모두 메말라가고 있습니다. TV뉴스를 보면 물난리 때문에 피해를 입은 사람들, 화재로 집과 재산을 몽땅 잃은 사람들, 살해당한 사람의 유가족들 등 많은 안타까운 소식들이 보도되고 있습니다. 그걸 본 사람들은 그들의 처지를 안타까워하죠. 여러분도 모두 한번쯤은 불우이웃돕기를 해본 적이 있을 것입니다. 여러분은 마지못해 1천 원, 2천 원을 냈나요, 아니면 진정으로 그들의 처지를 슬퍼했나요?

제가 나온 초등학교에는 양궁부가 있었습니다. 그래서 1년에 한두 번쯤은 꼭 양궁부 돕기 성금을 냈죠. 6학년 때는 저희 반에도 양궁부 친구가 한 명 있었습니다. 그 친구는 아이들이 자신들을 진심으로 생각하지 않는다며 화를 냈죠. 물론 조용히요. 하긴 아이들이 거의 내지 않았거든요. 성금이라며 걷어서는 자기들끼리 맛있는 거 사먹는다며 무시했죠. 이제 와 생각해보면 저도 성금을 제대로 내지 않고 모른 체했던 게 후회가 됩니다.

사랑 :

장소윤 ★ 사랑이란 상대방에게 관심을 갖는 것, 그 마음을 표현하는 것, 용기를 주는 것, 어떤 사람이나 대상을 아무런 대가 없이 위해주는 마음입니다. 이런 가치는 우리에게 중요합니다. 만약 사랑이란 가치가 이 세상에 없다면, 누구나 자기만을 생각하며, 어떻게 마음을 표현하는 것인지를 모르며, 용기도 모를 것입니다. 이런 마음들이 사라진다면, 이 세상은 오직 이기적인 사람만 살 것입니다. 그러므로 저는 사랑이란 가치가 제일 중요하다고 생각합니다.

류진경 ★ 『모리와 함께한 화요일』에서도 잘 나타나듯이 우리에게 사랑이 없다면 그것은 날개가 부러진 새와 같을 것입니다. 사랑이 없는 세상은 살아갈 맛이 나지 않을 것입니다. 저는 살아가면서 누군가에게 사랑받고, 또 누군가를 진심으로 사랑하는 경험이 중요하다고 생각합니다. 동물들도 서로 사랑하기는 하지만 그것은 인간의 사랑과는 좀 다릅니다. 우리는 사랑으로부터 감사, 마음 나누기, 믿음, 배려, 용기, 이해심, 인내, 자신감, 존중, 책임, 친절, 그리고 행복 같은 다른 가치들을 배울 수 있습니다. 단지 사랑하는 것만으로.

가치를 다시 묻다

참여 ■ 유진재, 윤수민, 윤한결, 하성봉, 이다정, 김지현

정리 ■ 박제준, 김유민

같이! 가치!에 대해 이야기하다 :

보통 가치라고 하면 너무나 막연하게 들립니다. 일반적으로 떠올리는 사랑과 정의와 평등과 같은 가치는, 어린 시절 봤던 동화의 세계에서나 나타날 것만 같습니다. 하지만 잘 생각해보면 우리의 삶에는 여러 가치가 숨쉬고 있고, 나역시 어떠한 가치를 추구하며 살고 있음을 알 수 있습니다. 우리가 살아가는 방식과 선택하는 것들에는 모두 자신들이 생각하는 가치가 담겨 있기 때문입니다.

이제껏 우리는 쉴 틈 없이 달려가는 일상에서 잠시 멈춰서서 생각할 시간을 잊고 살아왔는지도 모르겠습니다. 시대나 상황이 만들어놓은 가치에 얽매여 있었는지도 모르겠습니다. 우리 삶의 존재방식을 잃은 채 '좋은 대학 가면 무조건 좋다'라고 사회가 말하는 대로 우리는 그에 맞추어 달려온 것은 아닌지 반성해봅니다.

조금 더 넓게 생각해보았을 때 가치는 사회와도 밀접하게 연관되어 있습니다. 이기적이고 물질적인 것들만 중시하는 사회에서 전쟁이 일어나고 환경이 파괴되며 사회는 더 냉혹해집니다. 그리고 실제로 그렇게 변하고 있습니다.

더 끔찍한 것은 사람들까지 그렇게 변해간다는 것. 우리가 진정으로 추구해야 할 가치가 무엇인지, 그리고 왜 추구해야 하는지도 모른 채, 그렇게 사회는 흘러가고 있습니다. 약자에 대한 보살핌, 사랑, 정의 없는 세상은 약육강식 맹수들의 세계와 다를 바가 없습니다. 상상만 해도 끔찍한 세상. 우리는 인간다운 세상에서 살고 싶습니다. 그렇기에 우리에겐 가치를 고민하는 것이 필요합니다. 이제 우리는 학교 울타리를 넘어 사회로 나아가는 단계에 이르렀습니다. 우리의 삶을 결정하고 사회를 변화시킬 가치에 대해 철학함이 필요하기에 우리는 다시 이 자리에 모였습니다. 우리는 어떤 가치들을 통해, 어떤 사회를 만들어갈 수 있을까요?

내 삶의 소중한 가치, 함께 추구해야 할 가치 ⋮
공생

유진재 ★ '가치' 는 어떤 생각이나 행동을 할 때의 기준이라 생각합니다. 사람들은 각자의 가치에 따라 살아가기 때문입니다. 그렇지만 보통 '가치 있는 일' 이라고 할 때는 개인의 가치를 넘어 공동의 가치를 말하는 것이며, 그 공동에게 유익할 때 '가치 있다' 고 말합니다. 유익한 것은 생명에 이득이 되는 것을 말합니다. 개인들은 모여 하나의 생명인 '공동체' 를 향하고, 공동체는 '더불어 사는 삶' 의 터전입니다. 그런데 현대 사회의 많은 문제들이 이런 '공동체' 의 설정을 잘못함으로써 생겨난다고 생각합니다. '기아' 문제도 배고픔으로 고통받는 이들을 '공동체' 에 포용하지 못해서 생긴 것이고, '장애인' 문제도 이들을 같은 '공동체' 로 포용하지 못해서 발생한 것이며, '환경오염' 역시 지구의 많은 생명들을 무시하고 인간 중심적인 '인간 공동체' 만을 생각했기 때문에 일어난 것입니다. '함께 살고자 하는 마음' 이 필요한 것이 바로 이 지점입니다. 여기서 '함께' 는 다만 나와, 내 생각과 비슷한 일부의 사람들을 말하는 것이 아닙니다. 나와 생각이 맞지 않지만 그래도 이 세계의 구성원인 이들, 비록 의사소통은 어렵지만 인간 종을 넘어 동물과 식물들 그리고 이 지구 전체를 말합니다. 우리는 작게는 가족 공동체에서 크게는 지구 공동체, 우주 공동체 속에 살아가고 있습니다. 진정 개인에게 가치 있는 것은 함께 가치 있는 것이며, 모두가 함께 살아가고자 하는 것입니다.

사실 지구 공동체까지 이야기를 했지만, 이론적으로 그런 생각을 갖기는 쉽습니다. 하지만 현실에서 항상 모든 생명을 포함하는 공동체를 생각하며 행동하기란 쉬운 일이 아닙니다. 가장 작은 자신의 공동체인 '가족'에서부터 함께 사는 삶을 모색하고, 가까운 친구들과 이웃들과도 함께 살아가기 위해 노력해야 합니다. 바로 옆의 사람과 함께 살지 못한다면, 생명 공동체를 향한 꿈은 헛된 망상에 불과합니다.

우리는 함께 살아가기 위해, 같은 꿈을 꾸는 이들과 새로운 공동체를 꾸려나가고, 그 공동체를 바탕으로 더 큰 사회에서 함께 사는 삶을 살지 못하는 이들에게 '함께 사는 삶'을 말해야 합니다. '함께 사는 삶'에 대한 꿈을 공유하는 그런 세상을 꿈꿉니다. 사랑을 바탕에 둔 더불어 사는 삶을 말입니다.

주체성

윤수민 ★ 19년을 살아오면서 제게 가장 영향을 크게 미치는 요소는 인간관계였습니다. 특히 수험생 시절, 하루 종일 얼굴을 맞대고 공부하는 친구들과의 관계로 일희일비하는 경우가 허다했습니다. 저는 그럴 때마다 그 문제에 대해 고민하고 그들에게 최선을 다하려고 노력했습니다. 그리고 스스로가 관계를 소중히 여기고 사람들을 좋아한다고 여겨왔습니다. 그리고 이것이 제게 장점이 될 수 있다고 생각해왔습니다.

하지만 수능이 끝나고 저만의 시간을 가지면서 그동안 제 생활에 대해 생각하게 되었습니다. 어째서 제가 그렇게 주위 사람들에게 의지하고 사람들과의 관계 속에서 힘들어했는지. 전 스스로에 대한 믿음도 없었고, 무엇보다도 주체성이 없었습니다. 자존심은 있었지만 자존감은 없었습니다. 그래서 누군가 제 자존심을 건드린다면 화를 내고 뒤돌아서서 곧 후회하고 화해하려 노력했습니다. 스스로를 믿을 수 없었고 의지할 수 없어서 주위 사람들에게 기대려고 했습니다. 셀러가 말했던 고귀한 개인처럼, 스스로를 천진함 속에 내버려둘 수 있는 자존감이 필요했습니다. 제가 주체적으로 서 있지 못하면 저와 사람들의 관계도 제대로 설 수 없었고 다른 일도 제대로 할 수 없었습니다. 자기 자신을 사랑할 수 없는 사람은 다른 사람도 사랑할 수 없다고 했는데, 타인의 고통에 대한 공감과 사랑을 이야기하던 제가 스스로에 대한 이해와 사랑도 부족하다는 사실을 깨달았을 때 저의 잘못된 삶의 방식에 대해서 다시 처음부터 고민해야 한다고 생각했습니다.

다시, 제 삶의 화두는 주체성입니다. 그리고 우리 사회의 소중한 가치 중 하나는 주체성이 되어야 한다고 생각합니다. 오늘날 우리 사회는 수많은 변화를 요구하고 있습니다. 하지만 섣부른 임시방편의 문제해결방식들은 더 많은 문제들을 일으키고 있습니다. 누구나 스스로에 대한 완전한 확신을 가지고 변화를 만들어내지 않습니다. 철저한 반성과 성찰이 바탕이 되었을 때, 우리는 변화에 대한 모색을 시작할 수 있다고 생각합니다.

존경

박제준 ★ 지구는 점점 더러워지고 있습니다. 지금까지 우리가 편하게 살기 위해서 했던 일들은 대부분 지구에 해가 되었고 그 피해는 우리에게 돌아왔습니다. 지구온난화로 인해 빙하가 녹아 투발루가 사라져가고 오존층 파괴로 우리 몸까지 위협을 받고 있습니다. 환경오염의 근본적인 원인은 잘못된 개발, 잘못된 생산방식과 같은 외부적인 것이 아닙니다. 그 원인은 우리의 인식, 즉 내부적인 것입니다. 우리는 이때까지 인간에게 이익이 된다면 그것이 자연을 오염시키더라도 모두 옳다고 생각했습니다. 또한 인간과 자연을 분리시켜 우리 인간이 다른 동물보다도 지능적으로 뛰어난 존재이며, 자연을 자유롭게 조종할 수 있다고 생각해왔습니다. 즉, 환경오염 문제는 우리의 인식에서 비롯된 것이라 할 수 있습니다.

그렇기 때문에, 환경오염 문제를 해결하기 위해서 우선 우리의 인식이 변해야 합니다. 그 중심에 있는 가치는 존경입니다. 자연을 인간과 분리시켜 하등한 것으로 사고했던 이유는 우리가 자연에 대해서 관심을 가지지 않았기 때문이고, 잘 알지 못했기 때문입니다. 우리들은 자연을 파괴하여 얻는 편리함보다 자연 그 자체가 우리에게 주는 소중함을 생각하지 않았습니다. 우리는 인간에게 이용당하는 자연이 아닌, 자연 그 자체의 모습을 보려 하지 않습니다. 즉, 우리는 자연을 존경하지 않는 것입니다. 우리는 자연을 그저 도구로 바라보았기에 그것을 이용하고 개발해서 이윤을 창출하려고만 생각해왔습니다. 하지만 이는 자연의 진정한 가치를 왜곡하는 것이라고 할 수 있습니다. 자연이 가진 진정한 가치, 자연의 영혼을 생각하지 않고, 그 외부의 것만 생각하기 때문입니다. 자연 그 자체의 아름다움을 보지 못했기 때문입니다. 자연을 존경한다면, 우리는 자연의 진정한 가치를 볼 수 있을 것이며, 자연의 영혼이 가진 목소리를 들을 수 있을지도 모릅니다. 그렇게 자연을 존경하는 삶은 우리로 하여금 환경오염에서 벗어나 좀 더 '자연'스러운 삶을 살게 해줄 것입니다.

용기

김유민 ★ 요즘 제 삶에서 가장 절실한 가치는 용기입니다. 저에게 이 가치가 소중한 이유는 제가 용기 있는 사람이기 때문이 아니라 용기가 부족한 사람임을 느끼고 있기 때문입니다. 세상의 많은 문제들과 마주쳤을 때 제가 옳다고 생각하는 것을 실천하는 데 저는 용기가 부족합니다. 심지어 누군가에게 말을 건네고 대학을 선택하는, 이런 사소한 것에서부터 저는 용기가 부족함을, 또 필요함을 느끼고 있습니다. 용기는 단순히 힘이 넘치고 두려움이 없는 상태가 아닙니다. 그저 두려움이 없는 것은 만용에 지나지 않습니다. 소크라테스는 제자에게 이렇게 말했습니다.

> 내가 말한 용기는 전쟁에서 용감한 사람들뿐만 아니라 바다의 위험 앞에서 용기를 보이는 사람들, 병마와 싸우는 용기를 가진 사람들, 가난을 이겨내는 용기, 또한 정치적 사건에서 용기를 갖는 사람들도 포함하는 것일세. 그뿐 아니라 고통과 공포에 대해서 용기를 보이는 사람들, 더 나아가 욕망과 쾌락을 극복하기 위해 처절히 싸우는 용기에 대해서도 말하는 것이네. 이 세상에는 이러한 면에서 용기 있는 사람들도 있기 때문이네. 이 모든 사람이 다 용감한 것일세.
>
> - 『두 글자의 철학』 중에서

이렇듯 용기는 용감하게 싸우는 용사의 것보다는 자신과의 싸움에서 이겨내는 내적인 면이 더 강합니다.

'용기'의 영어 어원은 라틴어로 fortitudo인데 이것은 나서는 것보다는 튼튼한 요새처럼 '굳건히 버티고 견디는 힘'을 뜻한다. 인도의 성인이라고 추앙받는 마하트마 간디의 비폭력 반식민주의 운동도 이러한 용기의 상징이다.

> - 『두 글자의 철학』 중에서

우리는 용기를 가짐으로써 유혹에 굴하지 않고, 자신의 신념을 지키고 억압에서 벗어나 자유를 찾아갈 수 있습니다. 저에겐 이런 '용기'가 삶의 소중한 가치입니다.

사랑

윤한결 ★ "서로 사랑하지 않으면 멸망하리." 이 구절은 『모리와 함께한 화요일』에서 모리 선생님이 평소 좋아하시던 구절입니다. 이 구절만큼 사랑이라는 가치의 사회적 의미를 더 잘 표현한 구절이 있을까요. 서로 사랑하지 않으면 멸망한다니! 우리는 살아남기 위해서라도 사랑해야 하는 것입니다. 지금 우리가 살아가는 시대는 지난 그 어떤 때보다 인간의 활동으로 인해 인간이 멸망할 수 있는 가능성이 큰 시대라고 합니다. 지구를 몇 번이고 날려버릴 수 있는 수많은 핵폭탄과 전 세계적인 환경문제, 세계 곳곳에서 일어나는 테러와 분쟁, 질병과 가난이 이를 증명하고 있습니다. 그런데 이런 문제들의 원인을 파헤쳐보면 결국 그 근본엔 서로에 대한 사랑의 결핍이 자리잡고 있지 않을까요?

신뢰

하성봉 ★ 지금은 경제가 중요시되는 시대입니다. 서점에서 베스트셀러 순위를 차지하는 것은 철학이나 역사 서적이 아니라 재테크나 처세에 관한 서적들이죠. 경제학과는 학생들이 선호하는 학과 중 하나가 되었습니다. 이러한 현상이 나쁘다고 말하려는 것은 아닙니다. 저 역시 자본주의 시대를 살아가는 우리에게 돈 걱정 없고 물질적으로 부족함이 없는 삶은 인간적인 삶을 위한 필요조건이라고 생각합니다. 다만 저는 '경제' 그 자체의 개념을 다시 묻고 싶을 뿐입니다.

경제의 어원은 '세상을 다스리고 백성을 구제한다' 라는 뜻의 경세제민經世濟民에 있습니다. 경세제민의 의미로서의 경제는 굉장히 인간적이고 공적인 성격을 띠고 있습니다. 이는 경제학에서도 마찬가지입니다. 경제학의 아버지인 애덤 스미스는 그 유명한 『국부론』에 앞서 『도덕정조론』을 통해 경제의 윤리적이고 인간적인 성격을 강조했습니다.

하지만 오늘날의 경제는 어떠합니까? 극단적으로 말하자면 오늘날의 경제는 인간적인 모습을 상실했습니다. 많은 사람들이 자신의 이익을 위해서라면 기꺼이 타인에게 피해를 주고 자연을 파괴합니다. 정유기업과 군수기업의 이해관계가 반영된 이라크 전쟁과 같은 '쩐의 전쟁' 이 계속 일어나고 있습니다. 지금 당장의 이익에만 급급하여 미래 세대를 생각하지 않은 채 환경파괴가 자행되고 있습니다. 이렇게 비인간적인 모습을 한 경제의 한계는 금융위기, 핵전쟁 위험, 지구온난화 등의 모습으로 인류를 위협하고 있습니다.

이러한 위기상황을 극복하기 위해선 무엇보다도 인간적인 모습의 경제를 복원해야만 합니다. 이를 위해서 가장 필요한 가치가 '신뢰' 입니다. 인간이라는 말 자체가 '사람과 사람 사이' 라는 의미를 지닙니다. 그리고 신뢰는 사람과 사람 사이를 이어주는 가치입니다. 경제는 사람들이 의지하여 살아가기에 존재할 수 있습니다. 나 혼자만 있어선 거래도 없고, 시장도 없으며, 자본주의도 없습니다. '신뢰' 가 있는 경제에선 나 혼자만의 이득이 아닌 타인의 이득, 나아가 다른 생물의 이득까지 고려하게 됩니다. 이에 따르면 자본가와 노동자는 서로의 이득을 모두 생각하는 신뢰로 맺어진 관계입니다. 그래서 자본가는 노동자를 대상으로 한 돈놀이를 벌이지 않고, 노동자는 노동권력을 앞세운 무분별한 파업을 벌이지 않습니다. 인간과 자연의 관계에서도 신뢰의 경제는 마찬가지 역할을 합니다. 인간과 자연은 공생을 위해 신뢰로 맺어진 관계입니다. 인간은 자신만의 이익을 위하여 자연을 혹사시키지 않습니다.

역시 그러한 인간에게 지구온난화 등과 같은 환경재난을 가져다주지 않을 것입니다.

'신뢰'에 바탕을 둔 경제는 돈을 벌기 위한 경제가 아닙니다. '신뢰'에 바탕을 둔 경제는 그야말로 인간적이고 윤리적인, 더불어 살아가는 기술입니다. 그리고 우리는 그것이 경세제민의 본질에 충실한 참 경제임을 알 필요가 있습니다.

배려

이다정 ★ 저는 흔히 말하는 '착한 아이 콤플렉스'에 시달렸습니다. 친구들에게 나쁜 말을 듣는 것이 싫었고 다른 사람들이 저 때문에 불편해하는 것도 싫었습니다. 그래서일까요. 소신 있게 아니라고 외치지 못했습니다. 저로 인해 상대방의 기분이 상할까 두려웠기 때문입니다. 마음속에선 싫다고, 싫다고 외치는데도 표정은 웃고 있는 저 자신이, 어느 순간부턴가 한심하게 느껴졌습니다. 제 속에서 울려대는 '안 돼'를 무시하고 단지 두려움 때문에 '예'만을 연발하는, 주체성을 잃은 제 모습이 답답했습니다.

이런 제게, 『타인의 얼굴』이 시사한 바는 꽤 큽니다. 이 책을 보면, 레비나스는 두 가지 의미에서 인간의 주체성을 규정합니다. 먼저, 주체성은 향유를 통해 형성됩니다. 향유는 거주와 노동의 형태로 나타나는데 이 과정에서 각 개인은 자기 삶의 이익에만 관심을 갖는 이기주의적인 태도를 취합니다. 그런 의미에서, 향유는 개별화의 원리이자 자아의 내면성을 추구하는 것입니다. 즉, 향유는 곧 자아를 향해 몰입하는 것입니다.

다른 하나는 타자와의 윤리적 관계를 통해 얻어지는 주체성입니다. 향유를 통해 '자기성'만을 추구해왔던 개인들에게 타자가 출현하면서 각 개인은 이기적인 욕망을 포기하고 타자에 대한 책임있는 주체로 존립하게 된다는 것입니다. 즉, 자기 삶의 향유를 추구하는 것도, 타자들과의 사귐을 통해서 얻어지는 윤리적 관계도 나의 주체성을 규정하는 중요한 요소가 될 수 있습니다.

저는 '향유'에 대해서 좀 더 얘기해보고 싶습니다. 거주하고 노동하는 삶, 즉 향유하는 삶을 통해 우리는 현재 '나'의 삶을 즐길 수 있습니다. 그러나 그것으로 스스로의 주체성에 대한 의문이 해소되지는 않습니다. 주체성에 대한 질문에 끊임없이 몰두한다 해도 욕구 중심의 삶이 어떤 해답을 제시해줄 거라 기대하기는 어렵습니다. 해답을 찾기 위해서는 우선 향유의 진정한 의미에 대해 생각해보아야 할 것입니다.

향유는 '의존성을 통한 독립성'입니다.『타인의 얼굴』, 130쪽 쉽게 말해, 향유는 철저히 주변 세계를 향한 의존에 기반하는 것입니다. 따뜻한 옷을 입기 위해서는 천이나 가죽이 필요하고 좋은 집을 만들기 위해서는 튼튼한 목재와 벽돌, 시멘트 등이 필요합니다. 즉, 우리의 삶을 즐기고 누리기 위해서는 주변 세계에 의존할 수밖에 없습니다.

이런 점에서 볼 때, 두 번째로 제시한 타자와의 관계를 통해 얻어지는 주체성은 물론이고 향유를 통한 주체성을 확립하기 위해서도 우리는 '타자'를 필요로 합니다. 진정한 자기주체성을 확립하는 것은 결국 타자 없이는 불가능합니다.

레비나스는 각 개인에게 타자를 환대할 책임이 있다고 말합니다. 자기희생이나 배려는 선택이 아니라 우리의 의무라는 것입니다. 어렵게 생각하지 않아도, 앞서 한 논의를 잘 생각해보면 이는 당연한 말입니다. 주변 세계가 없다면 우리는 실존할 수 없기 때문이죠. 물이 없고 햇빛이 없는, 공기도 없고 산도, 들도 없는 삶을 상상해본 적이 있나요? 가족이 없고 친구가 없고 동료가 없는 삶은요? 우리는 각자의 실존을 위해 주변 세계에 의존하고 그들과 관계를 맺으며 살아가고 있습니다. 그들이 없다면 '나'역시 존재할 수 없습니다.

이런 점에서, 타자를 향한 자기희생과 배려는 이 세상을 함께 살아가는 우리 모두에게 요구되는 책임이자 의무가 될 수 있습니다.

더 이상 외면적 자아를 이중적인 것이라 여기고 괴로워하지 말았으면 합니다. 그것은 우리에게 주어진 책임을 이행하고 있는 것이기 때문입니다. 다만 향유하는 자아와 외면적 자아의 일치를 추구하는 것이 우리 삶에 주어진 큰 과제라고 생각합니다. 시몬 베유나 테레사 수녀의 삶에서 알 수 있듯이, 스스로의 삶을 향유하는 방식이 곧 타인의 삶을 이해하고 타인을 배려하고 타인을 향한 자기희생을 바탕으로 하는 것은 불가능한 것이 아닙니다. 나를 비롯한 더 많은 사람들 곁에, 더 가까이 있는 가치가 자기희생과 배려가 되었으면 합니다.

평등

김지현 ★ 세계화와 정보화로 "개인의 선택이 전 지구적인 변화를 가능"하게 하는 시대에 제가 주목하고 싶은 가치는 '평등'입니다. 『오늘의 세계적 가치』라는 책에서 말한 것처럼 우리는 "우리의 풍요를 보장해주는 불평등한 대우에 주목"할 필요가 있습니다. "커다란 불평등의 세계에서 우리는 어떻게 살아야 하는가? 다른 이들이 상처받을 때 우리는 무엇을 해야 하나? 고통받는 이들에 대한 편안한 이들의 의무는 무엇인가? 거칠게 대비되는 인간 운명의 공존에 대해 우리는 어떤 반응을 보일 것인가?" 『오늘의 세계적 가치』 서문에서 다루는 이 물음이 제 머릿속을 떠나질 않습니다. 불평등은 더 이상 남의 문제가 아닙니다. 우리는 서로가 서로에게 영향을 미치는 "관계적 권력" 속에서 살아가고 있습니다. 국제적으로는 선진국도 테러의 위협에 시달리며 더 이상 개발도상국들의 문제를 남의 문제처럼만 여길 수 없게 되었고 국내적으로 심화되는 빈부격차 문제는 빈곤한 사람들의 수를 증가시켜 이것이 결국 내수 침체로 이어지고 한국 경제의 전반적인 불황을 야기하여 우리 모두의 생계를 위협할 수 있습니다.

자본주의 사회에서 심화되는 불평등의 원인도 그리고 해결책도 경제적으로 풀어가야 한다고 생각해버리기 쉽습니다. 하지만 빈곤의 대물림과 불평등의 심화는 결코 경제적으로만 해결될 수 있는 문제가 아닙니다. 『희망의 인문학』을 쓴 얼 쇼리스는 불평등의 대안을 물질적인 원조가 아니라 인문학 교육이라고 생각하여 이를 실행함으로써 빈곤한 사람들이 스스로를 성찰하고 자신의 삶을 이끌어갈 수 있게 도왔습니다. 인문학을 공부하는 것은 좀 더 인간다운 삶을 살기 위한 것입니다. 그런 점에서 누구나 이 공부를 통해 양질의 삶을 누릴 권리가 있다고 생각한 얼 쇼리스는 인간다운 삶을 살 수 있게 하기 위한 정당한 권리를 빈민들에게 주기 위해 클레멘트 코스를 만들었습니다.

뿐만 아니라 저는 평등이라는 가치를 실현하는 데 교육의 평등에 힘쓰는 것과 더불어 소수의 사람들이 다수의 의견과 대등하게 존중받는 것 역시 중요하다고 생각합니다. 소수의 의견을 보장하는 것은 역차별이 아닙니다. 오히려 그들의 창의적이고 새로운 시각들을 존중해줌으로써 우리 사회의 공론들이 더욱 풍성해질 수 있는 기회를 마련할 수 있을지도 모릅니다.

우리는 평등이란 가치를 회복함으로써, 모든 이들에게 인간다운 삶을 보장해주고 자신의 고유한 능력을 펼칠 기회를 마련해주어서 우리 사회의 잠재적인 발전 가능성을 높일 수 있습니다. 자유라는 가치만을 내세우며 불평등을 정당화하고 기회의 균등마저 앗아가려 하는 위기의 상황을 우리는 평등이란 가치의 회복으로 극복해내야 합니다. 평등은 하향평준화를 조장하는 것이 아니라 모든 사람들에게 자기에게 맞는 재능을 개발하고 능력을 발휘할 기회를 마련해줌으로써 모두가 함께 행복할 수 있는 사회를 만들고자 하는 가치입니다.

　우리를 인간답게 만들어주는 가치들이 흔들리는 지금, 이번 토론은 가치가 각 개인의 삶뿐만 아니라 사회에 얼마나 큰 영향을 주는지 깨닫게 해주었습니다. 이제 우리는 삶의 존재방식을 정립하고 또 지켜가야 합니다. 나아가 그것을 우리 삶의 존재방식으로, 사회적으로 함께 추구해 나갈 필요가 있습니다.

　철학은 막연하고 추상적인 것이 아닙니다. 내 삶을 구성하는 존재방식과 가치를 고민하는 것, 그것이 곧 철학함이라 할 수 있을 것입니다. '우리' 삶의 가치를 고민하고, 함께 가치를 추구할 때 사회는 변할 수 있습니다. 그것이 우리 사회에 '철학함'이 필요한 이유입니다.

자신이 옳다고 생각하는 가치를 책임진다는 것은?

참여 ■ 김아라, 허혜령, 김신혜, 이나경 | 정리 ■ 김민아

여우가 말했다.

"비밀을 말해줄게. 아주 간단한 거야. 잘 보기 위해서는 마음의 눈으로 보아야 해. 가장 중요한 것은 눈에는 보이지 않으니까."

"가장 중요한 것은 눈에는 보이지 않으니까."

어린왕자가 그 말을 기억해두기 위해서 되풀이했다.

"네 장미꽃이 그토록 중요한 꽃이 된 것은, 네가 그 꽃을 위해서 바친 그 많은 시간들 때문이야."

"내가 그 꽃을 위해서 바친 그 많은 시간들 때문이야······."

어린왕자는 그 말을 기억해두기 위해서 되풀이했다.

"사람들은 이 진리를 잊어버렸어. 하지만 너는 잊어버리면 안 돼" 하고 여우는 계속 이어 말했다.

"네가 길들인 것에 대해서 너는 영원히 책임을 느끼게 되는 거야. 너는 네 장미꽃에 대해 책임이 있어······."

"나는 내 장미꽃에 대해 책임이 있어······."

어린왕자는 그 말을 기억해두기 위해 다시 한 번 되풀이해서 말했다.

앞글은 생텍쥐페리의 『어린왕자』에 나오는 내용입니다. 어린왕자와 여우는 대화를 합니다. 여우는 어린왕자에게 그의 장미꽃이 중요한 의미가 된 것은 바로 어린왕자가 그 꽃을 위해 바친 많은 시간들 때문이라고 하지요. 그리고 여우는 어린왕자가 자신의 장미꽃을 길들이고 지키기 위한 '책임'이 있다고 말합니다. 자신이 옳다고 생각하는 가치, 자신에게 소중한 가치가 무엇인지 구체적인 일상과 연관지어 고민해보고 내 삶에서 그것이 어떠한 의미가 있는지에 대해 생각해봅시다. 그러나 단지 옳은 가치를 알게 된 것으로 만족해버린다면 그것은 단순한 지식을 습득한 데 지나지 않고, 결코 그 가치들은 우리 자신의 것이 될 수 없습니다.

어린왕자에겐 무엇보다도 그의 장미꽃이 소중했기에 자신의 장미꽃에 대한 책임이 있었던 것처럼, 우리에게도 우리가 옳다고 생각하는 가치들에 대한 책임이 있다고 말할 수 있겠지요. 그러면 과연 우리 자신만의 장미꽃, 즉 가치 있는 존재에 대한 책임을 진다는 건 무엇일까요? 우리가 그러한 가치에 책임을 져야 하는 궁극적인 이유는 무엇일까요? 그리고 우리가 자신의 옳은 가치를 책임질 수 있는 방법에는 어떤 것들이 있을까요? 더 나아가서, 만약 자신의 가치에 대해 책임지려 하다 타인의 가치를 침해하게 되었을 때는 어떻게 해야 할까요?

함께 고민해봅시다. 우리에게는 각자 자신의 장미꽃에 대한 책임이 있으니까요.

일상과 가치 :
자신의 삶을 존중하는 방법

허혜령 ★ 저는 아침 7시에 집을 나서서 밤 9시 반에 집에 들어올 때까지, 집에 있는 시간보다 학교에 있는 시간이 더 긴 '고등학생'입니다. 아직 고등학생이라는 신분을 벗어날 수 없는 제가 만나는 거의 유일한 사회는 학교입니다. 매일, 저의 사회, 학교에서 저는 불편함을 느낍니다. 학교는 제가 존중받지 못하고, 저의 친구들이 존중받지 못하고, 선생님들이 존중받지 못하는, 그 누구도 존중받지 못하는 곳이 되어버렸기 때문이죠.

내가 만나는 사회, 나의 사회에서 모두가 존중받지 못하는 것이 언제부터 시작되었는지 정확히 기억나지는 않습니다. 하지만 분명, 모두 온전히 존중받지는 못하고 있습니다. 자습시간, 공부하지 않고 떠드는 아이들이 있습니다. 그러나 눈총받고 싶지 않기 때문에, 반장이 아닌 이상 나서서 말하지 않는 거죠. 이러한 상황은 떠드는 아이들, 그리고 말하지 않는 아이들, 모두가 서로를 진정 존중하지 않기 때문에 일어난다고 생각합니다. 그리고 학생들은 선생님들의 존중은 받고 싶어하면서, 선생님들을 존중하지 않습니다. 만만하고 잘 꾸중하지 않는 선생님 수업시간에는, 특히 주요 과목이 아닌 경우에는, 절반 이상이 수업에 참여하지 않는 경우도 있죠. 그리고 몇몇 아이들은 선생님께서 야단을 치시는데도, 눈을 치켜뜨고 앞에서 욕을 하기도 합니다.

『아름다운 가치사전』에서는 존중에 대해 이렇게 말합니다. "대상 자체를 소중히 여기며 그들의 권리를 옹호하는 태도를 말합니다. 존중하는 마음이 없다면 사람들에 대한 친절과 배려, 예의는 알맹이 없는 허식에 불과합니다. …… 또한 존중은 자기 자신에게도 필요한 미덕입니다. 이것을 자아존중감이라고 하는데 자기 자신이 가치 있고 소중한 존재라는 것을 인식하고, 남이 자기를 함부로 대하지 못하도록 하는 것을 말합니다. …… 자기 자신을 존중하지 않으면 남을 존중하기도 어렵습니다." 더불어 살아갈 수밖에 없는 만큼, 우리는 서로를 소중히 여기고 존중하여, 상처 입히지 않을 필요가 있습니다. 그렇다면 이미 서로를 존중하지 않는 가운데에서, 가장 먼저 시작해야 할 것은 과연 무엇일까요? 그것은 바로 자신을 존중하는 것이라 생각합니다. 상대를 존중하지 못할 때, 자기 자신을 존중하지 못하는 경우가 많습니다. 자신이 소중한 존재임을 인식하지 못하고, 자신의 생명에 충실하지 못하는 것이 바로 자신을 존중하지 못하는 것입니다. 자신을 존중하지 못하면서 상대를 존중하려 하는 것은 앞뒤가 맞지 않습니다. 자신의 생각을 위해, 진실을 위해, 무엇인가를 위해 끝까지 나아가는 것이 바로 자신을 존중하는, 정확히 말하면, 자신의 하나뿐인 生을 존중하는 방법이라 생각합니다.

지금도 분명 존중받지 못해 눈물 흘리는 사람이 있을 것입니다. 학교에서뿐만 아니라, 더 넓은 사회에서도 마찬가지입니다. 눈물을 흘리는 것에서 나아가 죽음을 생각하고 있을지도 모르죠. 내가 존중하지 않음으로써 상대를 죽일 수도 있습니다. 내가 존중받기 위해 존중하는 것은 당연합니다. 저는 존중받고 싶습니다. 그래서 존중할 것입니다. 저를 먼저 소중히 하고, 당신을 소중히 하고, 우리를 소중히 할 것입니다.

내 안의 길잡이가 만들어내는 진정한 자유

김신혜 ★ 저는 자유라는 가치에 대해 의문을 제기해본 적이 없습니다. 사랑, 행복, 순수 등에 대한 가치들도 마찬가지입니다. 그것은 인간이 존재하기 위해 공기가 필요하듯, 그러한 가치들에 의문을 제기할 필요 없이 무조건적으로 존재해야만 한다고 생각했습니다. 하지만 인간은 점차 지식을 쌓아가면서 우리가 마시는 이 기체는 무엇이며, 우리 몸에 어떤 작용을 하는지 과학적으로 증명을 한 것처럼, 가치라는 당위도 그 자체로만 인정받지 못하고 증명되어야 하는 세상이 왔습니다.

제7회 정세청세에서 저는 자유라는 당위에 질문하는 한 아이를 만났습니다.

"왜 우리는 자유로워야 하나요? 왜 감옥에서 탈출해야 하죠? 감옥 바깥이 더 행복하다는 것을 어떻게 알죠? 제가 추구하는 길이 감옥 안에 있어서 더 쉽게 성공할 수 있다면 저는 나갈 필요가 없잖아요. 저는 아직 꿈이 없어요. 그것을 찾아나가는 중이에요. 하지만 저는 성공을 하고 싶고, 그러기 위해서는 학교를 다니고 공부를 잘 해야 해요."

순간 숨이 막히고 마음이 답답해지는 걸 느꼈습니다. 제가 한 번도 생각해보지 못했던 질문에 감탄하기보다는 슬펐습니다. 그 슬픔은 성공이 인생의 전부고 의미 있는 것이라고만 느끼게 만드는 어른들과 사회를 향한 마음속 깊은 곳에서 우러나오는 슬픔이었습니다. 저 역시 한때 성공하고 싶었던 적이 있었습니다. 사회에서 소위 성공이라 부르는 것이 어떤 것인지 제대로 알지 못했고 제가 추구하는 길과 어떤 연관이 있는지 잘 알지 못한 채 말이죠. 지금 제가 원하고 정의한 성공은 그와는 많이 다른 뜻을 담고 있습니다. 아이들은 어른의 말과 행동을 따라하는 경우가 많습니다. 그것이 어떤 의미가 있는지 생각하기보다는 그저 우리가 닿지 못하는 세계에 동경심을 가지고 따라하는 것입니다. 어린아이가 높은 구두를 신고 싶어한다거나 넥타이를 매고 싶어하는 것처럼.

병아리가 알을 깨고 나오는 것처럼, 저도 이제 겨우 부리로 딱딱한 알을 쪼기 시작했습니다. 하지만 알의 분열 사이로 정신을 번쩍 들게 하는 한 줄기 햇볕과 한 줌의 공기가 들어오듯, 어른들을 흉내내는 것이 멋진 일만은 아니라는 것을 깨달았습니다. 알을 깨는 것은 고통이 따르는 행위이지만, 누군가가 새를 돕겠다고 알을 깨어주면 그 새는 결코 튼튼하게 자랄 수 없는 것처럼 이것은 청소년이 짊어지고 나아가야 하는 숙명입니다. 그리고 저는 이 시대를 살아가는 청소년으로서, 당위를 설명해야 한다는 의무가 더해졌다는 것을 겨우 깨달을 수 있었습니다. 그것은 제가 거부할 수 있는 문제가 아니라는 것도 곧 깨달았습니다. 언제든지 세상에 도전받고 흔들릴 가치가 되어버릴 가능성이 높을 테니까요.

　그렇다면 도대체 자유란 무엇일까요? 김용규 선생님과 함께하는 주제와 변주에 참여했던 저는, '본래적 자기'와 '비본래적 자기'에 관한 이야기를 들었고, 그것은 자유와 매우 밀접한 관계를 맺고 있는 것이 아닐까 생각합니다. '비본래적 자기로서의 삶'은 타인의 의견에 따라서 사는 것으로, 존재는 하지만 실존하지 않는다는 뜻이죠. 비본래적 자기로서의 삶은 어느 날 자신의 삶의 무의미성을 느끼게 된다고 생각합니다. 반면에 '본래적 자기로서의 삶'은 자신의 의지로 살아간다는 뜻으로 진정한 자기로 산다는 것, 즉 실존한다는 뜻입니다. 자유를 가진 사람은 자신의 삶에 실존하는 '본래적 자기'로서의 삶을 살 수 있지만, 타인의 강요로 어떤 행동을 하는 것은 자신의 목을 서서히 조르는 일과도 같습니다.

　하지만 여기서 한 가지 의문이 생겼습니다. TV나 컴퓨터 등에서 많이 접한 노래일수록 사람들은 그 노래가 좋다고 느끼는 것처럼, 우리는 사회의 목소리로부터, 주변 사람들의 목소리로부터 많은 정보와 의견을 무심코 듣습니다. 우리가 자신의 의지로 추구하고 있다고 여기는 일이, 정말 본래적 자기인 내가 원하는 일일까요? 내가 무엇을 원하는가를 생각하는 것마저 자유롭지 못할 수도 있다는 뜻입니다. 그래서 저는 자유의 근본적인 시작은 세상과 타인의 목소리로부터 스스로의 목소리를 분간해내어 내가 진정으로 원하는 바를 깨닫는 것이라고 생각합니다. 즉 진정한 본래적 자기를 깨닫는 것입니다. 그것에 대한 깨달음과 성찰 없이 실존하는 것은 불가능하지 않을까요?

　진정한 본래적 자기를 깨닫고 난 후에는 모든 것이 달라질 것입니다. 내가 하는 선택이 사회적으로 많은 노출 속에 있다 하더라도, '자유'를 거치고 난 후의 선택은 전혀 다른 의미를 가집니다. 억압이 사라지고 나의 자유의지를 통해 생겨난 선택은 훨씬 더 강한 의미를 띠게 됩니다. 그것은 타인에 의해 꺾이지 않고 오직 나에 의해서만 꺾일 것입니다. 그때는 본래적 자기에 대한 회의가 들이닥쳤을 때가 아닐까요.

하지만 여기서 분명 주의해야 할 점이 있습니다. 자유라는 개념은 쉽게 '내가 하고 싶은 것만을 추구하는 것'이라고 할 수 있죠. 그것은 때로 자신의 미래에는 오히려 화가 될 수도 있는 단편적인 욕심을 채우기 위한 것일 수도 있고, 타인을 불편하게 만들 수도 있는 것입니다. 그렇다면 내가 원하는 일이 올바른 것인지 어떻게 알 수 있을까요? 저는 '내 안의 길잡이'를 따르라고 말하고 싶어요. 사람들은 이것을 양심이라 부르기도 합니다. 모든 사람은 깊은 내면에서 무엇이 옳고 그른 것인지 알고 있습니다. 행동에 옮기지 못하는 것은 단지 그 목소리가 단편적인 것을 추구하고자 하는 목소리에 파묻혀 들리지 않는 것뿐이라 생각합니다. 그리고 그 목소리는 복잡하게 얽혀 있는 문제에 대해 내가 어떤 행동을 하려 할 때, 감정이란 모습으로 찾아옵니다. 잠시 행복할 수 있는 일을 선택했을 때 마음 한구석이 불편하다면, 더 나은 방법이 존재하거나 내 선택이 틀렸다는 것입니다. 지금은 당장 불편하지만 마음 한구석에서 '해야 한다'라고 말한다면 그 선택은 옳았다고 말할 수 있다고 생각해요.

'내 안의 길잡이'를 따르는 것은 그 목소리를 귀 기울일 줄 아는 사람만 가능합니다. 저를 비롯한 청소년들은 그 목소리에 귀를 기울일 만한 순수함을 가지고 있다고 생각해요. 종종 세상은 복잡하게 엉켜 있는 실타래같이 보이기도 하지만 그것을 풀기 위해서는 차근차근 도전하는 수밖에 없습니다. '내 안의 길잡이'의 목소리에 귀를 기울여 자유를 누리는 것이 그 시작이라 생각합니다.

가치를 책임진다는 것 :

순수와 배려가 사라진 '어른들의 진짜 사회'

김신혜 ★ 질문 하나하나가 쉽고 가볍게 대답할 수 있는 게 아니네요. 먼저 가치를 책임진다는 것은, 나 자신에 대해 책임진다는 것과 같은 맥락이라는 생각이 들어요. 가치는 사랑, 용기, 자유 등만을 이야기하는 것이 아니잖아요? 한 단어로 이야기하기 힘든, 나의 내면 깊은 곳에 뿌리를 내리고 있는 가치가 존재하기 때문에 가치는 나의 모든 생각과 그것으로 이어질 행동, 모든 사소한 말 한마디를 결정하는 것이니까요. 그리고 무엇인가를 책임질 수 있다는 것은 모든 사람이 할 수 있는 일은 아니라고 생각합니다. 그것은 자신을 사랑하고, 자신의 내면을 때때로 들여다보며 그것을 제대로 읽어낼 줄 아는 사람만이 가능하겠지요. 어떤 것을 가장 가치 있게 생각하느냐도 중요하지만, 가치를 가지는 것만으로도 그 사람은 성장하고 싶어하는 사람이란 것을 알 수 있지 않겠어요?

가치를 책임질 수 있는 방법은 일상생활 속에서 스스로가 어떤 상황에서 어떤 행동과 말을 하는지 잘 깨닫고 섣불리 행동하지 않는 것이에요. 그게 가장 중요한 게 아닐까 생각해요. 일상에서 이익을 위해 나의 가치와 상반된 행동을 하는 사람이 어떻게 가치를 가지고 지킨다고 말할 수 있으며, 정말 중요한 상황에서 자신의 가치를 지키기 위해 발 벗고 나설 수 있을까요? 사소해 보이지만 사실 가장 중요한 일은 이처럼 사소한 일이라고 생각해요.

이 세상에는 참 많은 사람들이 있고, 그 많은 사람들 중에서 한 사람이라도 누군가와 쌍둥이처럼 똑같은 가치를 지닌 사람은 없겠지요. 그 많은 가치들이 모두 다르면서도 퍼즐조각처럼 딱 맞아떨어지는 것이면 참 좋겠지만, 내 가치를 지키려다 타인의 가치를 침범하는 일이 종종 생기기도 하죠. 스스로도 무엇이 가장 좋은 방법이라고 말하지 못하지만요, 저는 대부분의 경우 제

가치보다 상대의 가치에서 많이 배우려 하는 편입니다. 물론 아직 '끼리끼리 모이기' 때문에 친구의 가치가 저와 아주 크게 다르거나, 서로를 힘들고 아프게 하는 일은 그다지 없었어요. 그래서 누구의 가치를 따라가느냐가 크게 결과를 좌우한 적은 없었다고 말할 수 있습니다. 하지만 종종 지지 않고 제 가치를 말하는 경우도 있습니다. 절대 굽힐 수 없는 소중한 가치가 존재하니까요. 그것을 상대방이 인정할 수 없다면 그 관계는 점차 서먹해지겠지요. 그것이 싫고 화가 날 때도 있지만 결국은 조율해내는 과정이 아닐까요? 언제나 독불장군처럼 자신의 가치만을 내세우는 것이 아니라 조금씩 양보한다면 분명 하나씩 좋아질 것이라 생각해요.

저는 '내가 사회에 나간다면' 이라는 말을 쓰는 걸 아주 싫어합니다. 지금 제가 살아가는 곳도 하나의 세계고 사회니까요. 종종 어른들은 '네가 진짜 사회에 나간다면 그런 철부지 같은 말 하지 못할 거다' 라고 말씀하시지만, 저는 어른들이 '진짜 사회' 에 매몰되어 순수나 배려 같은 것을 잊고 산다고 생각합니다. 모든 사람들이 '진짜 사회' 에 나가기 전 가졌던 마음을 다시 찾는다면 많은 사회문제가 해결되지 않을까요? 나의 가치가 이 세상 최고라는 생각을 버리고 조금씩 마음을 열어가면 좋겠어요.

스스로의 마음에 귀 기울이고 반성하는 태도

김민아 ★ 저는 여태껏 '내가 소중히 여기는 가치가 무엇인가' 에 대한 고민을 많이 했습니다. 과연 제가 생각하는 가치가 정말 중요한 것인지, 그리고 제가 그 가치를 소중히 여기는 이유는 무엇인지 생각하며 말입니다. 하지만 저는 항상 거기까지만 고민했어요. 여유가 말한 것처럼, 가치에 대한 '책임' 은 생각해보지 않은 채 말입니다. 어쩌면 가장 중요한 것이 바로 가치를 지키는 것, 가치를 책임지는 것이라 말할 수도 있을 텐데 말이지요.

어린왕자가 장미꽃에 대한 책임이 있는 것처럼, 제가 소중히 생각하는 가치에 대한 책임이 있습니다. 그럼 제가 소중히 여기는 가치에 대해 책임진다는 건 과연 무엇일까요? 명쾌한 정의는 내릴 수 없지만, 그건 아마도 그 가치와 내 마음이 하나가 되는 것이 아닐까요? 마음속에 항상 옳은 가치를 품고서 그것을 행동으로 옮기는 것, 그것이 가치에 대한 책임을 지는 게 아닐까 생각합니다.

그렇다면 그 가치에 대해 책임져야 하는 이유는 무엇일까 또 생각해봅니다. 이제까지 저는 자신이 옳다고 생각하는 가치에 대해 책임진다는 것은 너무나 당연하다고 여겨왔습니다. 하지만 이제 그것이 왜 당연해야 하는지 생각해봅니다. 앞에서 말했듯이 가치에 대해 책임을 진다는 것은 자신의 마음과 추구하는 가치가 합일을 이루는 것입니다. 우리는 자신의 마음과 행동에 대한 책임이 있지요. 따라서 진정으로 옳은 가치를 추구하고자 한다면 자신의 마음과 추구하는 가치가 합일을 이룰 수 있어야 합니다. 그럼으로 우리가 가치에 대해 책임져야 하는 이유는, 그것이 곧 자신의 마음, 자기 자신에 대한 책임과도 같기 때문이라고 생각합니다.

자신의 옳은 가치는 결코 외부의 작용으로는 지킬 수 없습니다. 자신의 가치는 자신의 신념이고 마음이기 때문에 스스로의 노력으로 지켜내야 할 것입니다. 어린왕자는 자신의 장미꽃을 위해 매일 정성스럽게 물을 주고, 유리덮개를 씌워주었습니다. 우리가 우리의 가치에 대해 책임질 수 있는 방법 또한 어린왕자가 한 일과 다르지 않다고 생각합니다. 우리 각자가 자신의 장미꽃에 대해 주의를 기울이고 집중해야 합니다. 그러기 위해선 자신의 마음에 귀 기울이고, 마음과 행동이 일치하도록 노력해야겠지요. 그리고 만약 자신의 가치에 따라 행동하지 못했을 때는 반성하는 자세 역시 필요합니다.

마지막으로, 자신의 가치를 책임지려다 타인의 가치를 침해할 경우를 생각해봅니다. 사람들은 저마다의 가치를 마음에 품고 있고, 그것은 모두 다를 것입니다. 그러므로 자신이 생각하는 옳은 가치대로, 그것을 실천하는 방향으로 행동할 때 때때로 타인과 마찰이 생길 수 있겠지요. 그럴 때 서로의 가치가 더 좋은 것이라고 우길 수는 없습니다. 그런 상황에서는 상대의 가치를 일부 받아들이는 것도 한 방법이 될 수 있을 것입니다. 물론 상대가 추구하는 가치가 내 가치와 완전히 어긋난다면 곤란하겠지요. 하지만 저는 우리가 궁극적으로 추구하는 옳은 가치는 분명 모두에게 이로운, 누구도 그것으로 피해받지 않는 것이라 생각합니다. 따라서 타인이 생각하는 좋은 가치를 주체적으로 수용한다면 분명 나의 가치 역시 새로운 방식으로 지키면서, 책임질 수 있는 좋은 계기가 될 수 있지 않을까 하는 생각이 듭니다.

참 많은 생각을 하게 해준 질문이었는데, 생각했던 것만큼 말로 잘 풀어내지 못한 것 같습니다. 하지만 질문에 대한 답을 생각하며, 제가 소중히 여기는 가치를 단지 그 자체로 아름답고 귀중한 것으로 내버려두지 않고, 직접 그 가치에 대해 책임지고 제 삶을 이끌어가겠다고 다짐하게 되었습니다. 저에겐 나의 장미꽃에 대한 책임이 있다는 것, 다시 한 번 기억합니다.

가치에 책임지는 행동이 삶의 동력이다

허혜령 ★ 장미꽃에 대한 책임을 생각하다 보니 로맹 가리의 『하늘의 뿌리』가 떠오릅니다. 그 책에서 모렐은 코끼리를 위해 그야말로 자신의 전 생애를 걸어 싸우고 또 싸웁니다. 그에게 하늘의 뿌리는 코끼리였던 것이죠. 『어린왕자』의 장미꽃과 『하늘의 뿌리』의 코끼리는 장미꽃에 대한 책임과 코끼리를 지키기 위한 투쟁으로 연결됩니다. 장미꽃과 코끼리, 그리고 가치를 책임진다는 것은 그것을 위해 영혼과 내 몸을 다한다는 것, 생의 목적을 그것을 지키는 데에 둘 만큼 그것을 온전히 소중하게 여기는 것이라 생각합니다. 갈 곳^{목적}이 없으면, 길^{의지}을 잃기 쉬운 것처럼, 가치를 책임지는 행동을 통해 우리는 살아갈 힘을 얻습니다. 하나뿐인 인생을 조금 더 올바르게 살기 위해서는 장미꽃과 코끼리가 되어줄 가치가 필요하고, 우리는 그것을 지키고 책임져야 합니다.

그렇다면 도대체 어떻게 책임질 수 있을까요? 내가 과연 학생이라는 이유로, 마음속으로 내게는 이런 가치가 소중해, 저런 가치도 소중해, 나중에 크면 꼭 지켜야지, 한다고 내가 그것에 책임을 지는 것이라 말할 수 있을까요? 아니, 그것은 안일한 자기합리화일 뿐입니다. 비겁한 변명이 아니라 진짜 실천이 필요합니다. 학생이라면 학교 안에서 할 수 있는 것을 찾아보는 것이죠.

먼저 자신이 소중하게 여기는 가치를 깨달은 후에(이미 소중하게 여기는 가치가 있을 것입니다. 그것을 찾지 못할 뿐이죠. 그래서 가치를 정하는 것이 아니라 깨닫는 것입니다.) 그에 대한 열망을 서서히 키워가는 것이 우선 필요합니다. 그 후에는 우리들의 삶에 가치가 필요하다는 사실을 짝에게, 친구에게, 짝의 친구에게, 그렇게 주변 사람들에게 알릴 것입니다. 내가 어떤 것에 자극을 받아 깨달을 수 있었던 것처럼, 나도 누군가가 가치를 깨달을 수 있도록 도와줄 것입니다. 그 후에는 작은 것이라도 나의 의미를 부여하여 무엇인가를 해야 합니다. 만약 사랑을 소중하게 여긴다면, 사랑하는 사람들에게 안부전화, 하다못해 문자라도 보내며 더 많은 관심을 가지고, 어린왕자의 장미꽃처럼 자신의 사랑을 듬뿍 줄 수 있는 식물을 키울 수도 있죠.

위 질문에서는 나의 가치에 대해 책임지려 하다 타인의 가치를 침해했을 때의 방안 또한 묻고 있는데, 저는 아예 침해할 수가 없다고 생각합니다. 책임질 만한 가치들은 이미 정해져 있기 때문이죠. 이 세상에 계속 남아 있는 가치들, 사랑, 정의, 순수 이런 것들이 장미꽃이 되지, 돈, 외모, 옷 이런 것들을 장미꽃으로 여기는 사람은 없을 것입니다. 그리고 자신의 장미꽃을 깨달은 사람은 이미 자신의 장미꽃이 소중한 것처럼, 상대방의 장미꽃도 소중하다는 것을 알고 있으므로, 서로의 장미꽃이 다르다 해서 비난하지 않겠죠. 게다가 그 장미꽃들은 서로 모두 통하기 때문에 근본적으로 진짜 장미꽃들은 서로 부딪히지 않습니다.

이렇게 글을 쓰고 있지만 저도 제 장미꽃에 제대로 책임을 지고 있지 않았습니다. 코끼리를 지키지 못했습니다. 변명은 그만두고, 당장 그들에게 가야겠습니다. 제 생生을 바쳐 장미꽃을 책임지고 있다고 말하기 위해.

발레리 제나티와
수전 손택의 리베르타스

정리 ■ 박용준

"이제 퍼즐의 짝을 맞추어볼 시간이다. 퍼즐의 그림이 짜맞추어질수록 나의 이야기는

끝을 향해 나아가고, 곧 나의 삶은 시작된다."

– 콘라드 바이트

발레리 제나티와 수전 손택의 글을 읽다보면 일종의 데자뷰를 경험하게 됩니다. 아래의 글은 바로 이 데자뷰의 경험에 대한 증거들입니다. 꿈, 자유, 공감, 예술 그리고 문학 등 그들의 이야기 속 공통된 주제들을 발견합니다. 낱말 퍼즐 맞추기 놀이의 겹치는 지점처럼 그들의 이야기들은 어떤 중심으로 수렴됩니다. 이러한 둘의 공통점은 모두 이야기꾼이라는 점입니다. 하지만 그들의 이야기 퍼즐은 완성에 가까워질수록 하나의 놀이에 불과한 것이 아님을 알게 해줍니다. 그 이야기의 끝은 언제나 '삶'을 향해 있기 때문입니다. 이야기를 끝까지 읽어나가다 보면, 우리 앞에 놓인 새로운 세상을 만나게 될 것입니다.

자유의 영토

발레리 제나티 프랑스어의 꿈Rêve이라는 단어의 어원을 살펴보면, '해방되다' 혹은 '～로부터 나가다' 라는 뜻을 가집니다. 이와 유사하게 책Livre이라는 단어의 뜻 또한 '자유롭다' 혹은 '～로부터 풀려나다' 의 뜻을 가지고 있죠. 꿈과

책. 이 둘을 엮어주는 다리는 결국 자유Liberté라는 매개라 할 수 있습니다. 그래서 책을 읽고, 또 글을 쓰는 것은 자유와 관계 맺고 있는 활동이라 할 수 있습니다.

수전 손택 문학, 특히 세계 문학을 접할 수 있다는 것은 국가적 허영, 속물주의, 강압적 지역주의, 알맹이 없는 교육, 결함 있는 운명과 불운의 감옥에서 탈출하는 길이었습니다. 문학은 더 큰 삶, 다시 말해 자유의 영역Zone of Freedom에 들어가게 해주는 여권이었습니다. 문학은 자유Freedom였습니다. 독서와 본질의 가치가 끈질기게 위협받는 요즈음, 더더욱 문학은 자유입니다 Literature is freedom.

공감의 영역 :

발레리 제나티 저는 책을 쓰기 시작할 때 그 영향을 생각합니다. 글쓰기의 이중성이라 할 수도 있지요. 이중성이라는 말은 자기 속에 있는 무언가를 열심히 추구해서 자기 밖에 있는 타인을 이해함과 동시에 자기 속에 있는 타인을 이해하고 공감Empathy하는 것입니다. 다니엘 바렌보임이 했던 시도와 비슷한데요, 어느 한쪽을 택할 것이 아니라 모두가 공존할 수 있게 하는 것입니다. 시몬 베유가 말하길 '누군가를 좋아한다는 것은 그 누군가가 나와 같은 조건으로 존재한다는 것을 인정한다는 것.' 즉 타인을 받아들이고 또 관용하는 거죠.

수전 손택 문학은 혹은 우리가 아닌 사람들을 위해 슬퍼할 수 있는 능력을 길러줍니다. 우리가 아닌, 혹은 우리의 것이 아닌 이들과 공감Sympathize할 수 없다면 우리는 어떤 존재라 할 수 있겠습니까? 아주 잠시 동안이라도 우리 자신을 머리에서 지울 수 없는 사람이라면요? 배울 수도, 용서할 수도, 지금보다 더 나아질 수도 없는 사람이라면요? …… 사진을 찍는다는 행위도 역시 타인의 도덕성, 연약함, 변덕스러움 등에 관여한다는 것을 뜻합니다.

세상의 발견 :

발레리 제나티 우리는 사실 아이들이 무심코 던지는 질문들에 대해서는 진지하게 생각하지 않는 것 같아요. 저에겐 딸이 하나 있는데요. 가끔 굉장히 철학적인 질문을 하기도 합니다. '사는 게 무슨 목적이 있나요?', '나는 왜 살아 있죠?', '나는 왜 나고 다른 사람은 아니죠?' 등 간단하게 들리는 이 질문들은 우리가 평생 스스로에게 묻는 질문들이라고 할 수 있죠. …… 이러한 아이들을 위해 글을 쓰기도 하고, 또 어른들을 위해 글을 쓰기도 하는 저는 그래서 이야기를 풀어나가면서 세상World을 바꾸는 이야기 혹은 각 개인의 삶에서도 혁명적인 변화를 가져올 수 있는 이야기를 하려고 늘 노력합니다.

수전 손택 작가는 세계에 관심을 갖는 사람입니다. 인간 존재가 저지를 수 있는 악행들에 대해 이해하고, 받아들이며, 관계 맺기 위해 노력한다는 뜻입니다. 또한 이러한 이해에 의해서도 스스로 냉소적이고 피상적인 존재로 전락하지 않는다는 것입니다. …… 문학은 세계가 어떤 곳인지 말해줍니다. …… 저는 애리조나에서 어른이 되어 더 넓은 세상Reality으로 탈출하기를 기다리며 어린 시절을 버텨낼 수 있었던 것은 책 덕분이라고 말했지요.

예술의 영속 :

발레리 제나티 예술이라는 것은 누구나 다 추구하는 분야이고 살아가면서 자유를 재창조하는 데 필요한 분야라고 할 수 있을 것입니다. 물론 문학과 예술은 매우 다른 성격을 가지고 있다고 할 수 있어요. …… 이 세상은 아름다움으로 가득 차 있어요. 이렇게 나와 만나 이야기하는 당신도 정말 아름다운 존재입니다. 그런 의미에서 본다면 인간 존재와 그에 관한 이야기인 소설 등은 모두가 아름다운 예술^{Art}과도 같습니다.

수전 손택　아름다움은 불변하는 것처럼 보입니다. …… 하나의 생각, 영구한 관념으로서 아름다움이 가장 잘 구현된 것이 바로 예술이기 때문입니다. 아름다움은 피상적이지 않고 심원합니다. 드러나 있지 않고 때론 감추어져 있습니다. 심란하게 하지 않고 우리에게 위안이 됩니다. 자연 속에 있는 것과 같이 덧없지 않고, 예술 속에 있는 것처럼 영원불멸합니다. 정신을 고양시키는 종류의 아름다움은 영원히 지속될 수 있는 성질의 것입니다.

자유란?

· 박재연 ·

우리는 다양한 틀 안에서 살아갑니다. 제 또래들은 학교라는 틀에서, 어른이 되면서는 커다란 사회의 틀에서 아니 어쩌면 학교나 사회를 넘어 보이지 않는 많은 틀 속에서 살고 있습니다. 혼란스러운 전국시대에 태어난 장자는 철저히 그 세속이라고 하는 틀 안에 살면서도 온전한 정신적 자유를 추구한 소요사상을 이야기합니다.

여러분, 자유란 뭘까요? 어떤 틀 안에서 찾아내는 것이 진정한 자유일까요? 틀을 벗어나 무언가를 추구하는 것 자체가 바로 자유일까요? 아니면 그러한 틀의 경계나 구분과는 아무런 상관없이 나만의 자유를 각자 추구해야 할까요? 우리가 생각하는, 상상해왔던, 혹은 이 순간 내가 느끼는 자유란 무엇인가요?

➔ 언제 어디에 있든 내 마음이 구속받지 않는 것. 늘 온전히 순수한 나를 지키는 것. **김아라**

➔ 진정한 자유는, 나의 자유를 생각하기에 앞서 타인의 자유에 대해서 먼저 생각해보는 자세. **하성봉**

✚ 내가 나로 존재할 수 있는, 어떠한 가면도 필요없는 아주 자연스러운 상태. **김혜진**

✚ 내가 누구인지 알고, 내가 무엇을 좋아하는지 알고, 그리고 그것이 남에 의해서가 아닌 절대적으로 나의 행복임을 확신할 수 있는 것. 그리고 자유가 결코 거대한 담론이 아니라, 인간의 가장 기본적인 권리이고, 그것을 깨달은 자가 자유를 얻은 자이다. **이윤영**

✚ 자유란, 남과 함께 사는 사회에서 지켜야 할 기본 자세. **김민성**

✚ 말로는 표현하기 어렵지만, 내 행복의 근원. 작은 두려움 속에서도, 내가 내 삶의 주인임을 깨닫게 하는 것. **이소연**

✚ 아무 것에도 얽매이지 않고 온전하게 나다울 수 있기 위해 필요한 것. **이정연**

✚ 진정한 자유란, 자신의 마음이 가는 대로 행동하면서도 남에게 피해를 주지 않고, 늘 행복이 충만할 수 있는 힘. **최승규**

✚ 어떠한 외적 상황보다는 자기 자신의 마음이 평온한 것. 마치 푸른 하늘을 나는 새와 같은 것. **박제준**

✚ 학교를 마치고 학원에 가지 않고 놀이터의 그네를 타는 것. **박연슬**

✦ 자유란, 누구보다도 나 자신을 사랑하는 것. **김신혜**

✦ 자유란, 진실을 감당할 수 있는 용기를 가진 사람이 선택한 열려 있는 삶의 태도. **윤한결**

✦ 나와 타자의 경계를 뛰어넘게 할 수 있는 힘. **박나원**

✦ 내가 지금 살아 있음을 느끼게 해주는 것. **안인창**

✦ 행복을 느끼게 해주는 것, 그러나 책임 역시 따르는 것. **이미지**

✦ 내 자유는 이랬으면 좋겠어요. 야간자율학습 시간에도 떳떳하게 책을 읽을 수 있는 자유, 내 하루를 돌아보며 일기를 쓸 수 있는 자유, 내게 가장 절실한 자유들이에요. **윤수민**

✦ 자유란, 내가 할 수 있는 일을 다른 사람의 간섭을 받지 않고 떳떳하게 할 수 있는 것. **차재혁**

✦ 자유란, 새장 속에 갇혀 사는 새에게 광활한 하늘과 산과 들 같은 것. **정유리**

✦ 틀을 벗어날 수도 있고 그 틀 안에서 즐거울 수도 있는 능력. **최예린**

✦ '사랑이 아니면 인생은 아무것도 아니다'라는 말을 실천할 수 있는 것.
유진재

✚ 자유, 자기의 진실한 목소리에 끊임없이 귀 기울일 수 있는 것. 그 어떠한 고난과 역경, 외부의 목소리에도 굴하지 않고 떳떳하고 진실하게 살아갈 수 있는 용기의 또 다른 이름. **김지현**

✚ 경계와 틀 안에서 자유롭게 노닐 수 있는 것이 자유라고 생각했는데, 『장자, 차이를 횡단하는 즐거운 모험』을 읽고 나서는, 앨버트로스처럼 좀 더 높이 올라 바람에 자신의 몸을 누이는 것이 진짜 자유일 수도 있겠다고 생각했어요. 일단 더 높이 올라가기 위해, 뒤뚱거리는 황천옹처럼 열심히 노력해야겠다고 생각해요. 결국 나 자신을 앞으로 나아가게 해주는 원동력이 저에겐 자유입니다. **주성완**

Faith

2부

의심하기
: 진실

1부에서 무엇을 소중하게 생각할 것인지, 자신의 삶에서 무엇이 중요한 가치인지를 고민하고 선택해보았습니다. 그렇게 선택한 다음에는 무엇을 해야 할까요? 그것은 바로 '의심하기'라고 생각합니다. 내가 중요하다고 생각하는 것, 즉 가치 있는 것이 무엇인지를 분명히 하고 나면, 이 세상이 그렇지 못한 모습이라는 점을 깨닫게 됩니다. 그래서 우리의 삶, 우리가 살고 있는 사회, 그리고 세계의 부조리가 어떻게 존재하는지를 의심하는 것이죠. 의심이 다소 부정적인 어감이 강하지만, 의심을 통해서 감춰져 있던 '진실'이 무엇인지를 알 수 있습니다. 그러니 의심하기는 우리에게 반드시 필요한 자세겠지요.

학교생활에서 학생으로서, 민주주의 사회에서 시민으로서, 역사 속 인간으로서의 우리의 모습과 사회를 의심해보고 그를 통해 진실을 바라볼 수 있는 힘은 무엇인지를 함께 고민하고 토론해봅시다.

나를 고발한다

참여 ▪ 이윤영, 이인재, 박소현, 김나리, 이소연, 이희선,

김주영, 박은빈, 최승규, 이정민, 공준호

진정한 지식인 에밀 졸라를 통해 진실에 눈뜨다 ⦂

1894년 10월 31일, 독일의 스파이 활동을 한 죄로 한 프랑스 장교가 체포되었습니다. 그의 이름은 알프레드 드레퓌스. 일명 '드레퓌스 사건'이라고 불리는 이 사건은 프랑스를 진실에 눈뜨게 하는 역사적인 계기가 됩니다.

『나는 고발한다』는 당시 소설가였던 에밀 졸라가 드레퓌스 사건의 진실을 밝히기 위해 썼던 글들을 모은 책입니다. 졸라는 드레퓌스 사건이 단순한 재판 오심의 문제가 아닌 진보와 보수, 유대인 차별, 언론을 통한 여론조작 등 여러 문제가 얽혀 있음을 고발했습니다. 그는 자국인 프랑스에 보내는 편지에서 "사람들은 진실이 가는 길을 가로막고, 또 얼마간 진실을 땅 속에 묻어두는 데 성공할 수 있으리라. 하지만 그때에도 진실은 땅 속에서 자라며, 땅 속에서 엄청난 힘을 얻고, 어느 날 폭발의 굉음과 함께 모든 것을 날려버리리라. 앞으로 몇 달 더 거짓과 밀실 속에 진실을 가두어보라. 그러면 그대들은 더할 나위 없이 무서운 재앙을 준비했음을 알게 되리라"며 진실에 대한 강한 믿음과 굳건한 신념으로 당대의 모순을 지적했습니다.

졸라가 진정한 지식인으로서 존경받는 까닭은 바로 아무도 말하지 않고 숨

기려고만 한 것을 말한 힘, 즉 진실을 외친 용기 때문입니다. 여기서 우리의 현실로 눈을 돌립니다. 우리는 과연 진실을 알고 있을까요? 우리도 드레퓌스를 죄인으로 만들었던 국민들과 같이 자신도 모르게 암묵적으로 악을 행하고 있는 것은 아닐까요?

청소년으로서 가장 밀접한 관계가 있는 학교의 문제로 좁혀 들어가봅시다. 대한민국의 학생이라면 거의 모두가 주입식 교육과 경쟁만이 강조되는 현 교육제도의 모순과 부조리를 느꼈을 것이며, 지금도 느끼고 있을 것입니다. 하지만 모순을 절실히 느끼면서도 그것을 바꾸려는 노력 대신 자신을 그 제도에 맞춰 바꿔가는 것이 현실입니다. 또는 그러한 부조리를 우리가 전혀 눈치채지 못하는 경우도 있습니다. 한 예로 대학입시 결과가 학교의 명성을 드높이고 명예를 가져다준다는 것에만 신경을 쓰는 선생님들은 학생들을 인격체로서가 아닌 입시성적을 위한 도구로 생각할지도 모릅니다. 하지만 우리 역시 이것을 그다지 인식하지 못하는 것이 사실입니다. 말로는 입시체제가 잘못되었다고 하지만 실제로는 이미 현실에 순응해버린 존재, 모순 가득한 체계에 하는 수 없이 동의한 우리 청소년들이 이 사회의 많은 모순들을 바꿀 수 있을까요? 아니 그 모순의 실체만이라도 인식할 수는 있을까요?

모순을 느끼지 못하고 체계에 안주해버린 우리들의 모습은 드레퓌스 사건의 진실을 몰랐던, 또는 알고자 하지 않았던 프랑스 국민들과 다를 것이 없습니다. 물론 치열한 경쟁만을 요구하는 현재의 교육시스템은 지금의 어른들, 나아가 우리보다 먼저 산 역사 속의 사람들 모두가 의도했든 의도하지 않았든 만든 것이라 볼 수 있습니다. 하지만 그 현실이 잘못되었음을 인식하고 나아가 그 현실을 바꿀 수 있는 것은 그들이 아니라 우리입니다. 그렇기 때문에 청소년들은 그 시대의 누구보다도 당대의 모순을 자각하고 있어야 하며, 이것이 바로 이제부터 우리가 이야기할 '진실에 깨어 있는 자세'인 것입니다.

우리는 과연 진실에 눈뜨고 있는가. 자신의 안위와 이기적인 마음 때문에 사회의 거짓과 모순을 그냥 눈감고 지나치지는 않는가. 아니면 거기에 물들어 가고 있지 않은가. 그래서 우리는 '나'를 고발하고자 이렇게 모였습니다.

몽상가가 될 수 없는 우리들 :

이윤영 오늘 토론의 주제부터 명확하게 하고 시작해야 할 것 같은데요. 오늘의 주제는 '나를 고발한다' 입니다. 지금 우리가 몸담고 있는 교육체제에 모순을 느끼면서도 그 모순의 진상을 알지 못하고 또 고쳐야 한다는 마음보다 오히려 그런 모순에 물들어가는 우리의 모습을 되돌아보자는 것입니다. 하루의 대부분을 학교에서 생활하는 우리가 스스로 인지하지 못했던 모순들을 하나하나 지적하면서 우리의 현 주소를 살피는 것이 오늘의 주제라고도 볼 수 있겠습니다. 먼저 인재 군이 고발하고 싶은 자신의 모습은 어떤 것인지 말씀해 주시죠.

이인재 네, 당연한 말처럼 들리겠지만 저를 비롯한 많은 학생들은 학벌사회에서 자유로울 수 없습니다. 그렇기에 우리는 그 견고한 학벌체제 속에서 '잘 살기 위해' 암기식의 수학과 정형화되어 있는 문학, 그리고 세계강국 미국의 언어인 영어를 배워야 합니다. 문제는 이러한 현실에서 우리가 할 수 있는 일들에 제약이 많다는 데 있다고 생각합니다. 왜냐하면 우리는 선거권도 없는, 그러니까 사회적 입법의 권리를 갖추지 못한 미성년자이기 때문이죠. 그래서 우리는 지금 당장 개혁을 시도한다거나 자신의 주장을 강력하게 하는 등의 행동을 하기에는 굉장히 힘든 현실인 것이 틀림없습니다.

그렇다면 이런 상황에서 우리가 할 수 있는 것은 과연 무엇일까요? 그것은 우리 스스로가 먼저 사고의 틀을 전환해야 한다는 것입니다. 우리가 이제까지 무비판적으로 수용하고, 당연하게 받아들여왔던 것들이 잘못되었을 수도 있다는 비판의식을 갖자는 것이지요. 나아가 자신만의 고유한 주체성을 가져야 합니다. 자신이 처한 상황, 자신을 둘러싸고 있는 모습을 먼저 알고 배우고 바꾸자는 것이지요.

학교에서 학생들에게 꿈을 물어보면 대부분 근시안적인 대답을 하거나 때로는 너무나 현실적인 대답들을 합니다. 그리고 그 대답들은 대단히 획일적이어서 '정말로 그것이 그들의 꿈인가?' 하고 되묻게 됩니다. 좋은 대학에 가고, 좋은 직장에 취직해서 많은 봉급을 받으며 편안하게 일생을 마치는 것. 이 것이 일반적인 학생들의 꿈이거든요. 그들 중 대부분은 안정된 생활이 보장되는 공무원을 꿈꾸고 있으며, 흥미나 적성에 상관없이 점수에 따라 대학과 학과를 결정하죠. 대체 무엇이 우리를 이렇게 획일적이고도 현실적으로 만들어 놓았을까요? 열정도 패기도 심지어 자신만의 진실한 꿈조차 없는 이들을 과연 청소년이라고 부를 수 있을까요? 그저 바람에 흔들리는 갈대처럼 바람이 부는 대로, 남들이 가는 대로 휘청거리는 모습이 우리의 자화상이어야만 하는 것일까요? 우리는 좋은 대학교를 가야 한다는 것에 일말의 의심을 품지 않습니다. 그것은 능력이 되든 안 되든 반드시 해야만 하는 것이라고 생각합니다. 조금이라도 더 좋은 학교, 더 좋은 학과에 진학하기 위해 노력해야 하고 그렇게 되어야만 우리는 성공한 삶, 편안한 일생을 살 수 있다고 배워왔습니다. 이 것은 마치 보편적 진리나 공식처럼 여겨온 것들이라서 우리는 이것을 아무런 비판의식 없이 쉽게 받아들입니다. 진정으로 자신이 가고 싶은 학교가 어떠한 곳인지, 또 자신이 가고 싶은 과가 어디인지 전혀 알지도 못한 채 그저 껍데기만 보고 들어가려 애를 쓰지요.

물론 제가 이런 말을 하면 많은 사람들이 저를 이상주의자나 몽상가로만 봅니다. 하지만 저는 이상주의자도 몽상가도 아니며 현실을 완전히 무시할 수 있을 만큼 용기 있는 인간도 아닙니다. 다만 한 가지 꼭 말하고 싶은 것이 있다면 우리 모두 주체성을 가지자는 것입니다. 보다 더 넓은 시야를 가지고 미래를 내다보며, 자신만의 굳건한 주체성을 지니고 어떤 바람에도 쉬이 흔들리지 않을 그런 인간이 되자는 것입니다. 그리고 그렇게 우리가 현실을 살아가면서 보다 내면이 튼튼해진 인간이 되어 있을 때, 사회는 조금씩 변해가리라고 생각합니다.

박소현 인재의 의견 중에 주체성을 가지자는 이야기를 하면 친구들로부터 몽상가나 이상주의자로 낙인찍히기 쉽다는 말이 있었는데요, 정말 현실이 그렇습니다. 학교의 여러 비리들을 목격한 학생이 직접 학교나 교육청에 건의를 하면 그 학생은 십중팔구 교무실로 불려가겠죠. 그 뒤론 선생님들 사이에선 '반항아'가 되는 것이고, 학생들 사이에서도 튀려고 애쓰는 이상한 아이로 여겨질 것입니다. 우리는 쉽게 학교의 모순을 비판하면서도 그것을 실천에 옮길 경우 선생님들께 반항아로 낙인찍힌다는 이유 때문에 진실을 추구하고 고발하는 것을 두려워한다고 말하지만, 저는 그것이 변명일 뿐이라고 생각합니다. 모두가 진실을 알고 또 그 진실을 위해 진정 깨어 있다면, 그리고 학생 모두가 반항아가 된다면 그것은 더 이상 반항아가 아닐 것입니다. 그 반항이 진실이라면 말이죠. 다시 말해 문제는 선생님들께서 우리를 '반항아'로 만드는 것이 아니라 우리들 스스로가 반항아를 만들고 있으며 또 모순을 더 모순되게 하고 있다는 것이죠.

김나리 네, 소현이 말을 듣고 보니 생각나는데요. 물론 모두가 반항아가 된다면 반항아가 다수가 되겠죠. 하지만 사실 저희들의 실상은 그렇지가 않습니다. 어느 누구도 반항아가 되려고 하지 않는단 말이죠. 여러 시험들을 보면서 느낀 사실이지만, 우리들은 이미 이 교육제도에 순응되어서 그 껍질을 깨고 밖으로 나가려 하지 않습니다. 현 교육제도의 효율성이나 편리함에 익숙해져서 다른 교육제도를 원하지 않는 것일 수도 있지요. 시험기간이 다가올수록 우리들은 수업시간에 "자습하게 해주세요"라며 수업을 하려는 선생님께 떼를 쓰죠. 우리가 만약 진정한 의미에서 '교육'을 원한다면, 시험이 다가오더라도 자습을 원해서는 안 된다고 생각해요. 그건 결국 우리의 편의를 위해 선생님과 교육을 무시하는 것이니까요.

어쩌면 우리는 잘못되었다고 느끼는 지금의 교육제도를 우리의 입맛에 맞게 이용하는지도 모르겠어요. 가끔씩 "이 교육제도는 썩었어"라고 불평하는 친구들이 있는데……. 그것도 잠시뿐이에요. 성적표가 나올 때나 시험공부를 할 때나 결국은 입시 관련 책을 손에 들고 그저 허공에다 대고 하는 불평일 뿐이죠. 한마디로 말해서 바꾸려는 의지는 없지만 일종의 도덕적 의무감이랄까요? 그런 것 때문에 교육제도에 대해 입으로만 비판하는 친구들이 많은 것 같아요.

또 다른 예를 들어볼까요? 다른 학교도 그런지는 모르겠는데요. 우리 학교는 가끔 자신의 생각을 묻는 문제를 수행평가로 내줍니다. 그게 형식적인 수행평가라 해도 어쨌든 정해진 답이 없는 우리의 진짜 생각을 묻는 거잖아요. 그런데 친구들은 그런 식의 생각을 하는 것 자체를 귀찮아하는 것 같아요. "그런 숙제는 아무 쓸모도 없어" 하고 말한단 말이죠. 심지어 선생님께 차라리 파일검사나 쪽지시험이나 치자고 항의하는 애들도 있어요. 교육제도가 우릴 이렇게 만들었다고 불평할 수도 있지만 이런 모습은 교육제도 때문만은 아니라고 생각해요. 우리는 지금의 교육제도가 일종의 자율권을 주고 우리를 시험하려 드는데도 오히려 그 자율권을 포기하는 것인지도 모르죠. 학교가 올바른 교육제도의 모습을 형식적이나마 갖추려고 하지만, 우리가 우리 자신들에게 요구되는 최소한의 노력마저도 거부하는 것 같습니다.

변하지 않는 우리, 변하지 않는 학교 :

이윤영 이렇게 주위를 조금만 더 관심 있게 둘러보면 우리 스스로도 잘못 되었다는 것을 쉽게 알 수 있는데, 우리는 왜 이제껏 교육제도만을 탓하며 어쩔 수 없다고 생각했을까요? 이 부분에 대해서 이야기할 사람 있습니까?

이희선 학생들이 무엇을 바꿔야 하는지 그 실체를 모르고 있다고 생각했던 일이 있어요. 제가 다니던 학교에 엄하기로 소문난 생활심사가 있던 날이었죠. 첫반부터 차례로 심사가 시작되었는데, 다른 반의 한 아이가 심사 도중 체벌을 받다가 손목의 뼈가 다 드러날 정도로 심하게 상처를 입었다는 얘기가 돌기 시작했습니다. 우리 학년 아이들은 마치 자기 일인 양 분노했죠. 그 분노를 표출한 방법은 바로 '수업거부'였습니다. 목소리 크다는 아이들이 주도해서 각 반의 모든 문을 잠그고, 불을 끄고, 책상에 엎드려 침묵했어요. 수업 종이 울리고, 선생님들은 당황하기 시작했죠. 선생님들이 화를 내시며 그만두지 못하겠냐며 소리치셨지만 꽤나 분노했던 우리는 쉽게 문을 열지 않았습니다. 그러던 중 과학시간이었던 우리 반에 선생님이 오셔서 "너희들 지금 당장 실험실로 안 오면 수행평가 0점이니까 알아서 해!"라며 소리치셨지요. 그렇게 우리 반은 가장 처음 무너진 방어벽이 되었습니다. 우리 반에는 저를 포함해서 성적이라는 엄청난 권력에 대항할 수 있는 용기를 가진 위대한 개인이 존재하지 않았습니다. 하나, 둘 눈치를 보며 일어나더니 실험실로 향하기 시작했죠. 그러나 그렇게 용기 없는 나마저 당황스럽게 만든 것은 실험실에서의 아이들의 태도였습니다. 막상 실험이 시작되자 아까 일은 자신의 의지가 아니었다는 듯이 아이들은 활기차고 즐거워 보이기까지 했습니다. 그 다음 수업도, 그 다음도 아무 일 없었다는 듯이 멀쩡히 수업을 하고 집으로 돌아갔으니까요. 애초에 아이들은 '저항'이나 '혁명' 같은 단어들을 자신 안에 담을 수 없을 정도로 작고 나약한 존재였는지도 모르겠습니다.

우리는 다음 날 몇몇 선생님께 핀잔을 들었을 뿐, 그냥 그게 다였습니다. 학생들은 그 후에 아무런 움직임도 없었습니다. 학교는 별게 아니라는 식으로 사건을 덮기에 급급했고 그렇게 그 사건은 잊혀진 거죠. 최근에 그 당시 그 일에 대해 친구들에게 물었던 적이 있었어요. "혹시 우리 예전에 수업거부 했던 거 기억해?", "……. 그럼, 근데 아무것도 아니었잖아. 결국 수업 다 하고." 이런 반응이 다예요. 그 친구의 그 말로 인해 제가 기억했던 일은 아무것도 아닌 일이 되었습니다. 정말로 실패한 혁명이 되고 말았던 거죠.

김주영 조금 다른 시각이긴 한데요. 희선이 학교에서 있었던 이야기는 혁명이라기엔 좀 무리가 있다고 생각해요. 그건 어쩌면 스스로 원해서 일으킨 것이라기보다는 단순한 군중심리이지 않았을까요? 자신들의 뚜렷한 주관 없이 누군가의 동요에 의해 일어난 그런 행동은 어이없게도 자신의 이익과 관련되자 손쉽게 무너져버리는 것만 봐도 알 수 있어요. 제가 보기에 그것은 어떤 대의를 위해 일어난 사건이라기보다 단순히 엄격한 생활심사를 받기 싫다는 개인의 이익을 위해서 일어난 사건 같아요. 사실 주변을 둘러보면 그런 일들이 많거든요. 단순히 자신의 마음에 들지 않고, 자신의 이익이 침해받기 때문에 제대로 알지도 못하면서 무작정 학교제도부터 비판하는 아이들이 있어요.

저는 학교 안에서 우리에게 불편한 점이나 문제들을 고발하고 건의하고 토론하여 새로운 규칙을 만드는 것도 중요하지만, 그 새로운 규칙을 우리 스스로 준수하는 태도와 그것을 어겼을 때 그 상황에 대해 불만을 가지기보다 자신의 행동에 책임을 지는 모습 또한 필요하다고 생각해요. 물론 이런 행동은 새로운 규칙뿐만 아니라 지금 시행되는 규칙에도 적용돼야 하는 거겠죠. 지금 대부분의 학교가 시행하는 두발자유화를 예로 들어볼 수 있다고 생각해요. 우리 학교 또한 다른 학교들이 그런 것처럼 두발자유화를 허용하고 있어요. 단 머리길이가 어깨 밑으로 내려오는 학생들은 머리를 묶고 다녀야 하죠. 그런데 대다수의 학생들은 머리만 맘껏 기를 뿐 긴 머리를 묶어야 한다는 교칙은 잘 지키지 않았어요. 심지어 머리길이가 자유로워지니 파마나 염색을 하는 아이들도 종종 눈에 띄더군요. 우리들의 이중적인 태도에 화가 난 선생님들께서는 계속 교칙을 지키지 않을 경우 단발령을 시행할 수도 있다는 경고를 하셨죠. 그러자 학생들은 이에 대해 거센 항의와 불평을 하기 시작했어요. 사실 저도 머리를 잘 묶지 않는 학생들 중 한 명이라 처음에는 선생님의 단호한 경고에 많은 불만을 가졌어요. 그런데 나중에 가만히 생각해보니까 제가 잘못된 생각을 하고 있더라고요.

이런 것들에 대해서 생각해볼 필요도 있다고 생각해요. 학교에서는 우리의 입장을 최대한 존중해서 두발자유를 허용했어요. 하지만 학교 측에서 길게 늘 어뜨린 머리는 공부하는 데에도 지장을 주고 단정해야 할 학생의 모습과 어울리지 않는다는 등 여러 이유로 묶을 것을 요구했단 말이죠. 그래서 학교와 학생들이 토론하고 절충해서 학교규칙을 만들어냈는데, 점점 학생들은 이러한 규칙을 무시한 거죠. 우리를 최대한 이해하는 입장에서 변경한 규칙을 우리 스스로가 깨버린 것이 아닌가 생각해요. 처음에 우리는 자신의 개성을 표현할 수 있는 자유를 얻은 거죠. 물론 약간의 울타리가 쳐진 제한된 자유이긴 하지만, 그래도 우리를 제한하는 그 울타리는 어느 정도의 정당성을 가지고 있었던 거죠. 그럼에도 불구하고 우리는 제한된 범위의 자유로움 속에서 만족하지 못하고 더 큰 자유를 위해 스스로 그 울타리를 뛰어넘어버린거죠. 그러니 학교에서는 더 크고 두꺼운 울타리를 둘러버렸고 좁아진 범위의 자유 속에서 우리는 불만스러워하는 거예요. 우리 스스로가 만들어낸 상황이라는 사실을 인식하지 못한 채 말이죠. 이건 명백히 우리 잘못이 아닐까요? 그리고 우리의 잘못된 행동에 대한 책임을 묻는 것에 대해 불평을 한다는 것 자체가 모순된 건 아닐까요? 꼭 두발자유화뿐만이 아니죠. 아침에 복장검사 단속에 걸렸을 때에도 교칙을 위반한 자신에 대한 반성은 하지 않고 엄격한 교칙을 비판하면서 입을 내밀어버리는 것이 지금의 나, 그리고 우리들의 모습이 아닐까 생각해요.

우리는 스스로의 꿈에 뻔뻔해지는 현실적인 청소년들인가? :

이윤영 그렇죠. 두발문제나 복장문제 같은 건 언론에서도 많은 논란이 되었던 문제였습니다. 그때마다 학생의 자유니, 전근대적인 제도라느니 말들은 많았지만 학생들이 그런 규칙을 잘 지키지 않는다는 사실에는 관심을 두지 않았었죠. 정작 조금 더 자유로워지면 그것보다 더 큰 자유를 원하게 되는 것이 우리의 모습이 아닐까 반성해봐야겠네요.

조금 방향을 바꿔 우리가 가장 큰 문제라고 생각하는 입시체제에 대한 우리의 태도를 살펴보면 좋을 것 같은데요. 입시체제가 바뀔 때마다 공부방식을 바꿔야 하는 것이 사실입니다. 현재 고2에게 적용될 2008학년도의 바뀐 입시체제에 대해 우리는 누구보다도 그 문제를 절실히 느끼고 있다고 생각합니다. 하지만 우리들의 공부방식이 과연 입시체제 때문에 이리저리 바뀌어야 하는 것인지 의문을 던져본 학생은 그다지 많지 않습니다. 그저 자신에게 손해가 된다는 사실에만 민감하지 입시체제에 휘둘리는 우리의 모습에 스스로 모순을 느끼지 않는다는 것입니다. 이 점에 대해 어떻게 생각하나요?

최승규 대한민국의 고등학생으로서 저도 그 문제에 대해 절실히 느끼고 있습니다. 현재 인터넷에서는 2008년 바뀐 입시를 내신-수능-논술로 이어지는 '죽음의 트라이앵글'로 묘사한 말이 유행처럼 번졌습니다. 입시위주의 교육제도를 제외하고서라도 한국의 학교 현장에서 벌어지는 일들은 교육 그 자체에 대한 회의가 일 정도로 모순되고 부당하다고 생각합니다. "현실은 바뀌지 않는다. 그리고 너희들에게 시간은 얼마 남지 않았다. 교육제도나 학교에 대해서 이러쿵저러쿵 이야기할 시간 있으면 그 시간에 책이나 한 줄 더 봐라"는 말을 선생님들께서 아무렇지도 않게 이야기하는 곳이 바로 우리의 현실이지요.

그런데 저를 포함한 대다수의 학생들이 그런 문제가 제기될 때, 그 순간순간에만 분노를 느끼고 이후에는 아무런 저항도 항의도 하지 않습니다. '죽음의 트라이앵글'이라는 말이 처음 등장했을 때만 해도 엄청난 저항과 항의가 빗발치는 것 같더니 조금 지나니까 다시 아무 일도 없었다는 듯이 우리는 지금의 교육제도에 만족한다는 듯이 조용해졌어요. '우리가 이렇게 항의를 한다고 해서 세상은 달라지지 않아.' 이것이 나를 비롯한 대부분의 대한민국 고등학생들이 은연 중에 품고 있는 생각이 아닐까요? 그러한 태도는 제도에 이미 동의한 것이라고 생각합니다. 말로는 '잘못되었다', '비인간적이다'라고 하면서 입시설명회를 누구보다 열심히 듣고 그 입시제도에서 살아남는 방법을 다른 사람보다 하나라도 더 알기 위해 눈을 번뜩이는 우리의 모습은 그 제도를 부정하고 바꾸고자 노력하는 것이 아니라 오히려 열렬히 긍정하는 것과 다름없는 거지요. 그렇게 제도에 순응한 학생들이 나중에 어른이 되어 교육을 바꿀 수 있는 힘을 가졌을 때도 과연 내가 학생이었을 때 모순이라고 느꼈던 제도를 바꿀 수 있을까요? 제가 생각할 땐 아니거든요. 지금 부모님 세대, 즉 정치적 기득권을 갖고 있는 세대들도 우리와 똑같이 느꼈을 거란 말이죠. 하지만 현재의 교육은 변한 것이 거의 없잖습니까? 아마 그들도 교육제도를 비판했었지만, 진실로 그러하지는 않았던 것입니다. 지금 우리처럼. 그러니 결국 변화는 있을 수 없었던 것이죠.

박은빈 우리 스스로가 몸 담고 있는 학교를 비롯한 사회를 제대로 아는 것이 중요하다고 생각합니다. '7차 교육과정 개정판'에 속하는 우리는 정말 불운한 시기의 청소년들일 수도 있어요. 그저 급변하는 현실을 바라보아야만 하는 위치에 서 있는 것일지도 모르고요. 그렇지만 그런 현실을 그저 '바라보기'만 해서는 안 된다고 생각해요.

이건 제가 겪은 일화인데요. 제가 다니는 학교에서도 우리가 정말로 원하는 것들을 주장하면, 선생님들은 "오래전부터 나온 이야기이기 때문에 그것들에 대한 웬만한 답변은 다 있다. 그러니 더 이상 의견을 내지 마라. 아직까지도 바뀌지 않고 있지 않느냐'라고 하십니다. 즉, 소용이 없기 때문에 꿈을 접으라는 것이죠. 이런 식의 태도는 정말 잘못되었다고 생각해요. 단지 오랫동안 수면 위로 올라와 있었지만 그냥 잘 지내왔기 때문에 그냥 덮어버리려는 거예요. 이런 상황에서는 저도 정말 무력감을 느끼죠. 그렇지만 모두가 알고 있고 인식하고 있는 문제마저도 해결하지 않는다는 것은 더욱 상황을 악화시키는 것이라고 생각해요.

이정민 사실 오래전부터 거론되어 온 문제들, 예를 들어 아까도 언급한 두발문제, 급식문제, 체벌문제 같은 것들만 문제시하다 보니 그런 무력감이 생긴다고 생각합니다. 우리들은 겉으로는 학교의 문제, 제도의 문제에 대해 잘 안다고 생각하지만 실제로는 그렇지 않을 수도 있습니다. 언제나 되풀이되는 몇 가지 근시안적인 문제들 말고, 지금도 아무렇지 않게 이루어지고 있을 다른 문제들은 전혀 생각도 하지 못하는 것이 우리들의 현실 아닐까요? 극단적으로 말해서, 급식문제 해결되고, 두발자유화되고, 선생님께서 체벌하지 않겠다고 학교에서 선언한다고 해서 좋은 학교가 될 수 있을까요? '뭐, 그런 문제들 말고 딱히 생각나는 것 없는데…….' 이것이 나를 포함한 대부분의 학생들의 생각일 거예요. 하지만 생각해보면 학교에서 아무렇지 않게 실행되고 있는 문제가 많습니다. 예를 들어 학부모의 동의를 얻어야 하는 자율학습 동의서 같은 문서에 선생님들은 "어차피 다 해야 하는 거니까 지금 다 사인해서 제출해라"고 하면 아이들은 익숙한 듯 부모님 서명란에 사인을 합니다. 이것과 수표에 위조 사인하는 것이 무엇이 다르지요? 하지만 이것을 문제삼는 학생은 거의 없을 것입니다. 아예 잘못되었다는 인식조차 하지 못하는 것이 일반적이지요.

눈 앞의 목적을 이루기보다, 희망을 향해가는 우리들의 행진이 더 아름답다 :

공준호 잠시 저의 개인적인 생각을 말해도 괜찮겠습니까? 저는 오늘 이 이야기들이 정말로 중요하고 반드시 필요하다고 생각합니다. 하지만 그에 앞서 우리 논의의 의의를 한 번 생각해보고 지나가면 좋겠습니다. 솔직히 우리들이 지금껏 해왔던 이야기들은 이미 오래전부터 있어왔던 이야기들입니다. 하지만 그럼에도 불구하고 현실은 여전히 변하지 않고 있습니다. 마치 메아리가 울리듯 문제들은 끝없이 반복되고 있지만 그냥 그렇게 사라지고 마는 것이죠. 저의 개인적인 생각입니다만 학생들이라면 모두들 한 번 정도는 학교가 학생들을 억압하고 자유로운 사고나 행동을 제한한다고 느꼈을 것입니다. 이미 어른이 되어버린 기성세대들도 이와 똑같이 느꼈겠지요. 그런데 지금 현실에서 바뀐 것이 무엇입니까? 똑같은 문제와 잘못들이 되풀이되고만 있습니다. 교육에 있어서 마땅히 그 중심에서 주체가 되어야 할 학생들이 고통받는 현실은 오늘도 계속 이어지고 있습니다.

대체 무엇이 문제일까요? 현실의 장벽이 이미 우리가 깨부술 수 없을 만큼 견고한 것인지, 아니면 우리들이 지금까지 한 것과 같은 논의가 부족했던 것인지 잘 모르겠습니다. 아무리 잘못된 것을 고치려는 노력의 과정이 중요하다 해도 해결하지 못한 채 제자리걸음만 한다면 무슨 의미가 있겠습니까? 그래서 저는 다른 무엇보다도 우리의 이 논의가 이끌어낼 수 있는 것, 가져올 수 있는 것, 또 도달할 수 있는 것들에 대해서 이야기하고 싶습니다. 아무리 갈 길이 멀고 험하다 해도 언젠가는 우리가 현실을 바꿀 수 있다는 그런 용기를 가져다줄 수 있는 희망을 저는 보고 싶습니다. 변하지 않는 현실이 너무 답답해서 제가 푸념 섞인 이야기를 하는 건지도 모르겠습니다만 저의 이 문제제기는 회의에 빠지거나 현실도피적인 태도의 위험에 빠지지 않고 좀 더 현실적이고 직접적인 희망을 갈망하는 의미를 묻고 싶은 것임을 알아주시기 바랍니다.

이인재 준호의 말을 들으니까 한 가지 생각나는 게 있는데요. 예전에 '탁상공론처럼 보이는 이론의 가치란 무엇인가?'라는 논제에 대해 생각을 해봤던 적이 있습니다. 저는 준호의 질문에 대한 답변을 거기서 찾고 싶은데요. 물론 우리가 지금 하는 이 논의는 당장 그 어떤 현실적인 대책이나 대안을 가져다줄 수 없는 것이 사실입니다. 설령 대안이 나온다고 하더라도 지금 당장 실행해서 우리 뜻대로 세상이 변하리라고는 생각되지 않습니다. 하지만 우리가 지금 하고 있는 탁상공론처럼 보이는 이 논의에도 충분한 가치는 있다고 생각합니다. 그것이 설령 세상에 아무런 변화를 줄 수 없는 것같이 보이더라도 우리가 이러한 논의를 함으로써 무수히 되풀이되던 많은 논의들에 하나의 점을 찍게 되는 것입니다. 그 점이 무수히 많이 모여서 이어지면 선이 된다는 것은 당연한 이치입니다. 우리의 이 토론은 선을 만들기 위한 점 하나라고 생각하면 어떨까요? 눈앞의 결과보다 그 목적을 향해 가는 과정이 더 아름답다는 말이 생각납니다.

김나리 저도 인재 군과 같은 생각입니다. 이제까지 우리가 토론한 것같이 우리를 둘러싼 사회의 문제점을 생각해본 학생과 그렇지 않은 학생은 분명 다를 것입니다. 세상이 잘못 되었다는 것을 인식하지 못한 채, 제도를 탓하기만 한 학생은 이미 그 제도를 바꾸고자 하는 의지가 없는 것과 같다고 생각합니다. 무언가 바뀌어야 한다는 것을 인식한다 해도 그것을 바꾸어줄 영웅을 기다릴 뿐, 자신이 잘못된 제도를 바꿀 수 있는 주체라는 것을 모른다는 것이지요. 우리가 끊임없이 이러한 논의를 해야 하는 것은 바로 우리가 장차 이 사회를 이끌어갈 주체이기 때문 아닐까요?

『나는 고발한다』에서 에밀 졸라는 "순수와 선의로 목청껏 외칠 수 있는 그대들이 아니라면, 도대체 누가 정의의 완성을 위해 일어날 것인가?"라고 했습니다. 청소년들이 깨어 있지 않다면, 그 사회의 미래는 밝을 수 없습니다. 그렇기 때문에 우리는 어른들이 만들어놓은 세계의 부조리함을 절실히 느끼면서, 그것을 바꾸고자 하는 신념과 의지를 늘 가지고 있어야 합니다. 그러므로 오늘 이 자리는 당장의 변화가 없기에 무의미한 것이 아니라, 미래의 주체인 청소년들에게 늘 깨어 있어야 한다는 것을 일깨우기 위함입니다. 진실에 눈떠야 할 청소년들의 무기력한 모습을 질책하고, 일으켜 세우기 위한 작지만 위대한 몸짓인 것입니다.

이윤영 네, 좋은 의견들 감사합니다. 확실히 오늘 이 토론을 통해서 굉장히 많은 것을 느꼈어요. 무엇보다 우리 자신을 비판하는 목소리를 낸 것은 큰 의의가 있다고 생각합니다. 사실 제도를 비판하고 사회를 비판하는 것보다도 학생의 입장에서 우리들 자신의 모순된 점과 올바르지 않은 점에 대해서 비판하는 것이 더 어려운 일이라고 생각하거든요.

먼저 우리 자신을 바르게 하고, 우리의 생각과 인식이 바뀌게 되어서 마침

내 수많은 학생들의 인식이 똑바로 섰을 때, 그때야말로 사회가 변하고 세상이 변하지 않을까 합니다. 아무튼 오늘 우리의 이 목소리가 우리뿐만 아니라, 대한민국의 수많은 학생들이 문제점을 깨닫고 그 문제점을 고치려고 노력하게 되는 계기가 되었으면 하는 바람입니다.

우리 삶 속의 민주주의,
더 작은 민주주의

정리 ▪ 하성봉

요즘에 저는 무엇이 옳고 그른 건지 잘 모를 때가 많습니다. 중학생 때만 해도 신문, 책, 다큐멘터리 프로그램 등을 통해 사회적으로 논란이 되고 있는 이슈들을 접하면 이에 대해 무엇이 옳다고 나의 주관을 뚜렷하게 말할 수 있었던 것 같았는데 말입니다. 고등학생이 되어 더 많은 지식, 아니 우리가 흔히 지식이라고 부르는 것들의 '실체'들을 하나씩 접하면서 무엇이 옳다고 함부로 말할 수 없게 되었습니다.

그러던 어느 날, 문득 이런 생각이 들었습니다. 비단 나만 가지고 있는 문제일까? 나와 같은 많은 청소년들이 진실에 대해서 함부로 옳다고 말할 수 없는 딜레마에 빠지진 않았을까? 그래서 친구들에게 물어보았습니다.

"너희는 너희들이 살아가면서 접하게 되는 수많은 사건들이나 정보를 마주치면서 그것들이 옳다고 혹은 틀렸다고 말할 수 있니?"

그들은 대답했습니다.

"아니 그럴 수 없을 것 같아. 세상은 복잡하고, 그 안에서 진실을 보는 것은 힘든 일이 아닐까?"

궁금했습니다. 아는 것이 많아지고 더 많은 실체를 볼 수 있다면 보다 뚜렷한 주관이 나와야 하는데, 우리들은 왜 더 혼란스러워지고 우유부단해지는 걸까요? 이는 우리들이 아직 우리가 살아가는 사회를 잘 이해하지 못하고 있기 때문이라고 생각합니다. 사회를 이해하지 못하니, 사회 안에서 일어나는 것들이 진실인지 아닌지 판단할 수 없는 것은 당연할지도 모릅니다. 그렇기 때문에 진실을 보기 위해선 우리가 살아가고 있는 이 사회를 제대로 알아야겠다는 생각이 들었고, 그 안에서 청소년들의 역할에 대해 논의해야 할 필요성을 느끼게 되었습니다. 그래서 우리는 『더 작은 민주주의를 상상한다』를 읽고 토론해보았습니다.

우리는 학교에서 민주주의라는 시스템과 이를 작동시키는 정치라는 행위에 대해서 분명 배웁니다. 그러나 실제로 우리들은 우리 삶 속에서 민주주의를 의식하고 있을까요? 정치적인 사고와 행동을 하고 있을까요? 토론에 참여했던 조영인 기자는 이렇게 말했습니다.

"저, 아니 대부분의 청소년들이 삶 속의 실제적인 민주주의와 정치에 대해선 잘 모르고 있다고 생각해요. 학교에서 많은 아이들이 신문을 봐요. 신문에는 여러 가지 지면이 있죠. 정치, 국제, 경제, 문화, 스포츠 등등……. 하지만 정치면을 보는 아이들은 거의 없었어요. 더군다나 올해는 민주사회에서 가장 큰 행사라고 할 수 있는 대통령 선거가 있잖아요. 우리가 민주사회의 일원이라면 최소한 여기에 관심을 가져야 하는 것이 아닌가요? 그런데 무관심하잖아요. 친구들에게 왜 무관심하냐고 물어보면 이렇게 말해요. '난 아직 민주주의와 정치에 대해서 잘 모르겠어. 그게 무엇인지 개념적으론 알지만, 실제 삶 속에서의 민주주의와 정치는 다르게 느껴지는 걸. 잘 모르니까 무관심해지는 것이 아닐까.' 그러고 보면, 모두가 중요하다고 말하는 민주주의와 정치가 실제로는 우리들의 삶에서 멀어진 것 같다는 생각을 많이 하게 돼요."

진정한 민주주의란 무엇인가?

민주주의의 역사는 오래되었습니다. 고대 그리스의 도시국가였던 아테네에서부터 시작하여 지금도 발전하고 있습니다. 또 민주주의는 어렵게 얻어진 것입니다. 18세기 프랑스 대혁명부터 최근 미얀마의 민주화운동까지 2백여 년에 걸쳐 수많은 사람들의 투쟁과 희생이 있었기에 민주주의는 이어져올 수 있었습니다. 그래서인지 우리들은 민주주의를 거창하고 대단한 것으로 여기고 있습니다. 많은 사람들이 민주주의를 논할 땐 대의제도, 삼권분립처럼 복잡한 말이 나와야 할 것 같고, 보통 사람들이 아닌 정치적 식견을 지니고 아는 것이 많은 사람들이나 민주주의를 알 것 같다고 생각합니다. 그러나 실제로 민주주의는 거창하고 대단한 것이 아닙니다. 민주주의民主主義의 뜻이 무엇일까요? 보통 사람인 국민들이 주인이고 그렇기에 국민들의 삶 속에서 언제나 같이 있어온 것이 바로 민주주의입니다. 이에 대해서 『더 작은 민주주의를 상상한다』를 통해 최장집 선생님께서 밝히신 바가 있습니다.

> 한국의 민주화 과정에서 우리들은 민주주의를 낭만적으로 이해하고 실천해온 것 같습니다. 여기에서 민주주의를 낭만적으로 이해하고 실천한다는 말은 큰 기획과 이상과 목표만을 지향하는 성향이 강한 것 같다는 뜻입니다. 민주주의의 핵심은 일상적인 생활 속에서 정치를 통해 구체적으로 실천하고 뭔가를 개선하는 것입니다. 특히 보통 사람들의 요구들이나 시민의 사회경제적인 요구 등을 정치적인 방법으로 조직하고 풀어나가는 것입니다.

그렇습니다. 여태까지 우리들은 민주주의를 밤하늘의 별처럼 너무 낭만적으로 생각해왔습니다. 낭만적으로 민주주의가 가진 숭고한 이상에 집착하다 보니 이상과 현실 사이의 괴리감을 뼈저리게 느끼게 되고, 정작 우리 삶 속에서 실제적인 기능으로서의 민주주의는 상실하게 된 것입니다. 실제적인 삶과는 유리된, 거창하고 낭만적인 민주주의. 문제는 우리들은 이러한 민주주의에 익숙해졌다는 사실입니다.

학급회의식 민주주의에서 벗어나려면?

어떤 사람들은 '이미 우리나라엔 민주주의가 정착되어 있으니 별로 걱정할 일이 아니지 않느냐?' 라고 반문할지도 모릅니다. 그러나 민주주의를 쟁취하여 정립하는 것도 중요하지만, 계속해서 이를 지켜나가고 발전시키는 것도 그에 못지 않게 중요합니다. 그러한 면에서 볼 때, 지금 우리들은 민주주의를 멀리하고, 우리의 삶과 유리시킴으로써 이를 발전시키기는커녕 제대로 지키지도 못하고 있습니다. 이러한 상황에서 전 '우리가 민주주의를 지켜내지 못해 다시 억압된 사회 속에서 살아가게 되면 어쩌지?' 하는 두려움이 생겼습니다. 그 두려움을 목소리에 담아, 토론에 참여한 《인디고잉》 기자들에게 물었습니다.

하성봉 ★ 모두가 알겠지만, 학급회의가 정말 형식적으로 이루어지잖아요. 칠판에 대충 회의주제랑, 해결방안, 건의사항 등만 적어놓고, 아무도 발표 안 해서 만들어서 써넣어야 하고……. 근본적인 원인이 무엇이라고 생각하세요? 전 아무것도 바뀌지 않기 때문이라고 생각해요. 모두가 불만들만 토로하고, 문제를 해결하기 위해서 구체적으로 아무런 실천도 하지 않잖아요. 민주주의나 정치에 대한 우리들의 태도도 학급회의에 참여하는 태도와 그렇게 다른 것 같지 않습니다. 무언가 잘못되었다는 것을 알면서도 구체적으로 실천해서 바꾸려는 의지가 없다는 것이죠. 그러니까 변화가 생길 리가 만무하고, 변화가 없으니까 민주주의와 정치의 중요성을 점점 잊어가는 것 같아요. 그렇다면 우리는 어떻게 해야 하죠? 어떻게 하면 사람들이 민주주의와 정치를 그들의 삶 속으로 끌어들일 수 있을까요?

김유민 ★ 저도 민주주의에 대한 무관심이 아무것도 바꾸지 못하는 정치에 대한 불신에서 비롯된다고 생각해요. 그 불신이 극복되지 않는 한, 민주주의에 대한 무관심도 결국 깨어지지 않겠죠. 이런 악순환을 깨기 위한 방법은, 어떻게 보면 너무나도 당연한 말일지도 모르겠지만, 바로 정치에 참여하는 것입니다. 정치를 단순히 대통령 선거, 국회의원 선거 등에만 국한시켜선 안 됩니다. 일상의 모든 것들이 정치문제가 될 수 있다고 생각합니다. 예를 들어 친구와 오해가 생겨서 갈등이 생기더라도, 이 갈등들을 대화와 타협을 통해서 서로가 기분 좋게 풀 수 있는 것이 바로 '정치의 힘' 아닐까요?

　일상이란 작은 곳에서부터 '정치의 힘'을 사용할 수 있게 된다면, 나아가선 국가나 세계와 같은 넓은 곳에서도 '정치의 힘'을 사용할 수 있다고 생각합니다. 더 작은 민주주의에서 출발할 필요가 있다는 것이죠. 그렇게 함으로써 모든 사람들의 삶 속에서 정치의 원리가 활성화될 때, 사람들은 민주주의의 중요성을 깨닫게 되고 또 많은 관심을 가지게 될 것이라고 생각합니다.

윤한결 ★ 더 작은 민주주의에서 출발하는 것도 중요하지만, 전 한 가지 더 필요한 것이 있다고 생각해요. 바로 다른 '다수'의 생각에 휩쓸려가지 않고 자신의 주관과 신념을 지킬 수 있어야 한다는 거죠. 제가 생각하기엔 역사적으로 '다수'는 항상 옳은 편도 아니고 그른 편도 아닌, 그저 소수의 선택에 이끌려 사는 사람들이었습니다. 87년 6월 이전에 이 땅의 민주화를 위해서 투쟁하는 사람들도 소수였습니다. 대다수의 국민들은 독재정권에 협력해 경제발전을 위해 열심히 일했고요. 하지만 지금은 그 소수의 민주화 세력들이 우리 사회를 이끌고 있습니다. 조금만 이상한 짓을 하면 빨갱이로 몰려 사형을 받는 독재체제하에서 그에 대항하여 투쟁하는 것이 얼마나 힘들었겠습니까? 하지만 역사는 그들이 옳았다는 것을 증명해주고 있습니다. 그리고 기억합니다. 기억되는 소수의 그들과 기억되지 않는 다수의 민중들에게는 단 하나의 차이가 있습니다. 나는 그것이 바로 우리가 정립해야 할 진정한 '민주주의'의 의미라고 생각합니다. 그리고 그것은 바로 자신이 옳다고 생각하는 삶을 살 수 있는 용기입니다. 사실 유신독재 때, 당시의 사회가 옳다고 생각하는 사람들보다는 옳지 않다고 생각하는 사람들이 확실히 많았을 것입니다. 그러나 그들 중 용기 있게 그 생각을 자신의 삶으로 옮긴 사람들은 소수에 불과했습니다. 그런 사람들이 '다수'가 되어야 합니다. 즉 모든 사람들이 옳다고 생각하는 것에 대해 옳다고 말할 수 있어야 잘못된 세상이 변할 것이기에, 민주주의와 정치를 우리 삶 속에 끌어다놓기 위해선 이러한 용기가 필요하다고 생각합니다. 누구에게나 다른 사람에게 피해를 주지 않는 범위 내에서 자신이 옳다고 생각하는 삶을 살 수 있는 자유가 주어져야 합니다. 이것이 바로 각자가 '삶'의 주인이 되는 진정한 민주주의가 아닐까요?

모두가 공감했습니다. 동시에 그러하지 못한 현실을 직면했습니다. 지금 민주주의 공화국 대한민국의 현실은 어떠한가요? 자유롭고 창조적으로 살기에도 짧은 이 땅의 어린 영혼들의 삶은 너무나도 일찍부터 어른들이 정해놓은 규칙에 의해 시달리고 있습니다. 우리 순수한 영혼들은 그들과 똑같은 어른이 되기 전에 용기 내어서 생각하는 바대로 살아야 합니다. 어른들이 정해놓은 규칙이 옳은지 옳지 않은지도 스스로 판단해보아야 합니다. 그리고 많은 어른들은 반성해야 합니다. 과연 자신이 정말 무엇이 옳은지 생각해봤는지. 그렇다면 그것을 위해 살고 있는지. 물론 이 세상엔 자신의 소신을 가지고 열심히 살고 있는 훌륭한 어른들이 많다는 것을 압니다.

　자본과 권력으로 움직이는 복잡하고도 냉혹한 이 세상에서 어린 영혼들의 목소리가 얼마나 큰 효력을 발휘할진 알 수 없습니다. 하지만 중요한 것은 그들이 GDP나 GNP는 모를지언정 삶의 질, 사랑, 행복, 공생, 평화와 같은 가치들은 알며 또 추구하고 있다는 점입니다. 어린 영혼들은 아직 어른들의 세계에 만연한 허위와 거짓에 때묻지 않았기에, 그들보다 훨씬 더 이상적인 세계를 추구하고 있기에, 그들의 목소리는 진실할 수밖에 없습니다. 진실한 목소리는 세상을 바꿉니다.

역사 속 개인으로서
꿈꾸어야 할 좋은 삶

질문 ■ 윤한결 │ 답변 ■ 김우창 선생님(고려대학교 명예교수)

김우창 선생님께 띄우는 편지 :

윤한결 ★ 김우창 선생님, 안녕하세요. 저는 부산에 사는 고등학생 윤한결이라고 합니다. 저는 매주 일요일, 인디고 서원에서 16명의 친구들과 함께 한 주 동안 읽은 책에 대한 생각을 서로 나누는 독서토론수업을 하고 있습니다. 지난 여름, 저희는 『더 작은 민주주의를 상상한다』라는 책에서 선생님을 처음 뵈었습니다. 선생님과 최장집 선생님의 대담으로 시작되는 이 책을 통해 저희는 그저 당연하게만 여겨왔던 '민주주의'를 다시 돌아볼 수 있었습니다. 진정한 민주주의가 무엇인지, 그것은 우리의 삶에 어떤 영향을 주는지, 우리가 바라는 민주주의와 우리가 바라는 삶에 대해 저희가 서로 진지하게 소통한 내용들을 선생님과도 함께 나누고 싶고 또 저희가 아직 풀지 못한 문제들에 대해 도움을 청하고자 이렇게 편지를 씁니다. 저는 먼저 당연하게만 여겼던 '민주주의'라는 말을 한번 뜯어보았습니다. 민주주의, 국민이 주인인 주의. 저는 민주주의라는 말에 목적어가 없다는 것을 발견했습니다. '국민이 주인이긴 주인인데 과연 무엇의 주인이라는 거지?'라는 궁금증이 들어 다른 친구들에게 "과연 국민이 무엇의 주인이 된다는 것일까?" 하고 물어봤습니다. 그러자 한 친구가 "자기 삶의 주인이 되는 거지"라고 말했습니다. 정말 그게 정답인 것 같았습니다. 자기 삶의 주인이 된다 함은 바로 자신이 옳다고 생각하는 삶을 주체적으로 사는 것이라고 생각합니다. 그렇다면 그것이 보장되는 민주주의 사회에서는 모두가 자신의 삶의 주인이 되어야 하는 것 아닐까요? 하지만 주위를 둘러보면 전혀 그렇지 않습니다. 아니, 오히려 상황은 정반대입니다. 대부분의 사람들은 자신이 무엇을 좋아하는지, 무엇을 원하는지 모른 채 사회가 요구하고 부추기는 욕망에 따라 삽니다. 대부분의 고등학생들은 좋은 대학에 들어가는 것을, 대부분의 대학생들은 좋은 직장에 취직하는 것을, 대부분의 어른들은 돈을 더 많이 벌어 더 좋은 집과 차를 사는 것을 원합니다. 하지만 저희는 그런 욕망이 경쟁적이고 상대적인 자본주의 사회에서 결코 충족될 수 없는 허상이라는 것을 알고 있습니다. 알고 있지만, 그런 소유에 대한 수동적 욕망이 지배하는 사회에서 벗어나 진정 자신이 욕망하는 것을 찾고 그것을 추구하면서 삶을 향유하는 길은 학생인 저희가 가기에는 너무나도 힘든 길입니다. 학생인 저희는 저희가 해야만 되는 '공부'를 위해 저희가 하고 싶은 일들을 애써 억누르고 참아야 합니다. 그렇지 않고 혼자 자유로운 삶을 살기에는, 저희가 부딪치고 싸워야 할 벽이 너무나도 많습니다.

　지금 우리나라의 민주주의는 저희 이전 세대가 4.19혁명, 5.18광주민주화운동, 6월 항쟁과 같은 힘겨운 투쟁과 희생을 통해 성취한 것이라고 배웠습니다. 그 투쟁의 원동력은 무엇이었을지 생각해봤습니다. 물론 위에서 말한 민주주의가 보장하는 개인의 주체적인 삶, 인권과 자유와 평등과 같은 가치가 보장되는 삶에 대한 갈망이 있었겠지만, 저는 그 이전에 '독재' 상태에서의 억압에 대한 반발심이 가장 큰 원동력으로 작용했다고 생각합니다. 선생님이 "거대한 정치적 변화는 단순한 반작용으로 출발하기도 하는 것 같습니다"라고 말씀하신 것처럼 말입니다. 그렇게 저희 이전 세대의 피와 땀으로 이 땅에 더 이상 독재는 있을 수 없게 되었지만, 어른들은 독재가 없어졌다는 사실에만 만족한 것이 아닐까요? 진정으로 개인이 자신의 삶을 주체적으로 살지 못하는데도 독재가 없어졌고 민주적인 선거제도와 절차적인 틀이 자리잡았다는 이유로 민주화를 멈춘 것은 아닐까요?

저희 세대는 '독재'가 없는 민주주의 사회에 태어나 자랐습니다. 그래서 저희는 민주주의가 당연한 줄 알았고, 완성된 줄 알았습니다. 하지만 저희는 여전히 억압을 느끼고 있습니다. 어른들은 그래도 사회가 많이 좋아졌다고 하지만 저는 그렇게 생각하지 않습니다. '민주주의' 사회에 살면서 억압을 느끼는 것은, '독재' 사회에 살면서 억압을 느끼는 것보다 더 무서운 일이라고 생각합니다. 이전 세대들은 '독재'라는 싸워야 할 적이라도 있었지만 저희 세대는 그런 것이 있음에도 불구하고 눈에 보이지 않기 때문입니다.

사실 이 책을 읽기 전까지 저희에게 민주주의란 교과서에서 배운 관념화된, 제가 살고 있는 대한민국과 지금 세계 대부분의 국가가 채택하고 있는 정치체제로서의 '큰 민주주의'였습니다. 하지만 토론을 통해 그러한 생각이 가장 위험한 것이라는 것을 알게 되었습니다. 무엇보다 중요한 것은 저의 삶이라고 생각합니다. 저의 삶이 중요하기 때문에 다른 사람의 삶도 중요합니다. 모든 사람이 단 한 번밖에 살 수 없는 생을 자유롭게 향유할 수 있게 하기 위해서 국가가 필요하고 정치체제가 필요하다고 생각합니다. 국가나 정치체제를 위해서 개인의 삶이 희생되는 현실은 뭔가 바뀌어도 한참 바뀐 것 같습니다. 더 큰 이념을 위한 정치체제로서의 '민주주의'가 아닌 개개인의 삶을 위한 '더 작은 민주주의'가 필요함을 절실히 느낍니다.

저희 반 친구의 글 중 '역사는 개인의 자유와 개인의 자유를 침해하는 것과의 투쟁이다'라는 문장이 있었습니다. 저희는 역사 속의 한 개인으로서 개인의 자유를 침해하는 것과 투쟁할 용기가 있습니다. 하지만 위에서도 말했듯이 막상 어떻게 투쟁해야 할지는 막막한 것이 사실입니다.

우리 사회의 좋은 어른으로서 도와주시기를 부탁드립니다. 더불어 선생님께서는 책에서 건설을 목적으로 한 자발적인 정치운동은 좋은 삶이 어떤 것인가에 대한 적극적 이상이 있어야 한다고 말씀하셨는데, 그렇다면 '선생님께서 생각하시는 좋은 삶'은 어떤 것인지 궁금합니다. 끝으로 선생님처럼 좋은 어른이 우리 사회와 시대에 계시다는 것만으로도 저희들에게는 큰 힘이 된다는 이야기드리고 싶습니다. 고맙습니다.

큰 정의로움에 승복한다는 것 ː

김우창 ★ 윤한결 군, 편지 잘 받았습니다. 우선 윤 군과 친구들이 여러 가지 의문을 갖는다는 것이 좋은 일로 생각됩니다. 그것 자체가 삶을 사는 중요한 방식의 하나입니다. 한 개인이 모든 것에 질문하고 답을 찾는 것을 불가능한 일이지만, 중요한 것은 묻고 답하도록 노력하는 일입니다. 답이 이미 주어져 있는 경우라도 물음을 묻는 것은 그 답을 진정으로 자기 것이 되게 하는 방법입니다. 그리고 그 사이에 마음이 단련이 되고 진정한 자아가 형성됩니다.

민주주의는 다수의 의견을 모으는 방법입니다. 그런 경우 각 개인이 대표하고 있는 것은 자신의 이익입니다. 목숨을 보존하는 일, 보다 나은 삶을 사는 일, 어떤 일에 자기 나름의 생각을 갖는 일, 이것이 모두 자기 이익에 포함될 수 있습니다. 그러나 이러한 이익이 다른 사람의 이익과 상충될 때에는 그 상충됨을 평화적으로 풀어 나가야 할 것입니다. 그러니까 자기의 이익을 주장하되, 그것이 남의 이익을 침해하는 것이 되어서는 아니 됩니다. 침해는 타협으로 해결하여야 합니다. 다수결은 이 상충을 피하면서 타협하는 방법입니다.

그런데 민주주의에서 여러 사람의 의견을 묻는 일은 공공이익에 관계된 일일 수도 있고, 사적인 것이든 공공이익이든, 어떤 원칙에 관한 것일 수도 있습니다. 그러한 경우에도 의견이 상충할 수 있습니다. 이때에도 이 상충하는 것을 푸는 방법은 다수결입니다. 그러나 이때 전제되는 것은 다수결에 의한 타협 이전에 충분한 논의가 있어야 한다는 것입니다. 이 논의를 통해서 사람들은 무엇이 가장 좋은 방안인가를 생각할 기회를 갖게 됩니다. 이것은 사람들이 개인이 사사로운 이익과 자기 주장과 고집을 넘어서 공적인 이익과 사리에 대하여 옳고 그름을 판단할 수 있다는 것을 전제하는 것입니다. 물론 모든 사람이 모든 문제에 대하여 가장 좋은 답을 알아낼 수 있다는 말은 아닙니다. 적어도 민주주의 사회 일반에는 양식과 판단력이 있어야 한다고 말할 수는 있습니다. 그리고 대부분의 사람들이 좋은 의견이 있을 때에 그에 귀를 기울일 수 있는 도덕적 성실성을 가지고 있고 그에 대한 판단을 내릴 수 있는 능력을 가지고 있어야 한다는 말입니다. 사회에 양식이 있고 양식을 알아볼 수 있는 교육된 시민이 있어야 합니다.

그런데 맨 처음으로 돌아가서 자기 이익을 생각하는 데에는 양식과 판단력이 필요없는 것일까요? 사람들은 자신의 이익이 무엇인지 절로 알고 있는 것일까요? 우리의 마음은 밖에서 오는 암시와 유혹으로 가득 차 있습니다. 사람의 마음은 자기 안에 그대로 있는 것이 아니라 바깥 세상에 흩어져 있습니다. 맹자는 집안에 기르는 가축들이 들에 나가 있으면, 찾아서 집으로 오게 하는 것이 당연한 일이라고 생각하면서도 사람들은 밖에 흩어져 있는 자신의 마음을 불러올 생각은 하지 않는다고 말한 일이 있습니다. 흩어져 있는 마음을 내 안으로 불러 돌아오게 하여야 비로소 제대로 된 마음이 생기게 된다는 것입니다. 이것을 맹자는 구방심求放心이라고 했습니다. 돈이나 권력이나 지위나 사사로운 이익을 추구하는 사람들이 우리 마음을 사로잡는 물건과 말을 내어놓고 있는 것이 이 세상입니다. 어떤 상표의 물건을 탐내는 것은 참으로 내 마음이 그러는 것일까요? 밖에서 던져진 생각들이 우리 마음 안에 앉아서 주인 노릇을 하고 있습니다. 참된 마음을 찾아서 바르게 생각하고 바른 길을 택하는 것은 여간 어려운 일이 아닙니다.

민주주의를 여러 사람의 이익상충을 평화적으로 해결하는 방법이라고 할 때, 평화적 타협에서 우리가 양보를 하는 것은 내 이익을 끝까지 밀고 나갈 힘이 부족하기 때문일까요? 그런 경우도 있지요. 싸움과 타협, 어느 쪽이 더 이익인가를 계산하여 행동하는 경우가 없지 않지요. 그러나 많은 경우, 우리가 다른 사람에게 양보하는 것은 그것이 옳은 일이기 때문입니다. 그렇다는 것은 나의 이익과 상대방의 이익을 넘어서는 정의로움이 있다는 것을 뜻하는 것이 아닐까요? 이 큰 정의로움에 승복하는 것은 우리의 작은 이익을 내세우는 것보다 더 큰 만족감을 줄 수 있습니다. 또 그것은 나를 보다 높은 차원에 올려놓는 일이 될 수도 있습니다. 그렇다면, 지금의 '나'가 아니라 보다 높은 차원에 있는 '나'가 진정한 '나'라는 말이 될 수 있습니다. 즉 지금의 '나'—또는 '나'를 버리는 것—가 높은 차원에 있는 '나'를 향해 나아가는 일이 될 수도 있다는 말입니다.

민주주의의 주인이 누구인가 하고 물을 때, 그것은 나이기도 하고 우리 모두이기도 합니다. 또 그것은 개인의 이익을 넘어가는 넓은 보편자이기도 합니다. 이것이 서로 하나가 될 수 있는 사회가 좋은 사회입니다.

이러한 것들을 생각하는 데에는 공부가 필요합니다. 공부는 한달음에 이루어질 수 있는 것이 아닙니다. 무엇이 참된 것인가, 무엇이 참된 선택인가를 생각하면서 산 선인의 모범을 책으로 읽고 그에 대하여 생각하고 하는 일은 그 시작의 하나입니다.

그러기 위해서 우선 필요한 것은 주어진 삶과 시간을 아껴 쓰는 것입니다. 사람에게 주어진 삶의 시간은 매우 짧습니다. 그리고 이 시간은 적절한 시점에 쓰지 않으면 다시는 되돌릴 수 없는 것이 됩니다. 어떤 운동은 젊은 시절이 지나면 배울 수가 없습니다. 똑같이 어떤 종류의 공부는 때를 놓치면 다시 할 수 없게 됩니다. 삶과 시간을 아껴 쓰는 것이 첫째입니다. 그러면서 자신의 마음을 닦고 다른 한편으로 삶에 필요한 실용적인 지식과 기술을 쌓는 것이 중요합니다. 쉬지 않고 정진하기 바랍니다.

시대의 불의에 맞서
용기 있게 실천하는 지성

정리 ■ 《인디고잉》 편집부

얼마 전 한 연예인의 자살로 인터넷이며 텔레비전이며, 온갖 매체들이 술렁댔습니다. 많은 사람들이 그의 죽음에 안타까움을 표하고 애도했지요. 또 얼마 전 부산에서 한 남자가 죽은 지 11개월 만에 발견되기도 하였고, 축산업자들의 자살 사건도 있었습니다. 하지만 이들의 죽음은 단지 신문 한켠에 조그맣게 난 기삿거리에 불과하여 사람들의 머릿속에서 곧 지워졌습니다.

연예인의 죽음과 축산업자들의 죽음, 그리고 11개월 동안 죽었다는 사실조차 알 수 없었던 한 남자의 죽음. 이들의 죽음에는 무슨 차이가 있습니까? 몇 날 며칠 동안 사람들의 입에 오르내리는 연예인의 죽음에 비해 축산업자들의 죽음은 금방 잊혀져도 괜찮은 건가요?

즐거운 명절 추석. 대다수 사람들의 편의를 위해 대형마트의 직원들은 추석 연휴에도 나와 일을 했습니다. 이들 직원의 대부분은 명절날 음식, 손님맞이 등 해야 할 일이 너무도 많은 주부들입니다. 우리는 추석에도 마트를 갈 수 있으니 편리하다고 생각하며 장바구니에 물건을 담으면서, 과연 그들을 생각해 보기는 했을까요? 새벽에 차례를 지내고 반가운 친척들의 얼굴을 볼 틈도 없이 마트에 나와 일을 한 후, 지친 몸을 이끌고 집으로 돌아가 명절 뒷정리를

© 뉴시스

해야 하는 아주머니들을요.

어떤 사진을 봅니다. 새로운 빌딩이 들어서는 장사 터에 미관상 보기 좋지 않다는 이유로 노점상들의 철거를 강요하고, 일이 뜻대로 되지 않자 결국 공무원들은 떡볶이 판을 뒤엎습니다. 길바닥에 엎질러진 떡볶이와 뒤돌아선 빨간 모자의 공무원들, 그리고 그 뒤에서 울고 있는 떡볶이 집 아주머니가 있는 사진입니다.

대다수의 사람들은 노점상이 없고, 커다란 빌딩이 들어선 거리를 깨끗하고 아름답다고 느낄지 모릅니다. 그러나 그 깨끗하고 아름다운 공간을 유지하기 위해 떡볶이 집 주인, 그리고 다른 여러 길거리 상인들은 장사를 하지 못해 생계의 어려움을 겪고 있습니다. 그 '깨끗하고 아름답다'는 기준에 맞춰진, 빌딩이 들어선 거리를 걸으며 우리는 그들을 생각하고는 있나요?

이렇듯 우리가 너무도 당연하게 여겼던 일상생활 속에서 이렇게 많은 사람들이 소외되고 있습니다. 재미나 즐거움, 편리함, 외적인 아름다움만 중시하려는 요즘 사회, 그러나 다수 사람들의 그런 욕구를 충족시키기 위해 소외되고 억압받는 이들의 모습은 너무나 다양합니다. 이렇게 소외된 사람들을 우리가 일상생활 속에서 무심코 지나쳐버리는 현상에 대해 어떻게 생각하시나요? 또한 소외되고 억압받는 이들의 모습을 과연 누구의 시각으로 바라보아야 할까요?

떡볶이 아줌마뿐만 아니라 빨간 모자를 쓴 사람들^{공무원}의 입장에서도 생각해보자는 의견이 나왔습니다. 그분 역시 떡볶이 아줌마와 별반 다르지 않은 한 가정의 가장일 수도 있고, 자신에게 주어진 명령을 수행하지 않는다면 언제 직장을 잃어버릴지 모르는 약자일 수 있습니다. 사진에는 보이지 않지만 떡볶이 아줌마와 빨간 모자 아저씨들이 이토록 첨예하게 부딪치도록 만든 제3의 인물에 대해서도 짐작해봅니다. 그러다가 얼마 전에 본, 권위에 대한 복종을 확인하고자 했던 스탠리 밀그램 박사의 전기충격실험을 떠올렸습니다. 스탠리 박사는 타인에게 450볼트나 되는 전기충격을 가해야 하는 실험을 기획하면서 실험 대상자들이 실험을 거부하리라 예상했습니다. 그러나 예상과 달리 권위에 짓눌린 대상자들의 65퍼센트나 되는 숫자가 권위자의 지시를 따라 전기충격기 버튼에 손을 올렸습니다.

왜 인간은 비인간적이고 야만적인 지도자에게 맹목적으로 복종하는가? :

여러분은 정당하지 못하고 불합리한 명령에 복종한 적이 일상생활에서 있지 않나요? 그런 경험들 혹은 여러 예시들에 대해 얘기해봅시다. 그리고 그 명령에 복종했던 이유는 뭔가요? 복종하고 싶었나요? 복종해야만 했나요? 세 번째, 그런 불합리하고 비인간적인 명령에 복종하지 않고 저항할 수 있다면 어떤 방법이 있을까요?

이 질문은 대다수 청소년들을 흥분하게 만들었습니다. 자신들이 일상생활 속에서 느끼는 복종의 사례가 봇물 터지듯 쏟아져 나오기 시작했습니다. 학교생활에서 벌어지는 많은 사례들이 한참을 오갔고, 어느새 자신들이 인식하지도 못했던 복종과, 인식했음에도 그렇게 할 수밖에 없었던 이유들을 이야기했습니다. 급기야 나치 독일에 대한 이야기에 다다르자 해결되지 않는 대답에 다시 새로운 질문이 던져집니다.

과연 옳음과 옳지 않음을 구분하는 기준과 진정한 올바름이란 무엇일까요? :

정재윤 ★ 제가 알고 있는 복종의 사례를 짧게 얘기할게요. 학교수업에 들어오시는 선생님들 중 두 분은 반 아이들에게 자신의 수업이 시작하기 전에 교탁에 물을 한 잔 떠놓으라고 요구하십니다. 자발적으로 지원한 학생들이 2학기가 시작된 지금까지 그 일을 계속하고 있는데요. 짚고 넘어가야 할 사실은 학교 정수기는 저희 교실보다 교무실에서 훨씬 가깝다는 것이죠. 선생님이 교무실에서 수업하러 오시는 길에 물을 떠오면 더 좋지 않을까요? 그걸 복종이라고 생각한 너는 왜 잠자코 있었냐고 물으실 수 있습니다. 거기에는 혼이 날지도 모른다는 내 안위에 대한 불안도 한몫했지만 과연 그런 요구가 정당하냐에 대한 혼란 역시 크게 작용했습니다.

우리나라에서 선생님은 학생보다는 분명 윗사람이고 권위를 가지고 있습니다. 또한 50분간 쉬지 않고 가르쳐야 하는 수고로움도 있고, 물을 떠온다는 것은 그리 대수롭지 않은 일이기도 하고……. 그 순간부터 옳음과 옳지 않음의 경계는 모호해졌습니다. 나치 군대의 장교는 재판의 최후 변론에서 "나는 평생 독일 법을 지킨 선량한 시민이었다"라고 말합니다. 그는 자신의 옳음의 잣대에 따라 행동했기 때문에 그의 입장에서는 처벌받을 이유가 단 하나도 없습니다. 글의 원래 성격과는 조금 다르지만 옳음과 옳지 않음을 구분하는 기준 역시 생각해볼 문제라고 생각합니다.

당연한 진리를 행하지 못하는 사회와 대중에게

김상원 ★ 어렸을 적에 저는 기아와 빈곤, 전쟁과 독재가 제가 사는 세상엔 더 이상 존재하지 않는 줄 알았습니다. 그것은 당연히 정의롭지 못하고, 안쓰럽고 나쁘며, 고쳐야 마땅한 것이었습니다. 그래서 조그만 도시에 사는 아무것도 아닌 꼬마가 그것을 알 정도면 훌륭한 어른들은 이미 그 문제들을 고쳤으리라 믿었기 때문입니다. 당연히 그런 심각한 문제들을 절대 국제사회나 여러 사람들이 용납하지 않고 도왔으리라고 생각했던 것이죠.

하지만 자라면서 그것이 비교적 최근, 아니 현재까지도 지속되고 있다는 것을 깨달았습니다. 그것은 나의 바로 옆에서 바로 이 시간에 처참하고 절박하게 진행되고 있었습니다. 안타까운 것은 저는 그것을 충격으로 받아들이기보다 긴 시간 동안 천천히 나이를 먹어가며 교과서의 지식들과 함께 습득해 버렸다는 것입니다. 저는 그 사실에 당연히 분개하지 못했고 몸으로 마음으로 깨닫지 못했습니다. 고통을 함께 하기엔, 그곳은 너무나 먼 곳이었습니다.

연속되는 불행 속에서 사람은 덤덤해지는 법입니다. 겨울과 같이 감수성이 메말라버리고 하루에도 수십 번 팍팍한 뉴스를 들어가며 나는 매몰찬 사회에 대항하거나 의문을 품는 대신 익숙해지고 기생하는 법을 익혀왔습니다. 아프리카의 빈곤과 투발루의 미래나 티베트의 인권은 알면서도 외면하고 싶은 진실 '따위'가 되었을 뿐입니다. 하루하루의 일상에서 나는 정말 그것들을 잊고 살아갑니다. 학교에서 수행점수 1점을 받기 위해 하루에도 수십 번 교무실을 들락거리며, 교탁 바로 앞에서 낮잠이나 꾸벅꾸벅 자는 한심한 내 생활에 바빠 그것들을 생각하지도 못합니다.

하지만 가끔씩 진실을 외치는 책을 보면, 저의 사라져가는 감수성과 절벽

까지 몰리던 순수가 다시 저를 압도합니다. 그러면 저는 어렸을 적 꿈꾸던 이상과 많이 달라진, 교과서에서 '이러면 안 돼' 라고 말하던 금기사항들과 너무나도 닮아버린 사회와 사람들에 상처받고 한없이 고통스럽습니다. 나는 이 사람들을 위해 무엇을 할 수 있으며 무엇을 해야 하나. 내일 당장 학교에 가야 하는 현실에서 나는 무엇을 바꿀 수 있나. 그런 의문들이 저를 무기력하게 만들고 멀게만 느껴지는 이상과 타인의 고통 앞에 혁명의 의지는 바람 앞의 촛불처럼 사그라집니다. 저는 간절히 혁명을 바라지만 인문의 밤이 지나고 현실의 아침이 밝아오면 혁명이 아닌 당연한 진리를 행할 뿐인데도 그렇게 행동하지 못하는 모진 사회에 굴복하고 교복을 걸칩니다.

저는 제가 비굴하게 느껴집니다. 인정할 수 없는 것에도 계속해서 타협하고 익숙해지며 스스로 정당화시키고 나 하나 상처받지 않으려고 노력하는 것이 저의 의무를 저버린 것 같아 죄책감이 듭니다. 또 이런 사회나 대중에 대해 상처받을 수 있는 저의 영혼이 계속 상처받아 그런 것에 아픔을 더 이상 느끼지 못하는 날이 올까봐 두렵습니다. 삶 속에서 능률과 효율만을 생각하며 당연히 정의롭지 못한 법률을 만들어내고 지지하고 의문을 품지 않고 인정할 수 없는 현실에서 변화를 꿈꾸지 않는 사람들을 수긍할 수 없습니다.

저는 이 모든 현실이 마치 소설처럼 느껴집니다. 언론탄압도 간첩도 전쟁도 무관심도 저의 학교조차 제가 알고 꿈꾸던 현실과 다릅니다. 그렇기 때문에 이것은 바뀌어야 한다고, 실천해야 한다고 스스로에게 말합니다. 당연히 정의로운 일을 행동하지 못하고 있는 사회, 그리고 대중. 당신들의 인문학적 감수성과 타인에 대한 상상력과 고통을 감수하지 못하는 천성과 억압에 대한 의문은 어디로 가버렸습니까?

소외된 이들을 어떻게 바라보아야 하나요?

정재윤 ★ 우리의 감성은 왜 그렇게 단편적이고 가벼울까요? 연예인의 죽음을 폄하하는 뜻은 아닙니다만, 그 한 사람의 죽음에는 유서, 사인, 현장사진에서부터 주변 가족들과 지인들의 슬픔 등 굳이 보도될 필요도 없는 매우 사적인 것들까지 보려 하지 않아도 다 알게 될 정도였습니다. 그런데 우리는 그보다 더 고통스런 처지에 있던 이들에 대해선, 그리고 그들을 그렇게 만들어버린 사회에 대해선 너무나 무감각합니다. 감성 마케팅이니, 감성 디자인이니 하며 휴머니즘을 내세우는 경우를 많이 봅니다. 우리의 삶 자체가 그렇게 될 수는 없는 걸까요? 같은 인간으로서 타인의 감정과 처지를 생각하고 그 입장에서 생각해보는 것 말입니다. 청소년인 우리부터라도 우리가 품은 꿈의 모양을 더 밟고 올라가야 하는 위를 향한 것이 아니라 여러 방향을 포용할 수 있는 넓은 것으로 만들어가는 것은 어떤가요?

김신혜 ★ 시각의 차이는 평소에도 참 많이 느꼈어요. 얼마 전 광우병으로 모든 국민들이 촛불을 밝힐 때, 전 무엇이 진실인지 혼란스러웠고 도대체 누구의 시각으로 보아야 하나 고민했어요. 이쪽의 시각으로 바라본다면 저쪽이 틀린 것이고, 저쪽의 시각으로 보면 이쪽이 틀린 것인데, 그건 그렇게 간단히 이분화가 될 문제가 아니었다고 생각했거든요. 또한 전체의 시각으로 본다고 한다면 더더욱 혼란스러워졌어요. 문제는 보이는데 도대체 제가 무엇을 할 수 있는지 모르겠더라구요. 한쪽의 손만 들어주면 반대편 사람의 고통을 무시하는 게 되니까요.

하지만 저는 다시 말할래요. 누구의 시각으로 보아야 한다고 누군가가 제게 묻는다면 전 제 자신, '김신혜'의 시각으로 보겠다고 말할 거예요. 사람은 언제나 주관적이어서 제게 한계가 있다는 것이 분명하지만, 조금씩 차곡차곡

쌓아가서 더 많은 것을 수용할 수 있는 시각을 가지고 싶어요. 그렇게 할 수 있다면 많은 사회문제를 인식할 수 있을 것이고 현명한 선택을 할 수 있지 않을까요?

왜 인간은 비인간적이고 야만적인 지도자에게 맹목적으로 복종하는가?

전소현 ★ 얼마 전 학원에서 책을 읽다가 혼났습니다. 자습시간이었는데, 저는 그 책을 읽어야만 페이퍼를 쓸 수 있었기에 읽을 의무가 있었고, 자습(自習)이란 스스로 익히는 시간이기 때문에 책을 읽을 권리가 있었습니다. 그러나 자습을 감독하는 선생님께서는 시험기간에 무슨 책을 읽느냐고, 학원숙제나 다 하고 읽으라며 책을 압수해 가셨습니다. 저는 그때 알겠습니다, 하고 순순히 책을 뺏기지 않았습니다. 왜냐하면 그때는 이미 이 사진을 본 뒤였거든요. 저는 시험기간이지만 오늘 공부할 것을 모두 끝냈고, 계획상 오늘 책을 읽어야 한다고 말씀드렸고, 책 한 권 읽을 자유와 여유 없이는 좋은 성적을 받을 수 없다고 말했습니다. 선생님은 조금 어이없어하시면서도 알겠다고 책을 돌려주셨습니다. 저는 저항에 성공했지만, 옆에서 mp3로 음악을 듣고 있던 제 친구는 떳떳하게 좋아하는 가요를 듣는다고 하지 못하고, 교육방송을 듣고 있다고 변명했습니다.

세상에 존재하는 모든 명령을 모두 거부할 수는 없고, 또 저항한 모든 명령에 성공할 수는 없을 것입니다. 하지만 나 스스로 당당하지 못한 행동을 하는 것이 아님에도 불구하고, 철저히 타인의 생각에 의해서 복종하는 것은 더없이 비굴한 행동을 한 것이라고 생각합니다. 내가 잘못하여 규제받고 반성해야 할 일이 아니라면, 저는 제가 원하는 것을 쟁취하기 위해 말해야 합니다. 그리고 마침내 얻게 될 것입니다.

이경신 ★ 복종이라는 것은 한 사람의 강한 힘에 약한 사람이 눌리는 것도 있지만, 다수의 분위기가 그렇기 때문에 그저 휩쓸려서 소수의 의견이 다수의 의견에 눌리는 경우도 있습니다. 저희 학교에는 우리보다 약간 정신적으로 늦은 아이가 있습니다. 그래서 근처 애들이 그 애를 많이 놀림거리로 삼는데요. 청소시간에 음악을 틀어주면서 춤추기를 강요합니다. 그럼 그 애는 춤을 춥니다. 그 애가 춤을 추면 그 층에 있는 아이들이 다 그곳으로 몰려가 구경을 합니다. 그런데 저는 그 부분이 잘못되었다는 것을 알면서도 그 장소를 아예 떠나버림으로써 그 상황을 애써 무시하려고 했습니다. 그러면서 어떤 선생님이든 청소시간에 그 사실을 보고 혼내주기를 바랍니다. 하지만 몇 개월이 지난 지금도 여전히 청소시간마다 벌어지는 놀림은 계속되고 있고, 저는 여전히 그 사실을 무시하고 있습니다. 그 이후 몇몇 아이들한테 제가 저런 모습을 보기 싫다고 말한 적이 있습니다. 그런데 그 아이들 역시 저와 같은 생각을 하고 있었습니다. 하지만 우리의 생각을 알리기에는 너무 용기가 부족했습니다. 제가 지금까지처럼 이 사실을 무시한다면 편하게 살 수 있을 겁니다. 하지만 선생님들께 이 말을 하기가 참 어렵습니다. 왠지 그렇게 하면 어떤 일이 있어도 다른 아이들이 선생님께 말한 저를 찾아낼 것 같고, 괜히 착한 척한다는 욕을 들을 것 같아 겁이 나기도 합니다.

이런 저의 모습을 볼 때마다 저는 괴롭습니다. 저에게 조금만 용기가 더 있었더라면 그 아이는 그런 놀림을 받지 않을지도 모릅니다. 선생님들께 익명으로 편지를 하는 방법이 최선의 해결책일 듯하지만 아직도 그런 행동을 할 용기가 나지는 않습니다.

이미지 ★ 옳지 못한 명령에 복종하는 이유는 크게 두 가지로 나눌 수 있습니다. 첫 번째는 두려움 때문입니다. 그 명령에 복종하지 않으면 당하게 될 것에 대한 공포 말입니다. 멀리 가지 않고 학교에서도 발견할 수 있는데요. 저는 친구들과 함께 반성문을 써본 적이 있습니다. 물론 저희가 교칙을 위반해서 쓰긴 했지만, 선생님께서는 저의 잘못을 계속 부풀려서 결국은 없는 잘못까지도 만들어내더라고요. 저희가 잘못했을 때의 그 상황은 저희가 가장 잘 알지 않습니까. 하지만 선생님이 대충 추측까지 하셔서 그 추측을 사실처럼 만들어내셨습니다. 저는 화가 나서 반성문에다 선생님의 그런 태도는 옳지 못하다고 썼습니다. 물론 제 친구들도 저보다는 약하지만 그러지 않으면 좋겠다고 썼었죠. 하지만 선생님들은 그걸 무시하고 다시 써오라고 했습니다. 이번에는 할 수 없이 그냥 죄송합니다, 잘못했습니다만 썼죠. 그때 저는 저의 잘못을 분명하게 인정하고 반성했습니다. 하지만 선생님의 그런 태도는 인정할 수가 없어 반항을 했지만 결국 다른 선생님들께도 찍혀서 살아갈까봐, 벌이 심하게 가해질까봐 무서워서 그냥 꾹 참고 넘어갈 수밖에 없었습니다. 두려움 때문에 복종했다면, '용기'가 필요합니다. 옳지 못한 명령을 받았을 때 그게 옳지 못하다고 생각하는 친구들을 모아서 조금이라도 바른 생각을 하고 계시는 어른을 찾아가 보고 같이 저항해야 합니다.

　두 번째는 옳지 못하다는 사실을 알지 못하고 행하는 것인데요. 이것 역시 일상에서 찾아볼 수 있습니다. 가끔 이런 기분이 들죠. 자신이 인형극에 나오는 마리오네트처럼 나의 의지와는 상관없이 끌려다니며 어떤 행동을 하는 것만 같다는 느낌말입니다. 어릴 때부터 말로 세뇌를 받은 경우가 많은데, 가령 "다른 사람들보다 더 잘해서 꼭 1등 해야 돼"라는 말을 별 자각이 없는 유아기 때부터 계속 들어왔다고 합시다. 그렇다면 그 아이는 자라면서 그것이 당연하다고 생각하고 다른 사람을 비참히 짓밟으면서도 1등을 하려고 할 것입니다. 그리고 아주 이기적인 아이로 자라겠죠. 1등을 하는 것이 나쁘다는 것이 아니라 그것 때문에 다른 사람들에게 피해를 입히면서까지 1등을 하는 것이 나쁘다는 것입니다. 하지만 이 아이가 자라서 그것이 옳지 못했다는 것을 알게 되면 스스로 자각하고 고치면 됩니다. 이런 경우에서 필요한 것은 '자각'입니다. 자신이 이때까지 행했던 것, 혹은 지금 행하려고 하는 것이 나쁘다는 것을 자각하게 되면 그것에 대한 저항 방법을 찾게 됩니다. 그리고 저항하죠.

하지만 그 무엇보다 우선은 무엇이 옳고, 무엇이 그른 것인지에 대한 기준이 필수적입니다. 사람마다 조금씩 다르겠죠. 그리고 이것은 평생 살아가면서 고민해야 하는 것입니다. 우리는 늘 그런 선택의 갈림길에 서 있으니까요. '옳다'에 대한 기준은 사람마다 다르지만 가장 기본적인 것들은 전 세계적으로 통용되어야만 합니다.

진리를 행하지 못하는 사회와 대중에게 :

정재윤 ★ 작은 움직임이 과연 변화를 만들어낼 수 있을지, 전 항상 자신 있게 확신하진 못했습니다. 우리의 삶엔 우리도 모르는 새 어떤 커다란 것이 자리를 잡고 들어와 말 그대로 대세의 움직임에 따르기 쉽게 길들여놓은 것 같다는 생각 때문이었습니다. 저 역시 제가 비굴하다고 생각했습니다. 부딪칠 게 많은 삶을 사는 것은 나태한 저에게 너무 많은 불편함을 요구하기 때문이었습니다.

그리고 저 역시 무엇을 할 수 있는지도 잘 알지 못했습니다. 그러나 서서히 저는 제 자신이 무력하다고 생각하기를 멈추려고 합니다. 저는 의문이 생긴다면 쉽게 잊지 않고 계속 물을 것이며, 진실을 숨기기보단 말할 것입니다. 제가 그리는 그림이 누군가의 감성을 건드릴 수 있는 도구라고 믿기에 저는 제 생각을 그리겠습니다. 턱없이 모자라고 서툴겠지만 짧은 한 문장의 시구는 저에게 용기를 줍니다. '할 수 있다면 우리는 해야 하네.'

정혜인 ★ 책을 읽거나 다큐멘터리를 보거나 할 때 가슴이 먹먹해지는 순간이 옵니다. 그때 가지는 마음이 가장 순수하고 열정적이지 않을까 생각해요. 사물의 시간에 따라 흘러가는 지금으로는 뭔가 변화하기 힘들다고 자기 합리화를 하다가도 다큐멘터리처럼 충격을 주는 어떤 것에 반응합니다. 그리고 반성하고, 되새기고, 다짐하게 됩니다. 바꾸겠노라고. 반응한다는 것, 이게 아주 중요한 문제겠죠. 아직 살아 있음을 느끼고 있다는 증거. 아직 반응하는 사람들이 많다는 것에 초점을 맞춘다면, 세상은 더욱 좋은 모습으로 도래할 수 있을 겁니다. 우리가, 이렇게 반응하고 반성하는 우리가, 세상을 바꾸는 디딤돌이 되어야겠죠. 우리의 역할입니다.

송상근 ★ 이상과 현실 사이에서 갈등하고 고민합니다. 왜냐하면, 이렇게 되어야 하는 것이 분명 옳은 것임에도 불구하고, 현실에서는 받아들여지지 않기 때문이지요. 하지만 그렇기 때문에 우리는 고민해야 되는 것이 아닐까요?

고민하고 생각하고 소통하는 것. 일견 아무렇지도 않고 현실 앞에서는 무력해 보이는 이것이야말로 현실을 바꾸어 나가는 원동력입니다. 왜냐면 그것은, 현실을 살고 있고, 현실을 바꾸어갈 주체가 바로 우리이기 때문입니다. 사회를 이루고 있는 것은 결국 우리 한 명, 한 명입니다. 그렇다면 지금 사회의 폐해를 제대로 알고 바라보는 것도 역시 우리여야 합니다. 또한 저는 지금 이렇게 글을 올리고 키보드를 두드리는 이 순간이 굉장히 의미있는 순간임을 믿어 의심치 않습니다. 아마 이 글을 읽고 있는 모든 분들이 그렇겠지요. 이런 문제를 알고 생각하는 이 순간, 소중하지 않나요? 소중하다는 것은 그만큼 의미 있다는 것입니다. 우리는 우리의 시간을 이 세상에 확실하게 새기고 있습니다. 그런 우리의 시간 속에서 지금이라는 순간이 한 획을 그었다면, 그것은 분명 우리의 언사에서, 행동에서 그리고 우리가 내리는 결정 속에서 묻어나올 것입니다.

우리의 가능성이 어떤 미래를 열든 간에, 그 미래 속에는 우리가 지금 이렇게 이야기하고 고민하는 문제들이 반영될 것입니다. 그도 아니라면 우리의 뒤를 이을 내 자식이 내 생각을 이어받아 개선할 것입니다.

지금 이 순간의 변화는 없을지도 모릅니다. 하지만, 미래에, 좀 더 나은 사회를 만들 수 있는 가능성을 만들 수 있습니다. 보세요. 적어도 이 글을 적고 있는 저와, 이 글을 본 당신은 이 문제에 대해서 고민하지 않았습니까? 새로운 희망이 생기지 않습니까?

각기 다른 공간과 시간 속에서 진행된 인디고 청소년들의 토론이 정리되었습니다. 여기서 나온 철학적이거나 교육에 관한 부분은 여전히 숙제로 가져가야 할 것입니다.

한 장의 사진이 던진 질문을 정리하며 청소년들은 그 답을 찾기에 조금은 벅차단 생각을 했습니다. 그래서 인디고 아이들의 이름으로 '주제와 변주'에 참여하신 선생님께, 《인디고잉》에 기고해주신 다른 선생님들께 도움을 구하고자 했습니다. 아래와 같이 네 개의 질문으로 내용을 간추려 선생님들께 무작정 이메일을 보냈습니다.

1 · 매체 속에서 평등하게 대우받지 못하고 일상 속에서 무심코 지나쳐버린, 소외된 이들을 어떻게 바라보아야 하나요?

2 · 도대체 왜 인간은 비인간적이고 야만적인 명령에 맹목적으로 복종할까요? 그런 불합리하고 비인간적인 명령에 복종하지 않고 저항할 수 있다면 어떤 방법이 있을까요?

3 · 나치 장교 아이히만은 최후 변론에서 '나는 평생 독일 법을 지킨 선량한 시민이었다'라고 말했습니다. 과연 옳음과 옳지 않음을 구분하는 기준과 진정한 올바름이란 무엇일까요?

4 · 당연한 진리라는 것이 있다면 그것을 행하지 못하는 사회와 대중에게 역사·사회는 어떤 의미를 가질 수 있을까요?

진리는 갑자기 출현하지 않습니다 :

조국(서울대학교 법학과 교수) ★

1 · 죽음조차도 평등하게 취급되지 않는다는 현실은 갑작스러운 일이 아닙니다. 언론이 기사를 선택하는 기준에 부합하지 않는 사람 '무명씨'의 죽음, 이 죽음은 무의미한 것으로 취급되는 것은 한두 해의 일은 아니며, 이는 오랫동안 계속될 것입니다. 언론에 대하여 이러한 죽음과 그 죽음의 원인, 재발대책에 주목하도록 요구하는 지속적이고 조직적인 운동이 없다면 말입니다. 그러나 그 이전이라도 그러한 죽음을 기억하는 사람들이 있다면, 적어도 기억하는 사람들의 마음속에서는 그들은 죽은 것이 아니겠지요.

2 · 대중이 독재적 지도자를 따르는 것은 그러한 지도자가 자신의 이익을 지켜주고 증대시켜주리라 믿기 때문이겠지요. 그 원인을 단순히 그러한 지도자의 선전과 선동에서만 찾는 것은 일면적입니다. 그러한 지도자가 재출현하는 것을 막는 일은 바로 우리 자신 속에 있는 그러한 지도자의 모습과 싸우는 것과 병행되어야 할 것입니다.

3 · 아이히만이 지킨 법은 법의 외관을 띤 불법, 테러였지요. 추상적인 표

111

현을 쓰자면 "법률적 불법"이라고 할 수 있습니다. 아이히만 류의 변명은 우리 역사에서도 발견할 수 있으며, 바로 지금 이 순간에도 유사한 사고방식은 횡행하고 있습니다. 옳음에 대한 궁극적인 판단자는 그 시기의 법률이 아니라 역사일 것입니다. 그리고 그 역사의 법정은 실정법이 아닌 다른 기준을 판단의 기준으로 사용할 것입니다.

4 · 진리는 갑자기 하늘에서 떨어지지 않습니다. 특정 시기 특정 사회에 사는 사람의 고통과 꿈을 기초로 그 고통을 줄이고 그 꿈을 실현하려는 노력 속에 하나씩 모습을 드러냅니다. 그 과정에 여러 시행착오도 있을 것입니다. 어떤 이는 진리를 찾아나서는 일에 적극적이고 어떤 이는 소극적이겠지만, 전자가 후자를 비난만 할 수는 없습니다. 비난만으로 변화가 이루어지는 것도 아니고요. 그러나 진리를 찾는 노력이 쌓이고 또 쌓이고, 그 노력이 타인에게 번져나가다 보면 어느 순간 완전히 새로운 국면이 도래하며 대중적으로 공유되어버리지요.

역사 · 사회적 싸움은 복잡한 파장을 가져옵니다 ⋮

이왕주(부산대학교 윤리교육학과 교수) ★

1 · 어려운 질문입니다. 이런저런 유명세를 타는 사람들은 사소한 일상까지 시시콜콜 보도하면서 평범한 우리의 이웃에 대해서 그들의 생명에, 백척간두의 위기에 놓이는 절박한 상황에 대해서조차 묵살로 일관하는 매체.

우선은 매체의 본성을 이해하는 것이 중요하다고 생각합니다. 문명사에서 매체는 공공의 이슈를 다룰 때, 그 태생에서부터 한번도 창의적 · 주도적 주체로서의 역할을 떠맡아본 적이 없습니다. 매체media가 원래 '심부름꾼'이라는 뜻의 medius에서 나온 것인 만큼 수동적 매개자의 역할에 머물러 왔을 뿐이죠. 물론 매체는 외연이나 규모가 더 커지기는 했지만, 그렇게 커진 덩치는 다른 목적에 유용했을 뿐이지요. 장사꾼이나 정치권력의 거간꾼 노릇을 잘 해내는 일 같은 데서 말예요. 자본주의 체제 안에서 매체의 존재이유는 스스로 잘 팔리는 상품이 되는 것입니다. 잘 팔리는 상품이란 곧 다수가 욕망하는 어떤 것을 말하지요. 다수의 욕망을 자극시키는 것은 보다 감각적이고 선정적인 것들이지요. 그래서 우리에게는 똑같은 죽음으로 보이는 연예인의 죽음과 노동자의 죽음을 매체는 질적으로 다른 죽음으로 보는 것이지요.

결국 문제는 자본체제 안에서 매체의 역할과 기능을 인정할 것인가 말 것인가겠지요. 그것은 인정하되, 정의롭고 선하게 활용하라고 주문하는 것은 말의 귀를 간질이는 동쪽 바람과 같습니다. 매체 바깥으로 나설 수 있는가. 이 물음을 진지하게 던져보고 그 가능성을 최대한 탐색해보는 일이 여러분 그리고 저를 비롯한 모두에게 필요합니다. 그리고 그 결과에 따라 용기 있게 혹은 현명하게 행동해야겠지요. 내 경우에 감시와 견제의 역할에 머무는 일은 그야말로 적당한 타협에 그칠 뿐입니다. 그리고 그 역할 자체가 몹시 피곤한 노릇이고 전혀 즐겁지 못한 일이지요. 나는 인생이 즐거워야 할 이유도 있다고 생각하는 사람입니다. 아무튼 이 물음에 대해 나의 입장을 정리하라면 매체라는 근본 권력에 관한 한 우리의 태도는 발본적이어야 한다는 것이지요. 다시 말해서 매체의 속성 중 이것저것에 대해 시비하는 것이 아니라 매체의 영향권 안에 머무르느냐 그 바깥으로 나서느냐를 결정해야 한다는 것이지요.

2 · 도덕의 실천에 관련하는 근본 문제는 두 가지 입장으로 나뉩니다. 하나는 소크라테스의 입장이고 다른 하나는 아리스토텔레스의 입장입니다. 전자의 입장에서 도덕적 실천은 이성적이고 합리적으로 분석, 설명, 이해, 해석하고 그 논리적 결론에 자연히 따라온다는 입장이지요. 그래서 소크라테스는

따지는 것을 아주 좋아했어요. 악명 높은 소크라테스식 문답법으로 알려진 대화술은 이 입장에서 보자면 도덕의 뛰어난 실천전략이지요.

반면에 아리스토텔레스는 도덕적 실천, 가령 정직하게 사는 것, 약속을 지키는 것, 약자를 도와주는 것 등은 소크라테스처럼 지성의 능력으로 따지고 분석하고 설명하고 설득하는 일로 실천할 수 없다고 단정해요. 그는 그냥 그런 것들을 머리로 따지지 말고 몸으로 자동기계처럼 실천하도록 해야 한다고 주장하지요. 이른바 도덕실천에서의 습관론이 여기서 나온 거예요. 유명한 이야기를 했지요. '한 마리 제비가 봄을 만들지 않고, 한 날의 무더움이 여름을 만들지 않는다.' 무슨 말이냐 하면 한 번 정직한 행동이 그를 정직한 사람으로 만들어주는 것도 아니고 한 번의 약속 지킴이 그를 약속 지키는 사람으로 만들어주지 않는다는 것이지요. 그런 것들이 한 번 두 번 세 번 네 번이 아니라 그냥 몸이 알아서 저절로 행동에 옮길 때까지 습관화해야 한다는 거예요.

내가 볼 때 더 현실성 있는 견해는 아리스토텔레스의 습관론이라고 생각해요. 결국 머리로 투명하게 이해했다고 행동으로 실천하는 것은 아니라는 것이지요. 몸에 익혀 저절로 행동에 옮기도록 해야 해요. 습관처럼 강인한 것은 없어요. 더구나 어린 시절에 몸에 밴 습관은 평생 가요. 하지만 나는 도덕에서 소크라테스냐, 아리스토텔레스냐를 두고 다투는 이 싸움은 이제 끝나야 한다고 생각해요. 이것은 배타적 선접, 즉 영어로 표현해서 or 의 문제가 아니라 and의 문제라는 거예요. 소크라테스식으로 먼저 따지고 그런 다음에 아리스토텔레스식으로 몸에 배게 해야 한다는 것이지요.

내가 이 이야기를 길게 하는 이유를 여러분은 짐작했으리라 믿어요. 불의한 권력이나 야만적인 지도자에 복종하는 것은 소크라테스가 앞서야 하는데 그냥 아리스토텔레스가 앞섰기 때문이지요. 이 순서는 중요해요. 따지고 분

석하고 추론하고, 설득하고, 방어하고, 주장하면서 지성의 힘을 극한까지 활
용하여 하나의 사태가 진정 선, 정의에 부합하는지에 대해 담론하는 소크라
테스적 시도가 선행하지 않는다면 우리의 몸은 자동인형처럼 복종하고 실천
하는 노예 기계로 전락할 수 있지요.

3 · 우선 나는 '법정에 선 아이히만'이라는 캐릭터에 대해 지독한 혐오감
을 갖고 있다는 이야기부터 전할까 해요. 여류 철학자로 유명한 한나 아렌트
가 법정에 선 아이히만을 보고, 근본악의 평범함을 보고 충격을 받았다고 말
했는데, 나에게는 아렌트의 순진함이 더 충격적이에요. 이 말은 마치 위대한
스타를 만나봤더니 그도 그냥 이웃에서 매일 스칠 수 있는 평범한 사람 같아
서 놀랐다는 말과 차이 없는 어처구니없이 소박한 말이니까요.

아이히만의 변론에 나왔던 모든 말은 상황을 떠나서 한 인간 아이히만의
입술에서 만들어진 언어들이지요. 이 말과 그 행동을 연결시켜서 그에게 죄
를 묻거나 면죄하는 판결에 사용하겠다는 발상은 형식적 절차주의가 허용할
수밖에 없는 기만, 위선이에요. 발성기관에 연결된 입술은 언어를 구성해낼
수 있지만, 그 언어들이 언제나 의미 또한 구성해내는 것은 아니지요. 한 인간
을 침묵시키고 그 행동의 족적에 따라 판결해야 할 때도 있어야 해요. 발언권
을 주고 변론의 기회를 주는 순간 이런 아름다운 절차주의는 사태의 진실을
오리무중의 안개 속에 빠트릴 수가 있어요.

아이히만이 벙어리였거나 실어증에 걸리는 축복이 있었거나 했다면 우리
는 더 투명한 사태의 진실에 접근했을 거예요. 요컨대 내 이야기는 법정의 아
이히만이라는 인물이 나치 정권이라는 드라마의 속편이 아니라 전혀 다른 내
용의 드라마라는 것이지요. 이것이 속편이라고 착각했기 때문에 아렌트와 같
은 순진한 영혼들이 생겨나는 거예요. 법정의 아이히만은 전혀 딴 인간이에

요. 우리가 그에 대해 판단해야 하는 것은 그의 개런티를 과거의 역할에 대해 지불할 것이냐, 지금의 역할에 대해 지불할 것이냐는 것이지요. 나는 과거의 역할에 대해 지불해야 한다고 주장해요.

피의자라는 용어가 웃기는 거예요. 아이히만은 죄인이었을 뿐이에요. 피의자는 변론을 할 수 있지만 죄인은 오직 변명을 할 수 있을 뿐이지요. 변명에 귀기울일 만큼 우리는 아니 적어도 나는 한가하지 않습니다.

4·이해한 대로 짧게 답해볼게요. 지금의 사회적 현실 속에서 진실한 태도로 살아가려는 개인의 삶은 가능할까요? 불가능한 방식으로 가능하다고 나는 말하고 싶어요. 솔직히 말해보지요. 여러분이 진리, 진실, 정직, 가치, 선을 말하는 것은 어느 만큼은 무책임한 말들예요. 그 무책임이 여러분의 귀책사유라고 쉽게 판단할 수 없을지는 모르지만 분명한 것은 여기에는 어떤 무책임, 무감각성이 개입해 있다는 것이지요. 가령 여러분이 지금 부모님 밑에서 끼니 걱정, 학비 걱정 없이 학교를 다니고 있다는 이 평범한 조건이 얼마나 많은 착취와 불의의 조건들을 통과해서 획득된 특권인지에 대해 발본적으로 반성해봐야 해요. 물론 나는 여러분이나 여러분의 부모가 그 착취에 자의식을 갖추고 적극적, 능동적으로 앞장선 착취의 주체라고 말하는 것은 아니에요. 역사/사회란 하나의 거대한 연쇄 안에 있는 것이기 때문에 내가 향유하는 소득, 부, 특권들이 과연 내가 정당한 자격을 갖춘 몫인지를 판단하기 어렵다는 것을 지적하는 것뿐이지요. 어쨌든 분명한 것은 권리와 재화의 제로섬 게임에서 나의 특권은 누군가의 희생 위에서 이뤄진다는 거예요.

결론적으로 우리는 역사/사회를 진리라는 이슈 혹은 정의라는 이슈와 연결해서 무슨 담론인가를 구성하려면 조금 신중하고 소극적인 입장에 서야 할 이유가 있다는 것이지요. 물론 무한히 투명한 순수와 열렬한 정의감으로 무장한 여러분에게 이렇게 말해야 하는 나 자신도 편한 마음은 아니에요. 무책임과 결레를 이루는 선동의 열정, 이걸 우리가 늘 경계해야 하지요. 신중하고 소극적 입장에 서야 한다는 것이 불의에 타협하고 침묵하라는 충고가 아님은 여러분도 이해할 거예요. 더 직설적으로 말하자면 순수하되 순진하지는 말자는 것이지요.

나는 회의론자는 아니에요. 개인이 자신의 고결한 신념과 우아한 가치를 살아가는 것은 불가능하다고 보지 않는다는 것이지요. 다만 그 싸움이 힘겨운 것이므로 단단히 준비하라고 말하고 싶어요. 그 싸움은 거의 지는 싸움이라고 봐야 해요. 그러나 싸움에 지고서 상처투성이 몸으로 다시 얻는 게 있겠지요. 싸움을 승패의 관점에서만 보면 아주 간단하지요. 그러나 싸움은, 더구나 역사/사회적 조건 안에서의 싸움은 승패의 결과를 떠나서 복잡한 파장을 안기죠. 패배하더라도 바로 이 파장 안에서 얻는 바가 반드시 있다는 것, 이 전리품(이 자장 안에서는 패자에게도 얻는 게 있으니)을 위안 삼자는 이야기, 즉 이 패배한 싸움도 비극적이고 숭고한 것일 수 있고, 그런 비극성과 숭고성을 통해 얻는 바가 있다는 것을 믿자는 것이지요.

간단히 답하겠다고 했는데 길어졌지요. 이 상황이 적나라하게 보여주는 것이 이 물음의 성격인 것 같아요. 그만큼 핵심에 다가서서 진솔한 답을 구하기 어려운 물음이지요. 여러분 중에는 아마 내가 논점을 벗어나기도 하고 에두르기도 하면서 길어진 이 말들의 행간과 여백에 깃든 어떤 불투명성을 꿰뚫어본 학생도 있으리라 믿어요. 그래요, 당신이 직감하고 있는 그것, 그것, 바로 그것이 내가 좀 더 용기 있는 실천적 지성이라면 양심적으로 하고 싶었던 그 말이에요.

인문학적 정신을 가진 이들이 필요합니다 ：

강신주(철학자) ★

1 · 매개란 숙명적으로 한계를 가지고 있다는 점입니다. 다시 말해 매개란 어떤 것과 어떤 것을 연결시켜주는 것 같지만, 동시에 어떤 것과 어떤 것 사이에 들어감으로써 양자 사이가 직접immediately 만나는 것을 방해하고 있다는 것이지요. 매개의 태생적인 한계인 셈이지요. 우리에게 매체가 문제되는 이유는 매체가 지닌 태생적인 한계를 이용하려는 움직임이 있어왔고, 또한 지금도 있기 때문입니다.

우리 이웃의 삶을 있는 그대로 우리에게 전달해주는 것이 아니라, 우리가 보았으면 하는 것만을 전달해줄 때 매체는 우리에게 커다란 폐해를 남기게 됩니다. 이 점에서 가난한 우리 이웃들은 이중으로 소외되어 있다고 할 수 있습니다. 우선 정치경제학적으로 소외되어 있고, 다음으로 매체에 의해 소외되어 있기 때문입니다. 특히 매체들이 대개 자본과 권력의 논리에 종속되어 있다면, 가난한 이웃들의 소외는 더욱더 강화될 수밖에 없겠지요. 결국 가난한 이웃들의 고단한 삶을 보기 위해서 우리는 자본과 권력의 논리로부터 자유로운 시선을 갖도록 노력해야만 합니다.

자본과 권력의 논리로부터 보지 않는다는 것은 인간을 있는 그대로 보려고 노력한다는 것을 말하지요. 인간의 행복, 기쁨, 슬픔, 고통 등을 직시하려는 인문학적 감수성이 요청되는 것도 바로 이런 이유 때문입니다. 물론 우리가 본 것을 다른 이들에게 알려주는 노력도 게을리 하지는 않아야겠지요. 이 점에서 자본과 권력에 종속된 거대 매체와는 달리 소외된 이웃의 삶을 스스로 포착해서 온라인이나 오프라인에서 유포시키는 것은 우리의 의무라고도 할 수 있을 겁니다. 그럴 때에만 거대 매체가 만들어놓은 환상을 찢어 그 틈새로 우리 이웃의 삶을 드러낼 수 있을 테니까요. 물론 그렇기 때문에 권력이나 자본은 우리의 이런 노력을 검열하고 억압하려고 할 겁니다. 그들 입장에서 정말 무서운 것은 우리가 직접 가난한 이웃들과 만나고 그 만남을 다른 이들에게 유포하는 것이니까요.

2 · 복종이란 행위 자체가 비인간적이고 야만적인 것이라고 할 수 있지요. 인간이 다른 인간에게 복종한다는 것 자체가 문제가 된다는 겁니다. 그래서 "도대체 왜 인간은 비인간적이고 야만적인 지도자에 맹목적으로 복종할까요?"라는 질문 자체가 잘못되었다고 할 수 있지요. 이런 질문에는 마치 지도자가 인간적이고 야만적이지 않으면 복종할 것이라는 암묵적인 전제가 깔려 있기 때문입니다. 그래서 저는 묻고 싶습니다. 만약 지도자가 인간적이고 지적이라면 복종할 생각인가요? 그래서 지도자라는 발상 자체, 통치자와 피통치자라는 위계구도 자체를 수용하는 논의 자체가 문제가 됩니다.

마르크스는 딸에게 자신이 가장 싫어하는 것을 피력했던 적이 있지요. 그것은 바로 "노예근성"이었습니다. 착한 주인과 나쁜 주인의 문제설정은 그래서 허구적인 것입니다. 어차피 노예는 노예일 뿐이기 때문이지요. 나아가 착한 주인도 나쁘게 될 수도 있고 나쁜 주인도 착하게 될 수 있다는 점에서, 주인의 인간성과 지적인 능력에 관심을 집중하는 것은 주인과 노예라는 위계성이라는 진정한 문제를 은폐시킬 수 있습니다. 주인과 노예의 위계성, 이것이야말로 인문학이 싸워야 할 가장 근본적인 적 아닌가요?

3 · 아이히만은 물론 법을 지켰을 겁니다. 그것도 아주 투철하게 말이지요. 문제는 나치 치하의 법이 인간의 자기 부정을 함축하는 것이었다는 점이지요. 특정한 법이 인간에 대한 불신과 부정을 함축하는 것이라면, 그 법을 따른다는 것은 인간을 부정하는 행위에 다름 아닐 겁니다. 결국 아이히만에게서

는 독가스를 마시며 고통스러워하는 인간들을 보지 않았던 것입니다. 물론 그것은 그가 나치의 법만을 보았기 때문이지요. 결국 아이히만은 법이란 약속이 존재하는 이유 자체를 망각했던 것입니다.

옳음과 옳지 않음의 기준은 인간에 대한 긍정인지, 아니면 인간에 대한 부정인지의 여부에 달려 있는 것 같습니다. 결국 옳음과 옳지 않음, 즉 정의의 문제는 타인의 고통과 행복에 대한 감수성으로부터 찾아야 할 것입니다. 그래서 그것은 이성적인 판단이나 논리적 추론을 넘어서는 문제라고 할 수 있지요. 타인의 삶에 대한 긍정, 그리고 애정으로부터만 정의는 사유될 수 있기 때문이지요. 그래서 옳지 않음에 대해 치열하게 싸울 수 있는 힘은 고통받은 이웃에 대한 애정으로부터 나옵니다. 이와 유사하게 옳음을 지키려는 용기도 그것이 이웃을 고통에 빠지지 않도록 하려는 애정으로부터 나옵니다. 부정의는 대개 체계적이기 때문에 혼자의 힘으로 감당하기는 벅찬 법입니다. 그래서 너무나 압도적인 부정의에 직면하면, 정의를 알고 있는 사람도 침묵하고 심지어 절망하기 쉽습니다. 그러나 혼자의 힘으로 벅차다면, 정의를 공유하는 사람들과 만나면 됩니다. 그러나 한 사람 한 사람이 모여서 극복할 수 없는 부정의는 존재하지 않는 법입니다. 만약 자신만의 힘으로 부정의를 극복하는 것이 불가능하다면, 여러분은 소리 높여 외쳐야만 합니다. 바로 여기에 부정의가 있다고 말이지요. 절망에 맞서 싸우며 끈덕지게 외치면, 어느 사이엔가 여러분은 고립된 개인이 아니라 든든한 우리의 일원이 되어 있을 겁니다.

4 · 인간이나 사회에게는 역사가 있습니다. 이것은 무엇을 말하는 것일까요? 그것은 모든 진리, 내가 생각하는 진리나 사회에서 합의를 본 진리는 모두 일시적이고 가변적이라는 것을 의미하는 것이지요. 토마스 쿤에 따르면 심지어 가장 정밀하게 진리를 추구한다던 과학에서도 역사가 있다고 합니다. 물

론 그렇다고 해서 진리란 아무것도 아니라는 이야기를 하려는 것은 아닙니다. 분명 진리란 존재합니다. 그러나 모든 시대나 모든 지역, 그리고 모든 인간에게 통용되는 진리, 즉 절대적 진리는 존재하지 않습니다.

인간은 절대적 존재가 아닙니다. 특정 시공간에 살고 있는 단독적인 모습으로 살고 있으니까요. 결국 우리에게 자신의 삶을 비판적으로 성찰할 수 있도록 하고, 미래에 새로운 삶의 소망하도록 하는 단독적인 진리만이 존재한다는 것이지요. 중요한 것은 지금 우리가 갖고 있는 생각이 우리 자신의 삶과 행복을 긍정할 수 있는 것인지의 여부입니다. 만약 그렇다면 그것은 우리에게 있어 진리겠지요. 결국 진리는 모든 시대의 사람들에게 적용되는 것이 아니라, 특정한 시공간의 우리들에게 적용되는 것, 따라서 역사적인 것이지요.

불행한 것은 우리의 가난한 이웃들이 자신의 삶과 행복을 긍정할 수 있는 진리, 그리고 그렇지 못한 현실에 저항하고 변혁할 수 있는 용기를 결여하고 있다는 사실입니다. 그러나 바로 그렇기 때문에 우리의 가난한 이웃들은 우울한 것입니다. 그들에게 기쁨의 삶을, 최소한 기쁨의 전망을 알려주어야 하지 않을까요? 바로 이것이 여러분과 같은 인문학적 정신을 가진 이들을 필요로 하는 이유입니다. 여러분들은 애정을 가지고 끈덕지게 노력해야 합니다. 그리고 이야기해야만 합니다. 인간의 삶은 부단히 변화될 수 있다는 것, 인간은 스스로 자신의 행복을 지켜야만 한다는 것, 시공간적으로 제한된 삶을 가장 아름답게 살 수 있어야만 한다는 것. 바로 이런 인문학적 성찰이야말로 우리를 가장 인간답게 한다는 것을 말이지요.

정의로운 가치와
사회적 약자의 역사

질문 ▪ 김지현 │ 답변 ▪ 박노자 선생님

우리의 세계적 가치

김지현 ★ 우리가 추구해야 할 가치에 있어 아시아적 가치, 서양의 가치 등 가치를 지역적으로 구분하는 것 자체는 무의미하다고 생각합니다. 과연 아시아만이 배타적으로 가진 가치, 서양만 배타적으로 가지고 있는 가치란 것이 있을까요? 예를 들어, 이성과 합리성은 동양에 비해 서양에서 좀 더 중시되고 실생활에 많이 반영된 가치인 것은 사실입니다. 하지만 그렇다고 해서 합리적인 정신이 동양에 없다고 볼 수는 없습니다. 실학이 추구하던 실사구시, 경세치용, 이용후생이나 묵가의 엄격한 조직적 계율 등을 볼 때, 이성적이고 합리적인 정신은 아시아의 전통에도 분명히 살아 있기 때문입니다. 우리가 아시아적가치라고 생각하기 쉬운 자연친화적 태도, 인간 존중의 태도는 어떨까요? 이것 역시 서양에 없는 것은 아닙니다. 자연과 조화롭게 살았던 유목민의 생활을 통해 자연친화적 정신을, 노예제 사회에서의 모순을 보고 인간 존엄성을 지키기 위해 저항했던 모습을 통해서는 인간존중의 태도를 알 수 있습니다. 오히려 아시아적 가치, 서양적 가치라는 말은 근대사회의 산물일지도 모른다는 생각이 듭니다. 18세기에 서양이 과학기술문명에 있어 좀 더 우세한 위치를 점유함에 따라 서구는 이성, 합리주의를 더욱 추구하게 되었고 동양은 생활의 평화와 안정을 중시했기 때문에 자연친화적 태도가 존속될 수 있었던 것일지도 모릅니다. 따라서 아시아적 가치, 서양의 가치를 구분할 것이 아니라 우리에게 필요한 자세는 "현대사회에서 잃어버린 가치를 우리 역사적 전통을 바탕으로 다시 찾는 것"이라고 생각합니다.

우리가 역사적 기반을 바탕으로 그 가치를 찾는다고 하여 그 가치가 한국만의 가치, 아시아만의 가치일 수는 없습니다. 우리가 추구해야 하는 가치는 지역적 한계를 넘어서 세계적인 가치이기 때문입니다. 인간소외현상이 심각하고 생태계 파괴가 너무나 쉽게 자행되는 오늘날, 세계는 자신의 역사를 돌아보고 그 전통 속에서 인간존중의 정신, 생태계와의 조화 및 정신을 다시 회복해야 합니다. 그리하여 오늘날 잃어버린 우리의 또 다른 가치를 찾아 그것이 동아시아만의 가치가 아닌 세계적 가치로 만드는 것이 더욱 바람직한 자세가 아닌가 하는 생각이 듭니다.

마지막으로 덧붙이자면, 선생님께서 아시아 역사의 부정적인 측면들, 예를 들자면 사대주의적 인식이나 전체주의 사상에 매몰되어 있는 모습을 주체적 시각으로 바꾸는 데 중점을 두고 글을 쓰신 것 같다고 느꼈습니다. 전 그게 오히려 더 문제가 아닌가 싶습니다. 어쩌면 선생님께서 이미 아시아의 역사에는 주체성이 결여되어 있음을 전제하고 계신 것 같다는 생각이 들어서죠. 하지만 우리 역사엔 고구려나 발해, 고려 등 주체적이고 세계적 인식이 전제된 역사도 분명히 존재하기 때문입니다.

'정의'는 우리의 긍정적인 가치입니다 :

박노자 ★ 물론 궁극적인 차원에서 본다면 동서양의 긍정적 가치에 무슨 '지역적 차이'라고는 없지요. 동양인이든 서양인이든 누구든 간에 어느 정도 의식이 발전되면 보다 안정적으로, 보다 평화적으로, 보다 자연친화적으로 사는 것을 이상으로 삼는 것이고, 또 굳이 특별한 '진보적 의식'이 없다 해도 대다수의 인간들은 예컨대 폭력을 체질적으로 꺼리는 부분 등이 있습니다. 이건 동서나 '문화'의 문제가 아니라 인간의 보편적 '본성'의 문제입니다. 그런데 인류 보편적 가치를 실천하는 데 있어서는 분명히 여태까지 '여기에서' 축적되어온 풍습과 전통에 따르는 일정한 차이는 있을 수는 있지요. 예를 들어 파업투쟁을 경험하지 않는 나라는 없지만 한국만큼 장기적 투쟁을 하는 경우가 많은 사회를 찾기가 힘듭니다. KTX 고속열차 여승무원, 망향휴게소의 비정규직, 세종병원 등 여러 대형 병원들의 노조……, 짧게는 5, 6개월, 길게는 거의 2년 가까이 힘이 월등히 강한 사용자들과 최악의 조건에서 '힘겨루기'를 해도 끝내 포기하지 않는 것입니다. 물론 한국 기업계에서 노조에 대한 비타협적인, 대단히 고압적인 자세가 관행화돼 있다는 것은 근본적인 분규의 이유지만, 구사대들의 폭력적 탄압의 지옥 속에서 소수의 노동자들이 그래도 몇 개월 동안 꿋꿋하게 버티는 그 힘이란 과연 어디에서 나오는 것입니까? 물러서면 생계유지에 대한 전망을 잃어 도태된다는 현실의식도 당연히 중요한 역할을 하지만 또 다른 차원에서 같이 투쟁하는 '동지'들에 대한 '의義'라든가 '정의'가 우리 편에 있다면 확신이라든가 등의 정신문화적 부분들도 한몫을 하는 것 같습니다. 그것이 '정의', '명분', '도리'의 사회적 실천을 중시하는 유교문화의 긍정적 계승이 아닌가 싶습니다. 물론 다른 지역에서도 노동자들이 꿋꿋하게 계급투쟁을 하는 경우를 발견 못 하는 것이 아니지만 한국과 같은 비교적으로 고립된 소수 노동자의 투쟁적 단결과 장기성을 다른 곳에서 발견하기 어렵습니다. 지역적 차이라면 차이지요. 저는 바로 이와 같은 긍정적 의미를 지니는 지역적 특수성들을 발견, 정리하려고 마음을 먹은 것이었습니다.

진실이란?

✚ 나 자신을 사랑하고 배려하는 것. 그것이야말로 진실한 행위라고 생각합니다. **박용준**

✚ "진실이란 두 발을 채 감싸주지 못하는 담요 같은 것이다. 아무리 잡아 늘리고 아무리 끌어당겨봐, 그래봤자 그 담요는 우리 몸을 완전히 덮어주지 못한다. 아무리 발로 차고 손으로 쳐봐, 그래도 성이 안 차고, 우리가 울음소리를 내며 이 세상에 태어난 그 순간부터, 죽음으로 이 세상을 떠나는 날까지 그 진실이라는 담요는 아무리 절규해도, 아무리 소리쳐도, 우리 머리밖에는 덮어주지 못한다." 『죽은 시인의 사회』 중에서. **김보미**

✚ 그러하다고 믿고 싶은 것, 그리고 믿는 것, 그러함으로써 납득시키는 것. **이윤정**

✚ 남과 나 사이에 꼭 있어야 할 어떤 것. 보이지는 않지만 교류를 위해선 꼭 있어야 할 어떤 것. **박규희**

✚ 진실은 그 어떤 무기보다 무섭다. 라울 프랑시스 라조르박. **한준섭**

✚ 제 생각으로는 진실이란 사실 그대로를 말하고 여러 사람들이 공감하는

것이라고 생각하는데요. **김채영**

+ 한 시대와 공간에 사람들의 대다수가 옳다고 생각하는 것. 즉, 시대와 공간에 따른 상대성을 가지며 합목적성을 지닌 생각. **신용민**

+ 진실이란 간단하게 '그 자체'라고 생각합니다. 아무것도 덧붙여진 것 없이 순수하고 맑은 상태로 있는 것. 그것이 선이든, 악이든. **김연주**

+ 진실이란, 아무도 부정할 수 없는 것이다. 그러나, 진실이란 실제로 존재하지 않는다. **강재홍**

+ 볼 수는 없지만 볼 수 없기 때문에 제 역할을 다 하는 것. 즉, 진실이란 아무도 알 수 없으나, 아무도 모르기 때문에 모두가 궁금해하고 알려고 하는 것이다. **이수지**

+ 진실은 힘! 세상을 살아가게 해주는 저의 에너지라고 볼 수 있죠. 말로 표현할 수 없는 어떤 것이죠. 요즘 들어 사람들이 자기 내실을 튼튼히 다져야 한다고들 하는데 그 밑바탕이 되는 게 진실이 아닐까요. **강경민**

+ 진실, 그 누구도 감히 건드리지 못하지만 모든 곳에 있는 것. **한지혜**

+ 진실은 그 존재 자체만으로도 신성해지는 것입니다. 진실이라는 것은 분명히 있습니다. 모든 사람들의 마음속에요. 다만 우리는 각자 자신이 스스로 그 마음속 진실의 문을 여느냐 닫느냐가 중요하다고 생각합니

다. **강은아**

✚ "진리는 보이지 않는 것을 보여주지만, 진실은 보려면 볼 수도 있는, 그러
나 사람들이 보려고 하지 않는 것을 보게 해주는 것이다." **이정우**

Belief

3부

실천하기
: 신념

2부에서는 의심을 통하여 진실이 무엇인지를 알려고 하는 태도에 대해 토론해보았습니다. 이번 3부에서는 그러한 과정을 통해 발견한 진실을 어떻게 '실천'할 것인가를 이야기하려 합니다. 스스로나 사회가 바람직하지 못한 부분도 있다는 것을 알게 되었고, 그래서 고쳐져야 한다고 생각하는 것만으로도 충분히 가치가 있습니다. 그러나 그것이 실천으로 옮겨지지 못한다면, 그 어떤 것도 올바르게 변하지 않을 것입니다. 그러나 실천은 생각보다 쉬운 것이 아니지요. 그래서 실천을 할 수 있게 하는 굳건한 믿음, '신념'이 필요할 것이고요.

경제, 환경, 인권과 같은 영역들에 연관된 사회문제들에 대해 토론하면서 과연 우리는 어떠한 실천을 하고 있고, 할 수 있는지를 생각하여 실천할 수 있는 신념으로 만들 수 있었으면 좋겠습니다.

평택미군기지 이전문제와 프랑스 노동법 개정 철회 문제를 통해 본 청소년의 사회인식에 관한 우리의 입장

참여 ▪ 강경민, 김수영, 이서영, 이슬아

서론 :

요즘 청소년들의 일상 속에는 사회문제를 생각할 수 있는 시간적·정신적 여유가 없습니다. 입시경쟁체제 아래서 낙오되지 않기 위해 거의 모든 시간을 입시준비에 써야 하기 때문입니다. 그러다 보니 모순적으로 정작 자신이 몸담고 살아가는 사회와 격리된 생활을 하게 됩니다. 사회적 이슈들에 관심을 가지는 것은 입시의 관점에서 보면 오히려 방해요소로 치부되기 때문입니다. 학생 개인만 고려하더라도 사회문제에 관심을 가지는 것은 시기상조이며, 어른들의 문제이지 우리가 신경 쓸 일이 아니라고 말합니다. 그런 사회적 편견을 내면화한 청소년은 입시에만 열정을 쏟으려 하며, 입시를 제외한 다른 실천이나 행동들을 시간낭비라 여기게 되었으며 그 결과 지금의 청소년들은 사회문제와 완전히 유리된 것입니다.

청소년은 당장 몇 년 후에 사회의 주체로 활동을 해나갈 것임에 틀림없습니다. 지금 논의되는 사회문제들은 우리가 사회의 구성원이 되었을 때 우리 일상의 중요한 부분이 될 문제들임이 분명하며, 지금의 잘못된 선택에 대한 책임은 결국 우리와 그 다음 세대의 청소년들이 지게 될 것입니다. 따라서 청소년은 자신이 분명한 사회구성원이라는 의식을 가지고 사회문제에 관심을 가지며 그것에 대해 성찰할 수 있어야 합니다. 입시를 평계로 사회에 무관심한 것은 결국 우리의 존재 기반을 위협하는 행위가 되는 것입니다.

우리는 2006년 4월부터 시작되어 2006년 9월까지 결론이 나지 않은(정부의 결정은 이미 내려졌지만 대추리 주민에 대한 사후처리 등의 문제는 여전히 해결되지 않은 상태입니다.) '평택미군기지 이전문제^{대추리 사건}' 를 청소년의 관점으로 바라보았습니다. 여러 매체들이 이에 대한 방대한 자료들을 쏟아내고 있지만 어느 매체에서도 정작 "왜 우리가 평택미군기지 이전문제에 관심을 가져야 하는가"라는 더욱 근본적인 인식은 전혀 다루고 있지 않다는 것을 발견했습니다. 또 이와 함께 프랑스 노동법 개정에 관한 논의를 함께 고찰할 계획입니다. 우선 미군기지 이전문제를 세 가지 관점에서 살펴보고, 앞으로 우리가 가져야 할 태도와 나아가야 할 방향에 대해 이야기하고자 합니다. 본격적인 논의전개에 앞서 평택미군기지 이전사업과 프랑스 노동법 개정에 관한 객관적인 정보들에 대해 먼저 조금 알아봅시다.

평택미군기지 이전사업 :

정부는 평택 팽성읍에 있는 166만 평의 평택기지에 285만 평을 추가하여 450만 평으로 확장한 뒤 전국의 미 2사단 소속 미군기지를 한 곳으로 모을 계획입니다. 2사단 이동의 핵심은 미국군사전략의 변화 때문이라는 의견이 지배적입니다. 미국은 비행장과 함께 평택항을 근거리에 두어 육해공군의 집결을 편리하게 하고, 또 중국과 가까이 위치하기 때문에 날로 커져가는 중국의 군사력과 경제력을 견제하는 데 가장 좋은 장소인 평택을 주한미군의 동북아시아 전진기지로 만들 예정인 것입니다.

2003년 4월, 국방부가 대추리 24만 평을 미군기지로 수용하겠다는 계획을 발표했습니다. 그 뒤 '미군기지 확장반대 팽성읍 대책위원회'가 발족되었으나 1년 뒤인 2004년 7월, 정부는 '한국과 미국간의 미래 한미동맹 정책구상회의'에서 미군기지 이전을 위해 대추리, 도두리 등의 265만 평을 포함하는 총 349만 평을 제공하기로 합의했습니다. 이후 주민들은 촛불시위를 시작하였고, 2005년 3월에는 '평택미군기지 확장저지 범국민대책위원회'가 발족되었으나 1년도 안 되어 토지소유권이 국방부로 넘어가게 되었습니다. 2006년 5월 4일, 국방부는 주민의 동의를 얻지 않은 상태에서 대추초등학교를 철거하고 수용예정지역 265만 평에 철조망을 설치하여 군사시설보호구역으로 지정했습니다.

한명숙 총리는 대국민 담화에서 평택미군기지 이전이 민족의 자존심을 세우는 것이라는 말을 남겼습니다. 또 정부는 평택미군기지 이전이 총 16개 기지를 모아 병력과 시설을 분산 배치할 수 있어 모두 7천억 원의 비용절감 효과를 거둔다는 입장을 밝혔습니다. 그리고 미군기지 이전은 오는 2008년까지 전면적인 공사를 마칠 예정입니다.

프랑스 노동법 개정 철회 :

2006년 1월 프랑스의 고질적인 청년실업 해소를 위해 도미니크 드 빌뱅 총리는 '최초고용계약'CPE 제도를 도입했습니다. 이는 26세 미만 신규근로자에 대해 입사 후 2년 안에 자유롭게 해고할 수 있는 내용을 골자로 하는 제도입니다. CPE는 유럽에서도 최고 수준인 22.8퍼센트에 이르는 프랑스의 청년실업률을 낮추려는 방책으로, 젊은 신입근로자 고용의 확장과 안정을 목표로 하고 있습니다. CPE 도입은 평생고용과 사회복지를 고집스럽게 지켜온 프랑스가 가진 노동시장의 비유연성, 즉 철저한 고용보장제도가 신규근로자 고용회피로 이어져 젊은 층의 취업을 더욱 어렵게 하고, 비정규직을 양산하는 부작용을 낳고 있다는 지적하에 도출된 안건입니다.

그러나 프랑스에서는 이 제도의 주요 수혜자격인 대학생과 대학졸업 실업자들, 또 미래의 노동자가 될 고등학생들까지 이 투쟁의 선두에 함께 나섰습니다. CPE에 반대하는 프랑스 노동계가 총파업을 단행해 철도·지하철·항공·우체국·병원·학교·언론 등 공공사회의 기반이 되는 여러 기능기관을 마비시켰으며 대학생은 물론이고 초·중고생, 시민, 노년층까지 모두 참여한 범국민적인 시위였습니다.

더욱 폭넓고 동등한 기회를 제공하기 위한 일환으로 제정된 CPE는 고용의 유연성을 높이면 30만 개의 일자리를 만들 수 있다는 계획이었습니다. 하지만 그 결과 기업은 견습기간인 2년 사이에 큰 이유 없이 26세 이하 근로자들을 해고할 수 있게 되었고, 그렇게 됨으로써 젊은이들은 '한 번 쓰고 버리는 일회용품' 신세로 전락하게 된 것입니다. 이는 노동근로자들에게 고용불안으로 받아들여졌으며, 변덕스러운 고용주들에게 자신의 운명을 맡기길 거부한 조합원과 학생들에게 대규모 반발을 초래하게 된 것입니다.

역사의식을 가지고 참여해야 :

잠시 대한민국의 화두가 되었던 평택사건은 어디로 흘러가고 있는지, 또 그 해결점은 어디인지도 모른 채 또 다시 묻혀가고 있습니다. 시간이 흐르고, 그렇게 흘러간 시간들이 만들어내는 것이 역사가 되듯, 평택사건도 시간이 흘러 다음 세대 즈음에는 잊혀진 과거의 역사로 남을 것이며, 그때에 이루어질 과거에 대한 역사의 평가는 지금 우리가 어떠한 태도로 이 문제를 해결하려 하느냐에 달려 있다고 생각합니다. 이는 어떠한 이유에서라도 소홀히 할 수 없는 문제임에 틀림없습니다.

평택사건이 터지기 약 한 달 전에 프랑스에서는 새로운 노동법에 반대하는 시위가 있었습니다. 현재의 노동자들과 장차 노동자가 될 학생들, 그리고 노동법에 직접적인 영향이 별반 미치지 않는 일반 시민들까지도 시위자들과 함께 그 의미를 공유했습니다. 시위는 전 국민적으로 번져나갔고 그 결과로 프랑스 의회는 새 노동법을 철회하게 되었습니다. 결국 민중들의 시위는 승리로 끝이 났다고 볼 수 있습니다. 하지만 평택문제는 그 지역의 이해관계가 얽힌 일부 농민과 상민, 소수의 시민단체와 대학생들만의 투쟁인데다 함께 연대해야 할 그들마저도 의견에 분열이 생겨, 국민들의 참여를 그다지 이끌지 못하고 어느 샌가 언론에서조차 보도해주지 않는 식은 감자가 되어버렸습니다.

프랑스 국민과 우리나라 국민들이 어떠한 사회적 현안에 대해서 대응하는 방식은 이처럼 다르게 나타났습니다. 혹자는 프랑스가 역사적으로 민중들이 승리한 '프랑스 대혁명', '68혁명' 등의 경험을 갖고 있지만 우리는 그런 경험이 없다는 것을 우리나라 국민이 사회참여에 적극적이지 못한 원인으로 이야기합니다. 하지만 과거의 경험부재를 핑계 삼아 현실에 참여하지 않는 것은 올바른 태도가 아닙니다. 과거의 역사적 경험이 없다면, 새로운 역사를 만들어내는 것이 바로 동시대인의 사명일 것이기 때문입니다. 그런 의미에서 프랑스의 이번 사건이 우리에게 주는 교훈은 '역사의식'을 가지고 당대의 주요 사건에 대해 바라볼 줄 알아야 한다는 것이라 생각합니다.

역사학자 E. H. 카는 '역사는 현재와 과거의 끊임없는 대화'라고 말했지만 '역사는 현재와 과거의 대화일 뿐만 아니라 현재와 미래와의 대화'라고도 생각합니다. 지금 했던 일이 미래에는 어떻게 될지, 또는 지금 하지 않았던 일이 미래에는 어떤 결과를 낳을지 아무도 모르는 것입니다. 지금 한 것과 하지 않은 것은 어떻게 하든 모두 역사가 될 것이며 한쪽으로의 결정은 미래의 역사를 결정지을 것입니다. 마찬가지로 우리가 지금 평택의 문제에 대해 관심을 가지는가 가지지 않는가에 따라 미래는 다른 모습의 얼굴을 하고 다가올 것입니다. 분명한 것은 우리가 지금의 문제에 정의로운 가치관과 함께 애정 어린 관심을 가질 때에만 미래가 보다 밝아진다는 것입니다.

또한, 우리에게 역사적 경험이 없다고 말하는 이에게, 우리는 가까운 과거인 87년 6월 민주화항쟁이 있었으며, 그 이전에도 5·18광주민주화운동, 4·19혁명 등의 혁명적 성격의 시민운동이 있었다는 점을 알려주고 싶습니다. 그리고 그 운동의 주축은 고등학생과 대학생, 즉 청소년층이었다는 것도 유념할 필요가 있습니다. 어쩌면 현대에 와서 우리는 우리의 선배들보다 훨씬 용기를 잃어버린 것일지도 모릅니다. 아니면 그 현실을 외면하는 것인지도.

우리는 왜 약자의 편에 서야 할까

때로는 너무나 당연한 질문에 골똘히 몰두하게 되곤 하는데, 바로 이 질문도 그러한 경우일 거라 생각합니다. 어쩌면 답이 없는 문제일지도 모르겠고, 답을 찾아가는 과정 자체가 답이 될 수 있을 것 같습니다. 약자의 편에 선다는 것. 실제로, 우리의 이익과 관계없는 일일 때는 입을 모아 약자의 편에 서야 한다고 하지만 이해관계와 관련 있는 일일 경우, 우리는 평소에 해왔던 말, 생각과는 달리 쉽사리 약자의 편에 서지 못합니다. 사소한 일상에서도 그런 모습을 발견할 수 있습니다.

약자의 편에 서는 것이 정의이기 때문에 우리는 그 편에 서야 하는 걸까요? 그렇다면 우리가 정의를 따라야 하는 이유는 무엇일까요? 이렇게 접근한다면 이 질문은 과연 우리가 어떤 삶을 어떻게 살아가야 하는가의 문제까지 그 논의가 확장됩니다.

프랑스 정부의 노동법 개정에 항의하는 시민들은 거대한 신자유주의 물결 앞에서 한없이 작은 개인이었습니다. 미군기지의 평택이전이라는 거대한 사안 앞에서, 대추리를 비롯한 평택에 오랜 시간 거주하던 시민들도 분명 약자였습니다. 프랑스의 경우를 보면 약자들은 바로 '연대'를 통해 목표를 이루어 냈습니다. 그 과정에서 많은 지식인들과 시민들이 약자의 편에 섰고, 그 이유는 노동법의 지배를 받는 노동자들이 돈이 많건, 시가지에 살건, 학벌이 좋건 나쁘건 가리지 않고 다만 저 노동법 앞에서는 그들 모두가 약자라는 사실에 동의했기 때문일 것입니다.

하지만 우리나라의 경우, 미군기지의 평택이전에 따라 집이 없어지고 논밭이 없어지고 조상의 묘가 없어지는 현실 앞에서 '약자'인 평택시민들에 대해 순수하게 편들어주는 이는 드뭅니다. 그저 시위세력에는 여러 분파가 있고, 그들은 각자의 이해관계에 따라 움직인다고 주장하며 시위 뒤에는 거대한 음모라도 있는 마냥 회의적인 눈길로 사태를 방관할 뿐입니다.

그렇다면 무엇이 선이고 무엇이 악일까요? 선과 악, 강자와 약자 같은 구분은 상대적인 분류에 의존하는 것이 대부분이지만, '미군기지 이전'이라는 사안 앞에서는 그 법을 집행하는 자가 아니면 모두 약자의 편에 서야 할 것이라 생각합니다. 물론 '약자'의 편에 선다고 할 때, '약자'라는 용어 자체가 '강자'와 '약자'라는 이분법적 사고를 전제하고 있다고도 볼 수 있겠습니다. 하지만 자본주의 체제의 사회에서 '강자'는 경제력, 정치력을 지닌 사람일 것이고, '약자'는 경제력도, 정치력도 없는 사람일 테지만, 이러한 상하관계는 언제라도 바뀔 수 있습니다. 이 세상에 절대 강자는 없습니다.

그러므로 약자의 편에 선다는 것은 결국 자기 자신의 또 다른 모습을 포용한다는 의미를 지닙니다. 우리가 각각의 삶을 적극적이고 주체적으로 꾸려나가며 살아야 한다는 것은 모든 인간이 공통적으로 공감하는 바일 것입니다. 그런데 역설적이게도 바로 이것이 우리가 약자의 편에 서야 하는 이유가 됩니다. 타인을 위하는 것이 결국 나를 위한 행위라는 것. 이렇게 타인의 고통에 대한 공감과 이해를 가능케 하는 윤리적 책임의식. 이것이야말로 평택미군기지 이전문제에 관한 보도를 접할 때 평택시민들이 휘두르는 곡괭이와 삽에서 안타까움과 고통의 뜨거운 진실을 발견하고, 함께 느끼고, 이해할 수 있는 단서가 될 것입니다.

거대권력에 대한 개인의 저항 :

인간이 만들어낸 사회와 제도는 역사적으로 언제나 개인을 타자화하며 사회의 중심에서 소외시켜왔습니다. 인간이 만들어낸 사회는 늘 거대화되어 상부구조가 생기고 또 사회 위에 군림함으로써 개인의 자유와 가치를 억압해왔습니다. 그것은 현대 사회에서 더욱 교묘하게 나타나고 있는데 정치의 경우가 특히 그렇습니다. 국민들에 의해 선출된 국민의 대표라는 직분에도 불구하고 정치인들은 정책정립을 위한 국민의 여론을 수렴하지 않으며, 그들이 추구하는 지향점도 국민에 있지 않습니다. 오히려 국민과 유리되어 국민 개인에게 지배력을 행사하며 그 개인의 자유와 기본권을 침범하는 양상을 띠고 있는 것이 사실입니다. 이번 평택미군기지 이전문제는 이러한 특징을 단적으로 드러내는 사건이었습니다. 권력을 소유하고 있는 집단인 정부는 여론을 수렴하지 않은 채 독단적 결정으로 주민들의 기본 생활권과 생존권을 침범했습니다. 정부는 심지어 여러 시민단체 및 주민들과 갈등 상태가 지속되고 있었음에도 불구하고 그 계획을 재검토하지도 않고 권력을 강제적으로 행사하는 것으로 일관했습니다.

민주화의 과정은 개인들의 주체화 과정으로 이해할 수 있습니다. 현실체제는 불완전하며 많은 결함을 내포하고 있습니다. 그것에 대항하여 그 결함을 보완해 나가는 것이 민주주의를 실현하는 과정이라 부를 수 있지 않을까요? 어느 시대에도 체제의 중심에서 기득권을 포기하고 스스로 변화를 추구한 역사는 거의 없었습니다. 언제나 사회적 약자의 저항으로 사회는 변화해왔으며,

그것은 지금도 유효하고 또 필요합니다. 개인과 사회의 관계라는 관점에서 봤을 때, 개인의 사회적 권리를 쟁취할 수 있는 방법은 바로 약자의 위치에 있는 개인들의 집단적 연대를 통한 저항행위 그 자체입니다. 평택사건과 비슷한 시기에 지구 반대편에서 일어난 프랑스 총파업은 그러한 개인들의 저항행위가 발현되어 거대체제에 맞서 싸워 이긴 하나의 예가 될 수 있을 것입니다. 정부는 최초고용계약제도를 도입하려 하였지만, 프랑스 사회의 개인들은 그것이 자신들의 기본권을 침범했다며 저항했고, 결국 자신들의 권리를 지켜냈습니다.

개인을 억압하고 있는 거대체제를 변화시키는 원동력은 오로지 개개인의 참여로부터 시작하며, 나아가 보다 바람직한 사회로의 변화를 위해서는 연대를 통한 저항만이 새 역사를 만드는 길일 것입니다.

결론 :

지금까지 우리는 역사의식을 가지는 동시대인의 측면에서, 타인에 대한 책임의식—약자의 편에 서야 하는 이유—의 측면에서, 거대권력 앞의 저항이라는 측면에서 평택미군기지 이전사업을 살펴보았습니다. 평택시민이 아닌 다른 국민들은 자신들이 당사자가 아니라는 이유로 관심을 가지지도 않고, 정부 관계자들은 평택시민과 미군기지 이전에 반대하는 사람들의 의견에 귀 기울이지도 않았습니다. 프랑스와는 사뭇 대조되는 모습이었지만 그렇다고 프랑스 시민의 움직임과 정부의 대처방식을 모범사례로 제시한다든가 지향점으로 삼을 필요가 없고 그래서는 안 된다고 생각합니다. 앞에서도 말했듯, 프랑스와 우리 나라는 환경 자체가 다르기 때문입니다.

사실 청소년으로서, 지금 우리 앞에 당면한 문제에 대해 찬성이냐 반대냐 하는 하나의 입장을 가지는 것은 그렇게 중요한 것이 아닐 수도 있습니다. 그보다 선행되어야 할 것은 지속적인 관심을 가지고 사유의 끈을 놓지 않는 것입니다. 평택문제뿐 아니라 FTA에 관한 문제 등과 같은 여타 국가적 중대사에 대해 관심을 가져야만 합니다. 청소년기에 사회에서 일어나는 일은 우리 청소년이 어른이 되었을 때 부딪치게 될 현실이기 때문입니다.

만약 우리 사회에서 약자가 부당한 대우를 받는 일이 벌어진다면 더욱 사명감을 가지고 적극적으로 뛰어들어야 합니다. 거대한 사회권력 앞에서 우리의 목소리가 무슨 힘이 있을까, 선거권도 없는 10대의 목소리가 과연 사회를 바꿀 수 있을까 하는 무력한 생각은 과감히 버릴 필요가 있습니다. 대신 미래를 살아갈 청소년의 목소리를 주체적으로 내는 태도가 절실히 요구됩니다. 이 시대를 살아가는 것은 바로 우리 자신이고, 또 우리의 미래는 우리가 어떤 의식을 갖고 이 세상을 만들어가는지에 따라 얼마든지 달라질 수 있다는 것을 명심해야 합니다.

'용산 참사'에 대한 여러분의 생각을 듣고 싶습니다

정리 ▪ 한지섭

영혼이 없는 정치지도자들의 나라에서 살아가고 있다는 것이 가슴 아픕니다. '개발' 이라는 현 정부의 사명 앞에서 인간의 존엄한 '가치' 를 아무것도 아닌 것으로 생각하는 그들에게는 인간이라면 당연히 가지고 있을 '인간존재에 대한 사랑' 마저 가지고 있지 않은 것 같습니다.

철거민들은 살기 위해 그곳에 올라갔습니다. 누구도 그들의 목소리를 들어주지 않기 때문에 올라갔습니다. 생존을 위한 저항이었습니다. 국가기관 중 그 어느 곳도 그들에게 행해지는 강압적이고 폭력적인 진압으로부터 그들을 보호해주지 않았습니다. 하지만 현 정부의 정치인들은 그러한 이유에 대해서는 생각하지도 않은 채 이미 세상을 떠난 이들을 범법자로 몰아가고, 그들을 욕하며 짐승만도 못한 자신들의 행위를 정당화하려고 합니다. 국가권력의 그러한 냉소와 폭압을 보면서 다시 한 번 절망하게 됩니다. 선거기간에 국민의 의사를 존중하겠다고 말하던 이들이 이제는 국민을 테러 분자로 몰아가고, 죽어 마땅한 존재로 몰아갑니다. 가슴이 터질 것 같습니다. 분노에 휩싸인 가슴은 쉽게 진정되지 않습니다. 이제 이 나라 이 땅에서 사람 한두 명이 국가권력에 의해서 죽어가는 일은 아무것도 아닌 일이 되어버렸다는 현실에 절망하게 됩니다.

경찰청장 내정자는 처음에는 경찰특공대 투입을 지시한 적이 없다고 강력히 주장했지만, 얼마 후 특공대 투입을 직접 지시했다는 문서가 나오자, 그랬던 것 같다고 말을 합니다. 이 나라 이 땅의 국민이 죽었는데도 자신의 자리를 위해서 그들은 자신의 영혼을 팔았습니다. 국민의 생명보다 더 소중한 것이 자신의 '권력'이었나 봅니다.

정신을 똑바로 차리지 않으면, 내 영혼도 팔려갈 이 나라 이 땅입니다. 정신을 똑바로 차려야 합니다. 그렇지 않으면 언젠가 우리도 국가의 권력에 의해 불법을 저지른 죽어 마땅한 인간이 될 수도 있습니다. 여러분의 생각을 듣고 싶습니다. 우리가 무엇을 어떻게 해야 사회적 약자를 위한 정의를 지킬 수 있을지. 우리의 작은 목소리를 연대하지 않는다면 또 다시 권력 앞에 정의는 잊히고 말 것입니다. 미국의 역사학자 하워드 진은 민주주의란 사람들이 정의로운 행동을 실천하는 것이라 했습니다. 우리는 세상을 바꾸어 나갈 청년입니다. 여러분의 작은 목소리, 귀담아 듣겠습니다. 그 책임과 역사의식을 가슴에 새기기 위함입니다.

우리는 무엇을 외치며, 무엇을 위해 투쟁하며, 어떻게 정의로운 행동을 실천할 수 있을까요?

박상환 ★ 저는 용산 참사에 대해서 많이 접하지는 못했지만 그냥 약간의 내막 정도만 알고 있는 한 중학생으로서 이야기하겠습니다. 우리가 세상을 살다보면 이런 것을 느낄 때가 종종 있습니다. 합리적이지 못하고, 평등하지 못하다는 생각이죠. 인간사회가 완벽할 수는 없기 때문에 이런 것이 발생하는 것은 당연해 보입니다. 하지만 용산의 철거민들 이야기를 보면, 관련 관청에서 귀찮다거나 또는 뭔가가 두려워서 사전에 조취를 취하지 않은 것부터가 문제의 시발점이라고 할 수 있을 것 같습니다. 그래도 정부가 관리하는 영역 안에서 이런 불합리하고 폭력적인 사태가 일어났을 때 가장 먼저 해결을 했다고 하더라도 시원찮을 판에 민원이 많이 들어왔는데도 처리를 하지 않았다는 것에 우선 분노를 느낍니다. 거기에다 공권력까지 투입되어 강력한 진압을 했다는 것이 더욱 믿을 수가 없고요.

철거민들은 우선 이 상황에서 당연히 약자가 됩니다. 그런데 약자를 보호하는 방법이라는 것이 슬프게도 많지 않은 것 같습니다. 예를 들어 가난한 아이들, 굶주리는 아이들과 같은 약자들은 많은 사람들이 기부를 함으로써 그것을 충족시킬 수 있습니다. 하지만 어떠한 사건에서 약자를 돕는 방법은 관심을 가지는 것 외에는 찾기 힘들어 보입니다. 가령 우리가 서명운동을 한다거나, 캠페인을 벌일 수는 있습니다. 하지만 그것으로는 완벽한 사건의 해결책이 되기 힘들다는 것이죠.

현실적인 대응책은 잘 떠오르지 않습니다. 하지만 이러한 비인간적이고, 비합리적인 처사로 사회적 약자들을 대하고 있는 우리의 모습을 보면서 이에 대한 분노의식이 너무 무뎌진 것은 아닌가 하는 생각이 듭니다. 나의 일이 아닌 것을 가지고 너희가 왜 흥분하느냐라고 생각하는 이기적인 사람들을 보면서 그런 것을 종종 느낍니다. "기쁨은 나누면 배가 되고, 슬픔은 나누면 반이 된다." 우리는 무관심으로 지금의 슬픔을 배로 만들고 있는 세상 속에 살고 있다는 생각이 드네요. 이런 일들을 보고 누구의 잘못이라며 싸워대는 사람이 더욱 이상해 보이기만 합니다. 생각해보면 저부터도 타인의 고통에 무관심했던 것 같습니다. 용산 참사에 대해 정확하게 알지도 못했으니 말이죠.

진상원 ★ 이번 사건은 아직 철이 덜 든 저에게도 꽤나 큰 충격이었습니다. 어느 한쪽 '편에 서는' 관점이 아닌, 그저 대한민국에서 자라고 공부하고 있는 한 학생의 순수한 시선에서 이야기를 하고 싶네요.

초등학교 시절부터 교과서에서 질리도록 나온 말입니다. "약한 자를 돕자." 어떤 기업에서는 도덕 교과서를 기업규칙으로 정했다고 할 만큼, 교육과정 속에 들어 있는 이야기들은 어떻게 보면 삶 전체에 영향을 미치는, 그런 것들이라고 생각합니다. 그렇다면 약한 자를 돕는다는 것은 무엇일까요? 이는 어릴 때 보던 만화영화에도 자주 등장하는 겁니다. 바로 '정의'. 이 단어는 오랫동안 여러 지식인들의 입에 오르내린 현대사회에서 가장 중요한 가치이고 법까지도 정의의 기준에 따라 해결하는 만큼 아주 중요한 뜻을 내포하고 있다고 생각합니다. 그러나, 자본주의, 물질주의, 권력주의가 판을 치고 있는 이 세상에서 사회적 정의는 이미 사라진 지 오래인 듯합니다. 이번 용산 참사 사건부터 시작해서, 지난 대한민국 역사만 보아도 정의를 무시한 피비린내 나는 기간이 여러 번 있었죠.

정의는 여러 가지 측면에서 바라볼 수 있다고 합니다. 경제적 정의, 사회적 정의, 규범적 정의……. 이번 사건에서 정부는 '규범적 정의'를 표방해 시위대에게 비민주적인 진압을 가했습니다. 물론, 법을 잘 지키고 그것을 따르는 것은 중요한 일입니다. 하지만, '법을 잘 지키고 그것에 잘 따라가는 것이 정의'라는 주장은, 자칫 거대권력의 사회독점을 조장하는 발판이 될 수도 있는 것입니다. 권력을 붙들고 행사하기 위해 '이 법에 따른 것뿐이다'라고 주장하는 것이 겉보기에는 정해진 법에 따르는 것처럼 정의롭게 보일 수 있으나 속에는 시커먼 세력이 있을 수도 있다는 것이죠. 법에만 한정되어 이야기하다가는, 자칫 거대권력의 세력독점을 돕게 되는 것밖에는 되지 않을 수 있습니다.

이런 세력들 앞에서는 개개인의 힘으로는 속수무책입니다. 같은 목소리를 가진 사람들끼리 뭉치지 않으면, 진정한 정의를 실현하기에는 너무나도 미약하기만 할 뿐입니다. 그래서 연대가 필요합니다. 숨겨진 정치적 목적을 달성하기 위하여 보이는 대로 때려부수는 건 연대가 아니죠. 민주주의를 표방하며 개개인의 다양한 목소리를 내자는 것은 이번 사건 같은 경우에서는 더더욱 진을 빼는 주장입니다. 비록 폭력적인 시위를 했다고 하더라도, 수많은 사람들이 모여서 내는 목소리인데 그것이 큰 영향을 주지 못했다는 것은, 다양한 의견을 관철시키는 것은 둘째 치고 다양한 목소리마저 내지 못한다는 것을 말하는 것이 아닐까요.

김재한 ★ 미흡하지만 제 생각을 좀 적어보겠습니다. 성과가 낮아서 연대를 하지 않고, 이익이 없으면 투자를 하지 않고, 성과가 있어야 투자를 하듯이, 우리 삶의 수단인 이러한 효율만능주의 체제가 우리의 정신까지 침해했고, 또 지배하고 있구나 하는 생각이 듭니다.

우리의 삶에서 당연히, 인간이 그 중심에 있어야 합니다. 용산 참사의 원인도, 인간보다 개발과 자본, 창출효과가 더욱 중요시된 결과인 것 같습니다. 얼마나 모순된 사회입니까? 더욱 슬픈 사실은 위와 같은 사건들의 중심에 인간이 있다는 것입니다. 인간은 태어나면서부터 존중받을 권리가 있습니다. 이번 용산 참사는 이 존엄성이 무참히 짓밟힌 모습을 아주 잘 보여주는 사건이라고 생각합니다. 우리가 이렇게 인간의 존엄성이 파괴되는 모습에서 최소한의 감정도, 뭔가 잘못되었구나 하는 이런 감정조차도 느끼지 못한다면, 우리 사회는 점점 죽어가는, 민주주의의 근본정신을 제대로 이해하지 못하는 사회가 될 것입니다. 희망도 사라질 것입니다.

저는 이 순간 용산 참사를 보는 모든 사람들이 그들에 대한 정부와 경찰과 용역업체의 합동탄압에 분노와 적개심을 느꼈을 것이라는 생각이 들었습니다. 하지만, 그들은 망설일 것입니다. 왜냐면, 자신의 삶이 너무나 고단하다고 느끼기 때문이며, 빠른 사회변화에 발맞춰 나가기 위해 발버둥치기 때문이며, 매일 매일의 삶에 시달리고 있다고 생각하기 때문일 것입니다. 실질적인 연대를 만들어 투쟁하는 것은 힘들 수 있습니다. 하지만, 옳지 않은 것에 올곧은 태도와 목소리를 내는 것은 당연한 것입니다. 많은 사람들이 누군가 먼저 올바른 이야기를 해주기를 바랄 것입니다. 혼자 가더라도 잘못된 길은 아닙니다. 효과가 없을 것 같다고 포기해야 할 길은 아닙니다. 연대는 자연스럽게 형성되는 것입니다. 한 사람의 사상과 이상과 가치관에 동의할 때, 같은 길을 같이 걸으면서 형성되는 것입니다. 우리가 제일 잘할 수 있는 방법으로, 같이 투쟁에 참여하지 못하더라도, 그들의 어깨에 힘을 실어주는 것, 올곧은 목소리를 내는 것이 우리가 지금 실천할 수 있는 최소한의 정의인 것 같습니다.

김민아 ★ 한 사회를 만드는 것은 그 사회의 구성원들입니다. 우리 정부 또한 지금의 우리들이 만들어 나가는 것이라 할 수 있겠지요. 현 정부의 행동은 잘못되었고, 그러한 정부로 운영되는 국가의 국민인 우리에게도 책임이 있습니다. 그러므로 우리들은 그 잘못을 바로잡기 위해, 옳은 방향으로 사회를 이끌어 나가야 할 책임이 있는 것입니다.

정부와 국민이 따로 분리되어 정부에 이끌려가는 수동적 국민이 된다면 그것은 민주사회라 할 수 없겠지요. 현재 정부의 힘이 지나치게 커졌다고 해도 민주시민으로서 국민의 목소리는 낼 수 있어야 합니다. '민주주의' 란 '국민이 권력을 가지고 그 권력을 스스로 행사하는 제도, 또는 그런 정치를 지향하는 사상' 이라는 것, 학교 수업시간에 귀가 아프도록 들어왔던 내용이지요. 민주주의를 향한 작은 목소리들이 하나하나 모여야 결국 큰 힘을 낼 수 있는 것입니다.

용산 참사의 비민주적인 실상을 목격했다면, 최소한 이번 사건의 강경진압이 잘못되었다는 의식, 즉 비민주적인 진압의 잘못된 점을 꼬집어낼 수 있는 시각을 가져야 할 것입니다. 그리고 (잘못된 사실을 바라본 다음) 그것이 잘못되었다고 외칠 수 있어야 합니다. 그 외침이 하나 둘씩 모여 커다란 울림이 될 수 있을 것입니다. 그 울림이 바로 민주주의로 가는 길이라 생각합니다. 옳은 것을 옳다고 이야기할 수 있고, 옳지 않은 것은 옳지 않다고 이야기할 수 있어야겠지요. 옳은 것을 알면서도 입 꾹 다물고 있는 것은 '누구의 편도 들지 않는 것은 강자의 편을 드는 것'과 같은 것입니다. 당장 큰일은 하기 어렵더라도 옳은 것을 바라볼 줄 아는 시각을 가지고 옳은 것을 외칠 수는 있어야 한다고 생각합니다. 비록 많이 부족한 학생의 입장이지만, 저 역시 옳은 것을 옳다고, 옳지 않은 것은 옳지 않다고 외치기 위해 몇 자 적어봅니다. 작은 목소리나마 내기 위해 말입니다.

안수언 ★ 저는 용산 참사를 지켜보면서 화가 참 많이 났습니다. 경제 살리기에 급급한 대통령이 국민들의 생존권조차 보장해주지 못하는 이 나라가 안타깝기도 했습니다. 철거민과 개발업자의, 즉 개인과 개인의 문제 사이에서 정부는 이를 조정해야 하는 합리적 중재인이 되어야 하는데 오히려 속도전을 내세우며 농성을 하루 만에 진압하고 말았습니다. 이것이 정말 민주주의인가요. 이것이 정말 주권이 국민에게 있고, 국민을 위해 정치가 행해지는 민주주의인가요.

청와대 관계자는 "자체 조사를 해보니, 국민들은 경찰과 시위대의 잘못이 반반이라고 인식하는 것으로 나타났다"고 말했습니다. 지난해 쇠고기 촛불집회와는 달리 이번 사건이 전 국민적 저항으로 번질 가능성이 낮다고 보는 것이죠. 이명박 대통령이 이번 용산 참사는 철저한 원인규명을 할 것이라고 한 것은 농성자들의 폭력성을 드러내기 위함인 것, 그리하여 정부의 잘못을 조금이라도 희석시키려는 것이라고 저는 생각합니다. 농성자들이 가지고 있었던 화염병과 시너는 그들의 폭력성을 드러내기에 충분했습니다. 그러나 경찰은 농성을 진압할 때 땅에 매트릭스조차 깔지 않았습니다. 경찰이 투입되면 몇몇 농성자들은 도망치기 위해 망루에서 뛰어내릴 것인데, 밑에 매트릭스조차 깔지 않은 것은 폭력에 해당하지 않습니까? 하지만 정부는 이를 나쁜 쪽으로만 몰아갔고 위와 같은 내용을 아는 국민들은 거의 없습니다. 더군다나 다른 사건들로 용산 참사는 잊혀져가고 있고요.

잘못을 인정하여 용서를 구하기보다는 자신의 잘못을 덮기에 급급한 정부를 보며 한숨이 나옵니다. 여기서 우리는 정부의 정책과 대응방식에 대해서 좀 더 관심을 가져야 할 것입니다. 또한 우리는 인간에 대한 예의를 지키며 살아가야 할 것입니다. 지금은 단지 그 생각밖에 떠오르지 않네요. 용산 참사가 다른 사건들과 같이 그저 그렇게 흘러가는, 아무런 의미가 없는 사건이 되지 않기 위해 우리가 어떤 생각과 실천을 해야 할지 지속적으로 고민해야 한다고 생각합니다.

절실하지 않은 내 삶이 절박하다

참여 ▪ 김수영, 김유민, 김지현, 이소연, 이윤영,

이정민, 윤한결, 최승규 | 정리 ▪ 김유민

"남극대륙의 서남극 빙상 붕괴되면 해수면 5m 상승"

"지난 100년 간 평균기온 올해가 가장 더워"

"60년 후 태평양의 투발루 섬은 물에 잠긴다."

"지구온난화로 태풍 강도 점점 세져"

날마다 어디서나 쉽게 볼 수 있는 기사들. 덕분에 우리는 지구 반대편에서 해수면 상승으로 섬나라 전체가 떠내려가고 있다는 것도, 선진국에서 버린 전자폐기물e-waste로 후진국의 많은 사람들이 죽거나 병들어가고 있는 것도 잘 알고 있습니다. 그러나 우린 여전히 아무렇지도 않게 에어컨을 틀고, 멀쩡한 휴대전화를 버리고 다시 새로 사고, 쓰레기를 만들어냅니다.

이처럼 알고 있는 것을 실천으로 옮기지 못하는 이유는 무엇일까요? 그것은 우리가 절박함을 느끼지 않고 있기 때문입니다. 온도 몇 도 올라간다고 해도 늘 나를 시원하게 만들어줄 에어컨이 곁에 있고 우리 집이 떠내려가지도 않기 때문입니다. 정말 위급한 문제이지만 지금 당장 우리의 삶을 위협하고 있다는 것을 느끼지 못하기에 우리에겐 이런 문제들이 절박하게 다가오지 않습니다. 만약 우리가 태평양의 가라앉고 있는 섬에 살고 있다면 마음 놓고 에어컨을 틀고 난방을 할 수 있을까요? 어쩌면 언론의 통계화된 정보가 넘치면서 우린 면역이 되어버렸는지도 모르겠습니다. 시도 때도 없이 환경오염을 알리는 뉴스와 기사. 이젠 환경이 아무리 위급하다고 해도 아무런 감정도 느끼지 못합니다.

우리는 환경문제에 대해 얼마나 절박함을 느끼고 있을까요? 부끄럽게도 이때까지 진심으로 환경을 생각하고 행동한 적은 거의 없는 것 같습니다. 숙제로 글을 쓰거나 말을 할 때는 늘 '환경보호를 해야 한다. 세계는 하나다' 라고 말했지만 정작 달라진 것은 아무것도 없었습니다. 저는 이렇게 말과 행동이 다른 위선적인 모습을 가진 채 살아왔습니다.

'삶에서 절박한 것이 뭐가 있어요?' 라고 물었다면 저는 우물쭈물거리면서 대답했을 것입니다. 늘 부족한 잠이 절박하고, 눈앞에 닥친 시험이 절박하다고. 『비즈니스 생태학』에 이런 구절이 있습니다. '환경교육을 받은 대부분의 사람들은 비즈니스가 환경에 미치는 영향에 대해 깊은 우려를 표한다. 그러면서 동시에 자신들의 직업과 경제와 미래를 걱정한다. 환경문제는 많은 걱정거리 위에 하나 더 보태지는 문제일 뿐이다. 우리가 눈앞의 온갖 걱정에 시달릴 때, 환경문제는 저 멀리 흐릿하게 보이는 미래의 문제일 뿐이다.' 그렇습니다. 저는 내 삶을 살기 바쁘고, 환경문제는 내 삶의 문제들이 다 해결되었을 때 한 번 생각해볼 만한, 내 삶과는 동떨어져 있는 문제에 지나지 않았습니다. 그렇기에 환경문제를 내 삶으로 끌어들이지 못하고 실제로 절박한 환경문제를 절박하다고 느끼지 못하는 것입니다. 단지 지금 내 삶에 주는 치명적인 피해가 없기 때문에.

가장 중요한 것은 절실함을 느끼는 것입니다. 제 삶에 그 절실함을 끌어와서 실천하는 것입니다. 그러나 절실함을 느끼지 못하고, 말한 대로 실천하지 못하는 우리는 이 문제에 대해 함께 생각해볼 필요가 있습니다. 모두에게 물어보고 싶었습니다. 사람들의 삶에서 환경은 얼마나 절박한 문제인지, 절박함을 느끼고 실천하고 있는지 말입니다.

나의 환경에 대한 고민이 너에게도 필요하다는 것을 설득하기 :

이윤영 ★ 『즐거운 불편』을 보면서도, 초·중·고등학교의 도덕, 윤리 교과서에서도 늘 '나 하나'의 실천이 큰 힘이 되고, 그런 좋은 기운은 둘, 셋으로 퍼져 환경에 대한 의식이 변한다는 것에 늘 동의했고, 그런 것이 현실화된 사례는 나에게 큰 감동을 주었습니다. 그리고 저도 그런 삶을 살고자 노력했습니다.

하지만 요즘 환경친화 호텔을 경영하는 기업인과 조용히 환경친화적 사업을 하고 있는 기업들에 훨씬 더 큰 감동을 느끼는 것은, 개인의 의식변화가 힘들고 한계가 있다는 것을 너무나도 절실히 느끼고 있기 때문입니다.

학교에서 전등을 켜는 것이나, 에어컨을 켤 때, 그 어떤 생각도 하지 않는 아이들을 보면, 그리고 "아껴야 한다"고 말하는 나에게 도리어 이상한 눈빛을 보내는 아이들을 보면 사실 조금 화가 납니다. 나쁜 생각이지만, 저렇게 환경에 대해 아무런 생각이 없으면서, 논술을 쓰거나 할 땐 "환경을 지켜야 합니다"라고 하겠지요. 모순적인 그들의 모습을 보며 혼자 고민하는 것이 한두 번이 아닙니다. 이런 고민들을 하다 보면, 그들의 행동을 바꿀 수 있는 방법은 법적 제재나 혹은 그들도 모르게 행해지는 기업 차원의 환경운동밖에 없다는 생각이 듭니다.

이미 영업시간이 끝나고 문을 닫은 지 오래된 상점에 새벽 늦게까지 켜져 있는 간판 불을 보면, 새로 개업한 약 4층 정도 높이의 갈빗집 건물이 처음부터 끝까지 휘황찬란한 불빛으로 덮여 있는 것을 보고 있으면, 덥거나 추울 정도로 냉난방을 하는 지하철을 타면 역시 이것을 통제할 수 있는 어떤 커다란 힘이 반드시 있어야 한다는 생각이 강하게 듭니다.

물론 그것이 완전한 방법이 아니고, 임시방편적이며 본질적인 해결책이 아니라는 것을 압니다. 만약 지금 제가 그래도 "개인의 의식개혁이 더 중요하다"라고 말한다면, 그것은 진실한 말이 아닐 것입니다. 예로 들 수 있는 것은 천연가스 버스나 썩는 비닐을 사용하는 요구르트회사 등등. 시장에서 '환경친화적인' 것들만 출시된다면, 내가 그것을 살 수밖에 없도록 그런 분위기가 조성되는 것이 지금으로서는 가장 효과적인 해결책일 것입니다.

이렇게 말하다 보니, 지금 제가 할 수 있는 가장 중요한 환경운동이 무엇인지 알 것 같습니다. 저의 이런 고민들이 어긋난 방향으로, 어느 한쪽으로 치우치지 않도록 하는 것이 내가 할 수 있는 환경운동일 것입니다. 그리고 저의 고민들이 상대방에게도 당연히 필요하다는 것을 설득력 있게 말할 줄 아는 것도 제가 할 수 있는 가장 중요한 환경운동일 것입니다.

유치한 자본주의 경쟁심을 버리고 공동체 의식을 가지는 것

윤한결 ★ 지금의 환경문제의 심각성은 누구라도 잘 알고 있습니다. 지금 이대로 가다가는 몇 세기 안에 지구에서 인류가 멸망할 것이라는 이야기가 자명하게 예측되는 상황에서, '길가에 쓰레기 버리지 않기, 분리수거 하기, 대중교통 이용하기, 일회용품 사용하지 않기' 등 환경문제를 해결하기 위해 개인이 실천해야 할 것들은 눈앞에 분명하게 보입니다. 그런데 왜 환경문제는 해결되지 않고 있는 걸까요? 그것은 이 문제가 사람들에게 '절실함'으로 다가오지 않기 때문입니다. 즉, 앎이 실천으로 이어지지 않기 때문입니다. 그런데 이 말은 생각해보면 모순 같습니다. 연일 뉴스에서 지진 해일과 이상기후로 인한 피해를 보도하고 또 해마다 심해지는 황사현상과 높아지는 기온을 직접 피부로 느끼고 있는 우리인데 왜 그것이 절실하지 않단 말인가요? 분명 이 문제는 우리의 생존과 관계되어 있기 때문에 절실하고 또 절실합니다. 하지만 이 절실함은 우리 머릿속의 다른 절실함과 부딪쳐 상쇄됩니다.

그 다른 절실함은 바로 남들과 경쟁해서 이겨야 한다는, 어떻게 해서라도 남들보다 더 많은 이익을 얻는 쪽으로 행동해야 한다는, 시대가 우리에게 심어준 유치한 경쟁심 때문입니다. 자본주의 사회에서 시간은 돈입니다. 그런데 환경을 아끼는 행동을 하려면 시간이 드는 것이 현실입니다. 길에 아무렇게나 쓰레기를 버린 사람은 쓰레기통에 쓰레기를 버리러 가는 시간을 법니다. 개인 승용차를 타서 매연을 내뿜는 사람은 대중교통을 기다리는 시간을 벌고 그 안에서 부대껴야 하는 불편함을 법니다. 때문에 사람들은 환경을 오염시키는 행동이 옳지 않다는 것을 알면서도 그렇게 하지 않으면 남들과의 경쟁에서 왠지 자신에게 손해가 될 것 같은 생각에 그런 행동들을 합니다. 처음에는 조금 찔리겠지만 점점 면역이 되어 아무렇지도 않게 쓰레기를 버리는 것입니다.

이러한 문제를 해결하기 위한 가장 간단한 방법은 환경오염을 일으키는 행동이 직접적으로 자신에게 더 큰 손해가 되고 환경을 지키는 행동은 더 큰 이익을 얻을 수 있도록 법과 제도를 바꾸는 것입니다. 하지만 이는 자본주의 사회의 유치한 경쟁심을 이용하는 것이기 때문에 잠시 동안 지혈을 할 수 있는 근시안적인 대책일 뿐 근본적인 대책이 될 수 없습니다. 근본적인 대책은 사람들이 자본주의적인 유치한 경쟁심을 없애고 진정한 공동체 의식을 가지는 것입니다. 그러기 위해서는 사람들의 세계관의 혁명적인 전환이 필요하고 그것을 위해 우리가 할 수 있는 것들을 찾아야 합니다.

나의 존재 자체가 환경에 책임이 있다는 이유이다 :

이정민 ★ 절박함을 느끼지 못하는 우리. 쉽게 말하자면 배가 부른 우리들입니다. 우리는 단지 나 자신에게 직접적인 영향을 미치지 않는다고 하면 그것을 절박함으로 느끼지 못합니다. 아니 그게 당연한 것일 수도 있습니다. 아직까지는 공기가 부족하지 않으니 숨을 쉴 때 불편함을 못 느끼고 있고, 따라서 공기는 저에게 절박하지 않습니다. 하지만 이것이 과연 말이 될까요? 공기 없이는 존재할 수 없는 제가 공기가 절박하지 않다니. 환경문제가 절박하다는 건 압니다. 문제는 저 개인에게 절박하지 않았다는 것이었습니다. 환경문제가 저에게 절박하지 않다는 사실을 안 것은 굉장한 행운이었습니다. 제 안에 있는 또 하나의 모순을 찾아냈기 때문입니다.

그런데 절박함을 느낀 뒤 그것을 지키기 위해 행동을 한다는 것은 너무 이기적인 것처럼 보입니다. 이제 갈 때까지 가서 절박함을 느끼는 것만 남아서 그런 걸까요. 환경문제가 우리에게 절박하다는 이유로 관심을 가져야 한다는 것은 근본적인 이유가 될 수 없는 것 같습니다. 생태환경문제의 절박함이 저를 일깨우고, 그것을 느끼게 하지만, 그 자체의 존재에 대해서는 또 생각이 없습니다. 헌데 신기한 것은 나를 둘러싸고 있는 것들이 생태환경이 아니라, 나도 그 환경에 포함되어 있다는 것입니다. 이것을 잠시 잊고 있었던 것 같습니다. 이것은 적어도 나에게는 '나'가 환경에 대해 책임이 있다는 이유가 됩니다.

절박함이 없다는 것을 깨달은 것은 저로 하여금 이렇게 글을 쓰도록 만들었지만, 저의 그 절박함만으로는 타인을 변화시키기 힘듭니다. 그런데 하나의 희망을 느꼈습니다. 복도를 지나가는데 평소 환경문제에 무관심해 보이던 친구가 쓸데없이 켜져 있던 불을 껐습니다. 웬일이냐고 묻자 친구가 대답했습니다. "그냥 쓸데없이 켜져 있어서." 그러는 가운데 저는 느꼈습니다. '당연한 거다. 쓸데없이 켜져 있는 불을 끄는 것은'. 그것을 당연하게 여기지 않고 특별하다고 여겼다니. 조금만 바뀌면 됩니다. 그 조금이 얼마나 힘들지는 모르겠지만, 절박함을 넘어서 그 자체가 목적이 될 때까지, 또 내 안에서의 모순을 깨면서 우리 모두가 깨달을 수 있을 때까지 깨어 있는 열정으로 생각해야겠습니다. '나'를 포함한 생태환경에 대해서 말입니다.

보려면 볼 수도 있는 그러나 보려 하지 않는 자연에 관한 진실　⋮

김수영 ★ 제가 문화나 사회, 문학에 가지고 있는 애정 및 진실됨과 비교해보면, 자연에 관련한 문제들은 저의 인생에 한귀퉁이를 겨우 차지하고 있을 뿐입니다. 그것은 제가 자연을 보호하려고 하지 않는다거나, 자연에 대한 관심이 없다는 것과는 다른 차원의 문제인데, 요즘 들어서 깨닫고 있는 바로는 제 마음속에 자연을 지키는 것에 대한 개념이 거의 부재하다는 것입니다. 제가 사회를 더 나은 방향으로 변화시키기 위한 행동을 하고, 문화를 더 가다듬고, 문학과 함께 고민하는 것을 떠올려보면, 그러한 고민을 안고 살아가는 사람으로서 자연에 대한 고민을 하지 않는다는 것은 분명히 어불성설입니다. 그럼에도 분명히 저는 자연에 대한 고민을 하지 않았습니다. 더 정확히 말하자면, 자연에 대한 고민을 할 생각을 하지 못하고 있었습니다.

　어째서 자연보호에 대한 개념이 부재했을까 생각해보았습니다. 제가 문화, 사회에 가지는 그 감수성만큼 자연에 대한 감수성을 가지지 못한 것은 무언가가 그러한 감수성을 가지는 것을 막고 있었기 때문이 아닐까. 무엇이 그러한 절박한 감수성을 막고 있었을까. 괴로운 고민 끝에 찾아낸 것은 그것이 진실 중에도 특히 '불편한 진실'이기 때문이고, 제 삶 전반에 걸친 문제이기 때문이라는 것입니다.

　그것을 깨닫게 된 저는 그 후로 그 진실을 똑바로 보려고 노력했습니다. 자연에 대한 글과 책을 읽으면서, 많은 사람들의 생각과 자연의 실상들을 경험하면서, 저는 저의 일상들 하나하나가 얼마나 자연에 유해한지 느끼게 되었는데, 그것은 너무나 불편했습니다. 채소를 잘 먹지 않는 습관을 가진 저는 자연스레 고기를 많이 먹는데, 육식을 하는 것은 얼마나 윤리적으로, 환경적으로 옳지 않은지 이야기하는 사람들을 접하고 저는 지금 얼마나 불편한지 모릅니다. 저도 모르는 사이에 제가 생활하면서 자연스레 취하는 많은 행동들이 옳지 못하다는 것을 느끼고는 얼마나 불편한지 모릅니다. 지금까지 저는 그러한 불편함을 예감하고는, 보려면 볼 수도 있는 자연에 대한 진실을, 무의식적으로든 의식적으로든 보려고 하지 않았던 것입니다.

마땅히 절박함을 가져야 할 것에 대해 아무것도 진실하게 느끼지 못하고 있다면, 끊임없이 노력함으로써 그러한 절박함을 길러야 합니다. 그것은 불편함을 느끼려고 끊임없이 노력하는 것을 통해서 길러질 수 있을 것입니다. 그러한 감수성은 외부로부터 강요될 수 없지만, 함께 느낄 수 있는 것입니다.

요즘은 저도 조금씩, 조금씩 변하는 것을 느낍니다. 교실에서 창문을 활짝 연 채, 혹은 춥다고 체육복을 껴입으면서도 에어컨을 끄지 않는 아이들을 보며, 예전에는 아무렇지도 않게 지나갔던 일에 화가 나는 저를 보면 저는 조금씩 절박함을 느끼고 있다는 것을 알게 됩니다. 그리고 그 절박함을 느낀 저는 교실 에어컨 옆에 '한번만 더 생각하고 켜주세요' 라고 적어 붙여놓았습니다.

이번에 제가 느낀 것은 '인식을 바꿔야 한다' 고 백번 말하는 것보다 한번이라도 진심으로 느끼는 것이 훨씬 더 사람의 생각과 행동을 크게 바꿔놓을 수 있다는 것입니다. 제가 분리수거 당번을 할 때 아이들이 분리수거를 제대로 하지 않아 힘들었기 때문에 그 다음부터는 당번이 아니더라도 쓰레기 하나하나 버릴 때마다 신경 쓰는 것처럼 '모든 생명체는 하나다' 라는 윤리 교과서의 시험용 문장을 수십 번 보는 것보다 직접 느끼는 것이 사람들에게 변화를 가져다줄 것이라고 생각합니다.

누군가 '실천하지 않는 지식은 모르는 것과 같다' 라고 했던가요. 저는 환경문제가 남의 일로 여겨지지 않도록 지구 반대편의 절실함을 저의 절실함으로 끌어올 수 있도록 노력할 것입니다. 그리고 '나의 고민들이 너에게도 당연히 필요하다는 것을 설득력 있게 할 줄 아는 것도 내가 할 수 있는 가장 큰 환경운동'이라고 말하는 이윤영 기자의 말처럼 이 생각을 다른 사람들에게도 전할 것입니다. 저는 이런 작은 곳에서부터 시작한 노력이 나중에는 큰 변화를 만들 수 있을 것이라고 믿습니다.

문명의 악몽과
인간의 선택

박이문(시몬스대학 및 포항공대 명예교수)

과학기술의 놀라운 발전으로 지난 한 세기 인간은 상상할 수 없는 힘을 가졌고 자연을 개발했습니다. 그리고 반세기 전만 해도 꿈에서조차 그릴 수 없는 물질적으로 찬란한 문명을 구축했습니다. 상대성이론과 양자역학이 뉴턴의 고전적 물리학을 대치하고, 우주여행, 생명복제, 인터넷을 통한 만인과의 순간적 소통이 가능하게 되었습니다.

50년 전만 해도 세계 최빈국의 하나에 속했던 한국은 이제 세계에서 열한 번째 경제강대국으로 성장한 세계 제일의 IT공화국으로 첨단문명의 여러 가지 혜택을 누리고 있습니다. 한국의 방방곡곡에서는 다채로운 축제가 벌어지고, 수많은 국제적 행사로 떠들썩합니다. 문명의 잔치가 벌어지고 있는 것입니다. 어찌 즐겁고 자랑스러운 현상이 아니겠습니까. 과학기술문명은 분명히 인류의 축복입니다.

그러나 과학기술문명이 밝기만 한 것은 아닙니다. 문명과 진보의 미명으로 진행된 자연의 과학적 개발 뒷면에는 자연생태ㆍ환경의 파괴, 문명의 몰락 그리고 마침내는 인류의 종말을 위협하는 종말론적 어두운 그림자가 짙어가고 있습니다. 한편에서는 문명이 가져온 풍요를 흥청망청 사용하는 소수가 있는

157

반면, 다른 한편에서는 수억의 인구가 기아 상태에서 허덕이고 있고 더 많은 사람들이 가난 속에서 비인간적 생존을 유지하고 있습니다. 오늘날 많은 대도시는 물론 지구 전체의 공기는 숨을 쉴 수 없을 만큼 오염된 경우가 많고, 지구 곳곳의 하천은 물론 대양의 바닥은 생명체가 살 수 없을 만큼 썩어가고 있습니다. 논과 밭, 산과 숲은 산성비로 인해 화학적 독물로 변하고 그곳에서 살아 있는 식물, 동물들이 자랄 수 없거나 살아 있어도 더 이상 번식할 수 없는 괴물로 변질되었습니다. 하루에도 수백 종의 생명체가 멸종하며, 농약이나 환경호르몬으로 조류들은 더 이상 알을 부화하지 못하고 정자를 생산하지 못하는 남자들은 후손을 갖지 못한다는 과학적 연구가 있습니다. 지구온난화로 인해 북극과 남극의 빙산이 녹아 예측할 수 없는 기후변화로 수많은 재앙이 예고되고 있습니다. 수십만 년 동안 일년 내내 적절하게 녹아 내려서 갠지스강 주변의 농토와 물고기를 살리고 지하수가 되어 음료수와 농사용수로 쓰이는, 히말라야 산맥을 덮은 수백만 년 설산이 한꺼번에 녹아 앞으로는 물이 없어 농사와 어업은 물론 인간이 마실 물도 없게 될 거라는 예측도 나오고 있습니다. 이 한 가지만 보더라도 생태계·환경의 심각성은 너무나 자명합니다.

1962년 레이첼 카슨이 『침묵의 봄』에서 생태계·환경문제를 일깨워준 지 40년이 지났고, 1991년 헬레나 노르베리 호지가 『오래된 미래』에서 과학기술문명, 맹목적인 자연개발과 물질적 진보 이데올로기의 근본적 문제점을 분명히 지적해주었으며 오늘날 수많은 생태계·환경 운동단체가 활동하고 있음에도 불구하고 생태계·환경의 어두운 상황은 개선은커녕 악화일로의 상황에 있습니다.

이런 사실은 최근 미얀마를 강타하여 거의 국토의 절반을 쑥밭으로 만든 허리케인, 몇십만의 인명을 단숨에 앗아가고 수백만의 이재민을 낸 쓰촨성의 대지진과 같은 천재의 발생, 광우병 소동, 치솟는 유가 그리고 그로 인한 세계의 주가시장의 광란 등이 입증합니다. 그것은 두바이 해안에 조성된 인공 섬의 호화로운 최첨단 도시건설, 한국의 여러 도시가 경쟁적으로 짓는 고층 아파트의 숲들, 각지에서 매일같이 벌어지는 수많은 축제, 무역적자의 중요한 요인이 되는 해외관광 여행객의 급증 등으로도 알 수 있습니다. 그것은 개발이라는 이름으로 이루어지는 산과 바다, 들과 늪의 파괴, 고속도로, 공장, 골프장등의 건설로 희생되는 자연훼손, 환경파괴로 나타납니다. 문명이 이 같은 개발과 번영의 잔치를 벌이는 동안 수억의 인류가 기아에 허덕이고 있고, 하루에도 수십 종의 생명체가 멸종하고 있습니다. 인류는 광란에 빠져 있고, 문명의 타이타닉 유람선은 자폭의 길을 향하여 어두운 밤중을 달리고 있다는 느낌을 감출 수 없습니다. 상상만 해도 아찔해지고, 문명의 앞날은 깜깜하기만 합니다. 해결방책이 서지 않고 희망이 보이지 않습니다. 그렇다면 하이데거의 고백대로 "오직 신만이 인간을 구할 수 있다"라고만 할 수 있을까요?

그렇지 않습니다. 분자생물학자 모노의 말대로 "인간은 마침내…… 무관심하며 광대무변한 '우주' 속에서 단지 홀로 살고 있음을 알게 되었습니다. 우리의 운명이나 우리의 의무는 어느 곳에도 쓰여져 있지 않습니다. 인간은 혼자 힘으로 왕국과 암흑의 나라 중 어느 하나를 선택하여야 하는 것입니다." 우선 선택해야 할 것은 무엇일까요? 인간은 대자연 앞에서 겸허한 태도를 갖고 자연과 더불어 살아야 합니다. 더 구체적으로 인간 밖의 물질적 가치에 앞서 인간 내면의 정신적 가치로의 전환이 요구됩니다. 물질적으로는 검소한 생활 양식으로 전환해야 합니다. 우리는 너무 많이 먹고, 쓰고, 떠들고, 돌아다니며 삽니다.

누가 환경오염을 책임질 것인가

피터 싱어(프린스턴대학 생명윤리학과 교수) │ 번역 ■ 박용준

변화를 일으키는 세 가지 쉬운 방법 :

더 나은 세계를 만들기 위해 뭔가를 하고 싶으세요? 여기 세 가지 방법이 있습니다.

1 · 세계의 가장 가난한 사람들을 위해 무언가를 하자

정말로 필요한 사람들을 돕기 위해 당신의 수입 중 남는 일부를 기부하세요. 저의 경우 옥스팜Oxfam을 지속적으로 후원합니다. 옥스팜은 후진국들의 지역 풀뿌리 단체들과 직접적으로 연대하여 일하고, 부정부패와 자본의 남용이 일어나지 않도록 후원금이 사용되는 과정까지도 감독하는 단체입니다. 많은 나라들이 활동하고 있는 옥스팜 단체로 연결되는 링크가 있습니다. 옥스팜에는 오스트레일리아, 벨기에, 캐나다, 프랑스, 독일, 영국, 홍콩, 아일랜드, 네덜란드, 뉴질랜드, 에스파냐, 미국, 그 밖에 언급이 안 된 여러 국가들이 활동하고 있습니다. http://www.oxfam.org

2 · 동물을 위해 무언가를 하자

대규모 공장식 축산을 함으로써 동물들이 겪는 고통만큼 커다란 고통을 불러일으키는 시스템은 인간사회 내엔 존재하지 않습니다. 지금 이 순간에도, 몇십억 마리의 동물들이 사지를 뻗지도, 몸을 돌리지도 못할 정도로 작은 우리에 갇혀 있습니다. 동물들은 커다란 우리에 수만 마리씩 갇혀서는 신선한 공기나 햇빛조차 한 번 느껴보지 못하고 있습니다. 이러한 무자비한 생산구조에 대한 반대운동을 합시다. 대규모 공장식 축산방식으로 생산된 고기, 달걀, 유제품을 사지 말고, 더 나아가 채식주의자가 됩시다.

3 · 지구환경을 위해 무언가를 하자

개개인이 배출하는 이산화탄소 양을 줄입시다. 공공교통을 이용하고, 가능한 한 걷거나 자전거를 탑시다. 만약 정말로 운전을 해야 한다면, 연료효율이 좋은 차를 탑시다. 그리고 공장식 축산법은 엄청난 양의 화석연료를 사용하면서 자연을 황폐화하는 생산방식이라는 것을 기억해야 합니다. 그러므로 동물들을 먹지 않는 것은 화석연료 방출량을 줄여줄 것이고, 그것은 당신의 책임이 미치는 범위 내의 일입니다.

이 세 가지 지적은 모두 윤리적인 책임을 다하는 삶의 방식에 관한 것입니다. 시도해보길 바랍니다. 그러면 이것들이 당신의 인생에 더 깊은 의미를 준다는 것을 알게 될 것이고, 지루함을 없애는 데도 크게 도움이 될 것입니다. 이 세상에는 해결되어야 하는 일이 언제나 많이 존재합니다. 그리고 다른 이들에게 당신이 무엇을 하고 있는지 알리세요. 하지만 설교하려고 하거나, 자신만이 옳다는 태도를 가져선 안 되며, 그것을 맹목적으로 밀어붙여서도 안 됩니다. 그런 태도는 거부감을 느끼게 할 뿐입니다. 하지만 그러면서도 모범을 보이는 것에 대해 부끄러워하지 말고, 당신이 무엇을 하는지 다른 사람들이 알 수 있는 기회를 만들고 그 기회를 이용합시다.

환경을 오염시키는 자가 기후변화에 대한 대가를 지불할 것인가? :

이 글을 쓰는 2006년 8월 뉴욕, 얼마 전 이곳 뉴욕 시장은 무분별한 에어컨 사용 때문에 발생할 것으로 예상되는 정전을 막기 위해 '열 비상사태heat emergency'를 선언했습니다. 도시사람들이 온도조절 스위치를 섭씨 25.5도 이하로 유지할 경우, 정말로 심각한 대가를 치르게 될 수도 있습니다. 그럼에도 불구하고 전기사용량은 거의 기록적인 수준에 이르렀습니다.

그 동안 캘리포니아의 폭염은 기록을 깰 정도로 뜨거웠습니다. 미국의 경우 전체적으로 이번 2006년 상반기는 최근 1백 년 동안 가장 더웠습니다. 유럽도 비정상적으로 무더운 여름을 경험하고 있으며 영국과 네덜란드의 7월 온도는 기록을 경신했습니다. 그 온도는 3백 년 이래 최고를 기록한 것입니다.

북반부 지역의 무더운 여름은 〈불편한 진실〉의 개봉과 잘 맞아떨어졌습니다. 〈불편한 진실〉엔 미국 전 부대통령 앨 고어가 만든 다큐멘터리 영화인데, 뛰어난 그래프와 표현, 그리고 많은 자료들을 사용해서 거부할 수 없는 실상을 보여줬습니다. 그 실상이란, 바로 우리가 이산화탄소 배출을 함으로써 지구온난화를 일으키거나 최소한 지구온난화를 촉진시키는 데 일조하고 있으며, 지구온난화는 우리가 서둘러 해결해야 할 절박한 문제라는 것입니다.

미국인들은 도덕과 정의에 대해 이야기하기를 좋아합니다. 그러나 대부분의 미국인들은 자국이 교토의정서 승인을 거부한 것과, 그에 따라 온실가스 방출에 대한 접근방법이 여전히 달라지지 않는 것이 가장 심각한 수준의 도덕적 실패라는 것을 받아들이지 못하고 있습니다. 그것은 이미 다른 나라들과 지구에 아주 해로운 결과를 초래하고 있습니다. 그리고 가장 불공평한 것은 온실가스를 방출함으로써 기후변화를 일으키는 에너지의 대부분을 사용하는 사람은 부유한 자들임에도 불구하고 가장 많은 대가를 치르는 사람은 빈곤한 자들이라는 것입니다. (만약 당신이 기후가 악화되지 않도록 하기 위해 무엇을 할 수 있을지 알고 싶다면, www.climatecrisis.net를 참조하면 좋습니다.)

그러한 불공평을 알아차리는 데에, 나는 사무실을 시원하게 유지하고 있는 에어컨을 힐끗 보는 것만으로도 충분했습니다. 내가 에어컨의 온도를 27도로 설정하며 시장이 요구했던 것 이상의 일을 하고 있긴 하지만, 그럼에도 나는 여전히 순환고리의 일부분인 것입니다. 나는 더 많은 에너지를 이용해서 열을 처리합니다. 그것은 더 많은 화석연료를 태워서 더 많은 온실가스를 공기 중으로 배출해 지구를 더 덥게 만듭니다. 그러한 과정은 내가 〈불편한 진실〉을 보고 있는 그 순간에도 일어나고 있었습니다. 따뜻한 밤이었지만, 영화가 너무나 오싹해서 나는 옷을 껴입고 싶을 정도였습니다.

열기는 생명체를 죽입니다. 공식적인 통계에 따르면, 2003년 프랑스에서의 폭염은 약 3만 5천 개체의 죽음을 불러왔고, 또 지난 달 영국에서의 비슷한 현상은 2천이 넘는 개체의 죽음을 불러왔습니다. 비록 특정한 폭염현상이 지구온난화를 직접적으로 일으키는 것은 아니지만, 지구온난화는 그러한 사건이 더 자주 일어나도록 만들 것입니다. 그리고 지구온난화가 계속 진행된다면, 강우가 불규칙해지면서 장기적인 가뭄과 수많은 홍수가 발생할 것이며, 더 많은 죽음을 불러일으킬 것입니다. 그리고 이러한 현상은 이상기후가 만들어낼 재앙의 시작을 알리는 종이 될 것입니다. 더욱 강렬한 허리케인이 더 많이 발생하여 더 많은 죽음을 낳을 것이고, 극지방의 빙하가 녹으면서 해수면이 상승하여 몇억 명이 식량을 생산하고 있던 저지대의 비옥한 삼각주 지역이 물에 잠기게 될 것이다. 열대지역의 재해는 더욱 늘어날 것이며 더 많은 사람들이 죽을 것입니다.

결국 죽음을 맞이해야 하는 자들은 변화에 적응하며 기존의 식량을 대체할 재원이 부족한 국가의 사람들일 것입니다. 부유한 국가 내에서도, 자연재해에 의해 죽는 사람들은 가난한 자들일 것입니다. 카트리나 태풍이 뉴올리언스 주를 강타했을 때 죽은 자들은 저지대에 살고 있던 가난한 사람들이었습니다. 그들은 그곳을 벗어나기 위한 차조차 갖지 못한 사람들이었습니다. 미국과 같이 효율적인 기반 시설망을 보유하고 있고, 위기시에 시민들을 도울 만한 재원이 충분한 나라가 이런 사정이니, 그 재앙이 후진국에 일어났을 때의 피해는 더욱더 명백합니다. 왜냐하면 그러한 정부는 피해상황에 대처하는 데 필수적인 물자가 부족하기 때문입니다. 외국의 원조를 기대하기도 힘듭니다. 왜냐하면 부유한 나라들은 더 이상 모든 인간의 생명을 동등하게 생각하지 않을 것이기 때문입니다.

미국의 통계에 따르면, 2002년의 미국 내 온실가스 방출량이 인도보다 16배 더 많았으며, 방글라데시보다 60배, 에티오피아, 말리, 차드 공화국들보다 2백 배 더 많았습니다. 다른 선진국 중 미국 배출량에 가까운 국가들은 오스트레일리아, 캐나다, 룩셈부르크였으며, 러시아, 독일, 영국, 이탈리아, 프랑스, 에스파냐는 모두 미국의 25~50퍼센트 수준이었습니다. 그럼에도 그 수치는 여전히 세계 평균보다 높은 수준이었고, 지구온난화로 인해 직접적으로 사람들이 죽는 가난한 국가들에 비해 50배 이상 높았습니다.

만약 환경을 오염시키는 이들이 다른 이들을 해친다면, 상식적으로 해를 입는 자들은 법적인 배상을 받아야 합니다. 예를 들어 만약 한 공장에서 강물에 유해물질을 흘려보내 그 물로 관개를 하는 제 농장의 농작물이 죽었다면, 저는 그 공장주인을 고소할 수 있습니다. 그와 마찬가지로 만약 부유한 국가가 이산화탄소로 대기를 오염시켜서 강우 패턴을 바꿈으로써 저의 농작물들이 죽었다면, 혹은 저의 땅이 해수면 상승으로 인해 물에 잠겼다면, 저는 그 국가들을 고소할 수 있어야 하지 않을까요?

런던에 기반을 둔 NGO인 '환경과 개발에 대한 국제 협회'를 설립한 카밀라 툴민은 7월에 앨 고어의 기후변화에 대한 강의에 참석했습니다. 그곳에서 그녀는 앨 고어에게 환경오염에 가장 적게 영향을 끼쳤음에도 불구하고 그 기후변화에 의해 가장 많은 고통을 겪는 사람들이 마땅히 배상을 받아야 하는 것이 아니냐고 물었습니다. 하지만 그녀가 www.opendemocracy.net에 보도했듯이, 그 질문이 그를 아주 당혹스럽게 한 것처럼 보였으며, 그는 결국 아무런 의견도 말하지 못했습니다. 툴민과 마찬가지로 나 역시 그 문제야말로 앨 고어 자신에게도 매우 불편한 진실이 아닐까 하는 생각이 들었습니다.

《신디케이트 프로젝트》2006년 8월호

반드시 지켜내고 싶은 것

· 윤수민 ·

여러분은 지킴이가 뭔지 아세요? 지킴이의 사전적 의미는 '지킴이 〔명사〕 : 한 집이나 마을, 공동구역을 지켜주는 신' 입니다. 진정한 지킴이로는 '자기가 걸어다니는 땅을 팔아먹는 사람은 없다' 라고 말했던 인디언 수우족의 지도자 성난 말이 좋은 예가 될 수 있겠죠. 이 땅에서 살아가는 청소년으로서 우리도 지킴이 역할을 할 의무와 권리가 있다고 생각합니다. 이젠 변하는 것이 당연한 게 되어버린 요즘 세상에 이것만은 꼭 변하지 말아야 한다고, 반드시 지켜내고 싶다고 생각하는 자기만의 소중한 것이 있을 거라고 생각합니다.

무엇이든 좋습니다. 수많은 학원들 틈에서 오아시스 역할을 하고 있는 인디고 서원이라든가, 봄이면 우리 학교를 화사하게 만들어주는 예쁜 벚꽃나무라든가, 하루하루를 겨우 살아내는 비정규직 노동자들의 인권이라든가, 일본과 중국에 의해 왜곡되고 있는 소중한 우리 역사라든가 우리 주위를 둘러보면 많은 것들이 있습니다.

이 시대를 살아가는 지킴이로서 우리가 지킬 수 있는 것에는 무엇이 있을까요? 그리고 왜 내가 이것을 지켜야만 하는가에 대해서도 진솔하게 얘기해주세요.

✚ 제 안에 있는 꿈과 희망을 지키고 싶어요. 항상 좋은 일만 있을 순 없는

166

거잖아요. 좌절하고 슬퍼할 때 꿈과 희망마저 잃고 싶진 않아요. 꿈과 희망을 지킬 수 있다면 언제든지 다시 일어날 수 있으니까. **이서연**

+ 사랑. 사람과의 연결관계와 삶의 원동력은 사랑이니까. 그것은 소중하니까. 단 하나뿐이니까. 나의 것이니까. **홍희윤**

+ 좋은 사람이 될 수 있을 거라는 믿음, 믿음을 실천하기 위한 성실한 노력, 성실한 노력이 가져다줄 행복, 믿음을 향해 노력하는 삶을 살며 행복을 느끼는 것. 제 삶에서 꼭 지키고 싶은 가치들입니다. **이슬아**

+ 아름다운 것을 보고 아름답다고 말할 수 있는 것, 사랑을 사랑이라고 말할 수 있는 것, 나쁜 것을 나쁘다고 말할 수 있는 것, 마음속에 있는 말들을 밖으로 꺼낼 수 있는 것, 그것을 지키고 싶어요. 살아가면서 자신의 안에서만 말하는 것은 소용이 없는 것 같아요. 굳이 말이 아닌 다른 표현방법도 좋아요. **박찬표**

+ 제가 지키고 싶은 것은 '나' 자신입니다. '나'의 건강, '나'의 주변 사람들, '나'의 생각, 그러한 '나'를 이루는 그 모든 것을 지키고 싶습니다. 부디 '나'를 이루는 그런 모든 것들이 슬퍼하지 않기를. 간단하지만 너무나도 힘든 것이지요. 세상을 살아가면서 저런 자그마한 것조차도 지키지 못할 때가 있거든요. 그렇기 때문에 저는 그렇게 큰 꿈은 바라지 않습니다. 다만, 제 주위에 있는, '나'를 이루는 것들이 항상 웃는 얼굴이기를. **송상근**

✚ 저는 삶에 대한 열정을 지키고 싶어요. 아무리 힘들고 어려워도 지치지 않는 열정, 이런 열정이 있을 때 뭔가 큰일을 해낼 수 있는 사람이 될 수 있을 것 같아요. 그런 사람이 되지 않는다 해도 열정이 있는 사람은 의미 있는 자기 삶을 살아갈 수 있어요. 매순간 최선을 다하니까 후회하는 일도 없을 테니까요. **김지현**

✚ 순수함. 이것만은 꼭 지키고 싶어요. 우리 모두의 착한 본성을 이 세상의 악한 것으로부터 지켜내는 것. 그런데 이 노력이 제가 일부러 애쓰고, 또 인위적으로 꾸며야 하는 것이 아니라, 이 우주의 모든 개체들이 가장 자연스럽고 평화로운 상태에 있으면서 서로를 있는 그대로 사랑하고 조화를 이룰 수 있는 방식이면 좋겠어요. 그럴 때에만 바로 이 '순수함'이라는 것을 진정한 의미로서의 순수함으로 부를 수 있지 않을까요. 거짓된 순수함이 없는, 정직한 순수함. 이것만은 꼭 지키고 싶어요. **박용준**

✚ 사람들 안에 있는 '할 수 있다는 믿음'을 지키고 싶어요. 자신의 꿈이 김해만한 땅에 숲을 만드는 것이라고 했던 친구가 떠오르면서 그 친구가 끝까지 그 꿈을 이룰 수 있다고 믿었으면 좋겠고, 사회의 부조리에 아파하고 분노하는 친구들이 떠오르면서, 그 친구들이 끝까지 회의주의에 빠지지 않고 할 수 있다고 믿으며 앞으로 나아갔으면 좋겠고, 뜻을 함께 모은 동지들이 떠오르면서, 끝까지 그 뜻을 이어나갈 수 있다고 믿으며 함께했으면 좋겠어요. **김수영**

✚ 자기 자신에게 했던 수많은 약속들을 지키고 싶습니다. **김성우**

✤ 실수를 해도 더 열정적으로 도전하는 자세, 나에게 닥친 어려운 상황에 대해서 편한 방법이 아닌 옳은 방법으로 문제를 해결해가는 자세, 그러는 가운데 반드시 존재할 진리에 가까워지기 위해 고민하는 자세, 나 자신에 대한 사랑, 더 나은 세상을 만들 수 있다는 확신! **이소연**

✤ 이제 곧 학교 저녁식사 시간입니다. 저녁식사 시간이 다가와서 배고픔을 느끼고 꼬르륵 소리가 나는 나의 배. 이런 것들을 지키고 싶습니다. 즉 나를 지키고 싶어요. 나를 지켜야 다른 것도 지킬 수 있잖아요. 가장 먼저 그리고 잘 지켜야 할 것, 나. **류성훈**

✤ 지킴이라, 왠지 『호밀밭의 파수꾼』이 생각나는군요. 제가 가장 지키고 싶은 것. 친구, 가족이 떠오르네요. 이 세상을 살아가는 데 가장 큰 힘이 되고, 또 삶을 행복하고 즐겁게 해주는 사람들이죠. 그리고 진심이 오가는 공간이요. 인디고 서원, 그리고 이번에 가졌던 '정의로운 세상을 꿈꾸는 청소년, 세계와 소통하다' 토론, 또 운동장. 갑자기 운동장을 왜 이야기하나 싶겠지만요, 사실 전 운동장에서 가장 큰 기쁨을 느껴요. 아이들 모두가 운동장을 좋아하고, 운동을 좋아하고, 또 열심히 뛰잖아요. 그래서 왠지 뜨거운 열기가 느껴지는 공간? 그런 곳을 지키고 싶네요. **박제준**

Courage

4부

저항하기

: 용기

3부에서는 실천과 신념에 대해 토론했습니다. 그런데 막상 실천을 하려고 하니 생각보다 많은 장애물과 부딪힐 것입니다. 친구나 선생님과 마찰을 일으킬 수도 있고, 꿈쩍도 하지 않을 것 같은 학교와 사회제도가 실천을 가로막기도 하죠. 그러나 옳지 못한 것을 보고 그냥 넘어갈 수는 없기에, '저항하기'가 필요합니다. 저항한다는 것은 단순한 반항, 혹은 무조건적인 반대와는 구분됩니다. 반드시 지켜내야 하는 가치와 반대되는 생각들, 사회현상들을 거부하고 바꾸려고 하는 것이 바로 저항한다는 것이지요. 그러려면 반드시 '용기'가 필요합니다.

대다수가 옳다고 생각하지만 그 사이에서 전혀 다른 측면을 바라보는 것도 대단한 용기를 필요로 하는 저항의 방법입니다. 이외에도 우리가 생각하지 못했던(않았던) 저항의 방법은 무궁무진합니다. 그렇다면 용기를 내어 어떻게 저항해야 하는지를 함께 토론해보도록 하지요.

생태적 상상력과 광우병

정리 ■ 김지현, 유진재

물먹는 소목덜미에

할머니 손이 얹혀졌다.

이 하루도

함께 지났다고,

서로 발잔등이 부었다고,

서로 적막하다고,

〈묵화〉, 김종삼

자연 속에서 우리와 늘 함께하던 소. 시의 내용처럼 따뜻한 소의 눈망울이 할머니의 하루의 힘겨움조차 덜어주던 생명의 존재로서 소를 우린 지금 기억하고 있을까요? 광우병 문제가 발생하면서 생명의 위기를 느낀 사람들의 생존 시위가 끊이질 않고 있습니다. 저 역시 현 정부의 정책에 반대하고, 또 그런 촛불문화제를 느껴보기 위해 거리로 나가 촛불을 들었습니다. 소중한 시간에 이렇게 나와서 촛불문화제를 펼치는 시민들을 보며, 우리들의 민주정신이 훌륭하다고 생각하기도 했지만, 한편으론 아쉬운 점도 있었습니다. 그것은 우리의 시위는 온전한 생명의 존재로서 소와 따뜻한 정을 나누던 인간적인 삶의 회복을 위한 외침이 아닌, 우리만 안전한 먹거리를 먹으면 된다는, 인간의 이기적인 욕망에서 비롯된 시위였기 때문입니다.

자연과 생명은 인간을 위한 경제적 착취의 대상이나 정치권력 획득의 도구가 아닙니다. 소를 바라보면서 따뜻한 정을 느끼고 인간과 자연이 하나됨을 느꼈던 우리의 생명 감수성도, 경건한 마음으로 소를 신성시하는 힌두교의 정신도 이 세상에서 어느새 자본이라는 거대한 힘 앞에 사라져버린 듯합니다. 지금 우리에게 필요한 건 참다운 삶의 의미와 가치를 묻는 생태적 상상력입니다. 어느새 삶과 생명에 대한 존중이라는 가장 근원적이고 본래적인 가치를 상실한 채 펼쳐지는 구호나 저항들은 마치 오염된 바다를 인식하지 못한 채 그 바다 위에 일시적으로 일렁이는 파도에 지나지 않습니다. 시위에 나간 사람들의 저항으로 광우병에 걸린 소가 우리나라에 들어오지 않는다고 해서 이 문제가 근본적으로 해결되는 것은 아니기 때문입니다. 진정으로 외쳐야 할 목소리는 소를 비롯한 모든 동식물들의 생명을 존중하지 못하고, 단지 인간을 위한 공장용 식품으로 둔갑시킨 생태적 위기에 대한 비판이나 새로운 삶의 방식인 채식주의에 대한 관심, 우리가 광우병에 걸린 소를 먹지 않았을 때 더 가난한 나라들이 그 고기를 먹을 고통까지도 생각할 줄 아는 근원적인 목소리입니다. 지금 벌어지는 시위현장에 대한 한 친구의 근원적인 문제의식은 우리에게 진정으로 성찰해야 할 문제는 무엇인지, 어떻게 그 문제들을 해결해나가야 할지에 대해 다시 한 번 깊이 고민하게 만듭니다.

우리가 진정으로 저항해야 하는 것 :

정재윤 ★ 현재 우리나라에서 끊임없이 이슈가 되고 있는 광우병, 그리고 AI. 끊임없이 보도되는 십대들의 일사불란한 움직임과 날카로운 비판은 새로운 세대의 등장이라고 이름 붙여질 정도로 신선한 모습입니다. 그렇지만 촛불시위 피켓엔 '이명박 너나 미친 소 처먹어', '내 인생 좀 펼쳐보려고 하니 광우병 걸렸네' 등 내가 죽고, 내 이웃이 죽고 우리 국민이 죽는 문제를 벗어나지 못하고 있습니다. 조금 더 나아간다 해도 친미 정부, 자국민을 생각하지 않는 정부를 탓하는 지점에서 멈춥니다. 대한민국 안에만 들어오지 않으면 된다는 생각들입니다. 그러나 지구 어딘가에서 미친 소와 병든 닭 그리고 오리는 여전히 아픕니다. 이런 병이 어디서부터 시작되었는지, 누가 어떻게 끊어야 하는지에 대해 생각하는 청소년은 집회현장에서는 거의 찾아보기 힘듭니다. 좁은 우리에 꽉꽉 채워넣어 면역력을 떨어뜨리고, 지구상의 모든 인간들이 충분히 먹을 만큼 많은 곡식을 소에게 먹여 몇몇 소수가 먹을 고기를 만들고, 그도 모자라 소가 소를 먹어 병들게 만든 것. 이것이 가장 근본적인 문제인데 말입니다.

저는 이것을 '얕은 관계만 맺는 습관' 때문이라고 봅니다. 타인과 나 사이의 관계뿐만 아니라 공부하는 것도 내가 살고 있는 환경을 생각하는 것에서도 그렇습니다. 어느새 우리의 가치관, 곧 생각의 틀은 거기서 더 넓어질 엄두를 내지 않게 됩니다. 아이들이 느끼는 두려움 역시 표면상에 드러나 있는 현상, 딱 그만큼입니다. 개인의 목소리가 점점 모여 연대하고, 끊임없이 보도될 정도로 커다란 움직임이 되었지만 그 힘의 원천이 된 두려움은 그저 자기 안에만 있을 뿐입니다. 타인의 고통을 자신의 것으로 끌어오지 못하고, 내가 아닌 다른 생명의 존엄성에 대해서는 무심합니다. 브라질의 MST^Movimento dos trabalhadores rurals Sem Terra, 땅 없는 농민 운동 활동의 기본적 정신은 '내가 일하고 내가 필요한 것만 취함으로 끝나는 것이 아닌 우리 공동체를 위한, 더 나아가 도시와 세계를 위함'입니다. 생명을 향해 온 힘으로 나아가는 긍정적인 노동이 몸에 배인 이들은 여전히 가난하고, 자신들의 배도 제대로 채우지 못하며 힘들게 살지만 도리어 도시 사람들을 걱정합니다. 우리와는 사뭇 다른 모습입니다. 우리의 행동을 촉구하는 두려움이 이타적인 성격을 띠기 위해서는 어떤 노력을 해야 할까요?

정재윤 친구의 문제의식과 더불어 우리는 저항의 방식에 대해서도 새롭게 생각해볼 필요가 있습니다. 단순히 집회에 참여하는 것만으로는 진정으로 사회적 실천을 하고 저항하는 것이 아닙니다. 물론 집회에 참여하여 국민의 정당한 목소리를 내는 것은 바람직합니다. 그러나 지금 우리의 태도에서 무엇이 부족한지, 무엇을 향해 분노해야 하고 무엇을 고쳐야 하는지를 성찰하지 않는 한 이 문제는 본질적으로 해결될 수 없습니다. 어쩌면 대안 없는 공허한 비판보다는 우리가 발 딛고 있는 이 현실에서 새로운 삶의 방식을 창조하고 그것을 살아내는 것. 그것이 더 가치 있고 본질적으로 사회를 변혁하는 힘이 되는 진정한 저항이라고 생각합니다. 우리는 어떤 시각을 가져야 할까요? 우리가 진정으로 저항해야 하는 것은 무엇일까요?

김유민 ★ 요즘 어떤 인터넷 글을 봐도 다 촛불시위에 관한 얘기예요. 전경이 시민을 때리고 물대포를 발사하는 기사가 계속 올라오니 사람들은 더 격분해서 어딜 가나 이명박 대통령 욕밖에 하지 않아요. '나도 참여하는 시민이라는 걸 보여주겠어' 하고 너도나도 시위장으로 뛰어가요. 물론 참여는 좋지만, 아무런 비판이나 성찰 없이 끌려가고 있다는 생각이 들어요. 모두를 위해서 시위에 참가한다고 하지만 그 시위에서 외치는 구호들에는 그것이 전 지구적인 것을 생각하지 못하고 나의 가족, 나의 나라만 생각하는 다소 이기적인 생각이 들어 있어요. 열정도 좋고 참여정신도 좋지만 언제나 성찰하는 힘. 그리고 그것의 방향을 이타적으로 돌릴 수 있는, 전 지구적인 공동체를 생각할 수 있는 힘이 빠지면 안 되겠죠. 저는 우리가 거기에 대해 달리 생각해볼 수 있는 글을 쓰고 소책자를 만들자는 《인디고잉》 기자들의 말에 가슴이 두근거렸어요. 그래서 사람들이 변화할 수 있다면 얼마나 좋을까요. 사회에서 우리의 힘은 작게만 느껴지지만, 우리가 만들어낼 수 있는 변화는 얼마든지 있다는 것. 저는 그런 희망을 찾은 느낌이었어요. 정말로 국민들의 이런 열정이 있다면 우린 좀 더 절실하고 근본적인 일들에 이 열정을 쏟아서 더 나은 변화를 만들 수 있을 거예요.

우리는 다른 사람의 생명의 소중함도 절실히 느껴야 해요. 다른 사람의 아름다운 생명을 위해, 가장 절실히 느껴야 하는 문제를 위해서도 우리가 더 뜨겁게 참여하고 변화시킬 수 있어야 해요. 진실로 조금 더 넓게, 더 많은 사람들을, 더 많은 약자들을 생각하는 사람이고 싶어요. 지금도 지구 반대편에서 굶어서 또 전쟁에서 다쳐서 죽어가는 그런 많은 사람들의 고통을 껴안고 같이 눈물 흘리고 아파해주는 사람이고 싶어요. 우리 모두가 그런 사람이 되었으면 해요. 다른 사람의 고통까지도 더 많이 상상하고 더 많이 얘기 나누고 진실하게 쓰고, 많은 사람들이 참여할 수 있게 하는 원동력이 되고. 자신을 성찰하는 힘을 나눠주는 공동체가 되는 것. 그게 인디고 서원이 할 수 있는 일이라 생각해요.

윤수민 ★ 우리가 세상을 변화시키는 주체적인 개인이 되기까지, 우리 모두는 각자의 부조화의 순간에 마주하고 인식의 변화를 겪게 됩니다. 재윤이가 얘기했던 광우병 문제에 대한 청소년들의 저항도 그들에게 가장 절실했던 먹거리 문제와 관련한 자기 안위에 대한 걱정으로 시작되었습니다. 이번 시위가 결과적으로 소고기 수입을 막는다는 좋은 일을 할 수도 있지만 이것이 근원적 성찰과 반성을 토대로 하지 않고 편협한 이기주의만이 자리잡고 있다면 너무나 일시적이고 근시안적인 대처방식일 수밖에 없다고 생각합니다. 시작은 내 삶의 위협에 대한 걱정이었지만 저항의 지속은 지구 공동체를 위한 책임감이 기반을 이루고 있어야 합니다. 근본적인 문제가 해결되지 않는 이상 우리나라에 수입 소고기가 들어오지 않더라도 광우병에 걸린 소는 지구상 어느 나라에든 가게 될 것이고 문제는 더욱 커질 수 있습니다. 우리나라, 그리고 이 지구의 미래를 책임질 주체적이고 책임감 있는 청소년이 되기 위해서는 전 지구를 생각할 수 있는 생태적 감수성이 필요합니다. 『가난한 휴머니즘』이라는 책에서도 봤듯이 민주주의가 가장 절실했던 아이티에서 진정한 민주주의를 위한 노력들이 존재합니다. 프란시스 무어 라페는 굶어 죽어가는 사람도 아니었고 주위 사람들이 굶어 죽어가지도 않았지만 그녀는 타인의 고통에 대한 절실함을 가지고 있었습니다.

남들이 좋은 일이라고 하니까, 대단해 보인다는 이유로 우리는 세상을 변화시킬 수 없습니다. 이 땅과 이 땅 위의 생명들에 대한 사랑과 마음속 깊은 곳부터 나오는 진실에 대한 뜨거움이 있어야만 합니다. 프란시스 무어 라페는 타인의 고통에 대한 절실함으로 희망의 경계를 밀어내기 시작했습니다. 우리는 어떤 순간에 마주하고 희망의 경계를 밀어낼 수 있을지 고민해봐야 할 것입니다.

환경에서 생태로 :

이나경 ★ 그런데 여기서 한 가지 짚고 넘어가야 할 것이 있습니다. 환경은 '생명에게 직간접적으로 영향을 주는 자연조건이나 사회적 상황' 을 뜻하고 생태는 '생명이 살아가는 모양이나 상태' 를 뜻합니다. 사람들은 자신을 둘러싼 그 '환경' 을 자신에 맞게 변화시킵니다. 자연은 단지 자신에게 영향을 주는 주변의 것이기에 필요에 따라 바꿔버릴 수 있습니다. 그렇기에 환경은 인간

중심적인 단어라고 할 수 있습니다. 거기에 비해 생태는 존재하는 자체 그대로의 생물을 말합니다. 나를 뜻하는 말이기도 하고 동·식물을 뜻하기도 합니다. 즉, 모든 존재를 살아 있는 존재=생태라고 할 수 있습니다. 마치 개인 하나하나의 이름을 불러주는 것처럼 말이죠. 어느 누가 중심이 되어보는 것이 아니라 서로가 같은 높이에서 바라보는 것입니다. 서로 맞지 않는 것이 있다면 그것을 바꾸기보다는 이해하고 받아들이는 개념이죠. 우리는 쉽게 환경이 자연이라는 생각을 하지만, 그것은 자연을 자신의 주변에 있다고 생각하는 이기적인 생각일 뿐입니다.

이처럼 우리 인간은 너무나도 이기적으로 살고 있습니다. 자신이 남들보다 항상 높아야 하며 자신이 남들보다 낮으면 자존심 상해하고 불편해합니다. 자신을 낮출줄 모르는 거만한 동물이라고 해야 하나, 콧대는 콧대대로 세워놓고 책임감은 눈곱만큼도 없습니다. 그러니 자신들이 한 행동에 대한 대책도 없습니다. 그래서 주변의 것을 훼손한 채 되살리는 방법을 모릅니다. 같이 살아야 자신들도 살 수 있다는 걸 하루에도 몇 번씩 잊고 사는 거죠. 자신들의 이익을 위해 자연을 인간의 영역 안에 가둬두고 이익이 될 수 있다면 그 어떤 짓이라도 하며 키웁니다. 그렇게 자라난 것들이 건강할 리 없는데 미련하게도 그것들을 다시 먹습니다. 얼마나 바보 같은 짓인가요. 자신들이 저지른 행동으로 스스로 죽음을 초래합니다. 그렇게 눈앞의 이익에 눈멀어 자신이 키우는 것이 무엇인지조차 모르는 채 살아가는 것입니다.

인간들은 단지 인위적으로 만들어놓은 환경에서 자랄 뿐입니다. 그 속에서 아이들은 공존할 줄 모르고 거만한 인간이 되어갈 수 밖에 없습니다. 우리는 생태가 되어야 하는데 환경 속에서 살고 있으니 답답할 뿐입니다. 그렇기에 지금 우리가 중요시해야 하는 것은 우리가 살아갈 수 있는 환경을 만드는 것이 아니라, 같이 숨쉴 수 있는 생태를 복원하는 일입니다.

박제준 ★ 전 제 자신에게 이런 질문을 던져봅니다. '이제까지 생태에 대해서 많은 고민을 하고 활동을 하면서도, 정작 나 자신은 생태에 대해서 진정 느끼고 있는가?' 솔직히 말해 그러지 못했던 것 같습니다. 태안에 기름유출 사고가 났을 때에도 처음엔 그냥 쳐다보고만 있었습니다. 다녀오고 나서는 절실히 느끼긴 했지만, 전 아직 자연을 비롯한 모든 생태계의 아픔을 느끼는 상상력이 부족합니다.

그래서 최근에 스스로 생태학적 상상력을 이끌어내려고 노력하고 있습니다. 그 노력 중 하나가 바로 세상에 귀 기울이는 것입니다. 저는 비록 하루의 절반 이상을 학교에서 지내지만, 적어도 제가 살고 있는 곳, 즉 학교에서만은 모든 것에 귀 기울이려고 노력하고 있습니다. 등교할 때 새 소리에 귀 기울이기, 쉬는 시간에 친구들과 떠들거나 잠자기 바쁘지만 가끔씩은 창문 밖으로 커가는 나무 보기, 비가 올 때 밖에 나가서 잠시 자연의 고요함을 느껴보기, 있는지도 몰랐던 화단의 식물들과 인사하기.

정말 간단하지만 저에겐 소중한 활동, 아니 삶의 순간들입니다. 사실 시간과 공간의 제약 때문에 많은 것을 느끼지 못하는 것은 사실입니다. 하지만 적어도 지금까지 보지 못했던 조그만 세상을 만나고 느끼는 중입니다. 좁은 세상이지만, 전 지금 이 작은 세상에서 저의 잠재된 생태학적 상상력을 키우고 있고, 점점 넓혀나가고 있습니다. 제가 생각하기에 우리에게 정말 필요한 것은 이런 작은 노력, 다른 삶에 귀 기울이고, 세상에 귀 기울이는 것이라고 생각합니다.

자신이 선택하는 것이 아니라 그냥 일어나는 일이라고 느끼는 것은, 내가 말했듯이 스스로가 선택할 수 있는 문제가 아니라고 믿고 있기 때문이다. 그러나 더욱더 큰 문제는 생명파괴가 한번 작동하기 시작하면 소리 없이 진행된다는 사실을 우리가 인식하지 못하고 있고, 이 사실을 알아채지 못하는 한 다른 길도 보이지 않게 된다는 것이다. 그리고 우리가 다른 길을 보지 못한다면 우리가 할 수 있는 다른 선택은 없다. 따라서 아무도 선택을 하지 않고 있다는 것이다. 우리는 '지금'을 전부라고 생각하고 있다. -『희망의 경계』 중에서

생태적 상상력을 꿈꾸다 :

한창 사회적 이슈가 되고 있는 문제들에 대한 생태적 상상부터, 거시적으로 이 지구가 함께 살아가는 공동체임을 말하는 상상, 일상의 작은 일에서부터 스스로의 다짐까지 다양한 관점에서 '생태'와 '상상'에 대해 이야기했습니다. 서로의 입장이 조금씩 다르긴 했지만, 우리가 지향하는 바는 다르지 않았습니다. 인간중심주의를 넘어 모든 생명과 함께 살아가는 생태중심으로의 전환이 필요하다고 말입니다. 그리고 단순히 말로 끝나는 것이 아니라 우리 모두가 실천으로 옮겨야 한다는 것 역시 입을 모았습니다.

다시 촛불문화제를 봅니다. 시민들의 염원이 담긴 촛불은 아름답습니다. 그 하나하나가 모두 작지만 소중한 불길입니다. 그러나 그 촛불은 우리를 밝혀야 하는 것도 맞지만, 촛불을 들지 못하는 생명들까지 밝힐 수 있어야 합니다. 우린 광우병이라는 병에서 고통받는 소의 눈망울과 땅에 산 채로 묻혀야 하는 닭의 숨결을 촛불에 담아야 합니다. 나아가 지구온난화로 기후난민이 되어버린 투발루 사람들의 마음도 촛불에 담을 수 있어야 합니다. 지금도 기아에 허덕이는 많은 사람들의 배고픔을 담아야 합니다. 우리가 사는 곳곳의 아픔들을 담을 수 있는 촛불이 되어야 합니다.

생태란 말 그대로 '살아 있는 모양'입니다. 그저 우리가 살아가는 모양이 곧 생태인 것입니다. 모든 생명이 함께 살아가는 세상입니다. 모든 생명이 서로가 서로에게 의지하며, 관계 맺으며 살아갑니다. 사람 역시 마찬가지입니

다. 태어나면서부터 세상에 의지하며, 세상과 관계하며 살아오지만 지금의 인간은 이 세상에 자기밖에 없다고 생각하는 모양입니다. 그러한 생각이 지금의 위기를 불러왔습니다. 이제는 그 생각에서 모든 생명의 가치를 존중하는 생태적 세계관으로 전환할 필요가 있습니다. 그 이유는 단 한 가지뿐이며, 그 어떤 다른 이유도 필요하지 않습니다. 그것은 단지 우리가 살고 있는 이 세상은 모든 생명들이 상호작용하며, 함께 살아가는 생명공동체이기 때문입니다.

살아 있는
민주주의의 의미

이윤영

촛불이 꺼지지 않는 밤의 연속입니다. 효순이, 미선이 때도 그랬듯, 반미운동 때도 그랬듯, 잠시 불타오르다 말겠지 했는데, 꺼지기는커녕 소고기 수입 반대집회는 이제 현 정부의 여러 정책에 대한 반대시위로 조금씩 커가고 있습니다. 솔직히 말하면 저는 처음 광우병 때문에 집회가 열리고, 중고생들이 거리로 나오는 것이 이슈화되었을 때, 집회에 대해 부정적인 입장이었습니다. 중고생들이 누군가에 의해 선동된 것이라고는 생각하지 않았지만, 그들이 진정 무엇을 두려워해서 나온 것일까, 광우병이 대체 뭐길래 말도 안 되는 교육정책이 시끄러울 때는 교실에서 조용하던 학생들이 거리로 나온 것일까, 우리 청소년들은 지금 무엇이 더 절실한지를 알기는 아는 걸까. 이런 생각들이 들었기에 그리 탐탁지 않은 집회였습니다. 그러나 곧 그렇게 많은 학생들이 거리로 나와 자신의 목소리를 내는 것이 쉬운 일이 아니라는 것을 깨달았고, 이 집회가 어쩌면 정말 희망일 수 있겠다는 생각이 들었습니다. 그러나 분명, 분명히 집회에는 더 채워야 할 그 무언가가 있었습니다.

지금 집회가 전국적인 차원으로 번져가면서 TV와 신문, 인터넷에는 모두 광우병과 촛불집회, 문제시되고 있는 여러 정책들로 가득합니다. 얼마 전까지 전경과 시민들의 마찰로 온 나라가 시끄럽더니, 이제는 정부의 언론장악을 막고자 목소리를 높이고 있습니다. 그러는 동안 집회에서는 보수파가 생겨나 집회 내에서도 성격의 차이가 드러나기 시작했습니다. 교수건 정치인이건 유명하다는 사람은 모두 한 마디씩 했을 정도로, 그래서 일일이 다 챙겨보기 힘들 정도로 토론을 많이 하고 있고 대담도 끊이질 않습니다. 이외에도 많은 일들이 일어나고 있고, 광우병이 한반도에 일으킨 물결은 예상보다 너무나 거대합니다. 그러나, 여전히 이 논란 속에 무엇인가 부족합니다.

이 시대의 지식인들은 집회에 참여하든 TV에 나오든, 여러 방법으로 이 집회를 분석하고 해석하고 있습니다. 여러 정치인들과 학자들은 광우병이 발생할 확률을 따지며 재협상을 논하고 있습니다. 시민들은 계속해서 집회에 나오고 있고, 이제 국민들과 소통하지 않는 정부에 대해 소리 높여 재협상을 요구하고 있습니다. 한반도 대운하와 의료보험 민영화를 막고자 노력하고 있고, 공영방송을 사수하고자 오늘밤도 여전히 촛불이 거리를 밝히고 있습니다. 그러나 우리에게는 무언가 더 필요합니다.

과연 우리는 무엇에 분노하고 있는지 제대로 파악할 수 있을까요? 광우병이 10년 후에 우리나라를 초토화할 것이라는 방송 프로그램 하나에 이렇게 분노하는 것인가요? 생존권을 요구하는 것이 시민의 권리이고 인간의 권리이기 때문인가요? 맞습니다. 전적으로 동의합니다. 그러나 그것은 도화선일 뿐, 지금 일어나고 있는 일들을 민주주의를 위한 것이라고 설명하기 위해서는 한 발 더 나아간 목소리가 필요합니다. 왜 FTA협상이 이렇게 진전될 수밖에 없었는지, 어째서 국민이 원하지 않는 정책들이 마구잡이로 결정되는지를 알아야 합니다. 한창 FTA가 진행되고 있을 때, 그것이 우리나라의 모든 것을 뒤흔드는 사건이었음에도 불구하고 무려 89.5퍼센트가 FTA가 무엇인지 잘 모른다고 대답했습니다. 물론 정부가 국민에게 충분히 정보를 제공하지 않았기에 그러했지만, 우리는 그때 이렇게 촛불을 들고 거리에 나갔던가요? 당장 쌀 개방하면 생계를 꾸려나가기 힘든 농민들이 거리로 나가고 목숨을 끊는 순간에도, 우리는 과연 지금처럼 이 문제를 심각하게 받아들였던가요?

과연 우리가 그때, 그 순간에 거리로 나갔더라면 국민이 알지도 못하는 정책을 결정하는 정부에 대해 반대했다면, 지금과 같이 힘든 투쟁은 하지 않아도 되었을 것입니다. 한번 개방한 시장에 대해서는 번복할 수 없다는 '역진방지 조항'이 있다는 것을 알았다면, 이런 위험성에 대해 예상을 할 수 있지 않았을까요? 그리고 과연 지금 정부가 물러나고 재협상을 하는 것이 과연 시민의 승리이고 민주주의의 승리일까요?

물론 이미 지나간 일을 잡고 늘어지자는 것이 아닙니다. 그러나 현 정부든 지난 정부든 누가 잘못했고 잘했는지를 따지기 이전에, 그 정부에게 전적으로 나라의 정책을 맡긴 시민들의 무관심을 반성하고 성찰하지 않으면, 이번 일이 해결되더라도 다음에 또 똑같은 일이 다시 일어날 수밖에 없습니다. 지금 우리에게 필요한 것은 집회의 성격을 따지는 것이 아닙니다. 광우병이 걸릴 확률을 따지고 드는 것이 아닙니다. 무작정 집회에 나가 촛불을 들고 정부가 물러나기를 목이 터져라 부르짖는 것도 아닙니다. 지금 우리에게 필요한 것은 온 국민이 집중할 수 있는 이 기회에, 우리 국민들이 성장하여 민주주의를 스스로 되찾고 또 발전시킬 수 있는 성찰과 고민과 또 실천입니다. 현 정책결정 과정의 잘못된 부분을 알아야만 이 문제를 해결할 수 있습니다. 지금 현 정부의 잘못이 크지만, 그 잘못의 책임을 물어야 하는 것은 당연하지만, 이미 벌어진 일을 처리할 수 있는 것은 우리여야 합니다. 그래서 국민의 힘을 정부에게 지속적으로 미칠 수 있는 진정하고 강한 민주주의를 만들어가야 합니다. 그러기 위해서 어떤 방법이 있는지, 무엇을 이야기해야 하는지에 대해 목소리를 높여야 하는 것이 지식인입니다. 지금 집회를 어려운 말로 분석하거나 잘잘못을 따지며 관망하는 것은 지식인이 아닙니다. 집회가 옳고 그름을 따지는 것은 시간이 지난 후에 역사로서 해석할 수 있습니다. 그러나 지금 집회의 방향을 바꾸는 것은 지금, 이 시간과 이 시대가 아니면 할 수 없는 것입니다. 우리는 지나간 역사에 대해 논하는 것이 아니라, 이 시대의 문제를 논하고 있습니다. 그런 만큼 그 무엇보다 효과적이어야 하고 실천적이어야 합니다. 물론 실천적이라는 것이 촛불을 들고 거리에 나가는 것으로 충분하지 않다는 것은 이제까지 말했으니 충분하겠지요.

지금 국민들은 매우 훌륭한 시대의 흐름을 만들어내고 있습니다. 그러나 이것이 아름답고 행복할 수 있는 것은 이러한 집회가 앞으로 잘못된 정책을 만들어내기 전에 일어날 수 있는 살아 있는 민주주의를 향할 때에만 가능할 것입니다. 단순히 광우병의 두려움으로부터 나온, 일명 '과장'된 사실에 의해 '선동'되어 나타나는 집회가 되지 않기 위해서는 국민 스스로가 깨어 있어야 합니다. 즉 지식인이 없는 이 시대에 우리 스스로가 지식인이 되어야 합니다. 그러기 위해서 지금 이 사태가 일어나게 된 원인을 분명히 직시하고, 정부가 이 문제를 해결하기 위해 어떻게 해야 하는지 국민이 제시할 줄 알아야 하며, 그것은 실현 가능한 것이어야 하는 동시에 독립적이어야 합니다. 우리에게 필요했던 그 무언가는 바로 국민의 민주주의로의 진보입니다. 단순히 현 정부를 타파한다거나 재협상을 요구하기만 한다면, 또다시 정부에게 국가의 운명을 맡기는 것이나 다름없습니다. 의료보험 민영화로 국내에서도 유명한 다큐멘터리 영화 〈식코SIKO〉에서 마이클 무어 감독은 프랑스에서는 정부가 부를 가진 소수에게 유리한 정책을 펼치지 못하는 것이 "국가가 국민을 두려워하기 때문"이며, 그 반대인 미국은 오히려 "국민이 국가를 두려워한다"고 말합니다. 우리가 만들어야 하는 민주주의는 바로 국가가 국민을 두려워하는 것이어야 합니다. 그러므로 지금 집회는 당장의 문제를 해결하기를 요구하는 일시적인 국민의 힘이 아니라, 앞으로 정책결정에서 국민의 의사가 충분히 반영될 수 있는 제도적·법적 수단을 만들 수 있는 움직임이어야 한다는 것입니다. 만약 재협상을 한다고 하거나 이 정부가 물러난다고 하더라도, 그것이 이 집회의 목적이고 목표라면 다음 번에도 국민은 국가를 두려워하며, 또다시 국가가 정한 정책으로 살아갈 수밖에 없을 것입니다.

왜 우리가 국가의 결정에서 배제되어왔는지, 그것은 과연 무엇으로부터, 또 누구로부터 비롯된 것인지를 생각하지 않으면 우리는 아무런 변화도 일으킬 수 없을 것입니다. 국민을 대표하는 사람을 뽑는 선거에 참여해야만 지금처럼 우리의 요구를 외칠 수 있는 권리가 있을 수 있고, 그 권리는 힘을 가진다는 점을 인식해야 합니다. 국가가 알려주는 것에만 반응하는 것이 아닌, 그 어떤 것에 있어서도 국가가 국민을 배제하지 못하도록 두 눈을 뜨고 있어야만 국가가 국민을 두려워하는 살아 있는 민주주의가 성립할 것입니다. 간디가 영국의 식민지배를 물리치기 위해 내걸었던 물레운동과 같은 비폭력적인 민주주의 운동이 필요합니다. 단지 폭력을 쓰지 않는다는 의미가 아닌, 경제적으로도 정신적으로도, 그리고 모든 일상에서 권력의 힘으로부터 자유로울 수 있는 힘을 가지는 그런 비폭력운동이 지금의 집회가 되어야 합니다.

에런 와타다,
전쟁의 중심에서 정의를 외치다

최승규

"양심적으로 볼 때 부당하다고 판단되는 법률을 깨뜨리되, 사회의 양심에 그 법률의 부당성을 호소하기 위해서 투옥되는 것도 불사할 수 있는 자는, 진실로 법에 대한 최대한의 존경을 표하고 있는 사람이다."

-마틴 루터 킹 목사, 『버밍엄 교도소에서 온 편지』 중에서

세계는 지금 전쟁과 폭력의 소용돌이에 휩싸여 신음하고 있습니다. 하루가 멀다 하고 일어나는 테러와 그에 따른 보복공격. 종교와 신념, 정치적 노선의 차이로 서로 죽고 죽이는 비극이 세계 곳곳에서 발생하고 있습니다. 서로가 자신들을 선이라 주장하며, 진실과 정의는 어디론가 사라져버린 듯합니다. 혼란의 시대, 비극의 악순환은 끝이 날 기미를 보여주지 않습니다.

2003년 3월 20일, 바그다드에 대한 미사일 폭격이 시작됨으로써 이라크 전쟁이 발발했습니다. 공식적인 의미에서의 전쟁은 개전 43일 만에 발표된 부시 대통령의 종전선언과 함께 끝이 났지만, 진정한 의미에서의 전쟁은 종전선언 이후 4년이 지난 지금까지도 끝나지 않고 있습니다. 여전히 이라크에서는 테러가 끊임없이 일어나고 있으며, 그 사이에서 많은 민간인과 군인들이 희생당하고 있습니다. 개전 당시 미국은 대량살상무기의 제거와 후세인 독재정권의

민주화, 중동의 평화 등을 명분으로 내세웠지만, 대량살상무기가 없는 것으로 밝혀지고 전쟁 이후 극도의 치안불안 등이 계속되면서 점점 전쟁에 대한 비판 여론이 확산되고 있습니다.

이러한 상황에서, 우리는 미국의 한 장교에게 관심을 가져볼 필요가 있습니다. 그의 이름은 에런 와타다입니다. 에런 와타다는 미 육군중위로 복무하던 중 2006년 6월 7일 미군 장교로는 최초로 이라크전에 파병되는 것을 거부하고 군법재판에 회부된 인물입니다. 여기서 잠깐, 에런 와타다는 어떤 사람인지 알아봅시다.

에런 와타다는 어떤 사람인가?

에런 와타다는 1978년 미국 하와이 호놀룰루에서 일본계 아버지와 중국계 어머니 사이에서 태어났습니다. 2003년 하와이 퍼시픽 대학을 졸업하고 9/11테러가 일어나자 '조국을 지키고자 하는 열망에서' 군에 지원했습니다. 그는 미군의 장교후보생을 양성하는 OCS$^{Officer\ Candidate\ School}$과정을 거쳐 포병대 소위로 2004년에서 2005년까지 주한미군에서 군복무를 시작했는데, 장교로 타의 모범이 되는 훌륭한 군인이라고 평가받았다고 합니다. 2005년 중위로 진급하여 미국 워싱턴 주에 있는 '포트 루이스' 기지로 재배치되었는데, 그때 자신이 곧 이라크에 파병될 것이라는 사실을 알게 되었습니다. 이라크에서 마주치게 될 수 있는 모든 상황에 대비를 하기 위해, 와타다는 이라크의 문화와 현지의 상황, 전쟁이 일어나게 된 경위 등 방대한 양의 자료에 대해 조사하기 시작했습니다. 그런데 이라크전쟁에 대해 많은 것을 알아갈수록, 그는 이 전쟁에 대해 점점 더 회의를 느끼기 시작했다고 합니다. 많은 자료들을 열람하고, 또 이라크에서 돌아온 전역군인들과 만나 여러 가지 이야기를 나누면서, 그는 마침내 이라크전이 정의롭지 못한 전쟁이라는 결론을 내리고, 참전하지 않기로 결심했습니다. 그리하여 2006년 6월 7일, 기자회견을 열고 공식적으로 이라크 파병거부선언을 하기에 이릅니다. 이후 그는 군무이탈과 품위훼손 등의 혐의로 군법재판에 회부되어 현재 재판이 진행 중입니다.

전쟁의 중심에서 정의를 외치다 :

전 세계 패권의 중심이라고 할 수 있는 미군의 장교가 반전운동을 하고 있다는 것이 놀랍지 않을 수 없습니다. 그렇다면 이제 에런 와타다의 말을 들어봅시다. 아래의 글들은 그가 파병거부선언을 한 뒤 직접 발표한 연설문들을 발췌하여 정리한 것입니다. 이들을 통해 에런 와타다가 어떻게 이라크전쟁에 대한 진실을 알게 되고, 또 부당한 전쟁에 대한 저항정신을 직접 실천하게 되며, 그것을 시민들과의 연대운동으로 발전시킬 수 있었는지에 대해 이해할 수 있을 것입니다.

진실 :

미국의 의회는 상·하원을 합해 대략 535명의 의원들로 구성되어 있습니다. 만약 대통령까지 포함한다면 536명이 되겠지요. 주목할 만한 사실은 이 나라의 운명, 3억 명의 운명이 고작 536명의 지식과 편견과 결정에 의해서 움직인다는 점입니다. 그 536명의 과반수인 270명 정도만 있으면 이 나라를 좌지우지할 수 있습니다. 당신은 자문해보아야 합니다. 군인은 3억 명의 안녕이 달려 있는 일에 관련해서 고작 270명의 변덕스러운 결정에 맹목적으로 따라야 하는 것입니까? 우리는, 명령만 떨어진다면 국민들에게도 반항할 수 있는 군대를 원하는 것입니까? 270명의 사람들이 나머지 모든 시민들의 목소리를 묵살하는 것이 가능한 일입니까?

이 전쟁은 다른 어떤 전쟁과 마찬가지로, 많은 대가를 치렀습니다. 존스 홉킨스 대학의 연구에 따르면 대략 60여만 명의 이라크인들이 2003년 3월 공격의 결과로 사망하였습니다. 아직도 거의 대부분의 이라크 도시들에서는 깨끗한 물과 전기와 하수처리시설이 공급되지 않고 있습니다. 실업률은 70퍼센트에 달합니다. 180여만 명의 이라크인들이 난민이 되었습니다. 그리고 매일 1만 명의 또 다른 사람들로 채워지고 있습니다.

3천 명이 넘는 미군들이 가족들을 남겨둔 채 목숨을 잃었습니다. 2만 명이 넘는 군인들이 부상당했고, 그중 절반이 평생 장애를 가지고 살아가야 합니다……

미군들은 국가의 명령에는 언제나 이의 없이 복종해야 한다는 사회적 합리화에 반기를 들어야 합니다. 계급은 존중받아 마땅하지만, 맹목적으로 따라야 할 것은 아닙니다. 미국의 이름으로 자행된 잔악행위와 파괴의 역사에 대한 인식—그것이 직접적 군사개입이건, 대리전의 양상을 띤 것이건 간에—은 없어서는 안 될 것입니다. 미군들은 이 전쟁이 정당방위에 의한 것이 아니라, 경제적 이익과 패권주의적 독점을 위한 선택이라는 것을 깨달아야 합니다. 알 카에다, 그리고 9/11 테러와 연관이 있는 대량살상무기^{WMD}는 존재하지 않았고, 앞으로도 존재하지 않을 것입니다. 의심스러운 정부의 고위관계자들이 전쟁을 일으키기 위해 의회와, 대중과, 세계에 발표한 증거들을 의도적으로 조작했다는 사실을, 군인들은 알아야 합니다.

이라크 전쟁에 대한 애런 와타다의 생각은 너무도 명료합니다. 그것은 이라크 전쟁이 소수의 지도자들이 그들의 경제적 이익과 독점을 지키기 위하여 저지른 철저히 조작된 전쟁이라는 것입니다. 그러나 위의 예에서도 볼 수 있듯이, 이 명분 없고 부당한 전쟁을 위하여 너무도 많은 사람들이 희생되고 있습니다. 그것이 미국인이든, 이라크인이든 말입니다. 와타다는 사병들을 지휘하는 장교로서, 또한 같은 인간으로서 그들의 죽음과 희생을 그냥 두고 볼 수 없었다고 합니다. 바로 이것, 자신의 목소리를 내지 못하는 힘없는 자들의 삶에 가슴 아파할 줄 아는 정신이 파병거부선언을 한 뒤 '영웅이 되려 하는 위선자'라는 비난을 받으면서도 이라크전쟁을 멈추기 위해 포기하지 않고 저항할 수 있었던 힘인 것입니다.

실천 :

그러나 아무리 좋은 정신과 신념을 가지고 있다고 하더라도, 그와 동시에 실천이 담보되지 않으면 이러한 저항은 큰 의미를 지니지 못하는 경우가 많습니다. 에런 와타다가 높이 평가되는 것은 그가 단순히 정의로운 마음만을 가지고 있어서가 아니라, 자신에게 유죄판결이 내려질 경우 징역 6년형에 해당하는 처벌을 받을 수도 있음에도 불구하고, 자신의 신념을 굽히지 않고 당당하게 저항할 수 있었기 때문입니다. 이어지는 그의 글을 통해서 '실천'이란 것은 어떠한 의미를 지니는지 생각해보도록 합시다.

뉘른베르크의 재판은 군인들뿐만 아니라 일반 시민들도 그들의 정부가 저지른 전쟁범죄에 동참하는 것을 거부해야 할 의무가 있다는 것을 보여주었습니다. 지금 만연하는 포로에 대한 고문과 비인도적 처분은 전쟁범죄입니다. 비공식적인 수단에 의해 자행된 침략전쟁은 평화에 대한 범죄입니다. 인도주의적 국제법과 한 나라의 주권을 침해하는 '점령'은 인류에 대한 범죄입니다. 이러한 범죄들이 우리의 세금으로 재원을 충당받고 있습니다. 만약 시민들이 자신들의 선택에 의해, 스스로 (사실을) 무시하며 침묵을 지킨다면, 그것은 시민들을 범죄에 참여한 군인들만큼이나 책임이 있게 만들 것입니다.

중요한 사실은, 정치는 우리의 생활이라는 것입니다. 만약 우리가 타인에게—그 사람에 대한 사전 지식이나 믿음이 없이—우리 대신 행동하기를 원한다면, 어떻게 그들이 우리의 최선의 이익을 위해 행동하기를 기대할 수 있겠습니까? 정치는 우리 삶의 질을 결정하는 일입니다. 민주주의에서는, 우리 모두가 정치에 참여해야만 합니다.

민주주의에서, 행정부는 국민의 뜻에 따라 움직입니다. 만약 이 세상의 사람들이 모든 미국인들에게 손가락질을 한다 해도 놀랄 일이 아닙니다. 만약 우리가 일어서서 우리 정부가 행한 잘못들을 바로잡기 위해 모든 것을 바치지 않는다면, 우리 모두는 책임이 있는 것입니다. 이 전쟁에서 죽고 부상당한 이들의 희생은, 결코 무의미한 것이 아닙니다. 저에게 있어서는, 그들의 비극적인 죽음이 너무도 의미 있습니다. 그들은 제가 할 수 있으리라고 생각하지 않았던 일들을 할 수 있게 해주었습니다. 저의 소원은, 언젠가 그들의 죽음이 당신에게도 어떠한 의미를 가지게 되어서, 당신이 언젠가는 저와 함께 서서 이렇게 말하게 되는 것입니다. '더 이상은 안 돼.'

민주주의民主主義는 국민을 주인으로 하는 정치체제라는 뜻입니다. 그러나 진정으로 국민이 국가의 주인이 되려면, 그것에 따른 의무도 함께 수반되어야 합니다. 그것이 바로 실천이고, 행동입니다. 만약 국민이 공리公利를 위해, 또는 정의를 위해 행동하지 않는다면, 그 사회는 소수의 권력층이 공권력을 가지고 국정을 좌지우지하는 사회가 되어버릴 것입니다. 그러므로 민주주의 국가에서 진정으로 국민이 주인이 된다는 것은 우리 스스로 우리 주변의 일들에 참여한다는 것을 뜻합니다. '실천'은 선택이 아닌 의무인 것입니다.

연대 :

에런 와타다라는 한 개인의 목소리는 아무런 변화를 일으키지 못할지도 모릅니다. 그러나 여러 개인들의 목소리들이 모이고 모이면 그것은 거대한 힘이 됩니다. 세상은 언제나 이러한 민중들의 힘에 의해 바뀌었습니다. 와타다 또한 이러한 민중들의 힘을 믿고 있습니다.

당신에게는 이 죽음과 비극의 끝없는 악순환을 멈추게 할 힘이 있습니다. 당신에게는 역사를 바꿀 힘이 있습니다. 당신은 이 기회를 흘려버리고, 어떤 의무에서도 손을 떼고, 어떤 것도 바꾸지 않을 수도 있습니다.……저는 제가 법정에서 군사배심원들에게 말할 것들이 별로 소용이 없으리라는 사실을 알고 있습니다만, 수백만 명이 목소리를 낸다면 분명 다를 것입니다. 하지만 마지막까지 저는 노력하였습니다. 당신에게 다른 대안이 없었다는 것, 실패할 것을 알고 있었다는 것은 행동하지 않는 것에 대한 변명이 될 수 없습니다. 저는 한 가지 약속을 해드릴 수 있습니다. 우리는 노력할 것이고, 저와 같은 사람들이 언제, 어디서나 모든 부당한 전쟁에 대항해서 저항할 것입니다. 언젠가, 어디선가, 저는 이러한 기회에 앞장서야 할 것인지, 아니면 책임을 뒤로 넘겨 우리의 후손들을 위험에 맡길 것인지를 자문하는 미국인들이 있기를 바랍니다. 언젠가, 어디선가, 그들은 이렇게 말하게 될 것입니다. '더 이상은 안 돼. 이건 지금 끝나야 해. 나에게서 끝나야 해.' 당신이 이러한 사람이 되어보시겠습니까?

진실 알기, 실천하기, 그리고 연대하기 :

에런 와타다는 미군장교라는 사실만 제외하면 그저 평범한 개인일 뿐입니다. 그러나 이 '평범한 개인'의 저항이 국가 간의 전쟁이라는 거시적이고 세계적인 문제를 해결해가고 있습니다. 그야말로 세상을 바꾸어가는 것입니다. 어떻게 이러한 일이 가능했을까요? 우리는 에런 와타다의 사례에서 '진실 알기-실천하기-연대하기' 라는 문제해결과정을 찾아볼 수 있습니다.

'진실 알기' 란 옳고 그른 것을 구분할 줄 아는 것, 부정의한 현실상황을 인식할 수 있는 것을 말합니다. 진실과 정의가 모습을 감추어버린 혼란의 시대, 그렇기에 우리에게는 '진실 알기' 가 더욱 중요해졌는지도 모르겠습니다. 먼저 잘못된 것을 인식하지 못하면 잘못된 것을 고칠 수도 없는 법. '진실 알기' 는 이 사회를 좀 더 아름다운 세상으로 만들기 위한 첫 단계라는 점에서 그 의의가 있습니다. 에런 와타다의 경우에는 파병되기 전 행한 방대한 양의 조사와 연구를 통해 군인임에도 불구하고 이라크전이 잘못된 전쟁이라는 인식을 할 수 있었던 것입니다.

'실천하기' 는 말 그대로 부당한 상황에 맞서 저항하는 것을 뜻합니다. 그러나 사실 '실천하기' 는 굉장히 추상적인 개념일 수 있습니다. 각 개인들마다 처한 상황이 다르고, 또 현실적으로 개인이 거시적인 문제들에 대해 행동할 수 있는 것이 많지 않기 때문입니다. 그러나 '실천하기' 를 너무 거창하게 생각하지 맙시다. 봉사활동이라든가, 인터넷이나 잡지 같은 매체에 글을 투고한다든가, 공공기관에 민원을 넣는 것과 같이, 자신의 자리에서 자신이 할 수 있는 것을 하는 것만 해도 충분합니다. 물론, 에런 와타다는 '파병거부선언' 이라는 커다란 실천을 해냈지만 말입니다.

'연대하기' 란 다른 사람들에게 자신의 실천을 알리고 그 실천을 함께하는 것을 말합니다. 한 사람의 실천이 자신에게는 의미가 있을지는 몰라도, 사회전체적으로 보았을 때는 보잘것없는 것일 수 있습니다. 그러나 위에서도 말했듯이, 여러 개인들의 실천들이 모이고 모인다면 그것은 혁명이 될 수 있습니다. 그러므로 거시적인 문제를 해결하기 위해서는 실천하는 것과 함께 그 실천과 생각을 적극적으로 알리고 타인과 함께하려는 노력이 필요합니다. 에런

와타다에게는 '고마워요, 중위님Thank You Lieutenant' 이라는 든든한 후원회가
함께했기에 그가 이라크전쟁 반전운동의 상징이 될 수 있었습니다.

'진실 알기-실천하기-연대하기' 의 공식은 우리에게도 여전히 유효합니다.
우리가 지금 당장 세상을 바꿀 수는 없을지 몰라도, 우리 주변의 사회 환경은
충분히 변화시킬 수 있습니다. 조금 더 아름다운 사회를 만들기 위하여, 당신
도 '변화의 선구자' 가 될 수 있습니다.

자본주의가 정의와
합의할 수 있는 방법

질문 ■ 류성훈 | 답변 ■ 강수돌 선생님(고려대학교 경영학과 교수)

류성훈 ★ 이야기는 마르코 폴로의 『동방견문록』에서부터 시작됩니다. 이 책은 유럽인들의 세계관을 바꾸기 충분했으며 동방에 큰 관심을 가지게 했습니다. 결국 십자군전쟁 이후 베네치아, 제노바 같은 도시들을 중심으로 '동방무역'이 활발히 이루어졌습니다. 그리고 동방의 물건 중 향신료는 그 값이 아주 비쌌습니다. 그 이유는 유럽인들의 식습관과 식품저장방법으로 그들의 주식량인 빵, 고기는 오래 저장되기 위해선 소금에 절여야 했는데 그 중 가장 맛좋게 저장할 수 있었던 것이 바로 향신료였기 때문입니다. 그리고 이 높은 수요의 향신료 덕분에 유럽은 또 중요한 사건을 겪게 됩니다. 육로로만 무역을 하는 것이 아니라, 수로를 통해, 아프리카를 거쳐 인도로 가는 바닷길을 개척하려고 했습니다. 결국 그 이후부터 포르투갈이 가장 강력한 국가가 되었고 바스코 다 가마는 처음으로 아프리카를 거쳐 인도로 가는 바닷길을 찾게 됩니다. 포르투갈은 몇몇 식민지를 세우고 칼과 총을 앞세워 더욱 '땅 따먹기'에 박차를 가했습니다. 그리고 콜럼버스가 등장합니다. 콜럼버스의 아메리카 대륙 발견 이후 금과 은이 쏟아져 나왔고 유럽의 물가는 두세 배나 올랐습니다. 이 현상을 '가격혁명'이라 합니다. 가격혁명으로 상인들은 큰 이윤을 남겼고 자본을 축척, 경영규모를 확대하여 "자본주의 발달의 발판을 마련"했습니다. 그리고 경제의 중심이 수로를 가장 먼저 개척한 에스파냐와 포르투갈로 옮겨지며 동시에 '상업혁명'이 일어났고 유럽의 상권은 세계적인 규모로 성장했습니다. 그러나 에스파냐와 포르투갈 등의 식민지 개척 나라는 우수한 인디언문명을 짓밟고 아메리카 대륙의 문명 또한 파괴했습니다. 아직도 그때 식민지배를 받던 나라들은 경제적 후진국으로 남아 있습니다.

이렇게 동방무역과 해상무역 얘기가 끝난 후 노예에 대한 얘기가 나옵니다. 처음엔 인디언들만이 노예가 되었지만 그 수가 부족해지자 에스파냐와 포르투갈 사람들은 아프리카에서 흑인 노예들을 들여옵니다. 그런데 여기서 노예를 어떻게 대하는지 유심히 볼 필요가 있다고 생각합니다. 일단 "붙잡아 사슬로 묶어 노예상인에게 넘겼다", "가축을 다루듯이 불도장을 찍어 자기 소유임을 표시한 다음 배에 태워", "짐짝처럼 배에 실려가던 노예-최소한 1백 만 명의 노예가 배에서 숨졌습니다." 이것들이 당시 노예가 당한, 감히 우리들은 공감할 수 없는 모욕이고 괴로움입니다. 비록 이런 노예제도는 퀘이커 교도들이 배척하는 운동을 시작으로 꼬리를 물고 이어지는 반대운동에 의해 지금은 폐지되었지만, 나는 그러한 노예제도가 단순히 여기서 끝나지는 않는다고 생각합니다.

『청소년을 위한 경제의 역사』 2장 제목은 '자본주의의 성립과 발전'입니다. 그런데 이 '자본주의'에 대해 다시 생각해봅니다. 책에 나온 역사사실들을 보면 대부분의 세계자본들은 결국 '식민지'를 통해 금, 은 등을 갈취하고 노예를 마구 끌고 온 유럽인들이 가지게 되었습니다. 그리고 세계에 자연스럽게 나온 두 체제가 '자본주의'와 '사회주의'입니다.

이미 나쁜 방법과 과정으로서 자본을 축적한 유럽 등의 선진국에 아주 유리한 자본주의는 결국 지금 사회주의의 붕괴와 함께 세계 유일무이한, 가장 좋은 사회체제로 인식되고 있습니다. 하지만 저는 앞서 말한 것과 같이 유럽, 미국 등의 자본주의에서 자본을 불려가는 과정은 어쩌면 시작부터 절대 진실되지도 정의롭지도 않았다는 것을 느꼈습니다. 그리고 세계가 이렇게 애초부터 모순적이고 정의롭지 못한 '자본주의'를 사회의 경제체제로 삼고 계속 이어가고 발전한다면 왠지 그 '발전과 이어감'에 저를 헌신하지도 기여하고 싶지도 않다는 회의감에 빠지게 되었습니다.

책을 읽으면서 여러 가지 생각이 들었습니다. 신용만으로 돈을 빌릴 수 있는가라는 물음에 '무하마드 유누스' 아저씨가 생각났고, 푸거 2세 이야기에서 은행의 어두운 면을 읽고 '스위스 은행'을 떠올리기도 했습니다. 하지만 역시 가장 더 깊게 토론하고 싶은 내용은 위의 자본주의에 관한 것입니다. 많은 모순에도 불구하고 오랫동안 강력하게 유지되는 자본주의. 이 자본주의 사회에서 우리가 할 수 있는 것은 무엇이며 '진정한 정의와 합의할 수 있는 자본주의'를 이룰 수 있는 방법이 궁금합니다.

자본주의 사회에서 우리가 할 수 있는 것은 무엇일까 :

강수돌 ★ 니콜라우스 피퍼가 쓴 『청소년을 위한 경제의 역사』를 읽고 성훈이가 느꼈을 당혹감이 충분히 상상됩니다. 특히 자본주의의 역사를 자세히 들여다보면서 대부분의 세계자본들이 결국 식민지를 통해 금, 은 따위를 갈취하고 원주민들을 노예화하여 자기들만의 부를 쌓았음을 알게 되었을 때, 우리가 지금까지 막연히 선망해온 '선진국'이란 것이 얼마나 허망한 환상인지를 잘 알 수 있지요. 나아가 우리나라가 그런 선진국을 모범삼아 추격 발전을 하고 또 그들을 따라잡은 뒤 '세계 제일'의 강국을 건설하겠다는 환상적 목표설정이 얼마나 헛된 것인지도 잘 알 수 있지요.

사실 자본주의는 그 이전의 봉건주의를 깨고 나온 새로운 체제로서는 상당히 각광을 받았습니다. 크게 두 가지 점에서 주목할 만합니다. 하나는 봉건적 사회관계인 신분제도나 농노관계를 허물고 형식상으로나마 개인의 자유와 능력에 따라 돈을 벌 수 있는 새로운 사회관계로 이행했다는 점입니다. 둘째는 원시공동체나 노예사회, 봉건주의 등 그 어느 체제보다도 생산력을 월등하게 발전시켰다는 것입니다.

그런데 바로 이 두 가지 강점은 동시에 어두운 면도 갖고 있습니다. 첫째, 개인의 자유와 능력에 따라 돈을 벌 수 있다는 바로 그 점 때문에 능력이 없는 사람, 특히 돈 없는 사람은 오로지 자신의 노동력만으로 먹고살아야 하지요. 돈 많은 사람은 은행이자만 받아도 먹고 살 수 있고, 또 집이나 가게를 빌려주고 임대료만 챙겨도 먹고 삽니다. 돈^{자본}과 아이디어가 있는 사람은 사업을 해서 먹고살지요. 그런데 그렇지 못한 대다수 사람들은 일할 능력과 열심히 할 의지, 즉 노동력을 사업가에게 팔아서 그들의 지휘와 명령을 받으며 충실하게 일해야 먹고 살 수 있지요. 그래서 형식적으로는 자유롭게 노동력을 팔 수 있지만, 실질적으로는 서울역이나 부산역에 몰린 노숙자들의 모습에서도 보듯이 노동력을 팔지 않으면 먹고살기 어렵기 때문에 '자유로운 강제' 또는 '강제된 자유'라는 모순이 생겨납니다. 어른들이 여러분에게 틈만 나면 '공부 열심히 하라'고 하는 것도 실은 공부 잘 해서 좋은 대학을 가야 좋은 직장에 취직을 할 것이라 보기 때문이지요. 이것을 달리 보면, 공부를 잘 해야 나중에 여러분의 노동력을 이왕이면 비싸게 팔 수 있고 그래야 먹고살기 행복할 것이라 착각하기 때문입니다.

둘째는 역사상 그 어느 체제보다도 우수한 그 생산력이 안타깝게도 '파괴력'으로 작용하기도 한다는 점입니다. 자본주의는 동일한 시간에 얼마나 많은 상품을 생산하는가, 동일한 시간에 얼마나 많은 부가가치를 생산하는가, 동일한 시간에 얼마나 많은 돈^{이윤}을 버는가 하는 관점에서는 당연히 최고의 생산력입니다. 그러나 그 생산력을 다른 관점에서 보면 사태는 전혀 딴판이 됩니다. 즉 자본주의 생산력은 동일한 시간에 생동하는 자연을 가장 효율적으로 파괴하여 원료나 에너지로 바꿉니다. 또 사람의 생동하는 에너지우리의 느낌, 정서, 아이디어, 창의력, 눈썰미, 기능, 힘, 재주 등를 동일한 시간에 가장 효율적으로 빨아들여 상품 속으로 녹여냅니다. 그런 와중에 사람들의 공동체적 관계도 일정기간 동안에 가장 빨리 개별화 또는 원자화합니다. 자본주의의 핵심 원리가 바로 경쟁과 이윤이기 때문이지요. 결국 자본주의가 발달할수록 자원 소모도 급증합니다. 예컨대, 미국은 인도에 비해 종이는 115배 더 쓰며, 자동차는 320배 더 많이 사고, 고기는 52배 더 먹고, 전기는 46배 더 쓴다고 해요.

이제 21세기에 접어든 오늘날 그러한 모순을 가진 자본주의는 스스로 더욱 심각한 한계를 보입니다. 하나는 '착취'할 수 있는 자연자원이 무한정 공급되지 않는다는 점이지요. 자동차 원료나 농기계, 산업용 기계를 돌리는 데 쓰는 석유만 해도 2050년경 채굴량이 최고에 이른다고 합니다. 열대우림을 비롯한 온갖 숲들도 나날이 그 파괴되는 속도가 빨라집니다. 중국의 황사나 세계 곳곳의 사막화현상이 바로 그 생생한 증거지요. 물과 공기의 오염도는 자연정화의 속도를 넘어선 지 오랩니다. 둘째는 사람들이 갈수록 '3D 노동' 더럽고 위험하고 힘든 일과 같은 공장노동을 싫어하며 비인간적 노동에 저항한다는 점입니다. 정규직이든 비정규직이든 가릴 것 없이, 직접 저항을 하지 않는 대부분의 피고용인들도 진정으로 자신의 직업에 만족하고 행복감을 느끼기보다는 '먹고 살려고' 또는 '잘리지 않으려고' 어쩔 수 없이 온갖 스트레스를 참고 지낸다는 점입니다.

셋째는 갈수록 많은 산업쓰레기나 생활쓰레기가 쌓이고 있고, 수질오염, 토양오염, 공기오염의 정도가 쉽게 되돌리기 어려울 정도로 점점 심각해진다는 것입니다.

넷째, 이 모든 것을 종합해볼 때, 갈수록 자본의 이윤율이 떨어진다는 점입니다. '이제는 사업을 해봐야 남는 것이 없다'는 말이 바로 그런 것입니다. 쉬운 예로, 가까운 동네 PC방을 봅시다. 주인이 어렵사리 거금을 들여 가지고 최신 설비를 갖추어 영업을 시작한 지 채 2년도 안 되어 그 옆에 더욱 최신 설비를 갖춘 새 PC방이 생깁니다. 손님이 그리로 다 몰립니다. 본전도 못 뽑았는데 파리만 날릴 판이니 기가 막힙니다. 주인은 눈물을 머금고 또 은행에서 거액을 융자내어 하드웨어와 소프트웨어를 업그레이드합니다. 그런 식으로 갈수록 경쟁이 치열해지고 자본은 많이 듭니다. 그래서 정말 돈 많은 사람이 엄청 큰 투자를 하여 남들이 도저히 따라오지 못할 규모와 설비로 사업을 하는 경우에만 좀 안정된 이윤이 보장될 뿐입니다. 이제는 신자유주의 세계화 물결이라 하여, 미국이나 유럽의 거대자본을 중심으로 온 세상을 하나의 이윤 공간, 하나의 공장, 하나의 시장으로 통합을 하려 합니다. 최근 논란 중인 '한미 FTA'도 그런 움직임의 일환입니다. 그 프로그램에 따르면 한국은 농업도 포기해야 하고 영화시장이나 금융, 교육시장도 완전 개방해야 합니다.

자, 바로 이러한 진단으로부터 우리가 할 수 있는 일, 해야 하는 일이 나옵니다.

첫째, 자연자원의 착취를 줄이거나 없애야 합니다. 종이 한 장, 연필 한 자루, 물 한 방울도 아껴야 합니다. 수세식 화장실에는 최소한 벽돌 한 장이라도 넣어 물 사용량을 줄입니다. 비누나 치약도 수질오염을 일으키지 않는 것으로 바꿉니다. 공장에서는 자연자원을 덜 쓰고 오염을 안 시키도록 해야 합니다. 그렇지 않은 곳이 있다면 불매운동 등 '시민 불복종'을 해야 합니다. 생활 전반에서도 '생각 없는 소비'를 줄여야 합니다. 농약과 살충제 투성이의 농산물이나 방부제와 환경호르몬 투성이의 공산물을 외면해야 합니다. 이렇게 진정한 필요가 무엇인지, 그 필요를 충족시키는 더 건강한 방법이 무엇인지 슬기

롭게 판단하고 선택해야 합니다.

둘째, 무조건 GNP나 GDP만 높이면 된다는 맹목적 사고에서 벗어나 삶의 질과 참된 행복에 기여하는 생산이 이뤄지도록 감시하고 개입해야 합니다. 가령 가까운 이웃에 공동체나 생태계를 해치거나 비인간적인 노동조건을 강제하는 생산업체가 있다면 더 이상 그러지 못하도록 막아내야 합니다. 노동조합이나 시민사회단체NGO와 힘을 합칠 필요가 있습니다.

셋째, 더 이상 '세계화는 거스를 수 없는 대세이니 일단은 수용하고 그 위에서 우리가 살아남을 방법을 고민하자'는 식의 거짓말에 대해 'NO!'를 외쳐야 합니다. 농업이나 수산업과 같은 가장 기초적인 살림살이의 토대를 살리기 위해서는 이들을 '절대 보호'하는 운동을 벌여야 합니다. 최소한 의식주와 같은 기본은 70퍼센트 정도 자립할 수 있는 토대 위에서 나머지 30퍼센트 정도를 해결하기 위해 공정한 국제교역을 하는 것이 바람직합니다.

넷째, 무조건 공부 열심히 하여 좋은 대학, 좋은 직장에 가는 것이 행복의 지름길이라는 거짓말에도 역시 'NO!'를 외쳐야 합니다. 왜냐하면 그것 역시 한편으로는 자본이 써먹기 좋은 노동력을 확보하는 전략의 일환이며, 다른 편으로는 바로 그러한 과정 속에서 성공하는 사람들과 실패하는 사람들일류 대학과 일류 직장을 못 가는 대다수 사람들로 사회가 분열되기 때문입니다.

우리가 진정으로 'Yes!'를 외쳐야 하는 삶은, 학교 다니는 동안 내가 가진 잠재력을 조심스레 발굴해내고 졸업 이후에는 그 잠재력을 힘껏 발휘하면서 살되 모든 사회구성원이 고른 대접을 받으며 이웃 및 자연과 더불어 건강하게 사는 것이 아닌가요? 그런 사회가 되어야 참된 행복을 느끼겠지요. 자, 이제 우리 가정에서부터, 우리 교실에서부터, 친구들과 만나는 모든 자리에서부터 차분하게 이런 토론진단과 실천을 하나씩 벌여나가 봅시다. '오늘 할 일은 내일쯤 미루어도 되지만, 오늘 행복은 오늘 반드시 찾아야' 하기 때문입니다.

나를 넘어서 상상, 모든 것의 시작!

· 유진재 ·

사람들은 자신의 존재를 인식하고, 다른 존재들과 소통하면서 관계를 맺고 살아갑니다. 그런데 얼핏 봤을 때, 우린 엄연히 서로 다른 존재인데 어떻게 소통할 수 있을까요? 같은 언어를 사용해서요? 그렇지만 같은 말을 사용한다고 해도 말하는 사람의 의도나 마음을 알지 못한다면 아마 소통할 수 없을 것입니다. 즉, "야 배고프다. 우리 밥 먹자"라는 말을 할 때, 단지 그 말 자체를 알아듣는 데 그친다면 소통을 할 수 없습니다. 그 말을 통해서 우리는 말하는 사람의 상태를 짐작하고, 거기에 따른 적절한 반응을 보여야 그것이 제대로 된 소통을 하는 것입니다. "침묵은 소통하지 않는 것이다"라고 말할 수도 있지만, 침묵 역시 침묵이라는 형태로 반응하는 것이니 소통하는 것이라고 할 수 있습니다.

그렇다면, '말' 그 자체는 매개에 불과한데, 우린 어떻게 '나'가 아닌 타인을 이해할 수 있을까요? 내가 아닌 다른 존재를 이해하고, 그 존재를 '나'로 받아들일 수 있는 힘. 그리고 다른 존재와의 소통의 출발점. 그것이 바로 '상상력' 아닐까요?

인간은 타인과의 관계 속에서 사는 생명이고, 필연적으로 혼자서는 살 수 없습니다. 그런 의미에서 '소통'은 바로 인간의 생존과 직결되는 문제입니다.

그런데 우리는 소통을 할 때 오감으로 직접 느낄 수 있는 일은 쉽게 상상하고 그에 따른 적절한 반응을 보입니다. 그렇지만 우리와 조금 떨어져 있는 곳에서 일어나는 일에는 어떤가요? 얼마 전 중국에서 일어난 지진으로 10만 명 가까운 사람이 목숨을 잃었다고 합니다. 상상할 수 있나요? 우리는 상상하고 가슴으로 받아들여야 합니다. 그것이 바로 동시대를 살아가는 같은 생명에 대한 예의고, 소통하는 인간이 되는 것입니다. 지성이란 어려운 말을 쓰지 않더라도 같은 시대를 살아가는 다른 존재에 대한 아픔을 받아들이는 힘이 우리를 인간답게 만들 것입니다.

그럼 우린 얼마나 상상하고 있을까요? 바로 여기에서 우리 한번 상상해봅시다. 아이티에서는 너무 가난해서 진흙에 소금, 마가린을 넣고 진흙 쿠키를 만들어서 먹는다고 합니다. 당장 우리가 오늘 하루 세끼를 진흙 쿠키로 먹는다면 어떨까요? 진흙 쿠키를 씹어 삼킬 때의 기분은 어떨까요? 우리의 상상력과 감성을 넓힐수록 타인의 삶이 더욱 생생하게 와닿는 것 같습니다. 지금 이 시각에도 태평양 투발루의 주민들은 바닷물이 들어와서 종종 걸음으로 다닐지도 모릅니다. 남극 빙하 위에서 신나게 슬라이딩하던 펭귄은 갑자기 얼음이 녹아서 물에 빠졌을지도 모르겠네요. 지금 이 시대가 아니어도 좋습니다. 10년쯤 후에 내 주위의 친구들이 광우병으로 쓰러집니다. 15년쯤 후에 유전자 변형 식품GMO의 영향으로 기형아가 탄생합니다. 동시대와 그리고 우리 미래, 함께 고민해야 할 상상들을 바로 이곳에서 이야기해봅시다. 절망과 희망을 넘어 공생의 전지구적 공동체를 위해 우리 모두 생명 감수성을 한껏 발휘해봅시다. 자, 여러분 시작해볼까요?

✚ 저와 가장 가까운 사람들에 대한 상상이 필요할 것 같습니다. 항상 곁에 있어서 소중한지 모르지만 막상 사라지면 그 소중함을 절실히 느끼게 되

는 공기 같은 사람들 말이죠. 제가 아무 생각 없이 툭툭 내뱉는 한마디 말들이, 그냥 하는 생각 없는 행동들이 그들에게는 어떻게 다가갈지 진지하게 고민해본 적이 없는 것 같아요. **박수현**

✢ 타인의 고통을 보지 않으려고 하는 도피적인 태도, 전쟁과 파괴, 살인과 죽음을 너무나도 많이 접하다 보니 우리가 직면한 위기상황에 대해 심각성을 느끼지 못하는 현실. 지금의 현실에 우리에게 가장 필요한 건 무한한 상상력을 발휘하는 자유인이 되는 것입니다. 꿈과 희망의 경계를 넓히는 것. 그건 나의 의지로 시작해서 우리의 의지로 현실로 바뀔 수 있습니다. 다만 우리가 상상할 때, 꿈이 현실이 될 수 있는 가능성이 생기는 것입니다. 그 가능성의 경계를 밀어내는 건, 나로부터 시작해서 사랑과 끈끈한 유대로 연결된 우리라는 공동체의 힘으로 가능할 것입니다. 저도 상상력의 힘을 믿습니다. 저의 희망은 평화의 공동체, 평화의 외교가 실현되는 것입니다. 작게는 개개인들의 관계에서부터 크게는 냉엄한 국제 질서에 이르기까지 경쟁이 아닌 모두가 하나로 연결된 생명임을 가슴으로 느끼고 끈끈한 관계망 속에서, 사랑의 관계 속에서 살아가는 것입니다. 사실 추상적이고 너무나 이상적으로 들리는 것이 사실입니다. 하지만 이 큰 상상은 내가 접하는 모든 것들에서 나의 얼굴, 나의 모습을 발견하고자 하는 시도에서부터 시작될 수 있다고 생각합니다. 내가 만나는 사람과 사물을 진심으로 대하고 진실한 감정을 느끼는 것, 그것이 사랑과 평화가 실현되는 첫걸음입니다. 그러기 위해선 매순간 인간이 되고자 하는 노력을, 깨어 있는 나를 잃지 않아야 할 것입니다. **김지현**

✢ 타인의 아픔을 이해하는 상상력, 생태적 상상력도 중요하지만 무하마드

유누스 선생님의 말씀을 보니 우리의 긍정적이고 밝은 미래를 상상하는 것도 정말 중요하다고 생각합니다. 제가 정말 좋아하는 책에서는 긍정적인 에너지가 우리에게 미치는 영향은 상상을 초월한다고 말합니다. 그 미래를 믿으면 우주와 연결되어 있는 에너지가 우리의 노력과 적절한 반응을 일으켜 그 상상을 실제로 만들어준대요. 우리는 상상만으로도 현실을 바꿀 수 있는 엄청난 힘을 지닌 거예요. 그리고 우린 상상만이 아닌 행동으로 옮길 거구요. 좋은 미래, 행복한 지구공동체를 꿈꾸는 그것, 정말 중요한 상상력이라고 생각합니다. **김신혜**

✚ 제가 가진 힘에 대한 상상력과 믿음이 필요하다는 생각을 해요. 이 믿음과 상상력에 의해 '나'라는 한 개인은 희망의 경계를 밀어내는 개인이 되기도, 거대한 문제들 앞에서 무기력한 개인이 되기도 한다고 생각해요. **윤수민**

✚ 저에게, 그리고 지금 이 시대에 가장 필요한 상상력은 무엇보다 나에게 무엇이 가장 절실한지를 알려고 하는 상상력이라 생각합니다. 한 사람이 모든 것에 공감할 수는 없다고 생각합니다. 옳다고 생각은 하지만 실천할 수 없는 것 그리고 내가 옳다고 생각하는 대로 삶을 살 수 없는 것은, 자신이 가장 잘 할 수 있는 옳은 삶을 모르기 때문이라는 것입니다. 사람은 각자 자신이 가장 절실할 수 있는 사람, 사실, 생명, 공부, 기술이 있습니다. 이 시대가 자꾸만 각박해지고, 문제가 계속 생겨나는 것은 바로 그러한 절실한 자신의 삶을 꿈꾸지 않고 생각하지 않는, 즉 상상력이 없기 때문입니다. 저 지구 반대편에 있는 사람들을 상상하려고 애쓰는 것은 단지 동정과 안타까움만을 불러일으키지만, 내가 절실한 것이 무엇인지를 상

상하면 지구 반대편의 물에 잠긴 사람들과 동물들과 땅을 구해낼 수 있는 실천을 할 수 있습니다. 바로 그 상상력이 필요합니다. 나의 삶에, 우리의 삶에 바로 오로지 자신에게서부터 비롯된 진실한 상상, 그 힘이 필요합니다. **이윤영**

✦ 6 · 10항쟁 21돌이던 2008년 6월 10일, 전국 각지에는 50만 명이 넘는 사람들이 촛불을 밝혔고, 서울 광화문 대로 한복판에는 평소엔 상상도 할 수 없었던 거대한 컨테이너 장벽이 세워졌습니다. 다음 날 신문 1면, '장벽을 걷어내고 민심을 들어라'는 제목의 기사가 실렸습니다. 이렇게 바꿔보면 어떨까요. 장벽조차 희망으로 바꿔버리는 상상력을 꿈꾸자고 말입니다. 광장에 모인 50만 명의 사람들이 촛불을 밝히는 그날 하루 저녁을 굶기로 약속합니다. 꼭 50만 개의 도시락을 배고픈 북한 아이들에게 보내는 거죠. 도로를 점령한 철옹성 같은 컨테이너 박스는 정부와 국민 사이를 가르는 장벽이 아니라, 사랑의 도시락을 가득 실은 희망의 트럭이 되어 북한으로 달려갑니다. 50만 개의 도시락이 그날 저녁 신의주, 평양, 개성 그리고 우리에게는 낯선 지명의 어딘가로 배달되어 그 한 끼가 아니었으면 꿈도 미래도 상상할 수 없었을 어린 생명을 다시 살립니다. 도시의 화려한 네온사인보다 밝게 빛나는 50만 개의 촛불처럼 북한 땅 곳곳에 생명의 불을 지피는 50만 개의 불씨들이 되살아나는 상상을 해봅니다. **김미현**

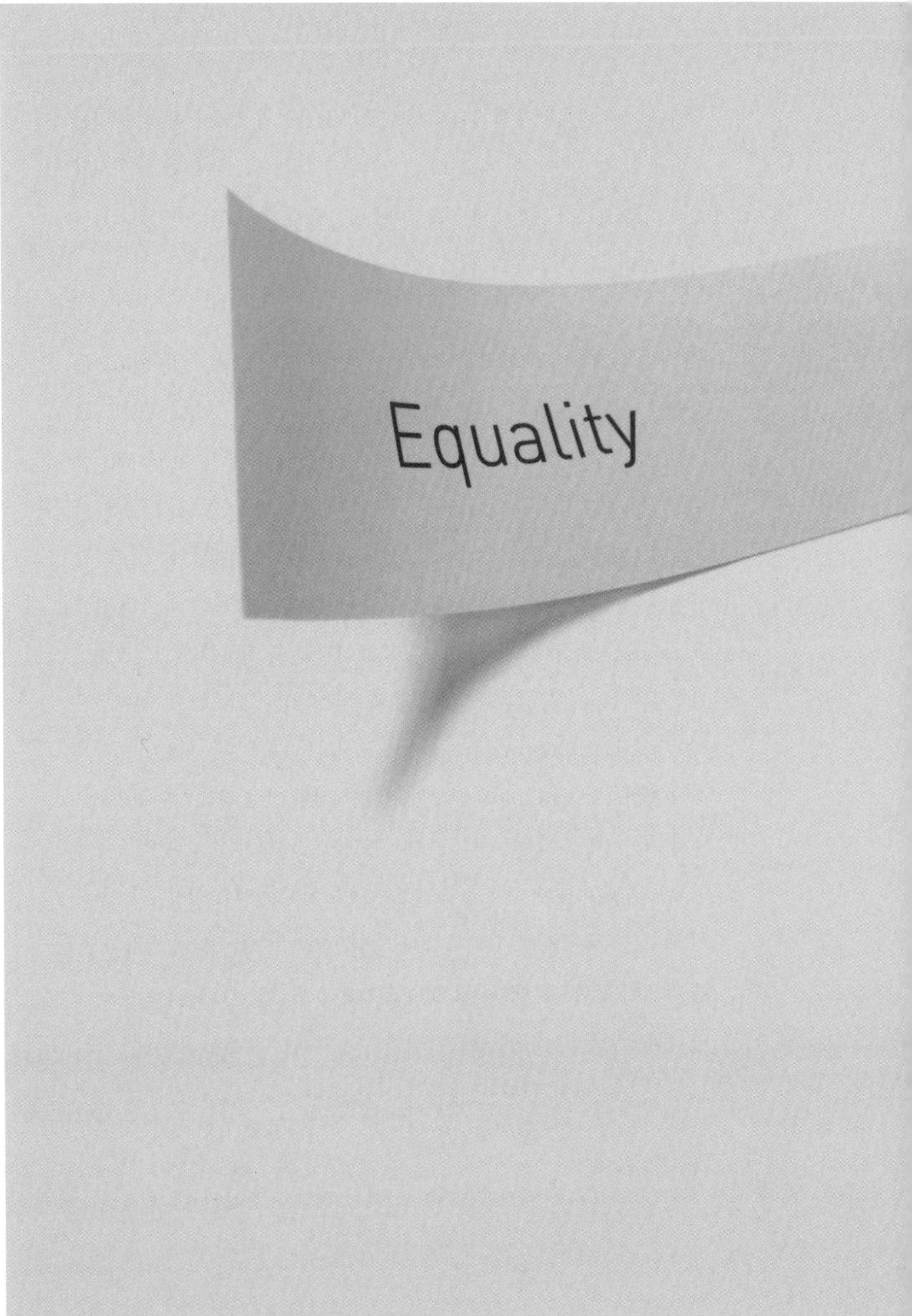
Equality

5부

공감하기

: 평등

4부에서는 잘못된 일에 용기 내어 저항하는 것에 대해서 토론했습니다. 하지만 그 저항이 단지 나 개인의 불이익에 대항한 이기적인 저항이 되지 않기 위해서는 우리는 부당한 일을 겪은 사람들, 옳지 못한 대우를 받는 사람들과 공감할 수 있어야 합니다. 왜냐하면 우리가 타인과 진정으로 공감했을 때 우리는 타인과 내가 조금씩 다름에도 불구하고 모두 인간으로서 똑같이 소중하다는 것, 즉 '평등'하다는 것을 느낄 수 있기 때문입니다. 공감을 통해 타인과 내가 평등하다는 것을 느낀다면 옳지 않은 일들로 인해 어려운 상황에 처해 있는 사람들에 대해서, 단순히 그 사람들을 나보다 못한 사람이기 때문에 불쌍히 여기고 도와주어야 할 대상으로 여기는 것이 아니라 그들이 당하고 있는 옳지 못한 일을 정말 나의 일처럼 느끼고 그것에 진심으로 저항할 수 있을 것입니다.

'공감하기'는 사람이라면 누구나 가지고 있는 능력이지만 어느새 다른 사람과 경쟁하여 이기기를 요구하는 현대사회에서는 애써 찾아내고 연습해서 이끌어내야 하는 능력이 되어버렸습니다. 이번 5부에서는 이러한 현대사회에서 어떻게 하면 타인과 진정한 공감을 나눌 수 있는지에 대해 이야기해보면 좋겠습니다.

태어날 때부터 가난하다면, 누구의 잘못인가

조영인, 박수현

집안형편이 넉넉하지 못하다고 해서 부끄러워하거나 또래 친구에게 무시당하는 일은 요즘 세상에서 너무 흔한 일이 되어버렸습니다. 분명히 부유한 정도로 사람을 판단하는 것은 바람직하지 않다는 것쯤은 누구나 알고 있지만 현실적으로는 가난하기 때문에 의기소침해하고 어깨를 움츠리고 다니며, 부자라서 목소리가 커지고 어깨에 힘이 들어가는 주변의 친구들을 당연하게 여기는 우리들의 모습은 많은 생각을 하게 합니다. 그런데 집안형편이 넉넉하지 못하다는 것은, 내가 태어나보니 나의 부모님은 가난하더라는 의미이고 집안형편이 좋다는 것은 내가 부유한 부모님에게서 태어났다는 것을 의미합니다. 이는 부나 가난이 자신의 의지와는 상관없음을 뜻하는 게 아닐까요?

사실 우리 반에서 공부 잘하는 10명 중 8~9명은 가정환경이 좋은 편에 속하고 공부 못하는 아이 10명 중 8~9명은 가정형편이 어렵습니다. 최근 서울대학교에 들어가는 학생들의 부모님의 사회 · 경제적 배경이 과거 몇십 년 동안 점점 더 좋아진다는 보도를 들었습니다. 가난이나 부가 이렇게 세습된다면 어려운 가정환경에서 태어난 아이들이 자신의 환경을 바꾸기는 '낙타가 바늘구멍에 들어가기보다 어려운 것' 이 아닐까 하는 생각이 들었습니다.

우리나라에는 '빈부격차차별시정위원회'가 있습니다. 보통 사람들에게 잘 알려지지 않은 이 위원회는 사회안전망 확충을 통해 빈부격차를 해소하고, 사회적 차별을 시정하고 사회통합을 위해 설립된 대통령자문기구입니다. 이름만 들으면 지금이라도 당장 우리나라의 빈부격차를 해결해줄 것 같은 착각을 불러일으킵니다. 그러나 아직까지 이런 위원회가 있는지조차 알지 못하는 사람들이 대다수인 것을 보면 이 '빈부격차차별시정위원회'의 역할에 회의감이 드는 것은 어쩔 수 없습니다. 대부분의 사람들은 '빈부격차 해소'는 '영원히 풀리지 않는 숙제'라고들 합니다. 그렇지만 아무것도 하지 않는 것보다는 작은 힘이라도 여럿이 모이면 큰 힘이 되지 않던가요! 마치 물방울이 오랜 세월 한 지점에 떨어지면 그것이 바위라도 구멍이 뚫리는 것처럼 말입니다.

빈부격차 해소를 목적으로 지난 2004년 '사회공동모금회', '한국복지재단' 등 50여 개 민간단체로 구성된 '위스타트We Start 운동'이 시작되었습니다. '우리We 모두 아이들에게 복지Welfare와 교육Education의 기회를 제공하자'는 슬로건을 내세운 위스타트 운동은 우리 사회구성원 모두We가 나서서 가난한 가정의 아동들에게 공정한 복지와 교육의 기회를 제공하고 확실한 삶의 출발Start선을 마련해줘 가난의 대물림을 끊어주자는 시민사회운동입니다.

외환위기 이후 심화되는 양극화와 빈곤의 부작용이 가정파괴로 나타나면서 아동청소년의 정서불안, 영양결핍, 학습능력저하가 심각한 상황에 다다랐습니다. 먹고사는 문제조차 해결하지 못해서 고통받는 부모는 아이의 성장에 무관심하고 아이들의 상처는 계속 방치되는 것입니다. 하물며 부모 없는 가정의 아이들은 무엇보다 균형 있는 영양섭취가 중요한 시기에 잘 먹지도 못하고 청결하지 못한 집에서 우두커니 TV만 보거나 골목을 배회합니다.

경기도 군포시가 지난 1년간 진행한 '위스타트' 프로그램에 두 아이를 보내고 있는 한 어머니는 위스타트 프로그램이 늘 겉돌고 매사에 의욕 없던 아이들의 몸과 마음의 키를 쑥쑥 자라게 해주었다고 거듭 고마움을 표현했습니다. 빈부격차 해소는 어떤 큰 도움이 아니라도 여러 명이 조그마한 관심을 기울이는 것만으로도 많이 완화될 수 있다고 합니다.

또 하나의 아름다운 손길, '위·아·자 나눔 장터'는 시민끼리 쓰던 물건을 사고팔아 그 수익금으로 불우이웃을 돕습니다. 위 : 빈곤층 아이들에게 공정한 복지와 교육 기회를 제공하여 가난의 대물림을 끊어주자는 위스타트 운동, 아 : 사용하지 않는 물건을 모아 활용한 수익금으로 어려운 이웃을 돕는 아름다운 가게, 자 : 우리 사회를 밝고 건강하게 만드는 힘 자원봉사라는 뜻을 가지고 있는 '위아자 장터'는 서울, 대전, 대구, 전주 등에서 개최되며 장터에 참여할 때 사람들은 입장료를 지불하는 대신 안 쓰는 물건 한 가지씩을 기증합니다. 위스타트 운동이나 위아자 장터를 통해서 먼저 우리나라 빈부격차의 실태를 되돌아보고 봉사활동에 참여해보는 것도, 작지만 소중한 실천이 될 수 있을 것 같습니다.

빈부격차에 대한 고민은 비단 한국의 문제만은 아닌 것 같습니다. 이를 반영하듯 2007년 1월 20일부터 케냐에서 개최된 '세계사회포럼^{WSF}'에서, 세계의 빈곤문제를 해소하기 위해서는 선진국의 지식과 기술이 저개발국에 이전돼야 한다는 주장이 제기됐습니다. 포럼에 참여한 남아공의 '피킬리 음바룰라' 아프리카 민족회의 청년연맹 위원장은 "세계도처에 빈곤이 만연한 것은 자원이 없어서가 아니다"라며 "일부에선 호사스러운 소비생활을 영위하고 있지만 자원이 다수를 위해 활용되지 못하고 있다"면서 목소리를 높였습니다.

그는 "생산적인 지식과 기술을 확보한 서구 유럽이 지구상의 가난한 나라들에게 이를 이전한다면 빈곤해소에 도움이 될 것"이라면서, 그러나 "국제사회의 경제체계는 적자생존논리에 맞춰져 있다"며 인종과 국가, 성별 및 계급으로 분열돼 있는 국제사회의 모습에 분노를 터뜨렸습니다. 한편 쿠바는 독자적인 문맹퇴치 프로그램을 개발해 세계 68개국에 2만 9천 4백 명의 전문가들을 파견하고 있으며 430명의 남아공 학생을 비롯해 전 세계에서 모여든 3만여 명에 대한 의사교육 프로그램을 진행하고 있습니다. 또 다른 세계의 빈부격차 해소를 위한 노력은 영국에서도 있었습니다. '사회적 기업 지원조직Social Enterprise London'은 사회공동체의 발전을 꿈꾸고 있으며 이는 빈부격차를 해소하려는 실천을 포함하고 있습니다. 일본 《아사히신문》 2007년 4월 21일자 인터뷰 내용에 의하면 장기실업자와 장애자를 적극적으로 고용하는 새로운 사업체 '사회적 기업'이 영국에서 증가하고 있는데 그 특징을 다음과 같이 소개하고 있습니다.

대다수의 경우 사회로부터 배제되기 쉬운 이들을 고용하기 위해 참신한 아이디어를 활동내용으로 갖고 있지요. 예를 들어 빈곤지역에 세련된 레스토랑을 개업하여 직업훈련센터를 병설한다든지…… . 거기서는 지역에서 생활하는 실업자들에게 우선적으로 문호를 개방하여 센터에서 접객법과 조리법을 전수하지요. 훈련생을 레스토랑에서 고용하여 체험을 쌓게 한 후 독립적인 음식업을 운영할 수 있도록 하여 노동시장으로 배출하기도 하고요.

사회적 기업은 사업으로 얻은 이익을 지역을 위해 재투자하기 때문에 지역 활성화의 담당자로서 가장 적합한 형태이지요. 전형적인 예는 런던의 템스강 남부에 펼쳐지는 코인스트리트 일대의 재개발을 들 수 있어요. 지역주민으로 구성된 사회적 기업이 주역이 되어 개발을 추진하여 폐허와 같이 방치되어 있던 창고와 공장은 지금은 현대적인 미술관과 세련된 카페가 늘어서는 관광지로 탈바꿈하였습니다.

미국 전역에는 수천 곳의 '스트릿 테크 센터CTC'가 있는데, 모두 비영리단체로 저소득자들에게 기술을 가르쳐 디지털 빈부격차를 줄이는 것이 임무입니다. 스트릿 테크 센터는 2000년 만들어진 후 매년 60~100명의 학생을 배출하고 있습니다. 스트릿 테크의 창업자 겸 전무이사인 폴 램은 "우리는 접근하기가 가장 힘들고 까다로운 인구층에 서비스하려고 노력중이다"라고 말하고 있습니다. 이를 위한 실천으로 스트릿 테크는 컴퓨터를 한 번도 접해본 적이 없는 사람들에게 PC에 대해 계몽하는 기본적인 3개월 클래스를 운영합니다. 그 강좌 중 하나는 PC를 분해, 수리하는 것입니다. 그리고 전문적인 기술 연구집회도 열어 직장생활에 대해 미리 경험할 수 있도록 하고 있습니다. 그 지역의 침체된 경기에도 불구하고, 구직을 원하는 학생의 60퍼센트는 일자리를 얻고 있으며, 30퍼센트는 추가훈련을 위해 센터로 되돌아오고 있습니다.

어디든지 간에 빈부격차가 없을 수는 없지만 그 정부의 정책이나 민간단체의 활동에 따라 빈부격차의 정도가 완화된다고 생각합니다. 또한 빈부격차 해소를 위한 정부의 노력과 민간인들의 수준 높은 인식은 선진국의 기준을 제공합니다. 선진국들의 빈부격차 해소를 위한 예를 살펴보면서 우리의 노력이 조금 더 체계적이고 실질적으로 그들에게 도움이 될 수 있도록 하는 연구가 뒤따라야겠다는 생각을 해봅니다. 혹시 우리의 어설픈 도움이 그들의 자립을 방해한 적은 없었는지 반성하면서 '복지국가 건설의 꿈이 현재 진행형'이라는 희망을 오래도록 간직하고 싶습니다.

타인의 고통 속에 살기

김수영

누군가가 말했습니다. "세상에 한 명이라도 굶고 있는 사람이 있으면, 나는 행복할 수 없다."

저는 중산층 가정의 자식입니다. 저는 밥이 없어서 굶어죽을 일은 없습니다. 부모님의 집에 살아서 잠자리를 고민하지도 않습니다. 저는 전쟁을 모릅니다. 저는 자유롭게 글을 쓸 수도 있습니다. 저는 영화도 보고, 음악도 듣습니다.

같은 시간을 살아가는 누군가는 한 달 넘게 밥을 먹지 못해 말 그대로 굶어죽습니다. 자신의 생명을 깎으면서 하루를 일해 3~4만 원을 받아 사는 사람도 있습니다. 또 누군가는 정의를 담은 글을 썼다는 이유로 권력에 의해 죽기도 합니다. 동시에 누군가는 글을 쓰고 싶지만 아무도 그에게 글을 가르쳐주지 않습니다. 부당한 권력과 폭력에 억압당합니다. 꿈을 꾸고 싶지만, 세상은 꿈을 뺏어갑니다. 나는 그들을 이해할 수 있을까. 굶어죽는 사람들을 이해할 수 있을까. 하루 벌어 간신히 먹고사는 사람들을 이해할 수 있을까. 함께 아파할 수 있을까. 내가 다른 사람들을 도와야 할까. 다른 사람들의 고통에 대해 나는 가만히 있어도 되는 걸까. 여러 기자들과 학생들과 함께 타인의 고통에 대해서 고민했습니다.

윤한결 저는 다른 사람의 생각과 느낌을 정확히 아는 것은 불가능하다고 생각합니다. 다만 내가 저 상황이었으면 어땠을까 하고 '나'를 대입시켜서 조금이나마 유추할 수는 있겠죠. 그렇게 해서 느낀 생각이나 감정이 부당하고 고통스러운 것이라면, 그 약자에 대해 슬퍼하고 근심하는 것은 인간의 본성이라고 배웠습니다. 하지만 그 약자를 불쌍히 여기고 도와주는 사람이 있는가 하면 그것으로 끝내는 사람도 있지요. 이 둘의 차이는 책임의식에서 나온다고 생각합니다. 저 약자가 고통을 겪는 데에는 나의 책임도 있다는 것을 아느냐 모르느냐의 차이 말입니다. 책임의식을 가지느냐 안 가지느냐는 그 사람의 세계관 문제입니다. 근대 서양의 세계관은 존재 간의 관계를 무시하고 하나의 개체로서 자기중심적 자아를 강조해왔습니다. 이러한 세계관은 지금도 거의 대부분 사람들이 가지고 있는 것이고 이들은 다른 존재와의 관계에 소홀할 수밖에 없습니다. 하지만 장자가 말했듯이 그리고 또 현대과학이 증명해내고 있듯이, 이 세계는 하늘과 땅, 바다와 산, 동물과 인간, 인간과 인간이 완전히 뗄 수 없이 밀접하게 얽혀 있는 하나의 전체입니다. 타인의 고통은, 내가 의도했건 의도하지 않았건 내가 만든 것입니다. 이것을 안다면 미안할 것이고 불쌍하고 미안한데도 돕지 않는다면 그 사람은 평생 양심에 짐을 얹고 살아갈 것입니다. 그것은 또 다른 고통이겠죠. 아, 그리고 불쌍하고 미안한데도 도와주지 않고 양심에 가책을 느끼지 않으면 그건 사람이 아니라고 생각합니다. 지금 가장 중요한 것은 사람들이 가진 세계관의 전환이라고 생각합니다.

류성훈 세상에는 타인의 고통이 의도하지 않게 자신에 의해 유발되었다는 것을 아는 사람들이 꽤 존재합니다. 『지식 e』는 그것을 우리에게 끊임없이 말하고 있는 책으로, 그 책을 읽은 사람은 자신의 책임에 대해 알게 됩니다. 허나 그런 사람들이 모두 타인을 도와줬다면 지금 세상에 고통 속에서 살아야 할 그 '타인'들의 수는 많지는 않을 것입니다. 너무나도 다른 세계에 있기 때문에 나의 책임인 걸 알면서도 제도권 안의 일상을 살다보면 책임의식은 약화되고, 또다시 타인이 얼마나 고통 속에서 사는지를 접하지 않을 때까지는 거의 느끼지 못하는 것이 접니다. 저만 그런가요? 그런 측면에서 사람들의 세계관의 전환은 정말 어려운 일입니다. '타인의 고통 속에서 살기'라는 의무가 실행되지 않는 세계관의 전환이 정말 가능할까요?

윤한결 『지식 e』를 읽고 그 책의 내용을 이해하고도 행동하지 못하는 사람들이 많은 것은 사실입니다. 사람의 행동은 쉽게 바뀌지 않지요. 하지만 확실한 것은 사람의 행동은 그 사람의 세계관에 의해서 결정된다는 것입니다. 세계관은 나와 세상의 관계에 대한 이해이고 이것은 사람이라면 그것이 자의적이든 타의적이든 모두 가지고 있는 것이지요. 그리고 이 세계관을 바탕으로 한 사람의 삶의 태도가 결정되는 것이고요.

그런데 시대마다 그 시대를 지배하는 일반적인 세계관이 있었습니다. 그런 세계관들은 제도나 법률, 교육을 통해 사람들에게 주입되어왔고 어쩌면 그것이 많은 사람들의 생각과 행동 즉, 삶의 존재 방식을 지배하고 있다고 할 수 있습니다. 그런데 지금 지구 곳곳에서 일어나고 있는 많은 문제들은 지금 세상에 가장 널리 퍼진 세계관인 서양의 인간중심적 사고가 근본적으로 잘못된 것이라는 것을 입증하고 있습니다. 그렇다면 우리가 해야 할 것은 세계관의 전환이죠. 인간중심적 세계관에서 생태중심적 세계관으로의 전환. 이것 아닌 그 어떠한 대안도 지금 일어나고 있는 문제들의 근시안적인, 응급처치 같은 대안일 수밖에 없습니다. 물론 세계관의 전환은 힘듭니다. 혁명과도 같은 일이죠. 하지만 우리는 혁명을 해야 하는 것입니다. 혁명은 거창한 것이 아니라 우리가 살고 있는 곳에서부터 시작하는 것입니다. 자신의 삶의 태도를 바꾸는 것부터가 엄청난 혁명이죠. 하지만 삶의 태도를 바꾸는 세계관은 책임감이나 미안함과 같은 것으로는 절대 바뀌지 않습니다. 이전의 세계관에 비해 대안적인 세계관이 훨씬 합리적으로 세상과 나와의 관계를 설명하고 그것이 우리의 머리에 보다 논리적으로, 우리의 가슴에 보다 감성적으로 다가올 때 이루어지는 것입니다. 그리고 실제로 생태학적 세계관이 그렇다는 것은 희망이 아닐까요.

이윤영 저 또한 이 세상에는 나와 상관없는 것이 없다고 생각합니다. 그렇다고 불교의 인연설이나 여러 성인들의 넓은 관용 및 사랑과 같은 차원은 아닙니다. 저는 가끔 남이 무심코 한 일이 나에게 큰 영향을 미친다는 것을 느낄 때가 있습니다. 그것이 나쁜 것일 수도, 좋은 것일 수도 있지만, 제가 그렇게 영향을 받듯이 나의 행동이 남에게, 그것이 가까운 사람이든 지구 반대편 사람이든 반드시 그럴 것이라 생각합니다.

그들은 그렇게 부당한 일을 당하지 않을 권리가 있다고 생각합니다. 그리고 그들의 권리를 직접적인 영향을 주지 않는 제가 생각해야 하는 까닭은, 나 또한 그러한 권리가 있고, 그 권리를 인정받고 싶으며, 보호받고 싶기 때문입니다. 앞서 제가 성인들에 미치지 못한다는 것은, 나의 권리를 보호받고자 하는 이기적인 심리에서 우러나오게 된 생각이기 때문입니다.

최승규 윤한결 기자가 지적한 것처럼, 이 세상 모든 것은 서로 밀접하게 얽혀 있다는 것에 저도 동의합니다. 나비효과란 말 모두 아실 것입니다. '중국 북경에서의 나비의 날갯짓이 다음달 미국 뉴욕에 폭풍을 일으킨다' 라는 이야기

로 유명한 나비효과는 아주 작은 변화가 예측할 수 없는 커다란 변화를 낳을
수 있다는 내용의 과학이론입니다. 여기에서도 알 수 있듯이 아무리 작은 것
이라도 다른 것들에 커다란 영향을 줄 수 있다는 사실은 이미 과학적으로도
많은 힘을 얻고 있습니다. '타인의 고통 속에서 살기'라는 문제도 이와 다르
지 않습니다. 지금 고통을 받고 있는 그들이 나의 조그마한 행동으로 인해서
지금의 고통을 겪는 것일 수도 있습니다.

또한 『세계의 교양을 읽는다』에서 공부했듯이 우리는 강자인 동시에 약자
입니다. 어느 누구도 모든 방면에서 강자일 수 있는 사람은 없습니다. 그러므
로 약자를 돕는 것은 또 다른 '나'를 돕는 일이 될 수 있습니다. 지금 내가 타
인의 고통을 이해하고 그들을 돕는 것은 단순히 윤리적인 행동일뿐만 아니라,
조금 더 나은 세상을 만들어가는 첫걸음이라고 할 수 있을 것입니다.

이소연 이 세상은 나만 행복하게 살 수 있는 곳이 아닙니다. 간단히 말해 내
옆에 있는 사람이 불행할 때면 나도 거기에 영향을 받는 것처럼 사람들은 살
아가면서 무수히 많은 살아 있는 것들과 서로 영향을 주고받습니다. 그리고
비록 우리들이 아프리카에 사는 배고픔에 굶주리고 있는 아이들을 직접 본 것
은 아니지만 나눔의 범위를 넓히고 공동체의 범위를 확장하면 그들의 슬픔은
곧 우리의 슬픔이 될 수 있습니다. 인종, 나라, 피부색 따위는 그리 중요한 문
제가 아니라고 생각합니다. 우리들도 언제든지 겪을 수 있는 문제를 '우리는
저들보다 잘 살고 굶을 걱정도 없고 당장에는 전쟁도 없으니까……. 그런 일
들은 일어나지 않을 거야'라고 말하는 안일한 태도는 타인의 고통을 방치하는
책임감 없는 태도라고 봅니다. 또한 우리가 약자를 돕는 것이 시혜의식에서부
터 시작하게 되면 우리가 타인을 돕기는 하지만 우리의 여력이 닿지 않으면
돕지 않을 수도 있는 일이 되어버리는데요. 이런 태도는 옳지 않다고 생각합

니다. 우리는 못 느낄지라도 다른 살아 있는 것들과 많은 영향을 주고받고 있는 것이 현실입니다.

타인의 고통으로 살아 있다 :

세상에는 아파하는 사람들이 너무 많습니다. 그 사람들의 고통이 혹시 나로 말미암은 것이 아닌가요? 우리가 먹고 있는 것, 입고 있는 것들이 혹시 그 사람들을 고통스럽게 하고 있지는 않은가요? 고민의 시작은 이것입니다. 우리가 자연스레 누리고 있는 것들 속에 타인의 고통이 담겨 있지는 않을까요?

대한민국 거주지의 한 해 평균 1천여 곳이 개발을 이유로 철거됩니다. 철거민들은 "최소한 두 다리 뻗고 잘 수 있는 공간을 달라는 것이지 돈을 요구하는 게 아닙니다"라고 말합니다. 아파트의 경비원들은 하루 평균 16시간, 한 달에 5백여 시간 일하고 86만 원의 월급을 받습니다. 우리가 사는 곳에도 타인의 아픔이 담겨 있습니다. 햄버거 한 조각의 소고기 1백 그램을 만들기 위해 사라지는 물 2천 리터, 파괴되는 숲 1.5평. 우리가 한번쯤 차봤을 축구공에도 어린 아이들의 슬픈 땀이, 우리가 쓰고 있는 전자제품에도 비정규직 노동자들의 땀이 배여 있습니다.

우리가 보고 싶어하지 않는 사실이지만, 그것은 틀림없는 진실입니다. 우리는 타인의 고통 위에 살고 있습니다. 지구상에서 가장 종속적인 생명체라는 우리는, 다른 존재의 고통으로 말미암아 살아 있다는 걸 잊어선 안 됩니다.

타인의 고통을 그저 타인의 고통으로 받아들일 때, 우리는 결코 타인을 이해할 수 없고, 타인과 함께할 수 없습니다. '우리'로 받아들여 함께 아픔을 느끼는 것. 그것이 고통을 함께 나누기 위한 첫 번째 마음입니다. 무엇이 타인을 나의 밖에 있는 다른 존재로 만들고 있는지 고민해보면, 애초에 함께 살아가는 사람들을 타인으로 규정지은 주체는 나였습니다. 얼마든지 우리라고 부를 수 있는 존재를 타인이라고 부르고 있었습니다. 이런 마음을 가지게 되면, 함께 고통을 느끼는 존재는 더 이상 타인이 아닙니다. 함께 살아가는 존재이며, 우리입니다.

'약자를 도와야 한다. 나는 돈이 있고 잘 살고 있지만, 그들은 굶고 있고 비참한 삶을 살고 있으므로, 그들을 도와야 한다.' 이런 생각은 우리가 그들을 온전히 이해하는 데 방해가 될 뿐입니다. 흔히 말하는 측은지심은 '남을' 불쌍히 여기는 마음이 아닙니다. 측은의 한자를 그대로 풀이하면, 그것은 슬퍼하고 근심하는 것입니다. 다시 말해, 측은지심은 '함께' 슬퍼하고 고민하는 마음인 것입니다. 그것에 다른 존재를 객체화시키는 의미는 담겨 있지 않습니다. 부당한 것에게 억압당한 적이 있을까요? 그래서 그 억압에 아파본 적이 있을까요? 그래서, 더 나은 세상이 오기를 꿈꾸고 있을까요? 만약 그렇다면, 우리는 모두 함께 고통 속에 살고 있는 약자입니다.

동지 :

우리는 억압받고 고통받는 이들을 '위해서' 무언가를 하는 것이 아닙니다. 그들과 '함께' 무언가를 하는 것입니다. 소외시키고, 고통을 주고, 꿈을 앗아가는 세상에 대해 고통을 느끼고, 다른 세상이 오기를 꿈꾸는 우리 모두는 동지입니다. 우리가 거부하고자 하는 것은 수많은 사람들을 약자로 만드는 부당한 것, 그 자체입니다. 그러므로 우리는 우리에게 고통주는 것들을 조금씩 고쳐나감으로써, 고통을 주는 체제 그 자체를 거부하는 것입니다.

약 1백 년 전에 프랑스의 에밀 졸라는 어떤 '조합'에 대해 말했습니다. "소위 조합의 실체란 바로 이런 것입니다. 서로 모르는 채 멀리 떨어져서 분투노력했고, 다양한 길을 통해 같은 목적지를 향해 떠났고, 묵묵히 걸었고, 땅을 파헤쳤고, 어느 이른 아침 모두 동일한 목적지에 이른 사람들, 방방곡곡 진실과 정의를 사랑하는 선량한 사람들의 모임 말입니다. 그들은 모두 진실의 십자로에서, 정의의 광장에서 운명적으로 서로를 만나 손에 손을 잡았습니다."

우리도 이러한 조합의 동지입니다. 부당한 권력과 억압이 내게 고통을 주고, 그리하여 그 권력과 억압을 거부하고자 온몸으로 노력했고, 그래서 언젠가는 부당하게 고통받지 않는 아름다운 세상이 오기를 꿈꾸는 전 세계의 모든 이들. 그들은 더 나은 세계를 위해 함께하는 동지입니다.

연대 :

저에게 일어나는 아프고 힘들고 외롭고 괴로운 일들. 가끔씩 그것들은 저의 가슴을 통째로 무너뜨리곤 합니다. 한없이 아파 아무것도 하지 못할 것 같고, 무엇을 해도 아무 것도 아닐 것 같은 기분이 들게 합니다. 사는 것 이면에는 아무 것도 담겨 있지 않는 것 같고, 저를 힘들게 하는 일들은 언제나 너무 큽니다. 세상은 너무 크고, 저는 잘 보이지도 않는 점 하나 같습니다. 저는 괴로워 절뚝거리며 손 잡아줄 사람을 찾았습니다. 너무도 아픈 세상에, 함께 걸어갈 사람을 찾았습니다. 내 손을 잡아달라고 손을 내밀었습니다. 내 손을 잡으라고 손을 내밀었습니다. 누군가가 손을 뻗어줬습니다. 그도 아프다고 했습니다. 그도 힘들고 외롭고 고통스럽다고 했습니다. 세상에는 우리처럼 아파하고 있는 사람들이 많다고 했습니다. 사랑하고 행복하고 싶은 세상의 모든 사람들. 꿈꾸며 살아가는 모든 사람들. 모두 어깨를 감싸고, 손을 잡아. 우리를 아프게 하고, 억압했던 세상. 꿈을 빼앗아 가는 슬픈 세상 속에서 함께 아름답게 살아갑시다. 혼자 길을 걷기에는 너무 약하고 외로우니까요. 함께 손을 잡고 서로의 존재에 힘을 얻으며 함께 절뚝거리며 걸어갑시다.

새로운 중심이란, 결국 '내 안에서 출발하는 것' 입니다

한지섭

그 발걸음의 시작은 설렘이었습니다. '주제와 변주'에서 만난 박원순 선생님을 다시 만나러 가는 그 첫걸음은 바로 설렘이었습니다. 얼마나 많은 것에 대해 우리가 이야기하고 고민할 것인가, 그리고 박원순 선생님은 우리에게 어떤 이야기를 해주실까라는 설렘이었습니다. 그 두 번째 발걸음은 고민이었습니다. 우리가 살고 있는 지역에 대한 고민, 우리가 온 삶을 살고 있는 이곳과 생태에 대한 고민, 그리고 가장 중요한 자신에 대한 고민이었습니다. 우리가 토론을 하기 위해 발디딘 곳은 자연이었습니다. '신이 내린 정원'이라고 불리는 을숙도 철새 도래지. 그 속에서 우리는 1시간 40분 동안 많은 이야기를 나누었고, 많은 고민을 함께 했습니다. 비록 신이 내린 정원에, 보잘것없는 인간이 지어놓은 인공적 에코센터를 보면서 실망도 하고, 왜 이런 곳에 이런 건물을 지어야 했을까 화가 나기도 했지만, 비가 오고 난 후 우리의 두 뺨을 스치는 강의 바람, 강의 노래, 그리고 신이 창조한 정원 속에서 우리는 마음껏 소통하고, 자연에 발 디디고 함께 나누었습니다. 부산의 지역일간지인《국제신문》60돌을 맞이하여 마련된 박원순 선생님과 인디고 아이들이 나눈 이야기들을 함께하고자 합니다.

참가자 | 박원순(아름다운 재단 상임이사), 윤한결, 이윤영, 이슬아, 박용준, 한지섭

사회자 | 박창희(국제신문 문화부장)

경제적인 것만을 좇으면
지역이 가지고 있는, 덜 발전되어 더 가치가 있는 것을 잃을 것입니다 :

박창희 오늘 우리는 이 자리에서 지역과 생태 그리고 희망에 대해 이야기하고자 모였습니다. 오늘 우리의 대담 형태는 인디고 청년들이 질문을 하고, 박원순 선생님께서 대답을 하는 모습을 취하고자 합니다. 하지만 사실 그 어떤 형태와 규칙은 존재하지 않습니다. 자유로운 창조의 장이 되었으면 좋겠습니다. 형식에 얽매이지 않고, 자연스럽게 오늘 이야기가 이어지기를 먼저 희망합니다.

그럼 먼저 지역에 대해서 이야기하고자 합니다. 대부분의 청년들은 지금도 '부산 탈출'을 위해서 공부를 하고 있습니다. 서울에 가야만 성공하는 것이라는 생각을 하며 모두가 자신의 지방을 떠나, 서울로 가려 하고 있습니다. 이러한 문제에 대한 인디고 청소년의 생각과 박원순 선생님의 생각을 듣고자 합니다.

이윤영 지금도 거의 대부분의 고3들은 'IN서울'을 목표로 공부하고 있습니다. 그 어떠한 희망과 꿈도 품지 않은 채 사회가 원하는, 부모님들이 원하는, 세상이 원하는 '서울 유명대학'만을 바라보고 공부를 하고 있습니다. 하지만 이러한 청소년들의 문제는 비단 청소년의 문제만이 아닙니다. 왜냐하면 그것은 이미 기성세대들이 만들어놓은 사람을 평가하는 잣대의 문제이기 때문입니다. 우리가 만약 지방에 있는 대학을 다니며 우리나라의 중앙집권적 발전을 비판한다면 어른들은 이내 우리의 이러한 비판을 '패배주의'로 보곤 합니다. 이것이 바로 기성세대들이 청소년들을 평가하기 위해 만들어놓은 무서운 평

가의 잣대입니다. 하지만 더 무서운 것은 바로 청소년 스스로가 그 잣대를 인정하고, 자신의 가치나 존재에 대해 생각하지 않고 오로지 세상의 잣대 속에 자신을 맞추어가는 태도에 있다고 생각합니다. 저 역시도 지금 서울을 꿈꾸고 있습니다. 하지만 저는 사회적 잣대에 저를 맞추기 위해 서울을 꿈꾸는 것이 아닙니다. 그들이 만든 잣대 속에 들어가 사회가 만들어놓은 잣대를 부수고 스스로 잣대를 세우기 위함입니다.

박원순 저는 'IN서울'에는 양면성이 있다고 생각합니다. 첫 번째 면은 넓은 세상으로 나가서 많은 지식을 얻고, 많은 사람들을 만날 수 있다는 면입니다. 하지만 또 다른 면은 윤영 양이 지적했듯이 바로 사회가 만들어놓은 틀 속에서 자신의 지식이 박제화될 수 있다는 면입니다. 인터넷이 발전하고 지식이 보편화된 이 시대에서 첫 번째 면의 중요성은 이제 서서히 도태될 것입니다. 오히려 최근에는 많은 기업들과 시민단체에서 틀 속에 박힌 인재들보다는 창의적이고, 독특하며 특이한 인재들을 원합니다. 그렇기에 저는 서울보다는 오히려 틀 속에 얽매이지 않은 지역과 지방에 더 큰 경쟁력이 있다고 생각합니다.

한지섭 이러한 지역에 대해 논할 때, 서울의 사립대에 다니고 있는 저 역시 자유로울 수 없습니다. 선생님 또한 지역에서 많은 활동을 하시지만 연고가 서울이시기에 자유로울 수 없다고 생각합니다. 하지만 우리 인디고 청년들은 사회가 정해놓은 'IN서울'의 틀에 들어가서 서서히 그 틀을 부수고 있습니다. 우리는 부산이라는 지역을 기반으로 한 인디고 서원에서 지속적으로 사회적 활동을 통해 지역활동을 하고 있습니다. 하지만 대부분의 사람들은 서울로 가 다시는 지방을 찾지 않습니다. 그들은 틀 속에서 또 다른 틀 속으로 옮기기만 할 뿐, 스스로 그 틀을 깨고 창조하려 하지 않습니다. 하지만 우리는 기성세대들이 만들어놓은 '틀' 속에 들어가 다른 '틀'이 아닌, 그 틀을 깨고 지역활동을 하고 있습니다. 많은 지식인들이 '지방'이 중요하다고 외치고 있지만 그 누구도 행동에 옮기려고 하지 않습니다. 그 누구도 자신이 직접 지방으로 와 변화를 이끌어내고 새로운 세상을 창조하려는 움직임을 보이지 않습니다. 그들은 서울에 앉아서 지방을 이야기합니다. 서울로 가서 다시 돌아오지 않는 현상과 지식인들의 이런 이중적 태도에 대해서 선생님의 생각을 듣고 싶습니다.

박원순 저 같은 사람의 모순을 너무 날카롭게 지적해주신 것 같아 가슴이 뜨끔합니다. '희망제작소'를 지방으로 옮길 생각을 가지고 많은 지방으로부터 제안을 받았습니다. 하지만 여러 가지 문제로 저 역시도 행동으로 옮기지 못했습니다. 하지만 지방이 가능성을 가지고 있다는 것은 부정할 수 없는 사실입니다. 서울은 이미 많은 일들이 일어났으며 일어나고 있습니다. 하지만 지방에는 우리가 개척할 수 있는 일들이 너무나도 많습니다. 그렇기에 남들이 가지 않는 길을 간다는 약간의 용기만 있다면 개척할 수 있는 분야가 무한한 곳이 바로 지방입니다. 인디고 서원과 《인디고잉》이 바로 우리에게 이런 가능성을 보여주고 있습니다. 대학에서도 무너진다는 인문학을 중고등학생들이 스스로 고민하고 이야기하고 있으며, 세상과 소통하려 하고 있습니다. 서울에서 했으면 더 쉬울지도 모르는 '주제와 변주' 역시 스스로 어려운 길을 자처하고 지방에서 훌륭하게 치르고 있습니다. 저도 지금은 지방으로 오지 못하고 있지만 가까운 미래에 지방으로 돌아가 여러분과 같은 지방을 토대로 한 많은 공동체와 함께할 것을 약속드립니다.

박창희 그렇다면 이 시점에서 우리가 지금 살고 있는 부산의 가치는 무엇이고, 자랑은 무엇이 있을까요?

이윤영 저는 사실 우리가 왜 지역에 논해야 하는지 잘 모르겠습니다. 왜 우리가 지역을 생각해야 하고 지역공동체 의식을 가져야 하는지 잘 모르겠습니다. 하지만 많은 사람들이 '서울'과 '지방'을 이야기하거나 생각할 때 가지는 아주 위험한 문제점이 있다고 생각합니다. 그것은 바로 다른 부분은 무시한 채 지방과 서울의 차이를 오로지 경제적, 물질적 차이만으로 본다는 것입니다. 이것은 서울이 저지른 실수를 그대로 똑같이 저지르는 것밖에 안 된다고 생각합니다. 즉 다시 말하자면 차이를 극복하기 위해 경제적인 것만을 생각하는 것은 또다른 '서울'을 낳을 수 있다는 것입니다. 오로지 경제적인 것만 좇다 보면 다른 부분들은 무시된 채 경제를 위한 생태, 경제를 위한 예술, 경제를 위한 철학 등 본 분야의 순수성을 잃을 수 있다고 생각합니다. 우리가 이토록 경제적인 것, 물질적인 것만을 좇아가게 된다면 지역이 가지고 있는 덜 발전되어 더 가치 있어진 것을 잃을 것입니다.

박원순 이런 말을 할 수 있다는 것 자체가 바로 인디고 서원의 힘이라고 생각합니다. 물론 경제적인 것만을 좇아가는 것은 우리가 반드시 지양해야 하는 태도입니다. 하지만 사회는 많은 영역들이 서로 결합되어 있는 하나의 유기체입니다. 모든 영역이 서로 영향을 준다는 것입니다. 저 역시도 경제를 위한 예술, 경제를 위한 생태, 경제를 위한 철학은 피해야 한다고 생각합니다. 순수함을 잃은 예술과 생태는 더 이상의 가치가 없습니다. 이러한 상황에서 대안도시가 아주 중요한 의미를 지니고 있다고 생각합니다. 대안도시를 생각함에 있어서 기존의 도시를 벤치마킹하는 것도 좋으나 제 생각은 조금 더 창조적이고, 창의적인 방향으로 이러한 대안도시는 나아가야 한다고 생각합니다.

이슬아 저희 인디고 팀은 지금 많은 프로젝트를 구상하고 실행하고 있습니다.

그중 하나가 바로 '정세청세' 인데요. 프로젝트를 진행하면서 제가 느낀 것은 '지방은 안 돼' 라는 우리 스스로가 만든 편견입니다. 일을 진행함에 있어서 지방에서 그러한 '장' 을 연다는 것 자체가 매우 힘들었고, 또한 기성세대들의 지지 또한 미비하였습니다. 마치 이러한 변화를 이끄는 일은 중앙에서 해야 한다는 듯한 많은 사람들의 태도를 보면서 우리가 만든 편견이라는 것이 얼마나 무서운지 생각했습니다. 하지만 다시 생각해보면, 이러한 변화와 창조를 이끌어가는데 '지방' 과 '중앙' 은 그리 큰 문제가 되지 않습니다. 정작 문제가되고 우리가 생각해봐야 할 점은 바로 스스로가 만드는 환경이라고 생각합니다. 스스로가 얼마만큼 창의적이고, 창조적인 장을 만들 수 있느냐가 중요하다고 생각합니다. 이런 관점에서 저는 우리 사회에서 이러한 창조의 '장' 이 그리 많지 않다는 것이 심각한 문제라고 생각합니다.

박원순 그렇습니다. 지역 스스로가 그들의 장점을 살리지 못하고, 오로지 중앙만을 동경하는 듯한 태도를 보입니다. 저도 어릴 적에 시골에서 살았습니다. 그곳에서는 언제든지 냇가의 물소리를 들을 수 있었고, 개구리 소리를 들을 수 있었습니다. 하지만 서울에서는 그러지 못합니다. 지방은 덜 개발되어더 가치 있는 지방만의 특징이 있습니다. 그렇기에 그 특징을 살려 중앙과의 차별화된 발전을 시도해야 합니다. 또한 여러분은 스스로 '장' 을 만들고 그 '장' 을 키워가야 합니다. 그러한 여러분의 행동이 지역을 바꿀 수 있다고 생각하며, 그러한 차이를 극복해 나가는 과정들이 여러분들에게 큰 행복으로 다가갈 것이라 저는 믿습니다.

세상 안에서 자신을 바라보고 그 틀을 깨트리려는 행동이 바로 희망입니다
윤한결 이제까지 우리는 지역과 지방 혹은 중앙에 대해 이야기했습니다. 이러한 문제들의 기본이 되는 것이 저는 Identity, 즉 정체성이라고 생각합니다. 이것은 자아 정체성이며, 지역 정체성일 수도 있습니다. 하지만 중요한 것은 지금 우리 고등학생들에게는 이러한 정체성을 형성할 수 있는 시간이 없습니다. 학교에서는 오로지 '대학'만을 이야기합니다. 선생님들은 '좋은 대학'에 가는 것만이 한국사회에서 멋진 인생을 살 수 있는 길이라고 이야기 하십니다. 이런 교육적, 사회적 시스템들이 우리 청소년들의 정체성 확립을 방해합니다. 우리에겐 우리가 누구인지에 대해 생각해볼 시간조차도 용납되지 않는 것이 사실입니다.

박원순 한결 군의 질문은 지금 우리가 나누었던 대화보다 더 본질적인 것을 지적하고 더 본질적인 문제를 제시하고 있습니다. 먼저 한 '어른'으로서 굉장히 미안한 마음이 듭니다. 청소년들의 문제는 곧 기성세대들이 만들어놓은 문제이기도 합니다. 사회가 만든 틀 속에서 청소년들의 정체성이 매몰되고 익사당하는 상황에 가슴이 아픕니다. 우리 기성세대의 반성과 노력이 필요하다고 저 역시 생각합니다. 하지만 이곳에서 저는 희망을 가져봅니다. 한결 군의 이러한 고민과 생각들을 많은 친구들과 여럿이 함께 고민함으로써 우리 사회는 조금 더 옳고 정의로운 방향으로 나아갈 것이라 생각합니다. 또한 한결 군 역시 이러한 문제를 생각함에 있어서 '내가 만약 지금의 기성세대라면 어떻게 이런 문제들을 헤쳐나갈까?' 라는 생각을 해야 합니다. 미래를 결국 여러분과 같은 청소년들이 이끌어가는 세상입니다. 저는 《인디고잉》과 '인디고 서원'에서 펼쳐지는 청소년들의 장이 우리 미래의 희망이라고 생각합니다. 이렇듯 대안을 찾고 희망을 만들어가는 일은 계속 되어야 한다고 생각합니다. 그리고 저는 이러한 모습 속에서 가능성을 발견하고자 합니다.

윤한결 선생님 말씀에 동의합니다. 하지만 어른들이 만들어놓은 벽은 우리 청소년들 사이에도 벽을 지었습니다. 무한경쟁사회는 우리 청소년들의 소통을 막고 있으며, 진실한 마음이 통과될 수 없도록 벽을 쌓았습니다. 이러한 사회 속에서 함께한다는 것 자체가 매우 힘듭니다. 하지만 우리는 변화와 창조를 이끌어내기 위해, 그 벽을 깨기 위해 스스로 노력해야 한다고 생각합니다. 결국 이 벽을 깨트릴 수 있는 것은 새로운 기성세대의 '틀'이 아닌 우리 스스로의 극복이기 때문입니다.

박원순 이런 세상의 틀을 보고, 그 틀 속에서 자신을 보고 그 틀을 깨트리려는 많은 행동들이 바로 희망입니다. 한결 군과 같은 생각을 많은 청소년들이 가슴에 품기를 희망합니다. 그리고 많은 이들이 함께 소통할 수 있기를 희망합니다. 그리고 기성세대의 한 사람으로서 무한한 죄책감을 느낍니다.

생각은 전 지구적으로 하나,
행동은 자신이 속한 작은 지역부터 시작해야 합니다 :

박창희 제가 사회자이지만 다른 진행이 필요 없다는 생각을 하게 될 정도로 아주 많은 이야기가 오고 가고 있습니다. 저 역시 기성세대의 한 사람으로서 죄책감을 느끼지만 한편으론 또 다른 책임감을 느끼게 됩니다. 그러한 생각을 할 수 있는 '인디고 서원'의 청년들이 참 대단하다고 생각합니다. 여러분들의 그런 생각은 그 자체로 큰 가치를 지닙니다. 얼마나 큰 변화를 일으키냐는 그리 중요한 문제가 아닙니다. 그러한 생각들을 행동으로 옮기는 여러분들의 그 행동 자체가 큰 가치를 지니는 것입니다. 이제껏 우리는 지역과 희망에 대해 이야기 했습니다. 저는 여러분께 이제 '어떤 것이 생태적인 삶인가?' 하는 질문을 던지고자 합니다. 부산시 대부분의 정책들을 보면 '항만도시건설', '동북아 물류의 허브항 건설.' 등 대부분이 오로지 경제적인 면에만 시선을 두고 있습니다. 그렇다면 여러분이 생각하시는 생태적인 삶이란 무엇인가요? 그리고 또 미래는 어떤 모습인가요?

이슬아 저희 인디고 프로젝트 팀은 얼마 전 네팔을 다녀오게 되었습니다. 저희가 네팔에 가게 된 계기는 바로 《TYA^Today's Youth Asia》라는 청소년 잡지를 알게되어서인데요. 네팔에 가서 저희가 느낀 것은 '미래의 자원'을 많이 가진 나라라는 점입니다. 비록 경제적으로 그들은 그리 넉넉하지 못합니다. 풍부한 수력 자원을 가지고 있으나, 발전기를 돌릴 수 없어서 인근 국가들에게 그 자원들마저 빼앗기기도 합니다. 하지만 그들은 우리가 생각하는 경제적, 물질적 풍요로운 삶보다 조금은 불편하지만 그들에게 더 큰 행복을 주는 생태적인 삶을 살고 있습니다. 우리는 지금 오로지 경제적, 물질적인 것을 행복을 척도로 보고 있습니다. 세계화의 물결 속에서 오로지 그러한 것들만이 최고인 것 마냥 생각합니다. 하지만 그들에게 그러한 물질적인 것들은 큰 의미가 없었습니다. 오로지 자연과 함께하는 생태적인 삶이 그들에게는 최고의 삶이었던 것입니다.

박창희 그들이 행복해 보이던가요?

이슬아 이 세상 누구보다 행복해 보였습니다.

박원순 '개발'이라는 단어가 태어난 것은 얼마 되지 않았습니다. 어느 순간부터 우리는 경제적 풍요로움만을 위해 '개발'하기 시작했습니다. 이미 많은 발전을 이루고 개발된 국가들에게 다시 네팔과 같이 자연을 지키고, 생태적인 삶을 살라고 이야기하는 것은 무리일 수도 있습니다. 하지만 우리가 명확히 알아야 할 사실은 생태적인 삶, 생태적 보존이 잘 이루어진 나라만이 지속적이고 미래지향적인 발전을 이룰 수 있다는 것입니다. 개발이 통제되지 않는 사회, 탐욕이 넘치어 끊임없이 개발만 이루어지는 사회, 이런 개발들로 하여금 생태계가 파괴되는 사회는 결코 미래에 성공할 수 없습니다. 우리는 지금 이 순간, 경제발전과 개발에 대해 다시금 생각해봐야 할 것입니다. 그리고 저는 이러한 고민들의 중심에 바로 여러분과 부산, 그리고 인디고 서원이 중심에 있다고 생각합니다.

우리나라 지도를 보면 서울이 중심에 있습니다. 하지만 지도를 거꾸로 돌려본다면 바로 부산이 중심에 있게 됩니다. 어디가 중앙이고 지방이냐는 그리 큰 문제가 아닙니다. 스스로가 어떠한 생각을 지니고, 생각하느냐가 중요한 것입니다. 이미 인디고 서원의 여러분들은 세상과 교류하고 세계와 소통하고 있습니다. 즉 여러분은 지금 세상의 중심이며 세계의 중심입니다. 왜냐하면 여러분은 세계와 세상을 스스로 생각하고 있기 때문입니다.

생태적인 문제도 이와 같습니다. 남부 독일의 호수를 낀 몇 개의 마을 주민 60만 명이 향후 20년 이내 마을의 모든 에너지 공급을 태양광 에너지에 의해 이루어지도록 할 것이라는 결의를 했다고 합니다. 생각은 전 지구적으로 하나, 행동은 자신이 속한 작은 지역부터 시작되어야 한다는 점. 이것이 바로 생태적 삶의 가장 중요한 생각이 아닐까 생각해봅니다.

지금 우리가 서 있는 곳이 중심이다 :

박창희 우리 기성세대들은 지방을 이야기할 때, '지방분권'과 '지방자치'와 같이 거대한 것만 내세우고 그에 따른 행동은 하지 못하였습니다. 여러분들의 그런 아이디어와 행동들이 세상의 변화를 이끈다고 생각합니다. 사회가 필요 없는 토론이었습니다. 이제 이 자리를 정리하고자 합니다.

박용준 오늘 우리가 나눈 많은 이야기 중 가장 중요한 것이 바로 '지금 우리가 서 있는 곳이 중심이다' 라는 이야기가 아닐까 생각합니다. 우리는 우리 스스로가 깨닫고 알아야 합니다. 그리고 항상 스스로에게 물어봐야 합니다. '지금 내가 발을 딛고 있는 이곳에서 무엇을 창조할 수 있을까?' 이것이 바로 중심이 되는 길입니다. 그리고 또한 기성세대들이 지어놓은 '지방' 과 '중앙' 이라는 억압과 열등감을 이겨낼 수 있는 방법입니다.

우리는 언제나 새로움의 중심이 될 수 있습니다. 우리가 많은 프로젝트를 진행함에 있어서 세계의 많은 교수님들에게 지지를 얻었습니다. 그 이유는 바로 사람들이 흔히 말하는 주류 국가인 미국이나 유럽이 아닌 아시아의 대한민국이 중심이 되어서 프로젝트를 진행하는 것이었기 때문입니다. 새로운 중심이란, 결국 내 안에서 출발하는 것입니다.

박원순 결국 자신이 생각하는 만큼 되는 것입니다. 자신의 세계에 대해 고민할 때부터 그 개인은 세계의 중심이 되는 것입니다. 그리고 이러한 문제를 함께 고민하고 이야기하는 순간 우리는 세상의 중심이 될 수 있습니다. 이런 이야기를 함께 나누고 고민할 수 있는 여러분과 같은 청년들이 바로 우리 부끄러운 기성세대들의 '보배' 입니다.

사회의 양적 발전은 경제만을 본다고 이루어지는 것이 아닙니다. 균형 잡힌 시각을 지닌 사람들이 모든 사회의 연관성을 생각하고, 고민할 때 그리고 세상의 중심에서 소통하려 할 때 사회의 발전은 이루어질 것입니다.

제가 좋아하는 웹사이트 중에 '글래스고 2020' www.glasgow2020.co.uk이 있습니다. 영국의 글래스고란 도시의 시민들이 20년 후의 글래스고 지방의 미래를 그리면서 만든 이 사이트는 이미 많은 시민들의 참여와 활동을 이끌어가고 있습니다. 스스로 세상의 중심이 되어 미래를 생각하고 고민한다는 것, 그리고 작은 지역에서부터 행동한다는 것. 이것이 중요한 것입니다.

이슬아 　새로운 것을 만들고 준비해가는 주체가 바로 우리 청소년입니다. 그렇기 때문에 시대의 포커스, 미래의 희망, 모든 문제의 해결책은 바로 우리 청소년들에게 있습니다. UN의 청소년 선언문을 보면 이런 글이 실려 있습니다.

'청소년은 자신들이 관리하도록 소명받은 이 세계에 대해 책임감을 인식해야 하며 인류행복에 미래에 대한 확신으로 고무되어야 한다.'

오늘 저희가 시대의 참 좋은 어른 박원순 선생님과의 대담에 참여한 이유는 결국 우리 청소년들이 미래를 이끌어나갈 주역이기 때문입니다. 우리는 미래를 살아갈 입장이고 미래를 이끌어갈 입장이기도 합니다. 지금은 비록 우리 청소년들이 정치적, 경제적, 문화적으로 큰 영향을 행사할 수 없다 하더라도 우리는 미래의 중심에 서 있을 사람들입니다. 저는 우리 청소년들에게 사회가 조금 더 많은 관심을 가지고 기회를 열어주었으면 합니다. 그리고 무엇보다도 우리 청소년들 스스로가 미래의 주역이라는 사명감을 가지고 우리의 생각과 행동이 언제나 지역적이고 국가적이고 동시에 세계적일 수 있도록 자신의 정체성을 찾아가고, 미래를 꿈꾸길 희망합니다. 그렇기에 오늘의 좋은 어른 박원순 선생님과의 대화는 저에게 큰 행복을 주었습니다.

박원순 　'꿈'이라는 말만큼 가슴을 뛰게 하는 말은 없는 것 같습니다. '꿈'은 개인이나 사회의 가장 중요한 에너지입니다. 여러분 모두가 꿈꿀 수 있기를 바랍니다. 스스로 부산의 미래를 꿈꾸고, 또한 세계의 중심이 되어 꿈꾸기를 바랍니다. 그리고 저 역시도 '꿈'을 이야기한 여러분들과의 대화 속에서 우리 미래에 대한 푸른 희망과 가능성을 발견할 수 있었습니다.

존엄한 가난을 찾아서

정리 ■ 윤한결

희망을 찾아 떠나는 여정

인간이 존엄할 수 있다면, 그 이유는 단 하나입니다. 우리는 서로를 존엄하게 대할 수 있기 때문에 존엄할 수 있습니다. 인간적인 가치가 사라져가는 세계 여러 곳의 문제들은 서로 다른 모습을 하고 있습니다. 어떤 곳에서는 폭력과 가난이, 어떤 곳에서는 눈에 보이지 않는 억압과 구속이 서로 다른 다양한 형태로 우리들의 삶을 옥죄고 있습니다. 그런데 우리는 그 문제들의 근본적인 원인에서 공통점을 찾을 수 있습니다. 그것은 바로 서로에 대한 존경의 부재입니다. 반면 우리는 억압과 고통 속에서도 생의 즐거움을 온몸으로 느끼며 살아가는 사람들을 세계 곳곳에서 찾을 수 있습니다. 이 사람들 역시 다양한 삶의 모습을 하고 있지만 그들의 공통점에서 우리는 희망을 발견할 수 있습니다. 그것은 바로 자기 자신과 다른 사람, 그리고 우리가 살고 있는 이 세상 자체를 존경하는 삶의 태도입니다. 존경. 존재를 경탄하는 것.

지구별 곳곳에서 생겨나는 슬픔들을 사랑으로, 인간적 가치의 회복으로 치유할 수 있다는 신념을 가지고 활동하는 단체들이 존재한다는 것 또한 희망입니다. 인디고 서원 북페어 팀은 2008년 8월, 인디고 서원에서 열리는 인디고

235

유스 북페어Indigo Youth Book Fair 행사가 그러한 세계 6개 대륙의 청소년들이 만나 서로 연대할 수 있는 장이 되길 꿈꾸며 세계 여러 곳의 아름다운 공동체들과 만나 소통하고, 한자리에서 만날 것을 약속하고 있습니다. 그리고 한 권의 책을 통해 우리는 또 하나의 희망을 발견했습니다. 그 책의 이름은 『가난한 휴머니즘』. 이 책은 아이티라는 나라의 신부이며 대통령이었던 아리스티드 선생님이 전 세계의 독자들에게 보내는 아홉 통의 편지로 구성되어 있습니다. 부제는, '존엄한 가난에 부치는 아홉 통의 편지'. 이 편지가 말하는 아이티 청소년들의 모습에서 우리는 가난 속에서도 당당히 자신의 인간으로서의 존엄을 외치는 목소리를 들을 수 있었습니다. 우리는 기꺼이 이 편지와, 이 외침에 답할 준비가 되어 있습니다. 우리는 존엄한 가난을 찾아서 떠날 것이며, 만나서 서로 소통하고, 연대할 것입니다.

영혼을 풍요롭게 하는 제3의 길

윤수민 ★ 아름다움이 가장 절실한 순간은 가장 아름답지 않은 순간, 희망이 가장 절실한 순간은 가장 희망적이지 않은 순간. 모두들 절망이라고, 다 끝났다고 말하는 그 순간에 희망은 더욱 빛난다는 것을 카리브 해협의 조그만 나라, 아이티를 통해 믿게 되었습니다. 타인의 고통을 생각할 수 있는 상상력, 주어진 제약을 극복한 제3의 길을 창조할 수 있는 능력, 극도의 가난 속에서의 영혼의 부유함은 아이티에게 끝없는 희망과 용기를 심어줬습니다. 우리는 『가난한 휴머니즘』을 읽으며 네팔에서 왔던 친구들을 만났을 때만큼 가슴이 두근거렸습니다.

어느 날 두 미국인이 아이들에게 영어를 가르치고 있었습니다. 미국인은 아이들에게 간단한 구문인 "기브미 워터"를 반복하게 했습니다. 잘 따라하는 아이들에게는 초콜릿을 주었습니다. 베르토니를 시키자, 그 아이는 "기브 미 초콜릿"이라고 대답했습니다. "왜 너는 '기브 미 워터'라고 하지 않니?" 하고 미국인이 묻자 베르토니는, "누가 내가 목마르다고 하던가요?" 하고 대답하는 것이었습니다.

세계가 우리에게 물을 주겠다고 할 때, 물이 아니라 초콜릿을 달라고 요구하는 것이야말로 우리의 권리이자 책임입니다. - 『가난한 휴머니즘』 중에서

더 나은 세상을 향한 외로운 투쟁 속에서 우리들과 같은 꿈을 말하는 '가난한 휴머니즘'을 만났기에 아이티에 보낸 아홉 통의 편지가 그토록 간절하게 느껴졌던 것 같습니다. 자본주의와 세계화의 문제는 아이티만의 문제가 아님을 알고 있습니다. 약소국의 사회·문화적 배경을 고려하지 않은 채 강제로 점령하려 드는 선진국들의 모습에서 제국주의적 면모를 발견하고 분노를 느꼈고 극단적인 상황에서도 스스로를 지켜내는 그들의 모습을 보며 깊이 감동받았습니다.

김지현 ★ 아리스티드는 존엄한 가난에 대해 말합니다. 가난하더라도 스스로 최선을 다한 후에 가난하기 때문에, 자신의 삶을, 자기 국가를 스스로 이끌어 가고 있다는 자존감, 자부심이 존재하는 가난이기에 이 가난은 국제적 원조를 떠나 존엄한 가난일 수 있는 것입니다. 그렇기에 정신적·물질적으로 만족감으로 충만할 수 있고 그런 상태에서 발전 가능성도 생기는 것입니다. 사실 그 어떠한 타국의 사례도 자국의 문제를 근본적으로 해결해줄 수 없습니다. 아리스티드가 말했듯이 자기 나라의 문제는 자기 나라의 실정에 맞게 해결방안을 찾아내야 하고 그렇기에 자발적이고 주체적인 실험을 멈춰선 안 되는 것입니다.

예전의 나였더라면, 아마도 여기에서 멈추었을 것입니다. 늘 그랬듯이 책

을 읽고 좋은 이야기들을 나눈 후 그리고 다시 제 삶으로 돌아와 마치 아무 일도 없었다는 듯이 즐겁게 생활했을 것입니다. 하지만 이런 안일한 태도에 가장 큰 문제가 있음을 절실히 느꼈고 아이티 사람들과 나의 삶이 전혀 다른 것이 아님을 알게 되었습니다. 그래서 이들의 삶을 책 속에서 바라보고 느끼며 내 삶으로는 어떻게 끌어올 수 있을 것인가에 대해 고민해야 했습니다.

김아라 ★ 지금은 자본주의 시대입니다. 부가 행복의 잣대가 되고, 명예이며 자랑거리가 되는 시대. 이런 오늘날, 가난하다는 것은 경제적 능력이 없다는 뜻뿐만이 아닌 제 역할을 제대로 못하고 있는 그런 부끄러움이라 말하기도 합니다. 하지만 책에서는 그 가난함을 존엄하다고 했습니다. 그 예로 '시장'을 말할 수 있습니다. 지구는 이제 '지구촌'이라는 이름으로 하나의 마을과 같아졌습니다. 그래서 컴퓨터와 인공위성으로 지구 반대편의 사람과 거래를 성사시키고, 물건을 수입하고 수출하고 있습니다. 하지만 이 시장은 얼굴이 없습니다. 모두 자신의 이익을 재빠르게 계산하는 손가락이 있을 뿐입니다. 아이티에도 시장이 있습니다. 포르투살루 너머의 산지에 있는 시장이 그것입니다. 누구든 올 수 있고 웃음으로 가득 차 있고 이웃 간의 따뜻한 정과 이야기가, 서로를 아끼는 마음에서 우러나오는 조언들이 가득 찬 얼굴과 마음이 있는 시장입니다.

그러나 세계는 변하고 시장도 변하고 있습니다. 커다란 전 지구의 시장이 이런 작은 시장을 집어삼키고 있습니다. 세계의 20퍼센트도 채 안 되는 사람들이 모든 부의 86퍼센트를 지니고 있으면서도 그 나머지 1퍼센트를 가진 가난한 사람들을 '지구화'라는 문 앞으로 끌어들여 낭떠러지로 들이밀고 있는 실정입니다. '큰 시장이 더 효율적이다.' '큰 시장이 더 많은 부를 축적할 수 있다.' 모두 맞는 말입니다. 계산적이고 치밀한 그 시장은 모든 것을 재고 따지고 하며 하늘, 땅, 물, 풀 심지어 인간도 모두 단지 상품으로 보는 놀라운 효율성을 가지고 있습니다.

아이티는 지구화의 문을 열면서 쌀 시장이 망했고, 농촌경제의 핵심이었던 크리올 돼지도 모두 도살당했습니다. 가난한 나라에게 '자유무역, 개발도상국에 대한 원조'는 그 의미를 찾을 수가 없습니다. 벗어나려고 하면 더 옭아매는 덫처럼 더욱 빈곤하게 만들기만 할 뿐입니다. 하지만 가난함 속에서도 찾을 수 있는 것이 있습니다. 아니, 가난하기 때문에 찾을 수 있었던 것이 있습니다. 그것은 바로 '영혼의 부유함'입니다.

더 잘 사는 나라의 사람은 걱정이 더 많습니다. 그것은 '살아남기 위해서' 입니다. 더 잘 살고 부유한데 왜? 자신보다 돈이 많은 사람들을 따라가기 위해 하루 종일 일하고 또 일하고 또 일하고……. 모든 것이 돈으로 숫자로, 화폐로 보이고 유머, 행복, 즐거움 등은 뒷전으로 밀려납니다. 하지만 가난한 사람들에게는 여유가 있습니다. 모두가 힘들어서 이겨내기 위해 웃고, 상황이 조금 나아짐에 행복해하고, 그런 것들이 '비참한 가난'이 아닌 '존엄한 가난'으로 바꾸어줍니다.

아이티 사람들은 그들의 문화적 요소가 '영혼의 부유함'에 영향을 끼쳤다고 합니다. 그럼 인간다움이 사라지려고 하는 자본주의 국가들은 문화적 요소가 없었을까요? 그건 아닐 것입니다. 단지 재물이라고 하는 것이 그것들을 매몰시켰을 것이라고 생각합니다. 또 책에서 아이티는 돈은 충분하지 않지만 사람은 충분하다고 했습니다. 그럼 다른 나라들은 사람이 모자라단 말일까요? 이번에도 아닐 것입니다. 서로를 생각하고 따뜻하게 소통할 수 있는 사람들이 줄어든다는 말일 것입니다. 그러면 어디서 이유를 찾아야 할까요? 아마도 세계를 주무르고 있는 돈에서 찾아야 할 것입니다. 유산문제로 형을 죽인 동생, 신용불량자가 되어 자살해버린 사람 등 돈은 더 이상 우리의 수단이 아닌 목적이 되고 있습니다.

책을 읽고 나니 틀에 박혀 더 이상의 것을 생각하지 못하는 나의 어리석음이 부끄러웠습니다. 자본주의에 물들어버린 내가, 우리가 어떻게 제3의 길을 찾을 수 있을까요? 지금은 잘 모르겠습니다. 하지만 이 책을 읽고 확실해진 것은 내 영혼이 부유하지 못하고, 가난하여 목마르고 배고프다면 그것은 '자본'으로서의 가치가 없는 것. '부자'가 되기 위해 영혼의 가난뱅이가 되어서는 안 될 것입니다. 내가 발을 디딘 이곳에서 나는 제3의 길을 찾기 위해, 영혼의 부자가 되기 위해 노력해야한다는 것, 그것이 중요한 것이라고 생각합니다. 돈으로는 가난하지만 존엄하게 그렇게 더 아름답고 가치 있는 것을 벌기 위해, 그런 부자가 되기 위해.

우리는 우리가 절박하지 않다는 것에 대한 절박함으로 변화를 이끌어내기 위해 그동안 많은 노력을 했습니다. 아리스티드 씨는 아이티를 위해 '민주주의를 위한 아리스티드 재단'과 거리의 아이들이 운영하는 라디오를 만들듯 과연 우리는 무엇을 할 수 있을 것인가와 같은 고민들 말입니다.

환경실천에 관한 책을 읽으면 우리의 삶으로 끌어와 환경을 보호하기 위해 할 수 있는 조그만 노력들을 실천하려 노력했고 인문학의 힘에 관한 책을 읽고 난 후에는 다른 친구들과 사회적 문제의식을 담고 있는 영상을 보고 토론하며 좋은 가치들을 실천했습니다. 쉽지 않은 길이었습니다. 우리의 길에 대한 믿음과 서로의 격려가 부족해서 다들 힘들어했지만 시간이 흐를수록 우리와 뜻을 함께하고 있는 이들을 만나고 앞으로 우리의 활동이 더욱 큰 영향력을 갖게 되고 언젠가는 세상을 바꿀 수 있다는 희망을 갖게 되었습니다.

열여덟 살이 되고 그동안 『희망의 인문학』, 『가난한 사람들을 위한 은행가』, 『빈곤의 종말』 등을 읽으며 세상에 얼마나 많은 부조리한 가난과 우리가 모르던 아픔들이 존재했는지 알게 되었습니다. 자본주의 시대에서 소중한 가치들이 매몰되고 있다는 것을, 지구화 시대에서 고유한 사회문화들이 사라져간다는 것을 이제야 알게 되었습니다. 열여덟 살이 되기 전의 저와 그 후의 저는 여전히 타인의 고통 속에 살고 있습니다. 그리고 아직은 그들을 위해 어떤 직접적인 도움도 주지 못합니다. 하지만 적어도 제 삶은 바뀌었고 함께한 친구들의 삶 또한 바뀌었다고 믿고 있습니다. 우리의 작은 노력들이 지금 당장 세상을 바꾸진 못하기에 미미하고 부질없어 보일지도 모르지만 적어도 주위 사람 한 명은 바꿀 수 있고, 우리에게 희망이 있는 한 꿈을 향한 열정과 의지 또한 식지 않을 것이라고 믿습니다. 앞으로 세상을 바꾸고자 하는 꿈을 위한 수많은 길이 있을 것입니다. 모두 사회인이 되어 누군가는 글을 쓰고 누군가는 사회운동을 하고 누군가는 정치를 하고 누군가는 교육을 하기도 하겠지요. 지금의 가슴 뜨거운 순간들이 이렇게 남아 있는 한, 우리는 미래에도 서로의 자리에서 끊임없이 꿈꾸고 세상을 바꾸기 위한 발걸음을 내딛고 있을 거라고 믿습니다.

약자들의 힘, 그리고 희망의 근거

장희창(동의대학교 독어독문학과 교수)

청년 알렉산더는 인도를 정복했지.

그는 혼자였던가? 시저는 갈리아 사람들을 무찔렀지.

그의 옆에 요리사는 없었던가?

책장을 넘길 때마다 등장하는 승리.

그런데 누가 승리자들의 연회를 위해 요리를 만들었던가? ……

베르톨트 브레히트의 〈독서하는 노동자의 질문〉이라는 시의 한 구절입니다. 과연 역사는 강자와 승리자들만의 역사일까요? 허위를 드러내고 실상을 직시하기 위해 대상으로부터 비판적 거리를 유지하는 서사극을 창안했던 브레히트. 그는 역사서가 강요하는 역사주체의 허구성을 이렇게 폭로합니다. 기존의 역사문헌들은 군주와 왕조의 이름만을 나열한 왕들의 목록에 지나지 않는다는 것입니다. 우리만 해도 얼마 전까지, 조선왕조의 계보를 외우느라 '태정태세문단세……' 하며 앵무새처럼 되뇌지 않았던가요?

작금에 민중중심의 역사서술을 '좌편향' 역사관이라고 매도하며, 고통스럽게 진행되었던 우리 사회의 민주화 과정을 경멸하고, 독재자들을 영웅시하며 역사를 되돌리려는 세력들이 어디를 보고 있는가는 불문가지입니다. 한마디로 다시 왕조시대, 권력동물들의 시대로 돌아가자는 것입니다. 가난 자체와 가난한 사람들을 '진정으로' 미워하는 것으로 보이는 이들 수구세력들의 냉혹한 정신상태를 제대로 알아차리지 못하고, 그들의 손아귀에 권력마저 쥐어준 우리 시민사회는 통렬하게 반성해야 합니다. 타자의 고통 같은 것은 불도저로 뭉개버리고, 이익과 개발이라는 신을 숭배하는 자들의 광기에 찬 시선, 그 시선의 육화된 집합체가 다름 아닌 파시즘일 것입니다.

파시즘 체제의 붕괴와 그에 이은 분단 독일의 고통스런 역사적 상황에서 사회적 평등을 이루어줄 나라를 건설하기 위해 동독으로 건너갔던 많은 작가들이 이루고자 했던 것도 그러한 권력 이데올로기를 극복하고, 평등한 사회, 자유로운 땅 위에 자유로운 민중의 삶을 건설하는 것이었습니다.

독일 문학사에서 안나 제거스는 그러한 흐름을 대표하는 작가입니다. 이번에 필자가 번역하여 소개하는 안나 제거스의 『약자들의 힘』은 역사의 주체는 누구인가 하는 문제를 제기하는 작품으로, 동독이 자신의 체제의 우월성을 옹호할 때 줄곧 앞세웠던 소설이기도 합니다. 이 소설은 작가의 파란만장한 생애만큼이나 다양하고 실감나는 이야기들로 구성되어 있습니다.

스페인 해방전쟁에 참전했다가 전사한 아들의 뒤를 이어 종군하는 어머니의 이야기, 2차 대전 중 탈영한 독일병사를 숨겨준 착하고 용감한 처녀 이야기, 에티오피아를 침공한 이탈리아 정복자들을 험준한 산으로 유인하여 함정에 빠뜨리는 소년의 이야기, 히틀러에 저항하다 강제수용소에서 죽어간 젊은 지도자의 이야기, 프랑스 병사의 순수한 애정에 끌려 세속적인 이해관계를 초월한 사랑을 바치는 독일처녀의 이야기, 히틀러 체제하에 투쟁에 매진하다가 정규교육을 받지 못해 새로운 사회건설에 참여하면서 겪어야 했던 난관을 극복해가는 의지의 혁명가들 이야기가 그것들입니다.

그렇다면 픽션으로서의 문학작품이 우리에게 더욱 생생한 현실이 되게 하는 힘은 어디서 올까요? 그것은 다름 아니라 우리의 경험세계와 안나 제거스의 경험세계가 구조적으로 동일하기 때문이며, 그 기본적인 틀은 19세기를 전후하여 전 지구적으로 세력을 팽창해 나간 제국주의의 폭력과 그에 맞선 민중의 삶입니다. 그러므로 안나 제거스의 작품에 대한 공감의 뿌리는 지금 우리의 현실에 있다고 보아야 할 것입니다.

작품의 첫 번째 이야기인 〈어머니〉는 노동운동의 과정에서 분신으로 저항했던 전태일을 아들로 두었던 이소선 여사의 이야기와 닮은꼴입니다. 아들의 고통이 곧바로 자신의 고통이 되는 어머니의 지순한 애정은 국경을 초월하여 동일한 것이며, 자식의 뜻을 이어 종내에는 이 사회의 거대한 모순구조를 온몸으로 자각한 투사가 된 민주화실천가족운동협의회 어머니들의 삶은 곧 슈바이게르트 부인의 삶입니다.

〈대결〉은 문자 그대로 억압자와 피억압자, 강자와 약자, 비열한 인간과 정의로운 인간 사이의 대결을 묘사하고 있습니다. 히틀러의 파시즘 체제에 순종했던 교직자가 종전 후에는 '그래도 패전 후의 건설을 위해서는 우리가 생존할 필요가 있지 않느냐'는 옹색한 변명을 늘어놓는 한편, 반파시즘 투쟁에 전념했던 혁명가들을 알량한 기능적 지식으로 능멸해보려는 장면을 고발하고 있습니다. 다시 말해 〈대결〉은 사회주의 건설과정에서 초래되었던 혁명가들과 보수적 테크노크라트들 사이에 전개될 수밖에 없었던 갈등구조를 선구적으로 보여줍니다. 일제 잔재와 이후 독재정권하에서 기생하는 세력들이 청산되지 못하는 우리의 현실도 별반 다를 게 없음을 생각하면 숙연해집니다.

다시 생각해봅시다. 나치에 저항했던 대다수의 레지스탕스 작가들이 나치의 패망 이후, 서독 지역이 아니라 동독 지역을 삶의 터전으로 선택했던 역사의 맥락은 오늘날 돌이켜보면 참으로 혼란스럽습니다. 이는 이후 자본주의와 사회주의의 대결로 점철되었던 세계사의 진행이 어떠한 험난한 굴곡을 거치게 될 것인가를 상징적으로 보여주는 단면이기도 하기 때문입니다. 인간의 평등을 획일적인 체제의 수립으로 대체시킬 수밖에 없었던 사회주의 진영의 역사적 소멸, 그리고 인간의 자유를 자본의 자유로 대체시켜버렸던 자본주의 사회가 참담한 모순을 드러내는 현재의 상황에서, 2차 대전 후 독일의 저항적 지식인들을 동독 땅으로 이끌었던 이념의 깃발은 지금 우리에게 어떤 의미로 남아 있을까요?

작가 안나 제거스는 말없이 행동하는 인간들, 어떠한 역사도 기록으로 남기지 않는 민중들의 저항을 기록하고 있습니다. 약자란 문자 그대로 힘이 없는 자입니다. 그렇다면 '약자들의 힘'이란 표현은 모순어법입니다. 요컨대 안나 제거스는 그 모순 앞에서 좌절하지 않고, 모순에 내재된 희망의 근거를 끈질기게 추적한 작가입니다.

약자들의 존재야말로 역사를 이끌어간 주체였음을 증언했던 제거스의 다음과 같은 발언은 인간이라면 외면할 수 없는 그 무엇을 우리에게 던져줍니다.

이름 없이 사라져간 사람들의 이름을 우리가 항상 떠올리지 않는다면, 우리의 자유가 무슨 의미가 있겠는가? 말할 수 있고 글을 쓸 수 있는 우리가 말이다.

하워드 진과의 대화

2009년 1월 27일 11시, 보스턴대학교

인디고 이렇게 인터뷰에 응해주셔서 감사합니다. 교육문제에 대한 질문으로 시작하고 싶습니다. 특히 한국에서는 대부분의 학생들이 굉장히 억압적인 교육체제로 인해 고통받고 있습니다. 그들은 자신의 성적, 대학, 입시 등을 고민하느라 다른 사람에 대해 생각할 시간이 부족합니다. 상황이 이렇다 보니, 타인에게 눈을 돌려서 타인을 바라본다는 것이 불가능합니다. 나아가 다른 사람들에 대해 생각할 필요가 없다고까지 여기는 아이들에게 그 중요성에 대해 어떻게 설명할 수 있을까요? 왜 우리 인간들은 타인에게 관심을 가지고 배려를 해야 한다고 생각하십니까? 그리고 보다 많이 가진 자들이 고통받는 이들을 위해 왜 무엇인가를 해야 한다고 생각하십니까?

하워드 진 저는 청소년들이 그들의 가족에 대해 우선 생각해볼 필요가 있다고 생각합니다. 즉, 그들은 '내가 가족에게 관심을 가지는지'에 대해 우선 자문해봐야 하는 것이죠. '나는 어머니에게 마음을 쓰고 있는가? 내가 아버지에게 관심을 갖고 있는가? 형, 누나, 동생에게도 관심을 갖고 있는가?' 같이 말이죠. 내가 아버지, 어머니 그리고 누나, 동생들을 염려하는 것과 같이, 세계를 나의 형제자매들로, 또는 아버지와 어머니로 생각하면 어떨까요? 우리는 인류라는 가족human family의 일부분이기 때문입니다.

그리고 가족과 있는 것이 즐겁고, 또 가족과 함께하는 시간이 당신에게 영감을 불어넣는다면, 더 큰 가족을 갖는 것이 얼마나 더 즐겁고 영감을 불어넣는 일인지 생각해볼 수 있습니다. 세계 어디를 가든지, 그들은 당신의 가족과 같을 테니까요. 그리고 모든 사람이 세계를 하나의 가족으로 생각한다면, 전쟁은 절대 없을 것입니다. 왜냐하면 전쟁을 일으키는 것은 자신의 가족을 향해 총부리를 겨누는 것과 같으니까요. 그리고 폭력도 사라질 것입니다. 왜냐하면 누구도 자신의 가족에게 폭력을 가하고 싶지는 않을 테니 말이지요.

그렇기 때문에 세계를 가족으로 생각하게 되면 큰 기쁨과 행복이 생겨날 것입니다. 그리고 이러한 돌봄에 참여한다는 것은 세계뿐 아니라 개인 자신에게도 좋은 일입니다. 개인에게 더 큰 만족을 주기 때문입니다. 이는 또한 삶의 질을 고양시킬 것입니다. 다시 말해, 타인에게 신경을 쓴다는 것은 당신의 삶을 더 아름답고 재미있게 만들 것입니다. 왜냐하면 무슨 일을 하든, 그것이 당신 자신에게만 좋은 일이라면 매우 제한되고 편협해지기 때문입니다.

그리고 다른 사람들과 사회운동에 참여한다는 것의 의미도 생각할 수 있습니다. 이는 저의 개인적인 경험에서 발견한 것입니다. 저는 아주 많은 사회운동 즉, 노동자운동, 남부 흑인노예 권리운동, 베트남전쟁 반대운동에 참여했었고, 현재는 중동에 대한 미국전쟁 반대운동에 참여하고 있는데요. 사회운동에 참여하기 시작한 이후 제가 발견한 것은, 사회운동에 참여한다는 것이 저에게 굉장한 개인적 만족감을 준다는 것입니다. 운동에 참여한다는 것은 나보다 더 큰 무언가의 한 부분이 된다는 뜻이죠.

우리는 애정과 사랑, 그리고 우정으로 가득 찬 세계의 일부입니다. 이로써 제 삶은 더 많은 의미를 지니게 되었습니다. 그래서 저는 청소년들에게 세계

에서 일어나는 일들에 참여하고, 스스로 평화를 위한 일에 기여하고, 깨끗하고 건강한 환경이나 정의 또는 평등과 같은 가치를 위해 참여할 때, 자신의 삶이 비로소 의미를 갖게 되고, 또 스스로가 더 행복해질 것이라고 말해주고 싶습니다.

인디고 선생님의 대답은 "자선은 집에서부터 시작하고, 정의는 옆집에서부터 시작한다"는 찰스 디킨스의 말을 생각나게 합니다. 저희의 운동 또한 그런 개념의 일부가 아닐까 생각합니다. 저희는 세계시민으로서, 젊은 운동가들과 변화를 만드는 사람들, 그리고 가슴 속에 청년의 꿈을 갖고 살아가는 사람들 사이의 세계적인 네트워크를 창조하려는 중입니다. 그러나 어떤 사람들은 왜 우리가 지역에서 활동하지 않고 해외로 나가는지에 대해 물어보는 경우가 많습니다. 21세기의 전 지구적 운동에 대한 비전이 있으신지 여쭙고 싶습니다.

하워드 진 우리 모두에게는 각자 자신의 나라에서 해야 할 일들이 있습니다. 각 나라들은 고유한 문제를 지니고 있고 이들을 해결하기 위해 일하는 것은 중요하죠. 그러나 그것으로는 충분하지 않습니다. 왜냐하면 한 나라는 다른 나라들과 관계를 맺고 있기 때문입니다. 지금 미국이 그러하듯이, 어떤 나라가 다른 국가들과 전쟁을 벌이는 경우도 종종 있습니다. 그들은 서로에게 의존하고 있는 것이죠. 다른 나라의 사람들이 우리나라의 전쟁을 멈추기 위해 서로 의존하고 있다는 말입니다. 그래서 만약 자신을 한 나라의 국민으로만 제한하게 된다면, 자신의 나라에 의해 영향을 받고 있는 다른 나라의 많은 사람들이 있다는 사실을 무시하는 것이 됩니다.

당신의 국가는 전쟁의 피해자일 수도 있고 가해자일 수도 있습니다. 하지만 둘 중 어떤 경우가 아니라 하더라도, 당신은 세계의 다른 곳에 살고 있는 사람들에게 관심을 기울여야 합니다. 당신은 당신 주위에 벽을 쌓을 수도 있습니다. 또한 희생자도 가해자도 아닌 국가에 살고 있을 수도 있습니다. 또한 한 나라에 살면서 이렇게 말할 수도 있겠죠. "음, 우리는 잘 살고 있어. 다른 나라들 신경 쓸 필요가 없어"라고 말이죠. 하지만 다른 나라의 문제들에 신경을 쓰게 되면 당신 삶의 경계는 더욱 넓어질 것입니다.

또한 우리는 국경을 초월하는 우정을 만들기를 원하고, 또 그렇게 하는 것이 필요합니다. 왜냐하면 그렇게 하지 않으면, 서로에게 등을 돌리는 상황이 발생할 수 있기 때문입니다. 간혹 정치적 리더들은 진실을 숨기기 위해, "이들 모두는 적이다"라고 말하기도 합니다. 하지만 세계를 돌아다니면서 서로 다른 곳에 사는 사람들을 만나게 된다면, 그리고 그들에 대해 알게 되면, 당신은 그들이 적이 아니라 당신과 똑같은 인간이라는 사실을 깨닫게 될 것입니다.

제가 세계에 대해 희망을 갖게 만드는 것들 중 하나는 더 많은 사람들이 여행을 다닌다는 점입니다. 인디고 여러분과 같이 말이죠. 보다 더 많은 사람들이 국경을 넘어서 이동하고 있습니다. 그리고 이러한 일이 보다 많이 일어날수록, 우리가 세계공동체를 만들 수 있는 가능성은 커질 것입니다. 즉, 정부들의 연합이 아니라, 사람들의 공동체 말입니다.

인디고 선생님께서 얼마 전 〈오바마를 위한 충고〉라는 글에서 말씀하셨듯이, '기존에 사용되는 모든 단어들을 재정의할 필요'가 있다고 생각합니다. 그것이 바로 저희가 하고 있는 일이기도 하고요. 그래서 저희는 21세기의 '정의 Justice'를 재정의하려고 합니다. 우리는 희망, 평화와 같은 단어들, 그 개념들이 어떠한 형태여야 하는지에 대해 생각하면서 과연 '정의'라는 것은 어떠한 모습이어야 하는지 재정의하고자 합니다. 이는 2010 인디고 유스 북페어의 중심 주제이기도 한데요. 청소년들을 위해 우리 시대의 정의, 또는 정의감에 대해 재정의하신다면요?

하워드 진 굉장히 좋은 질문입니다. 왜냐하면 사람들은 정의의 의미에 대해 다른 생각들을 가지고 있기 때문입니다. 예를 들어, 미국에서 정의라는 것은 모든 규칙절차들을 따르는 것으로 생각되곤 합니다. 적절한 절차를 따르기만 한다면, 예를 들어 법정에서의 사법체계 안에서 변호사를 고용하고, 또 재판을 한다고 했을 때, 무엇이 일어나든 간에 그것은 정의로 생각되곤 합니다. 다시 말해, 올바른 절차들을 따르기만 한다면 정의가 될 것이라는 일종의 형식적인 의미인 셈입니다. 하지만 그것은 정의가 아닙니다. 그러한 형식들의 경우 정의를 좇지 않고 그저 거대권력을 지닌 사람들에 의해 만들어졌을 수도 있기 때문입니다.

그래서 궁극적으로 정의라고 하는 것은 다른 사람들을 평등하게 대하는 인간관계와 관련이 있습니다. 그리고 정의에는 많은 다양한 측면들이 있죠. 제가 말한 대로 사법체계라고 불리는 법정에서 정의가 있죠. 물론 사람들은 그것을 정의라고 부르지만, 그곳에는 정의가 없을 수도 있습니다. 미국에서 법관들을 칭할 때, 대법원의 정의Justices of the Supreme Court라는 말을 사용하는 것은 재미있는 일입니다. 하지만 대법관들이 정의로움으로 판정하지 않을 수도 있습니다. 그러나 이러한 것도 정의의 한 형태라고 할 수 있죠.

그리고 경제적 정의라는 것도 있습니다. 이는 모든 사람들이 삶에 필요한 요소들에 동등한 접근성을 가진다는 것을 의미합니다. 작년은 우리가 세계인권선언문 60주년을 기념하는 해였습니다. 세계인권선언은 정의Justice에 대한 정의Definition를 내리고 있습니다. 그리고 그것은 특히 경제적 정의의 측면을 의미합니다. 세계인권선언문에는 "모든 인간들은 음식, 주거, 의료혜택, 교육 등 모든 것에 동등하게 접근할 수 있는 권리를 가지고 있다"고 쓰여 있습니다.

그것이 바로 경제적 정의이자 사회적 정의인 셈입니다. 그래서 저는 우리가 정의를 법적 규제의 정의, 경제적 측면에서의 정의와 같이 다양한 측면에서 고민해봐야 한다고 생각합니다.

또한 민주주의 안에서 정의와 함께 자신의 운명을 결정할 권리를 갖는 사람들과 관계하는 정치적 정의도 있습니다. 그와 관련해, 민주주의는 단지 형식적 구조라든지, 선거 혹은 입법권 등의 문제에 국한되지 않는다는 사실을 알아야 합니다. 당신은 투표권과 함께 입법권도 갖고 있다 하더라도 꼭 정치적 정의를 확보한 것은 아닐 수 있습니다. 정치적 정의란 결국 모든 사람이 그들의 삶과 그들 나라의 정책들에 대해 자신의 목소리를 내는 것을 의미하기 때문입니다.

인디고 저희 팀은 인간적 가치, 말하자면 정의를 포함하는 인간적 가치, 인권, 세계정의와 같은 가치들의 진정한 의미를 이번 여정에서 찾고자 하는데요. 이 여정은 저희에게 이러한 가치들을 배우고 느끼는 방법과 그 가치들을 행동으로 실천하는 방법을 가르쳐주었습니다. 그렇다면 선생님께서는 만약 저희와 같은 젊은 이상가들이 꼭 지니고 살아야 할 가치들에 대해 어떤 조언을 해주시고 싶으신지요? 말하자면 '가장 가치 있는 가치'란 어떤 것인지요?

하워드 진 저는 제 가치의 리스트에서 '친절함'을 제일로 꼽고 싶습니다. 몇 년 전 한 러시아 작가가 세계 2차 대전의 소련에 대해 쓴 소설을 읽은 기억이 납니다. 아주 강렬한 소설이었습니다. 이 소설은 또한 스탈린주의 소련과 그 잔혹함에 대해 고발하는 내용이었습니다. 그리고 이 소설에서는 다양한 사회 체제에 대한 토론도 전개됩니다. 그러다가 어떤 지점에서 작가는 한 인물의 입을 통해 이렇게 말합니다. "실제로 사회체제에 대해 이야기할 수는 있어. 사회주의나 자본주의에 대해 이야기할 수 있지." 그리고는 이어 말하는 부분에서 그가 저에게 던진 말은 '우리 삶에서 친절함이 전부라는 것' 이었습니다. 사람들이 서로에게 친절한 것. 다른 사람들에게 친절한 것, 관대한 것, 그리고 따뜻한 마음을 지니는 것. 바로 이러한 관대함. 즉, 내가 만약 당신보다 많이 가졌다면, 상대에게 베풀어줄 수 있는 관대함을 가지는 것입니다. 친절함, 관대함, 착함, 타인에 대한 감수성. 그리고 다른 사람들에 대해 생각하는 것. 다른 사람들의 눈을 통해 세계를 보는 것.

때로 당신은 이렇게 말할지 모릅니다. '이게 내가 세상을 바라보는 방식이야' 라고 말이죠. 하지만 당신은 타인이 어떻게 그 문제를 보는지에 대해서도 생각해야 합니다. 나는 '내가 옳은 일을 하고 있다' 고 생각할 수도 있습니다. 그러나 상대방은, 즉 다른 사람은 그렇게 보지 않을 수도 있죠. 또한 나는 이렇게 말할지도 모릅니다. '나는 이 사람을 해칠 어떤 일도 하지 않았어' 라고 말이죠. 하지만 상대는 아픔을 느낄 수도 있습니다. 그래서 당신은 당신이 믿고 있는 부분만을 생각할 것이 아니라 다른 사람의 생각을 살피고, 다른 사람의 마음을 살피고, 또 다른 사람의 감정을 살펴야 합니다. 나는 이것이 인간존재라고 하는 것

의 일부라고 생각합니다. 타인을 향해 감정을 이입하는 것, 그리고 다른 사람들과 공감하는 것 등 말이지요.

그리고 희망 또한 매우 중요합니다. 희망이 없다면, 살기 위한 의지 그리고 좋은 일을 하기 위한 에너지가 사라질 것이기 때문입니다. 에너지를 버리고, 의지를 포기하고, 나아가 삶을 포기하는 것. 이렇게 사람들이 희망을 갖지 않는 이유를 생각해보면 우리는 매우 쉽게 이해할 수 있습니다. 세계를 살펴보면 끔찍한 일들이 너무 많기 때문입니다. 그리고 우리는 이것을 희망이 없는 사람들과의 대화 속에서도 알 수 있습니다. 그들은 전쟁이 일어나는 것을 보았고, 또 사람들이 학대당하는 것을 보고 있기 때문에 희망을 잃기 쉬운 것이지요.

이와 더불어 역사의식 또한 매우 중요한 것이라고 생각합니다. 역사의식을 지니고 있다면 (역사적으로) 사람들이 희망을 잃고 아무런 변화가 일어날 수 없다고 생각했던 때에는 결코 변화가 자리잡을 수 없었던 경우가 과거에 많이 있었다는 것을 알 수 있습니다. 미국에서 특히, 흑인의 경우 오랫동안 희망을 갖지 못했다고 말할 수 있습니다. 모든 것은 똑같았고, 아무것도 그들을 위해 바뀌지 않았습니다. 그러나 몇몇 사람들은 희망을 잃지 않았고, 나아가 행동하기 시작했습니다. 그리고 그들이 행동했을 때, 그 행동은 다른 사람들에게도 전파되었습니다. 그리고 곧 그들은 희망의 가능성을 보기 시작하지요. 이렇게 희망은 아주 중요한 것입니다. 왜냐하면 당신이 희망을 가졌다면 당신은 행동할 것이고, 움직일 것이며, 사람들과 함께 참여할 것이기 때문입니다. 하지만 희망을 잃게 된다면 우리는 세계가 있었던 모습 그대로 유지되도록 허용하는 것과 같습니다. 우린 그것을 원치 않습니다. 우리는 새로운 세계를 원하기 때문이죠.

인디고 그렇다면 우리는 어떻게 사람들에게 세계를 바꿀 만한 실천을 하도록 권할 수 있을까요? 특히 자본주의적인 가치들의 지배와 억압을 극복한다는 것은 우리에게 참 어려운 일입니다. 한국의 경우, 2008년에 대통령 선거가 있었고 대부분의 사람은 매우 보수적인 당을 찍었는데, 이 당의 후보는 한 회사의 최고 경영자였던 사람이었습니다. 사람들은 최고경영자로 일했던 사람이라면 이 경제위기를 극복할 능력을 지녔을지도 모른다고 믿었기 때문이라 생각합니다. 이러한 일련의 일들은 우리에게 사람들의 가장 큰 관심은 경제회복이라는 것을 보여주었습니다. 그렇다면 우리가 자본주의나 물질주의를 이겨낼 수 있는 어떤 대안이나 체제 혹은 탈출구가 있을까요?

하워드 진 미국은 자본주의체제의 가장 큰 예죠. 그리고 아마도 가장 성공적인 예라고 할 수 있습니다. 미국의 예를 살펴보는 것은 좋은 교훈이 될 것 같은데요. 한편으로 자본주의체제는 미국에서 가장 성공적이었고, 그 결과 미국은 세계에서 가장 큰 부를 지니고 있죠. 하지만 다른 한편으로는 이 부유한 나라에서, 2백만 명의 사람들은 거주할 곳이 없습니다. 2백만 명의 노숙자가 있다는 말이죠. 또한 4천만 명의 사람들은 건강보험이 없습니다. 그리고 5명 중 1명의 아이들은 빈곤 속에서 자랍니다. 당신이 미국의 도시 내 한 지역에서 다른 곳으로 걸어간다면 그 차이를 목격할 수 있을 것입니다. 여기 보스턴의 경우, 거리를 걸으면서 "와우, 여기는 모두 부자들인가봐. 다 잘 살아"라고 말할 수도 있습니다. 하지만 계속 걸어가다보면, 전쟁이라도 난 것 같은 지역을 볼 수 있습니다. 건물들은 낡았고 사람들은 겨울에 난방도 되지 않는 곳에 살고 있습니다. 그리고 아이들에겐 충분히 먹을 음식조차 없죠.

그래서 미국은 어마어마한 부를 만들어내는 데에는 성공했지만, 그 부가 형편없이 배분된 자본주의의 예라고 할 수 있습니다. 부가 평등하게 분배되지

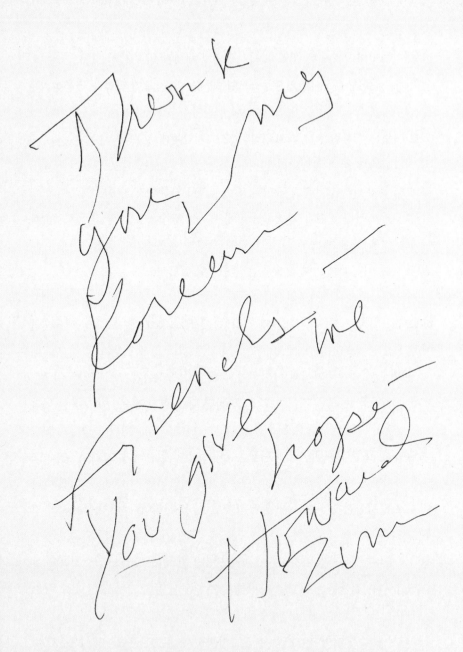

Thank
you my
Korean
friends we
you give hope
Howard Zinn

최고의 가르침은 사회적 행위와 책에 담긴 지식을 접목시키는 데 있다 - 하워드 진
The best kind of teaching makes this connection between social action and book learning
– Howard Zinn

않은 것이지요. 그리고 그것은 자본주의의 본성에 대한 교훈입니다. 미국의 부유하고 필요한 것을 다 갖춘 가정에서 자라난 청소년들에게 매우 중요한 것은 이곳저곳 여행을 다니면서 다른 사람들을 보고, 또 '내가 가진 것들을 그들은 갖지 못했구나' 하고 느끼는 것입니다.

결국 자본주의란 소수의 사람들에게는 성공적이었지만, 나머지 사람들에게는 그렇지 못한 것입니다. 물론 세계의 많은 사람들에게는 더욱 실패한 것이죠. 왜냐하면 세계 인구의 4퍼센트만을 가진 이 미국은 세계의 부의 25퍼센트를 가지고 있기 때문입니다. 그래서 우리는 새로운 삶의 방식을 생각해보아야 합니다. 협동하고 공유하는 삶의 방식을 말이지요. 자본주의적 정신에 입각한 경쟁은 인간존재에게 독이 되는 것으로 생각되어야 합니다. 경쟁은 당신을 다른 사람과 대결상태에 놓습니다. 또한 경쟁은 당신을 좁은 시야를 가진 개인주의자로 만듭니다. 왜냐하면 당신은 자신의 이익만을 생각하게 되기 때문이죠.

이러한 자본주의적 시스템의 반대지점에 놓이는 것으로 '가족'을 생각할 수 있습니다. 사람들은 가족을 좋아하죠. 엄마, 아빠, 아이들 모두가 경쟁 상태에 있고, 가족 중 한 사람은 잘 살고 다른 사람은 신발조차 없는 경우를 좋아하지는 않죠. 따라서 가족이야말로 인간이 세계 속에 어떻게 살아야 하는가에 대한 좋은 모델이라고 할 수 있습니다.

인디고 그렇다면 저희가 만약 하나의 세계적인 인류 가족이 된다면, 세계는 행복해질까요? 혹은, 우리는 이 낙관을 계속 유지해도 되는 것일까요?

하워드 진 저는 매우 낙관적이고 희망적이라 생각합니다. 왜냐하면 보다 많은 사람들이 인디고 여러분처럼 국경을 넘어 관계를 맺어나가는 것을 보기 때문입니다. 보다 많은 사람들이 여행을 하고, 다른 사람들과 연결이 되는 것을 봅니다. 그리고 물론 현대적 통신수단인 이메일과 인터넷이 있기도 하죠. 그래서 사람들이 서로를 알 수 있는 가능성이 점점 더 커지는 것입니다. 그리고 국경을 넘어선 결혼이 많아지고 있습니다. 이것은 희망적인 일입니다. 예를 들어 미국에서 흑인과 백인, 아시아인, 앵글로 색슨 등 많은 경계를 넘어서는 결혼이 점점 더 늘어나고 있습니다. 이는 매우 좋은 징조라고 할 수 있죠.

인디고 저희가 지닌 문제의식 중 하나는 이상적인 가치와 현실에서 실현을 융합시키는 것입니다. 근거가 없는 낙관은 우리에게 문제에 대한 이성적 접근을 주지 못하는 경우를 종종 경험합니다. 우리는 어떻게 현실과 이상을 잘 융합할 수 있을까요?

하워드 진 이상에 완전히 파묻혀서 현실을 보지 못하는 일이 없도록 조심하는 것은 매우 어려운 문제입니다. 그렇지 않으면 상상의 세계에 살게 되죠. 또는 사람들은 당신에게 "완벽한 세계를 생각하는 건 불가능해. 이것이 바로 현실이야"라고 말할 것입니다. 하지만 이상이 아무리 멀리 있더라도 이상에 대해서는 생각해야만 합니다. 이 점을 늘 마음속에 지니고 있어야 합니다. 그렇지 않으면 현실의 진흙탕에 빠져 꼼짝도 못 할 것이기 때문이죠.

그후에 당신은 목표가 무엇인지, 어떤 세상에서 살고 싶은지를 늘 되물어야 합니다. 현실의 힘이 아무리 크고, 현실이 아무리 당신을 끌어내리더라도, 혹은 사람들이 현실적이 되라고 말하더라도, 늘 당신은 당신을 이끌어주고 방향을 제시해줄 이상을 마음속에 간직해야 합니다. 당신이 목표가 무엇인지, 또 어떤 방향으로 갈지 알고 있는 것은 매우 중요하기 때문이죠.

그리 유명하지는 않지만 1930년대의 매우 훌륭한 흑인 여성 작가 조라 닐

ⓒ 김미현

헐스턴이 있습니다. 그녀의 어머니는 그녀에게 늘 이런 말을 하곤 했다고 합니다. "태양을 향해 뛰어오르거라. 태양에 닿을 순 없을 거야. 하지만 적어도 땅에서 발을 떼어볼 수는 있지 않겠니." 즉, 태양을 향해 뛰어오른다면, 비록 태양에 닿을 수는 없을지라도, 혹은 비록 땅에서 2인치밖에 뛰어오르지 못하더라도, 당신은 옳은 방향으로 가고 있다고 할 수 있습니다.

인디고 마지막으로 이 시대의 젊은 이상가들에게 한 말씀 해주신다면요?

하워드 진 여러분과 같이 이상을 가진 젊은이들에게 제가 말하고 싶은 말은 이렇습니다. 현실의 어떤 소식도 당신의 이상을 방해하도록 놔두지 말라는 것입니다. 세상에 어떤 일이 일어나더라도, 또 그 일이 아무리 끔찍하더라도, 당신의 이상을 포기하도록 놔두지 말라는 것입니다. 이상을 간직하는 한 당신은 현실에 갇히지 않을 것입니다.

감옥에 있는 사람들이 어떻게 그 가혹한 환경을 견뎌낼 수 있겠습니까? 그들은 마음속에 이상을 간직하고 있기 때문입니다. 결코 포기할 수 없는 바로 그 이상 말입니다. 이는 삶을 단지 견딜 만하거나 참을 만한 곳으로 만드는 것이 아니라, 삶 자체를 재미있고 아름답게 만들어주죠. 그리고 이는 다른 사람들과 함께 무엇인가를 할 수 있게 해주는데, 이는 궁극적으로 모든 인간이 사회적 존재라는 것을 뜻합니다. 인간은 혼자 살 수 없습니다. 인간이라는 것은 무엇보다도 사랑과 애정, 그리고 우정을 의미합니다. 그리고 이처럼 같은 이상을 꿈꿀 때, 우정과 사랑의 유대는 매우 강력해집니다. 회사와 같은 곳에서는 그런 유대를 만들 수가 없습니다. 그저 같은 이익을 바라고 일하는 사람들과는 그런 유대를 만들 수가 없습니다. 대학에서 경쟁을 하는 사람과도 그런 유대를 만들 수가 없죠.

하지만 같은 이상을 지닌 사람들과 함께 일한다면, 여러분 사이에서는 놀라운 따뜻한 느낌이 생겨날 것입니다. 나아가 그것이 바로 삶을 살아갈 만한 가치가 있는 것으로 만들어줄 것입니다.

공평이란?

· 윤한결 ·

여러분은 언제 화가 나나요? 저는 공평하지 못한 대우를 받을 때 화가 납니다. 저는 역사의 진보가 모든 사람이 공평해지는 과정이라고 생각합니다. 많은 사람들이 오랜 시간 이 '공평'을 쟁취하기 위한 투쟁을 해왔기에 지금의 우리가 예전에 비해 많이 자유롭고 평등해진 사회에 살 수 있다고 생각합니다. 하지만 아직 우리 사회에는 수많은 '불공평'이 존재합니다. 우리는 앞 세대들이 그래 왔던 것처럼 '불공평'에 대항하여 공평한 세상을 만들기 위해 노력해야 합니다. 여러분이 생각하는 진정한 공평이 무엇인지 궁금합니다.

✛ 진정한 공평이란 경제적 분배를 넘어선 사람과 사람 간의 관계 속에서 진정한 정의가 실현되는 것. **윤수민**

✛ 우리 사회의 불공평은 양팔저울을 일직선상으로 맞추려 할 때 그 저울이 발 딛고 있는 지면이 기울어진 상태와 같다. 진정한 공평은, 그 기울어진 지면의 상태를 감안하여 올라가 있는 접시에 추를 놓음으로써 두 접시를 일직선상으로 놓이게 하는 것. **류성훈**

✚ 공평이란 그 결과에 모두가 고개를 끄덕일 수 있는 것, 사회의 부조리에 얽혀 아파 신음하는 사람이 사라지는 것, 하나되어 서로 함께하는 것. **김아라**

✚ 이 세상에서 가장 불공평한 것은 진실한 사람이다. 그들은 그들이 추구하는 진정한 가치를 위해 목숨을 걸고 노력하여 가치를 이루어내고, 때론 이루어내지 못하지만 그렇지 않은 사람들은 그들의 수고와 노력 덕분에 살아간다. 그것은 지구 최대의 불공평이다. 진실한 자는 가장 불공평한 불편함을 선택함으로써 세상을 공평하게 만들어가고 있다. 그래서 나는 불공평한 삶을 살아가고 싶다. **이윤영**

✚ 내가 하기 싫은 일은 다른 사람도 하기 싫고, 내가 하고 싶은 일은 다른 사람도 하고 싶다는, 잊어버리기 쉬운 진리를 인정하는 것. 나와 다른 사람이 '같다'는 사실을, 머리가 아닌 가슴으로 인정하는 것. 선입견으로 다른 사람을 차별하지 않는 것. **정연주**

✚ 저울의 어느 한쪽만 올라가거나 내려가지 않은 것. 양쪽 모두 만족할 수 있어서 다함께 행복한 것, 공평. **류진경**

✚ 진정한 공평이란 가식이 아닌 진실이 기준인 것. 외면이 아닌 내면을 기준으로 보는 것. **하성봉**

✚ 공평은 같게 만드는 것이 아니라, 조건에 알맞게 대하는 것. 다름과 같음을 동시에 인정하는 것. **이미지**

✚ 모두가 하나의 생각이 아닌, 하나의 마음을 갖게 되는 것. **조영인**

✚ 진정한 공평은 모두에게 같음을 강조하는 것이 아니라 서로의 다름을 인정하는 것. 모든 사람들의 행복을 보장하는 한에서, 공동체의 가치를 추구하는 것. 자신의 소신에 따라 옳으면 옳다, 그르면 그르다고 말할 수 있는 것. 남의 자유를 침해하지 않는 범위에서, 모두가 자신의 자유를 행사하는 것. **유진재**

Symbiosis

6부

소통하기
ː 공생

5부에서는 다른 사람들과 공감하는 것에 대해 이야기해보았습니다. 그렇다면 이 번 6부에서는 우리가 마음속으로 느꼈던 공감을 밖으로 표현함으로써 다른 사람 들과 소통하는 것에 대해 이야기해보고자 합니다. 소통되지 않고 혼자만의 감정 으로 끝나는 공감은 아무런 긍정적 변화도 일으킬 수 없기 때문입니다. 반면 밖으 로 표현되어 잘 소통되는 공감의 감정이야말로 많은 사람들이 함께 살아가는 이 세상에서 서로가 서로를 이해하여 평화롭게 '공생'할 수 있게 하는 원동력이 될 수 있습니다.

그런데 우리는 이러한 '공감-표현-소통-이해'의 과정을 예술가의 활동에서도 발견할 수 있습니다. 예술가는 이 세상에 존재하는 것들과 공감하고 그 공감한 내 용을 자신만의 방식으로 표현함으로써 세상과 소통하는 존재입니다. 그렇다면 우리도 타인과 공감하고 그것을 표현하여 타인과 잘 소통할 수 있다면 스스로의 삶을 예술로 만들 수 있지 않을까요. 우리는 과연 예술적인 삶을 살고 있는지 이 야기해봅시다.

예술, 그리고
아름다움 나누기

참여 ■ 《인디고잉》 기자들 | 정리 ■ 하성봉

왜 인간은 아름다움에 반응하는가?

언어모의고사를 풀다가 흥미로운 지문을 접했습니다.

> …… 하버드 대학의 심리학자 하워드 가드너는 인간에게 음악적 지성이 있고, 이
> 것은 다른 지성—그러니까 언어능력이나 수리력 같은 지성—과는 별도나 동등
> 한 지성이라고 주장한다. 가드너에 따르면 음악적 지성과 언어능력은 매우 비슷하
> 다. 아이들은 옹알이를 시작하는 것과 거의 동시에 노래의 파편 비슷한 소리를 내
> 기 시작한다……

> …… 어떤 학자들은 우리의 음악능력이 언어능력과 거의 동시에 진화하기 시작
> 했다고 주장한다. 그러나 언어는 우리에게 분명히 이익을 제공했다. 의사소통이
> 원활해짐에 따라 살아남을 가능성이 더 커진 것이다. 그런데 음악은 생존에 어떤
> 기여를 했는가? 물론 그림, 조각, 무용, 시 등의 예술에 대해서도 같은 의문을 가
> 질 수 있다. "왜 인간은 아름다움에 반응하는 것일까?"

읽는 데 5분도 걸리지 않았지만, 그 5분 속에는 제가 이제껏 예술에 대해서

가져왔던 의문이 녹아 있었습니다. 전 창조론자가 아니지만, 이 세상 모든 것은 모두 저마다의 쓰임새가 있기에 존재한다고 생각해왔습니다. 하지만 계속해서 이 문장이 떠올랐습니다. "그런데 음악은 생존에 어떤 기여를 했는가? 물론 그림, 조각, 무용, 시 등의 예술에 대해서도 같은 의문을 가질 수 있습니다. '왜 인간은 아름다움에 반응하는 것일까?' 이 물음이, 바로 우리들을 모이게 한 문장이었습니다."

예술 고픔을 느끼십니까? :

우리들은 옷을 입지 않으면 추위를 느끼고, 밥을 먹지 못하면 허기를 느끼며, 약이 없으면 고통을 느낍니다. 다르게 말하자면, 무엇인가가 '고프다'고 느낄 때가 있습니다. 하지만 예술은? 모두가 스스로에게 물어보았습니다. 그림 고픔을 느끼는가? 시詩 고픔을 느끼는가? 음악 고픔을 느끼는가? 아름다움이 부재한다고 해서 그것이 우리들에게 직접적인 고통을 주진 않습니다. 대신에 우리들은 무언가 2.5퍼센트 부족함을 느끼게 됩니다. 그런데 2.5퍼센트 부족한 그것은 적지만 우리 삶에 없어선 안 되는 비타민과 같은 존재라는 생각이 들었습니다. 인간다운 삶, 살아 있음을 느끼게 하는 삶을 만들어주는 것이 아름다움이라는 것입니다. 어쩌면 예술의 의미도 이러한 아름다움의 정의 안에서 찾아야 하는 것이 아닐까요?

윤한결 ★ 자기가 진실하다고 믿는 것을 가장 아름답게 표현한 것이 예술이라고 한다면, 저의 소원은 저의 삶이 예술이 되는 것입니다. 제가 진실하다고 믿는 것들을 가장 아름답게 매순간 저의 존재로 표현하는 것이 제 삶이면 좋겠습니다. 표현한다는 것은 필연적으로 다른 사람에게 '나'를 드러내는 것. 그래서 타자와의 연결, 타자로의 여행. 이것이 예술의 본질이고, 이것이 인간,

267

삶의 본질이 아닐까요? 그것이 저로 하여금 영혼의 만족을 느낄 수 있게 하고, 나아가 다른 사람에게도 감동을 전달해줄 수 있다면 말입니다.

'타자와의 연결, 타자로의 여행'이란 말에서부터 알 수 있듯이, 예술은 기본적으로 하나의 소통이라고 할 수 있지 않을까요? 비록 어떤 예술작품이 작가의 표현욕구라는 개인적인 동기에 의해서 만들어졌다 하더라도, 그것을 감상하는 타인이 있는 한 예술작품을 매개로 한 작가와 타인간의 소통은 존재할 수밖에 없습니다. 그렇기 때문에 우리들은 예술의 사회적인 측면을 생각하지 않을 수 없었습니다. 아니, 오히려 사회적인 측면에서 바라보았을 때, 우리들은 예술이 가진 가능성을 엿볼 수 있었습니다.

윤수민 ★ 작품활동의 의도가 개인적이든 사회적이든 간에 예술작품은 세상에 나오고 인간과 만나게 되면서 사람들과 소통하게 됩니다. 인간에겐 공감할 수 있는 능력이 있기 때문에 인간의 손으로 창조된 예술은 '나눔의 가능성'을 지닙니다. 공감의 능력을 통해 예술에서 나를 발견할 수 있기 때문에 인간은 결국 타인을 통해 자아를 발견하게 된다는 것입니다. 여기서 나를 발견한다는 것은 나를 상징하는 어떤 것이 아니라 내 안의 무의식적인 욕구라든가 한 번도 경험해보지 못했지만 늘 원하던 것들을 의미하기도 합니다.

많은 결점을 가지고 있는 인간사회가 여태껏 존속되는 데에는 '나눔'이라는 가장 가치 있는 인간적 실천이 있기 때문일지도 모릅니다. 지금까지 우리들은 나눔에 대해 생각할 때, 노벨평화상을 수상한 무하마드 유누스와 같은 사람들이 실천하는 부의 나눔, 클레멘트 코스를 진행한 얼 쇼리스 같은 사람들이 실천하는 지식의 나눔 등을 생각해왔습니다. 그러나 아름다움의 나눔에 대해선 많이 소홀했습니다. 물론, 어떤 사람들은 "아름다움을 나눈다는 말도 웃기지만, 아름다움을 받는다고 해서 무엇이 달라지겠는가?"라고 물을지도 모릅니다. 이 물음에 답하기 위해선 잠시 앞으로 돌아가야 할 것 같습니다.

예술에 대한 열망의 빈곤 :

우리는 아름다움을 어디로 받아들일까요? 아름다운 멜로디의 음악을 들었을 때, 혹은 혼을 빼놓을 듯한 무용수의 강렬한 움직임을 보았을 때 가슴이 찡한 경험을 한 적이 있을 것입니다. 이럴 때 우리들은 흔히 '심금을 울린다'는 말을 씁니다. 마음속의 가야금이 울린다는 말입니다. 눈과 귀는 단지 아름다움이 전달되는 매개체일 뿐입니다. 또한 우리들은 아름다움에 달리 해석을 하려들지 않습니다. 그렇습니다. 아름다움을 받아들이는 것은 오감도 아니고 뇌도 아닙니다. 우리는 마음으로 아름다움을 느낍니다. 무엇인가에 고프다는 것을 조금 더 현학적으로 말하자면 '결핍'이라는 단어로 표현할 수 있지 않을까요? 그렇다면 아름다움에 대한 결핍증은 아마 마음의 병이자, 감성의 병일 것입니다. 하지만 유진재 기자는 예술이나 아름다움을 결핍의 대상으로 보지 않았습니다.

유진재 ★ 예술이 없다면 2.5퍼센트 부족한 삶이라고 했는데, 전 예술이 있다면 우리 삶에 2.5퍼센트를 더하는 것이라고 생각합니다. 콜롬비아의 '몸의 학교'가 그 예가 되겠네요. 내전과 기아로 어려운 환경에 처한 콜롬비아의 아이들은 몸의 학교를 통해 자신을 되돌아보기 시작했습니다. 그리고 자신이 정말로 소중한 사람이라는 것을 깨닫게 되었고, 자신의 가치를 '춤'이라는 움직임의 예술로 승화시켰습니다. 그렇게 함으로써 삶의 아름다움을, 행복함을 2.5퍼센트 높일 수 있었을 거예요. 아니 그 이상을 높였을지도 모릅니다.

무엇인가 강요하지 않고, 오래된 친구처럼 편안하게 다가오는 것, 예술이 아름다움을 나누는 방식입니다. 하지만 우리들은 조금 더 현실적인 측면에서 접근해보아야 할 필요를 느꼈습니다. 단순히 편안하다는 것 하나만으로 예술이 가진 나눔의 가능성을 다 설명할 수 없다고 생각했기 때문입니다.

예술을 나눈다는 것 :

류성훈 ★ 앞에서도 나온 말이지만 예술창작의 동기는 개인적일 수도 사회적일 수도 있습니다. 하지만 개인적인 것으로 출발한다 해도 결국 그것이 대중과의 만남에 노출된다면 사회성을 띠게 됩니다. 제 나름대로 답을 내리자면 예술은 개인성과 사회성을 다 가지게 되는데, 특히 현대사회에서는 사회성에 조금 기운 상태로 공존하지 않을까 하는 것입니다. 이 특성 또한 예술이 나눔의 가능성을 충분히 가지고 있다는 뜻으로 해석될 수 있습니다. 예술에서의 나눔은 경제 혹은 다른 분야에서의 나눔과는 다소 다른 면이 있습니다. 부를 가진 사람이 더 많이 갖고 적게 가진 사람이 더 적게 받는 형태가 아닙니다. 양적인 것에 휘둘릴 필요가 없고, 양적인 부분에 있어 구속받을 이유도 찾기 힘듭니다. 예술의 나눔은 다른 나눔에 비해 훨씬 제한이 없는 것 아닐까요?

예술은 특이합니다. 쓰면 쓸수록 없어지는 다른 사회적 재화와는 달리, 예술은 보는 사람이 혹은 듣는 사람이 많아진다고 그 진가가 떨어지지 않습니다. 오히려 예수님이 빵 다섯 개와 물고기 두 마리로 수천 명을 먹였다는 기적처럼 그 가치가 증대됩니다. 이는 예술이 생산자와 소비자 모두를 만족시키는 성격을 가지고 있다는 것으로 생각할 수 있습니다. 그렇기에 예술은 더 많은 사람들이 즐길 수 있도록 '나눔'을 지향합니다. 그리고 더 많은 공감을 이끌어낼 수 있는 예술일수록, 더 많은 소통이 가능한 예술일수록 그 나눔의 크기는 더해갑니다.

하지만 여기서 또 하나의 고민이 생겼습니다. 더 많은 공감을, 더 많은 소통을 이끌어낼 수 있다고, 더 좋은 예술이라고 말할 수 있냐는 것입니다. 일단 창작되고 나면 타인과의 소통이 이루어지기에 예술은 사회적이지만, 동시에 작가의 표현욕구를 담았다는 점에서 개인적인 성질 또한 배제할 수 없을 것입니다. 그러나 혼란은 계속되었습니다. 실제로 우리들은 작가가 타인과 소통하고자 하는 마음이 있었는지 의문이 드는 많은 예술작품들을 볼 수 있습니다. 현대에 제작된 작품일수록 그러한 경향은 두드러지며, 놀랍게도 그런 작품들이 높은 평가를 받아 고가의 가격에 거래되고 있습니다.

세상에는 너무나도 많은 사람들이 있고, 그 사람들이 가진 예술적 성향도 가지각색입니다. 그래서 많은 부류의 예술이 있는 것입니다. 그러나 예술마다 나눔의 정도가 다르다는 것을 우리는 알 수 있습니다. 소수만이 향유하는 예술이 있는가 하면 어떤 것은 만인의 예술이기도 합니다. 그 차이의 원인은 여러 각도로 생각할 수 있겠지만, 회의내용과 연관지어보면 그 예술이 '무엇을 기반'으로 만들어지고 발전하며 사람들과 접하게 되느냐도 이유의 하나가 될 것입니다. 예술이 나눔의 기능에 충실할 수 있기 위해선 그 기반을 '근원적인 것'에 두어야 하지 않을까요. 많은 사람들이 쉽게 접근할 수 있고 공감할 수 있게 말입니다. 그렇게 근원적인 것을 기반으로 하고 있되 참신성과 더불어 사회적 문제를 담고 있다면 더욱 좋은 예술이 되지 않을까요. 하지만 그것만이 예술의 목적이라고 단정짓는 것은 다소 위험하다고 생각합니다. 한 개인의 표현욕구를 발산시킨다는 것 하나로도 예술은 충분히 가치가 있을 수 있으니 말입니다.

김신혜 ★ 예술은 한 인간의 일생을 집약적으로 보여주는 것입니다. 그것으로 인해 우리는 서로 위로를 받기 때문에 또는 "저런 감정도 가질 수 있구나!" 하고 놀라기 때문에 '나눈다'라는 느낌을 받는 것이 아닐까요? 몸의 학교 아이들이 춤을 추며 자신의 감정을 표현하며 같은 감정을 지닌 아이들과 서로를 위로하고, 또 그들의 춤을 보는 우리들도 춤으로 다른 이의 인생을 보며 감동을 받고 놀라잖아요. 하나의 예술작품이나 행위로 인해 얻는 감정은 개인마다 많이 다를 수도 있을 테지만, 일단 솔직하다는 것에서부터 감동을 하는 게 아닐까 생각해요. 그리고 그 솔직함이 누군가로 하여금 동질감을 느끼게 하여 살아갈 의지를 가지게 하는 일도 그렇게 찾아보기 힘든 것은 아니지 않을까요? 때문에 예술이 나눔을 실천할 수 있는 현실적인 방안은 솔직함이라고 생각해요. 나 자신을 숨김 없이 내보였을 때 거기서 예술이 시작되고, 타인들이 함께 느낄 수 있는 것이 아닐까요?

예술이 타인과의 소통이 이루어지는 창구 역할을 하기에, 이를 매개로 한 소통은 순수해야만 합니다. 그리고 순수한 소통을 위해선 나 자신에게, 타인에게 솔직해져야 한다는 것이 우리들의 생각이었습니다. 소통은 인간의 삶과 밀접한 연관이 있을 수밖에 없습니다. 그래서 예술은 삶과 밀접한 관련을 맺고 이를 소재로 다룹니다. 결국 예술은 삶이고 그 역인 '삶이 예술이다'는 점점 진실에 가까워지는 것입니다.

문학적인 삶,
그래서 바른 삶

이윤영

'문학적' 이란 어떤 것인가? :

우리는 쉽게 '문학적' 인이라고 함은, 은유와 비유가 섞인 시와 같은 감동적인 언어나 단어, 문장을 떠올립니다. 어째서 그럴까요? 학교에서 배우는 문학은 그런 문학이 아닌데, 왜 우리는 문학적인 것은 아름답고 감동적인 것이라고 생각하는 걸까요? 정말 문학적인 것은 그런 것일까요? 문학에 대해 이야기하면 늘 어려운 점이 많았습니다. 문학에 대해 잘 알지 못하고 정말 문학을 좋아한다고 말할 수 없는 우리들이 과연 문학에 대해서 무엇을 이야기할 수 있으며, 그보다 앞서 문학을 논해도 되는 것일까라는 의문이 들었기 때문입니다.

때마침 읽게 된 권정생 선생님의 삶을 다룬 책『권정생의 삶과 문학』에서는 권정생 선생님의 삶 자체가 문학이었다고 이야기하고 있었습니다. 과연 문학다운 삶이란 무엇인가요? 우리가 쉽게 상상하는 것과 같이 아름답고 감동적인 삶? 그러나 권정생 선생님의 삶은 그 누구보다도 누추하고 초라했으며, 또 보잘것없었습니다. 한평생을 한 벌의 옷으로, 다 쓰러질 것 같아 집이라고 부르기도 힘든 집에서, 어릴 때 얻은 폐결핵을 평생 짊어지고 산 삶이 아름답고 은유적이라 문학 같은 삶이라고 부를 순 없을 것입니다. 그의 삶은 왜, 무엇으로 이 시대의 문학이 될 수 있었을까요?

공감 무능력자 :

〈지식채널ⓔ〉의 '공감 무능력자' 라는 영상을 보면, 타인의 아픔, 슬픔, 기쁨을 느낄 수 없어 살인을 하고도 죄책감을 느끼지 못하는 공감 무능력자가 현대사회에서 아무런 문제 없이 살아가고 있다고 말합니다. 감정을 느낄 수 없기에 오히려 이성적인 판단을 아주 뛰어나게 할 수 있고, 그래서 오히려 더 잘 살 수 있다고 합니다.

공감 무능력자라는 영상을 보았을 때, 그리고 이 이야기를 전해들은 그 누구라면, 즉 공감 무능력자가 아니라면 그들의 살인행위를 용인할 수 있거나, 그들을 정상이라고 생각하는 사람은 많지 않을 것입니다. 그러나 공감 무능력자가 살아갈 수 있는, 즉 공감능력이 별로 필요하지 않는 시대를 만들고 그 시대를 살아가고 있는 우리는 과연 공감능력자일까요? 개인주의가 팽배하고 내가 아닌 다른 사람에 대해 무관심해지는 이 시대에, 우리 모두는 공감 무능력자가 아닐까요? 아니, 어쩌면 지구 반대편의 투발루 사람들을, 미얀마의 시민들을 죽이는 살인자일지도 모릅니다. 그리고 그것을 느끼지 못하는 공감 무능력자, 이것이 우리의 초상화일지도 모릅니다. 그리고 이 사실을 부인할 수 있는 사람 또한 그리 많지 않을 것입니다.

문학적인 삶, 그리고 다시 우리의 삶 :

여기서 우리는 문학에 주목해야 합니다. 문학은 인간의 목소리로 인간을 노래합니다. 그렇기에 동감을 해야만 문학을 읽을 수 있고 이해할 수 있습니다. 감정이 필요한 것입니다. 지식과 설명은 이성만으로도 습득이 가능하지만, 문학에서 전하려고 하는 감동은 느끼지 못한다면 얻는 것이 불가능합니다. 즉 공감 무능력자라면 문학을 제대로 읽을 수 없습니다. 읽기는 하겠지만, 전혀 이해하거나 감동할 수 없기에 그것은 문학이라 할 수 없을 것입니다. 다시 우리에게 물어봅시다. 우리는 문학을 읽고 있나요? 우리는 문학을 통해 감동하고 있나요?

권정생 선생님의 삶이 문학이었다는 것은 바로 여기서 이해될 수 있습니다. 자신의 집에 사는 쥐들까지도 따뜻한 생명체로 사랑했던 권정생 선생님은 우리가 타인을 보지 못하는 것과는 차원이 다른 공감능력을 가지고 있었습니다. 자신이 발붙이고 있는 땅에 감사하고, 최소한의 것을 쓰기 위해 평생을 초라한 집에서 옷 한 벌로 사신 것입니다. 그의 그런 삶은 '강아지 똥'과 '몽실 언니'를 바라보게 하는 글을 쓰게 했고, 또 사람들이 그것에 감동할 수 있도록 만들었던 것입니다. 그가 쓴 작품이 유명하거나 뛰어나서가 아니라, 그의 삶 자체가 온 생명에 감동하고 공감할 줄 아는 문학 그 자체였습니다.

우리는 더 이상 문학을 읽으려 하지 않습니다. 그것은 타인과 다른 생명에 더 이상 공감하지 않는다는 것과 같은 말입니다. 우리가 문학을 읽어야 하는 것은 수려한 단어와 아름다운 문장을 만들어내기 위해서가 아닙니다. 상투적으로 내뱉는 "문학은 다른 장르보다 우리를 감동시킨다"는 말은 문학을 읽지 않는 현대인들을 설득시킬 수 없습니다. 문학이 소중하고 또 우리가 문학을 이해해야 하는 이유는 바로 공감할 수 있는 인간이기 때문입니다. 인간으로 존재하기 위해서입니다. 살인을 저지르는 공감 무능력자를 비정상적인 사람이라고 생각하듯, 우리는 정상적인 인간이기 위해서 공감 무능력자가 되어서는 안 됩니다. 공감능력, 즉 문학을 읽을 수 있는 능력은 인간의 원래 모습이고 본능입니다. 바를 정正, 살 생生. 그의 삶이 문학적이었던 이유는 바로 바른 삶, 즉 인간적인 삶이었기 때문입니다.

다름의 아름다움

정리 ■ 허혜령

이 순간, 우리는 살고 있습니다. 산다는 것은 생명이 있다는 것, 숨쉴 수 있는 힘이 있다는 것입니다. 그 힘은 어디에서 올까요? 여러 생명들이 함께하는 것, 그것이 우리의 힘입니다. 하지만 여러 생명들이 모두 같은 것은 아닙니다. 모두 다릅니다. 아니, 과연 다른 걸까요? 우리 모두가 다르다는 것을 알고 계시나요? 우리가 모두 다르다는 것을 잊고 있었던 것은 아닌지요. 우리도 모르는 사이에 모두 같아야 한다고 생각했던 것은 아니었는지 우리를 되돌아보았습니다.

모두 같아지려고 하는 것, 그것은 진정한 나를 영원히 잃는 것입니다. 동시에 너를 잃는 것과도 같았습니다. 그래서 우리는 다름을 마주하는 것을 싫어할지도 모릅니다. 나 자신을 잃을지도 모른다는 두려움 때문에 말이죠. 그 두려움 때문에, 우리는 다름이 불편하다고 느낍니다. 다름은 아름답지 않다고, 오직 같은 것과 규칙적인 것이 아름다운 것이라고 생각합니다. 우리는 다름을 어떻게 생각하고 있었는지, 과연 어떻게 그것을 대해야 하는지 생각해보았습니다.

같은 것은 아무것도 없다 :

김아라 ★ 세상에 같은 것은 없습니다. 저와 비슷한 사람은 종종 볼 수 있어도 겉모습을 포함한 내면까지 완전히 같은 사람은 존재하지 않습니다. 심지어 가장 닮았다는 일란성 쌍둥이도, 다른 점은 분명히 존재합니다. 이렇듯 다름은 우리에게 아주 보편적이고 당연한 것임에 틀림없습니다. 하지만 다름에 대한 편견도 아주 당연하고 공공연한 일이 되어버렸습니다. 아니 거의 고착화되어 이제는 문제로 인식조차 못하는 것이 많습니다.

다름은 당연한 것임에도 여전히 다르다는 이유로 외톨이인 사람들이 있습니다. 그 예로는 다문화 가정이 있습니다. 다문화 가정이란, 문화적 배경이 다른 사람들로 구성된 가정을 일컫는 말로, 국제결혼과 이주노동자의 자녀들이 있습니다. 이들은 사회 속에서 크고 작은 다름으로 고통받고 있습니다. 겉모습이 다르다는 이유로, 피부색이 조금 더 까맣다는 이유로, 한국말을 어눌하게 한다는 이유로. 작은 집단의 다름이 틀림으로 오해되어 상처를 받는 경우가 허다합니다. "왜?"라고 물었을 때 당연히 "우리랑 다르잖아요"라는 대답이 돌아올 것입니다. 논리적인 근거, 하다못해 사소한 이유도 없습니다. 그저 "다르니까". 마치 아무리 빨아도 지워지지 않고 너무 오래되어 옷의 일부분이 되어버린 묵은 때처럼 다름에 대한 편견은 우리 머릿속에 착 달라붙어 있습니다.

하지만 다름을 차별한다는 것 자체가 정말 모순입니다. 우리는 모두 다르고 다시 모두 같습니다. 다시 말해 세상의 모든 개개인은 서로 다른 점을 다 가지고 있습니다. 하지만 우리는 모두 소중한 생명을 지닌 아름다운 사람입니다. 우리는 인간이라는 전체 집합 안에 있는 원소입니다. 다름은 각자를 더욱 빛나게 하는, '나'를 나타내는 요인이라고 생각합니다. 다르다는 것이 차별과 따돌림의 이유가 되어서는 안 됩니다.

아직도 다르다는 것에 편견을 갖고 있다면, 다시 생각해봅시다. 만약 우리가 모두 같다면 그것이 옳은 것일까요? 모두가 같은 생각을 하고 같은 꿈을 꾸며, 머리카락 한 올까지 같은 모습을 하고 있다면 나는 어디로 가버릴까요? 모두가 같아진다면 아마도 나를 찾기 힘들 것입니다. 이렇게 다름은 '나'를 인식하게 하는 소중한 것입니다.

조화로운 다름 :

김신혜 ★ 이 세상에 생명을 가지든 가지지 않든, '똑같다'라는 것은 존재하지 않습니다. 공장에서 찍어내는 물건마저도 똑같다고 할 수 없습니다. 이 세상에 존재하는 모든 돌멩이는 바로 옆에 누워 있는 돌멩이와 똑같지 않고, 한 마리 참새는 함께 무리 지어 날아다니는 어느 참새와 똑같지 않습니다. 저는 나이와 성별, 성격에 따라 수많은 집단에 속하지만, 저는 집단에 속한 그 누구와도 똑같지 않습니다. 우리는 그것을 '서로 틀림'이 아닌 '서로 다름'이라고 부릅니다.

#1

하지만 저는 길을 걷다 보면 다름보다는 비슷함—이 세상에 같다는 것은 존재하지 않으므로—을 더 많이 보게 됩니다. 비슷한 옷을 입은 사람들, 비슷한 이야기를 하며 지나가는 사람들, 비슷한 분위기의 가게들, 심지어 생김새마저 비슷하게 만들어주는 성형외과도 보게 됩니다. 저는 사람들은 '다름'을 두려워하고 있다고 느꼈습니다. 사람들은 비슷한 생각을 가진 사람들끼리 모여 자신과 다른 생각을 가진 사람을 헐뜯지 못해 안달입니다. 그것은 대규모 주먹다짐으로까지 번지기도 합니다. 무엇이 사람들로 하여금 '다름'을 두려워하도록, 인정하지 못하도록 만든 것일까요?

#2

예로부터 우리나라는 동방예의지국으로 불렸습니다. 타인을 배려하는 모습이 몸에 배었기 때문에 그렇게 불렸으리라 생각합니다. 타인을 배려하는 행동에는 '타인과 다른 자신의 모습을 내세우지 말고 숨겨라' 는 것도 포함됩니다. 그것이 타인에게 불편함을 준다고 하기 때문입니다. 하지만 '다름' 은 우리 선조들이 생각했던 것처럼 정말 타인에게 불편함을 주는 것일까요? 세상은 다르기 때문에 아름다운 것이 아닌가요? 다름의 조화로움 때문에 세상은 아름다운 것이 아닌가요?

#3

저는 저보다 3년 먼저 태어난 오빠가 있습니다. 저는 어렸을 적부터 저와 상반된 성격을 가진 오빠의 모습을 흉내내려 애썼습니다. 저는 오빠처럼 행동하지 못하는 제 자신이 점차 싫어졌습니다. 제가 오빠보다 나은 것은 하나도 없었습니다. 말도 조리 있게 하지 못하고, 재치가 있는 것도 아니고, 성실하지도 않으며 행동력이 있는 것도 아닙니다. 저는 점차 제 자신에 믿음과 확신이 없어지고 열등감만 더해갔습니다. 그러자 따라갈 수 없는 오빠의 장점을 조금씩 부정하기 시작했습니다.

오빠는 먼 곳에 떨어진 기숙사 고등학교에 입학했습니다. 처음으로 오빠가 제 삶에서 떨어져 나갔습니다. 저는 있는 그대로의 '나' 를 보고 진정한 장점이 무엇인지 깨달을 수 있었습니다. 저는 운동을 잘하고 꼼꼼하며 타인을 배려할 줄 압니다. 그것은 오빠의 장점에 속하지 않는 것이었기에 이제까지 눈치채지 못했습니다.

열다섯 살에야 비로소 깨달았습니다. 저는 오빠와 '다르기' 때문에 결코 제 삶을 오빠와 같은 방향으로 억지로 이끌어서는 안 된다는 것을. 그것은 소에게 고기를 먹이고 사자에게 풀을 먹이는 것과 같은 일입니다. 이 세상은 '나'와 '오빠'가 존재하기에 균형이 잡힙니다. 그리고 타인의 다름을 이해하기 위해선 '나'의 다름부터 이해하는 것이 가장 먼저 내딛어야 할 첫걸음이라는 것을 깨달았습니다.

다름은 사람들 사이에서 불화를 조성하기도 하지만 동시에 이 세상을 다양하고 아름다운 빛깔로 채워주는 역할도 합니다. 다름이 긍정적인 작용을 하기 위해선 언제나 그 바탕엔 이해와 사랑이 자리잡아야 합니다. 사람들이 다름을 이해하지 않으려고 하는 이유 중 하나는 여태껏 자신의 다름이 인정받지 못했기 때문일 것이라 저는 생각합니다. 그것이 끊임없이 악순환이 되어 결국은 자신의 시각만을 고집하는 사회로 나아가게 된 것이 아닐까요?

다름은 마치 취향에 맞지 않는 노래를 커다란 소리로 듣는 것과도 같습니다. 유쾌하지 않은 일일 수도 있으나 내가 사랑하는 사람이 좋아하는 노래라면 즐거운 마음으로 그 사람을 위해 함께 듣고 싶을 수도 있습니다. 하지만 그것이 견디기 힘들 때는 내 귀를 틀어막을 수 있거나 소리를 낮춰달라고 부탁할 수 있어야 하고, 부탁받은 사람은 취향이 같지 않다는 것을 이해하고 소리를 낮출 수 있어야 합니다. 어느 한쪽이 자신만의 취향을 내세우지 않고 그 절충안을 찾아간다면, 세상은 불화를 조성하는 다름이 아닌 조화로운 다름으로 가득하게 될 것입니다.

모든 자유를 인정하는 것은 존중이 아니다 :

김민아 ★ 다름이란 불편한 것, 타인과 나 사이를 가로막는 장벽, 혹은 인간이 살아가며 갈등을 겪게 되는 이유가 될 수도 있습니다. 나와 다른 사람, 나에게 익숙하지 않은 환경에 있을 때 우리는 불편함, 부담감을 느끼곤 합니다. 그럴 때 우리는 종종 우리 자신만을 다름의 불편함 속의 피해자라 여기고 나와 다른 사람, 다른 환경을 배척하고 벗어나려 하기도 합니다. 하지만 나 아닌 다른 사람의 입장에서 바라본다면 그 역시 자기와 다른 나를 부담스러워하고, 나에겐 익숙하지만 그에겐 익숙하지 않은 낯선 상황 속에서 심리적으로 많은 불편함을 느낄 것입니다. 다름이란 그 누구도 혼자서 만들어내는 것이 아닙니다. 모두의 상관관계 속에서 형성되는 것입니다.

나에겐 무척 소중한 일이나 물건이 다른 사람에게는 보잘것없는 것이 될 수 있습니다. 만약 그 사람이 나의 소중한 것에 대해 무시하거나 경멸하는 태도를 보인다면 분명 무척 속상해하고, 그 사람의 태도를 의아해할 것입니다. 그와 마찬가지로 나 역시 알게 모르게 다른 사람의 소중한 것을 무시하고 멸시했을 수 있습니다. 그러므로 우리는 다른 이들과 다른 나만의 소중한 무엇, 즉 내가 가지고 있는 나만의 다름이 소중하듯 타인의 다름 역시 소중하다는 것을 알고 그의 다름을 존중해야 합니다.

다른 사람의 다름을 존중하는 것. 그것은 타인의 자유를 존중하는 것과 같은 태도로도 볼 수 있습니다. 그러나 우리는 무작정 타인의 자유를 받아들이고 인정해서는 안 됩니다. 공공장소에서 질서를 지키지 않는다거나, 인간이 해서는 안 될 비도덕적인 행위를 한 사람 혹은 집단이 있을 때, 과연 우리는 그들의 행동을 그들의 자유, 즉 다름을 존중한다는 말로 인정할 수 있을까요?

저는 그들의 행동을 다름으로써 이해하려 하기 이전에, 그들의 비도덕적인 행동이 여러 다른 사람들의 자유를 침해하고 억압한 것이라고 생각합니다. 왜냐하면 우리가 타인의 다름을 인정하고 존중할 수 있는 범위는, 그 다름이 최소한 다른 이들의 다름을, 자유를 침해하지 않는 정도까지여야 하기 때문입니다. 또한 우리는 이러한 다름의 경계를 구분짓는 옳고 그름의 구별 기준에 대해서도 생각해보아야 합니다. 옳고 그름의 구별기준이 명확하지 않으면 타인의 다름을 무조건적으로 받아들이게 되어 나의 다름을 잃게 될 수도 있기 때문입니다.

때때로 다름은 우리에게 커다랗고 두꺼운 벽처럼 넘기 힘든 장애물로 보일지 모릅니다. 하지만 다른 사람의 자유, 즉 다름을 이해하고 존중하는 것, 그 다름을 받아들이기 위한 경계를 정하는 것, 그 경계 위에서 다름의 옳고 그름을 가려내는 것, 그리고 이 과정 속에서 나의 다름을 잃지 않는 것. 이와 같은 타인의 다름을 받아들이기 위한 노력은 결국 불편하고 부담스럽게만 느껴졌던 장애를 뛰어넘는 소통의 과정이라 할 수 있을 것입니다. 이렇게 우리는 다름을 우리가 갈등을 겪게 하는 요소가 아닌 소통의 과정으로 바라보아야 합니다.

나와 너의 다름, 우리의 다름, 그리고 생명의 다름 :

허혜령 ★ 서로 다른 우리가 잘 살기 위해서, 우리는 우리의 다름을 인정해야 합니다. 한번쯤은 생각해보았을, 아니 지금 처음으로 이런 생각을 만났을지라도 금방 이해할 수 있는 문장입니다. 하지만 근본적이고 중요한 문장일수록 우리는 그 개념을 좀 더 명확히 해야 할 필요가 있습니다.

여기서 가장 주목해야 할 단어는 바로 '우리' 입니다. 먼저 그 사전적 의미는 '말하는 이와 듣는 이' 입니다. 생각해보면 우리는 '우리' 라는 단어를 참 많이 사용합니다. 이 단어를 사용하지 않고는 제대로 의미를 전달할 수 없는 경우도 많을 것입니다. 그런데 정작 그 단어를 사용하는 사람, 즉 '말하는 이' 인 내가 '듣는 이' 인 그들을 생각해보지 않는다면 그것은 진정한 의미의 '우리' 라고는 말할 수 없습니다.

그러면 또 하나의 물음을 던질 수 있습니다. 말하는 이를 '나' 라고 한다면, '듣는 이' 는 대체 누구라고 할 수 있을까요? 그는 가깝게 생각해서 지금 바로 앞에 있는 '너' 일 수 있습니다. 그리고 지금 바로 앞에 여러 명의 사람들이 있다면 '내가 아닌 사람들' 일 수도 있습니다. 더욱 확장하여 눈앞에 보이지 않는 인류 전체를 듣는 이, 즉 우리라고 할 수도 있습니다. 그럼 이 관점에서 아까 문장에 '우리' 의 중요함을 담아 다시 써봅시다.

서로 다른 사람들이 잘 살기 위해서, 모든 사람들은 자기 자신과 타인의 다름을 인정해야 합니다.

그리고 다시 한 번 생각해봅시다. 과연 사람들만 잘 살면 되는 것인지. 사람들만 잘 사는 사회가, 우리가 진정으로 원하는 세상인지 말입니다. 사람들의 행복한 삶을 위해 다른 생물들을 죽이는 것이 허용되어야 합니까. 우리의 다리를 조금 편하게 하기 위해 자동차를 탐으로써 북극곰의 집을 없애고 그들의 생명을 위협하는 것은 정당합니까. 여기서 불편함을 느끼는 것이 당연합니다. 그 불편함을 바탕으로 아까 '우리' 의 범위에서 한 걸음 더 나아가봅시다. 모든 생물들을 포함하는 '생명' 으로 나아가 봅시다.

『두 글자의 철학』에서 김용석 선생님은 '생명의 끈으로 이어질 때, 생명을 공유할 때' 에 '우리' 라 부른다고 하셨습니다. 진정한 '우리' 의 모습은 그러해야 합니다. 생명이라는 가장 본질적인 이유에서 비롯된 '우리' 만이 진정함을 지닐 수 있습니다. 마지막으로 진정한 우리, '생명' 의 중요함을 담아 문장을 써봅시다.

서로 다른 생명이 잘 살기 위해서, 모든 생명들은 '생명' 의 다름을 인정해야 합니다. 우리가 살아가는 동안, 같음과 만날 시간은 없습니다. 항상 다름, 다름만이 존재할 뿐입니다. 우리의 살아 있는 시간, 우리에게 존재하는 것들을 아름답게 여길 수 있어야 합니다. 우리는 아름다운 인생을 보내야 하지 않겠습니까. '우리' 는 모두 다릅니다. 그래서 우리는 아름답습니다.

현대사회에서 예술은 어떤 의미를 지니는가

발터 펠트만(브라운대학교 예술대학 문헌학 교수) | 번역 ■ 이정민

생각 Ⅰ :

오늘날 예술의 중요성은 엄청납니다. 긴장과 불안이 끊이지 않는 세상에서 예술은 전 인류의 유일한 보편적 언어가 될 수 있습니다. 예술은 인종과 문화를 초월하며 다양한 사람들로 하여금 타인의 눈을 통해 세상을 보고 느낄 수 있게 해줍니다. 그리고 이것이야말로 진정한 공감이라 할 수 있습니다.

물론 어느 누구도 의미 있는 예술을 창조할 능력을 가지고 태어나지는 않습니다. 그러나 우리 중 몇몇은 살아 있는 사람이건 죽은 지 오래된 사람이건, 정신적 스승을 찾는 '소명'을 부여받은 것이 사실입니다.

나는 젊었을 때 중세 이탈리아의 템페라 화가들의 작품에 푹 빠졌었습니다. 그들의 창조적인 감각과 언어를 넘어서 소통하고자 하는 열정에 매료될 수밖에 없었던 것입니다.

후에 나는 칸딘스키나 클레와 같은 독일 바우하우스 화가들에게 많은 영향을 받았습니다. 세계 2차 대전에서 돌아왔을 때, 나는 운 좋게도 요제프 알버스를 포함한 바우하우스 그룹의 화가들과 일할 수 있었습니다. 나는 또한 드 쿠닝, 클라인, 고르키, 마더웰과 같은 미국 표현주의 화가들의 작품에 큰 흥

미를 가지게 되었고, 그들은 나의 경험과 결합되어 현재 내가 하는 작업에까지 영향을 미친다고 생각합니다. 그 작업 자체는 매우 추상적이지만, 사실적으로 그려진 색감, 형태, 그리고 질감들을 통해서 소통의 필요성을 충분히 전달하고 있는 것입니다.

지난 25년 동안 나는 판화, 모자이크, 예술서적 그리고 회화 등의 다양한 장르의 작업을 했습니다. 만약 세상이 조화와 평화를 깨닫는 것이라면, 예술의 위상은 높아지고 그 영역은 넓어져야만 할 것입니다.

생각 II :

나는 항상 무엇이 인간을 그림 그리고 싶게 하고 또 그려야만 한다고 생각하게 하는지, 무엇이 그림으로 하여금 '영혼'을 가지게 하는지, 그리고 그 존재 자체로서의 의미를 가지게 하는지에 대해 깊이 생각해왔습니다. 그 의미는 몇 개의 단어로는 물론이고, 논리적인 언어로도 정의될 수 없는 것들이었습니다.

아마도 누군가는 내가 가장 관심있어하는 회화예술이 모양과 색채의 관계를 다루고, 이런 요소들이 예술가의 개인적인 경험을 다른 이들에게 이야기하고 싶어하는 충동에 의해 비롯된다고 말할지도 모릅니다.

그럼에도 불구하고, '시각예술Visual Art'이란 무엇인가에 대한 답이나 정의를 우리는 쉽게 내릴 수 없습니다. 미술작품들은 미국의 인디언들이 '꿈잡이 Dream Catcher'♦를 필요로 했던 것처럼, 회화는 신비롭고도 덧없는 인간의 상상을 눈에 보이는 실체가 될 수 있도록 해줍니다.

♦── 꿈잡이 | 인디언들의 부적과 같은 것인데, 머리맡이나 창문에 걸어놓고 자면, 악몽이 들어오려다가 꿈잡이의 거미줄에 걸려 들어오지 못하고, 좋은 꿈만 꿀 수 있게 해주는 것이다. (옮긴이 주)

예술가들은 모양, 색감, 크기, 구성을 창조적으로 사용해 자신의 관객들에게 추상적인 개념들에 답할 수 있는 실마리를 제공합니다.

예술가들이 생산한 최고의 작품들은 우리로 하여금 더 나은 세상을 보게 하고, 가장 진정한 의미에서 '인간적'이게 한다는 것은 우리 모두가 알고 있는 틀림없는 사실입니다.

진정한 다름이란?

정리 ■ 허혜령, 박수현

저는 요즘 샤이니의 노래에 푹 빠졌습니다. 제 단짝 친구 은정이는 요즘 배치기의 노래를 흥얼거리죠. 저는 덩치가 되게 커요. 제 친구는 덩치가 되게 작아요. 그래서 우리가 같이 다닐 때면 사람들은 뒤에서 웃곤 하죠. 저는 수학이 세상에서 제일 싫고 재미없습니다. 그런데 제 친구는 수학이 재밌다며 정석만 붙잡고 삽니다. 저는 요리책 읽는 것이 즐겁지만 제 친구는 쇼핑몰에서 옷 보는 것을 삶의 낙으로 여깁니다.

우리는 이렇게 다릅니다. 하지만 누군가가 "너 누구랑 가장 친하니?"라고 물었을 때, 서로 "수현이요!", "은정이요!"라고 말할 수 있습니다. 왜냐하면 서로서로 좋아하기 때문이죠. 우리가 성격이 비슷하지 않더라도, 취미가 다르더라도, 마주보며 까르르 웃을 수 있는 이유는 무엇일까요? 인디고 유스 북페어 때 우리는 모두 피부색이 달랐고, 다른 문화 속에서 자라왔고, 언어도 달랐지만, 우리는 그들을 사랑했고 그들이 떠날 때 뜨거운 눈물을 흘렸습니다.

나는 너와 다르고, 너는 그와 다르고, 그는 그녀와 다르고 그녀는 나와 다른데 우리가 서로 사랑할 수 있는, '진정한 다름'은 무엇이라고 생각합니까?

➕ 다르다는 것은 나와 다르더라도 다른 사람을 인정해줄 수 있는 것. 그리고 그 차이를 통해 나에게 없는 것을 배울 수 있는 것. **신주형**

✦진정한 다름은 나와 다른 생각을 가진 이를 받아들일 수 있다는 것. **이경신**

✦진정한 다름이란, 나의 틀에 상대를 끼워 맞추려 하지 않는 것이라고 생각해요. 다시 말해서, 나와 다른 틀을 가진 상대일지라도 그 모습 그대로를 바라보고 사랑하는 것 아닐까요. 실천하려면 결코 쉬운 일이 아니겠지만요. **안인창**

✦진정한 다름이란, 퍼즐. 퍼즐 조각조각이 서로 다르게 생긴 것처럼. 그러나 모두 착착 들어맞아 나중에는 하나의 그림이 되는 것처럼. 다름은 서로를 아프게 하고 등을 돌리는 것이 아닌, 상대방의 푹 들어간 곳을 나의 톡 튀어나온 부분으로 채워주는, 그래서 하나의 큰 그림을 만드는 것이라고 생각합니다. **김아라**

✦진정한 다름이란 조화라고 생각합니다. 서로가 같지 않고 다르기에 서로의 단점을 보완해줄 수 있고, 서로의 장점을 더욱 잘 이끌어낼 수 있습니다. 자연에서 초목들의 서로 다른 색깔들이 아름다운 풍경을 만들어 내듯이, 사람들의 마음 또한 서로 다르기에 새로운 길을 만들어낼 수 있고, 서로의 의견을 합하여 모두에게 나은 이상적인 결과를 이끌어내는 것입니다. 자연이 그렇듯 모두가 다른 것은 당연한 일입니다. 그런데 그런 자연스러움을 거부하고 끝까지 자신만의 독단에 사로잡혀 제 코드에는 맞지 않는 것들을 배제하는 행위는 옳지 않습니다. 한마디로 다름이란, 자신과 조화를 이루어 더욱 나은 무언가가 될 수 있는 것입니다. **엄선우**

✦『다름의 아름다움』이란 책에서 생명을 사랑하고 존중한 아메리카 인디언

들의 이야기가 나옵니다. 그들은, 인간은 주변 세계에 대해 지켜야 할 룰을 잘 따르면서 자연계의 다른 존재들과 조화를 이루어야 행복하게 살 수 있다고 말합니다. 이것을 인디언들의 말로 하면 '피마다지원' 하게 사는 것이죠.

모두 다른 존재들이지만 각자의 그 다름을 존중하고 받아들이며 서로 조화를 이루고 그 속에서 행복을 찾는 것이 바로 다름의 아름다움이 아닐까 생각합니다. 다름이란 결국 서로 조화를 이룰 수 있도록 만들어주는 것. 그래서 진정한 다름이란 피마다지원! **김민아**

✦ 진정한 다름이란, 같음이라고 생각해요. 서로 다른 취미를 가지고도 친구를 사랑할 수 있는 같음. 저는 친구와 다른 점이 많습니다. 그런데 그 친구를 제일 사랑하죠. 그러니까 다르다는 것은 그저 겉모습에만 불과하고, 속은 같은 것이라 생각합니다. **정민경**

✦ 다름을 특별히 다름이라 부를 필요가 없어질 때, 다름이 느껴지지 않을 때. 그렇게 말할 필요도 없이 서로를 자연스럽게 이해할 수 있을 때. 진정한 다름을 이해한 것. **이나경**

✦ 다르기 때문에 서로 사랑하고, 공감하고, 느낄 수 있습니다. 다르지 않았다면 몰랐을 서로의 내면을 감상하며 소통합니다. 이렇듯 다름이 있으면 곧 하나가 될 수 있다고 생각합니다. **이정문**

✦ 진정한 다름이란 나와 다른 남의 부분을 차이로만 받아들이는 것. 차별하지 않는 것. 나와 타인을 비하하지도, 지나친 자만심을 가지지도 않고, 있

는 그대로의 모습을 인정하는 것. 힘들고 이해가 가지 않더라도 그를 완전한 타인으로 받아들이지 않고, 그 안의 인간성과 공통점을 찾아내려 노력하는 과정 속에 피어나는 감정. **전소현**

✚ 인간은, 아니 생명을 가졌든 가지지 않았든 간에 이 세상에 똑같은 것은 존재하지 않아요. 우리가 똑같다고 생각하는 것은 다만 비슷한 것이고, 그것에 익숙해져 있기 때문이 아닐까요. 다르기 때문에 나는 나무를 사랑하고, 구름을 사랑하고, 친구를 사랑하는 것이라 생각해요. 그리고 그 다름을 같게 만들어주는 것과 동시에 다름의 아름다움을 명확하게 보여주는 것이 사랑이라고 생각해요. **김신혜**

© 김성원

Hope

7부

창조하기
: 희망

사랑을 통해 함께 살 수 있는 세상을 꿈꾸었다면, 이제는 함께 새로운 세상을 만들어가야 할 것입니다. 이번 7부에서는 '창조하기'를 이야기하려 하는데, 이는 이제까지 짚어온 가치들을 통해 무엇을 꿈꾸고 만들지를 고민하는 것입니다. 자기 스스로에게서, 혹은 사회에서 잘못된 점이 있다는 것을 인지하고 그를 비판하여 타파하는 것도 중요하지만, 그것만큼 그 다음을 만들어가는 것도 중요합니다. 그렇지 않으면 언제라도 다시 옳지 못한 방향으로 되돌아갈 수 있으니까요. 더 나은 삶, 더 아름다운 삶을 꿈꾸어 그 꿈을 현실로 이끌어오는 힘, 그것이 바로 '희망'이라고 생각합니다.

청소년인 우리는 아무래도 학교에서 보내는 시간이 가장 많습니다. 학교를 하나의 작은 사회로 볼 수 있을 텐데, 그 사회에서 우리는 어떤 것을 희망하는지, 그래서 무엇을 창조할 수 있는지에 대해 생각해봅시다.

교육, 우리가
말해보겠습니다

정리 ■ 천소희

3월 내내 봄이지만 아직 바람이 차서 추운 《인디고잉》 기자실에서 한참을 기자들과 교육기획에 대해 이야기를 나누었습니다. 대안은 없고 비판만 해선 안 된다는 것을 알면서도 모두 이 땅의 교육현실에서 자유롭지 못한 기자들 역시 희망을 말하기에는 아프고 버거운 각자의 삶의 무게들로 무겁게 짓눌려 있다는 것을 느낄 수 있었습니다. 모두들 자신이 맡은 분야에 맞게 교육에 관한 좋은 기사를 쓰기로 하고 한동안 아픈 시간이 흘렀습니다. 나름대로 다시 모여 토론도 하고 관련된 '주제와 변주'도 열었지만 교육에 대한 우리의 희망 찾기는 너무 멀고 아득하기만 하였습니다. 15세 청소년기자부터 20세 청년기자까지 다 다른 목소리로 자신이 선 자리에서 교육에 관한 자신의 이야기를 썼습니다. 한 편 한 편마다 우리 청소년들의 목소리로 말하는 교육문제, 모두 함께 고민하고 풀어나가기를 진심으로 바랍니다.

물고기처럼 자유롭게 날고 싶다 :

　　손어진 ★ '하루에 열 번 이상은 하늘을 보자. 열 번 이상 하늘을 보지 못한 하루라면 그 하루는 헛되게 산 날이다.' 언젠가 『가시고기』에서 읽었던 구절입니다. 그리고 보니 요즘 제가 하늘을 본 적이 있었나 싶습니다. 사교육비용이 몇십조 원이나 들 정도로 열풍이 불고 있습니다. 그로 인해 우리들이 받는 스트레스도 이루 말할 수 없을 정도입니다. 그렇다면 우리가 과연 이러한 잘못된 교육방식을 바꿀 수 있을까요? 학생은 공부를 해야 합니다. 하지만 우리에게 공부가 필요한 만큼 자유도 필요한 때입니다. 우리는 절대 사육장의 닭이 아닙니다. 우리는 주는 대로 받기만 해서도 안 되며 스스로 익혀서 배워나가야 한다고 생각합니다. 요즘 중학교 생활을 하면서 저는 우리나라가 아이들에게 요구하는 것이 점점 많아지기만 한다고 느꼈습니다. 네 번 이상으로 늘어난 시험과 도저히 따라갈 수 없는 친구들의 선행학습이 저를 힘들게 한 적도 있습니다. 개인적으로 저는 암기를 잘 못하는 편입니다. 암기를 못 한다기보다는 이걸 왜 외워야 할지 그것이 궁금해서 외우지를 못하는지도 모릅니다. 그저 외워서 시험 잘 치면 나중에 또 까먹게 될 것이 분명합니다. 그런데 왜 나라에서는 그런 '외우기' 선수인 인재들을 반길까요? 그리고 다른 분야에서의 잠재력을 무시하고 그저 시험으로만 아이들을 평가하고 경계선을 그을까요?

실제로 이러한 정부의 변덕스러운 정책들이 만든 벽에 부딪히는 고통을 견디지 못해서 자살하는 학생들의 수가 점점 늘어나고 있습니다. 특히 적은 자유시간과 엄청나게 많은 학원, 과외에서의 공부시간을 견디지 못해서 초등학생이 자살한 경우가 가장 마음이 아팠습니다. 그 학생의 유서에는 어른보다 아이들의 자유시간이 적은 이유를 알 수 없다며 물고기처럼 자유롭게 날고 싶다고 적혀 있었습니다.

물론 우리가 지금보다 훨씬 더 나은 삶을 살기 위해서는 공부를 열심히 해서 좋은 직장을 가지는 것이 좋다는 것을 알고 있습니다. 하지만 우리가 원하는 공부는 '많이' 가 아닙니다. 우리에게 하고 싶은 공부를 할 수 있는 시간과 기회를 준다면 열심히 할 수도 있을 것입니다.

우리는 기본 학력을 유지할 수 있을 만큼은 참고 공부해야 합니다. 하지만 아무리 좋은 공부의 기회가 있어도 정작 본인이 의욕을 못 느끼고 그저 놀기만 해서는 안 됩니다. 우리가 공부를 할 수 있도록 지원해주는 부모님들을 위해서라도, 진정한 우리의 미래를 위해서라도 우리는 자신의 특성을 잘 살려야 합니다.

직접적이든 간접적이든 우리 모두가 힘을 모아 교육을 바꾼다면 언젠가 우리가 원하는 하늘을 향해 자유롭고 희망차게 비행할 수 있는 날이 올지도 모릅니다.

봄을 틔우다 :

이미지 ★

꽃이 피어나고 있다.

터질 듯 말 듯 작고 진한 그 꽃봉오리들이 얼마나 예쁜지 모른다.

벌써 성급하게 피고 떨어지는 꽃들도 있다.

그러나 그런 꽃들이 밉지가 않다.

오히려 피식 웃음이 나온다.

싹이 돋아나고 있다.

땅에는 조그마한 연둣빛 하나가 고개를 비죽 내밀고 있다.

꼬물꼬물 새 생명이 기어나온다.

어제까지만 해도 없었는데,

오늘 보니 새싹들이 꽤나 올라와 있다.

햇빛은 따스하게 비춰주고 있다.

생명의 빛을 가져다주고 있다.

가끔 내리는 비는 갓 돋아난 생명을 깨끗이 단장시키는 것만 같아,

기분을 더 좋아지게 만든다.

자연은 지금 이렇게 예쁘게 봄을 만들어가고 있습니다. 그래서 학교 갈 때마다, 학교에서 돌아올 때마다, 늘 다른 모습에 반해서 넋을 잃고 쳐다볼 때가 많습니다. 혼자 있을 때는 이렇게 예쁜 모습들을 보며 기뻐하지만, 사람들을 만나면 슬퍼집니다. 사람들의 마음은 아직도 꽁꽁 얼어붙어 있는 겨울 같아서 말입니다. 봄은 오지 않고 늘 겨울만 계속되는 동화 속 어느 나라처럼 살고 있는 사람들의 모습 때문에 슬퍼집니다.

끝나지 않는 겨울 같은 모습들, 우리 주변에서도 흔히 볼 수 있습니다. 이웃 사람이 위험에 처해도 한 번 돌아보지 않고 냉정하게 그냥 지나쳐버리는 모습들, 돈 때문에 다른 사람을 죽이는 사람들. 그리고 전혀 인간적이지 못한 기업들. 특히 이 기업들의 모습에는 정말로 화가 납니다. 이윤을 더 많이 남기기 위해, 수많은 사람들을 고통의 늪에 밀어넣어 빠져나오지도 못하게 하고 있습니다. 그리고 이 고통의 늪은 엄청나게 넓어서 끝이 없습니다. 어떤 사람들은 기업들에게 밀려 여유 없이 늘 시간에 쫓겨 다니다 고통의 늪으로 빠져버리고, 또 어떤 사람들은 기업들의 어마어마한 사회적 권력에 밀려 돈을 벌지 못해 가난이라는 고통의 늪에 빠집니다. 또 스타벅스와 같은 기업에서는 실제로 커피 콩을 따는 노동자들에게 겨우 몇백 원을 주면서 노동을 착취하고, 몇천 원에 팔아서 엄청난 이윤을 남깁니다. 그들이 이윤을 남기려고 하는 행동들이 너무나 많은 사람들을 괴롭게 하는 것입니다.

그런데 제가 잘못 생각했었나 봅니다. 잠깐 깜박 잊고 있었나 봅니다. 겨울

은 너무너무 춥지만, 그 추위에서도 땅 속에는 새 생명을 끌어안고 숨은 씨앗들이 있다는 것을 말입니다. 그 씨앗들은 새 생명을 끌어안아 열심히 보듬어주고, 멋지고 튼튼한 싹이 되어 더 멋지게 쑥쑥 크라고 노래를 불러줍니다. 그리고 그 씨앗들은 봄에, 마침내, 품고 있던 새 생명을 밖으로 나오도록 해줍니다.

지금 우리 사회는 아직 춥습니다. 그러나 새싹은 돋아나고 있습니다. 아니, 이미 돋아난 것도 있습니다. 다른 힘든 사람들을 위해서 나눔 실천에 앞장서는 아름다운 개인, 사회적 기업이 돋아나 있습니다. 그들은 이윤을 남기기 위해 인간적인 것들을 외면하는 다른 기업들과는 다릅니다. 오히려 일부러 인간적인 것들을 찾아갑니다. 어느 순간부터 우리가 까맣게 잊고 지냈던 그런 것들을 말입니다. 교육받지 못한 아이들을 위해 도서관을 만들어주기도 하고, 음악시간 없이 지내는 아이들을 위해 영화 〈스쿨 오브 락〉에서와 같은 일을 해주는 기업도 있습니다. 그들은 자신들의 능력을 십분 활용해 다른 사람들을 돕습니다. 마치 씨앗들처럼, 온 힘을 다해 땅위로 올라오고, 그로 인해 봄을 만들어냅니다. 그리고 지금 이 순간에도 그 씨앗들은, 싹들은, 돋아나고 있습니다. 건조한 황야에 비하면 턱없이 적은 수지만, 그래도 돋아나고 있습니다. 내일이 되면 또 더 많은 싹들이 올라와 있겠지요.

싹들이 움트고 있는 모습을 보면서 전 넋놓고 바라보기만 하는 것이 아닙니다. 의식적으로 생각하진 않더라도 마음속 깊은 곳에서 뭔가가 꼬물꼬물 싹이 트는 것처럼 올라오고 있습니다. 제 마음속에도 싹이 트러나 봅니다. 저도, 하나의 씨앗이었나 봅니다. 숨죽이고 부끄러워하면서도 큰 꿈을 가지고 강하게 땅을 뚫고 나오는 싹을 품고 있습니다. 옆을 둘러보니 나와 같은 씨앗들이 많이 보입니다. 햇빛이 나를 비춰주고 있습니다. 비가 시원하게 내리고 있습니다. 싹을 틔울 최고의 조건이 갖추어졌습니다. 톡. 토독. 톡.

아날로그적인 교육 :

하성봉 ★ 인간은 그 자체로 역사가 아닐까요? 지금의 저는 과거의 '나'가 계속 축적된 결과물입니다. 태어났을 때부터 제가 느껴온 감정들, 알아온 사람들, 받아들인 지식들, 계속해서 변화해온 가치관 등이 지금의 저를 형성합니다. 물론 이러한 것들이 눈에 띄게 보이는 것은 아닙니다. 사실 우리들의 눈에 보이는 것은 지금의 우리 모습들 중에서도 일부분에 지나지 않습니다. 그렇기 때문에 우리들은 그 사람의 역사를 알지 않는 한, 그가 어떤 사람인가에 대해서 섣불리 가치판단을 내릴 수 없습니다. 하지만 우리 사회는 한 사람에 대한 가치판단을 제도적으로 행하고 있습니다. 그것도 개개인의 역사 또는 비가시적인 가치들에 대해선 고려하지 않는 것을 물론이거니와 그 가치판단의 기준도 굉장히 제한적인 성격의 것입니다. 그렇습니다. 한 사람에 대한 굉장히 제한된 가치판단, 그것이 바로 우리 사회의 교육입니다.

입시에 직면한 고등학교 3학년이 되어, 이러한 우리 사회의 교육에 대해 곰곰이 생각해보았습니다. 그리고 한 명의 학생으로서, 과연 내가 생각하는 이상적인 교육이란 과연 무엇일까에 대해서 깊이 질문을 던지지 않을 수 없었습니다.

다소 엉뚱하게 들릴지 모르겠지만, 저에게 스스로 던진 이 질문에 대해 가장 먼저 떠오른 것이 '디지털이 아닌 아날로그를 추구하는 교육이 필요하지 않을까?'라는 생각이었습니다. 한 사람에 대한 가치판단이 어려운 이유 중 하나가, 사람은 수치화가 불가능한 존재라는 것입니다. 나의 감정, 지식, 가치관은 다른 사람들의 그것들과 다릅니다. 또 어떤 것이 더 좋고 더 나쁜지도 따질 수 없습니다. 그러한 요소들도 모두 나름대로의 가치를 가졌기 때문입니다. 하지만 우리 사회의 교육에선 이러한 요소들을 시험, 평가라는 이름으로 수치화하고 있습니다. 이는 분명히 무리가 따릅니다. 또한 우리들은 이 수치화의 궁극적인 목적에 의심을 품을 필요가 있습니다. 수치화를 한다는 것은 서열이 생긴다는 말입니다. 1등, 2등, 3등……. 그리고 꼴등. 그리고 이러한 서열의 생성은 『페다고지』에서 파울로 프레이리가 말했던 것처럼, "그것을 어느 한쪽의 우월한 상태, 즉 엘리트적인, 세계를 이분화하는 것이다." 0과 1로 이분되는 디지털처럼.

그렇기 때문에 저는 인간을 아날로그적으로 바라보는 교육이 필요하다고 생각합니다. 모든 것이 수치화를 바탕으로 이루어지고 이를 통해 차이를 만들어내는 디지털과는 달리, 아날로그는 그저 '다름', 다른 말로 하자면 '개성'만이 존재합니다. 아날로그는 연속적인 흐름입니다. 그 흐름은 근본적으로 양적인 성격이 아니기에 계량할 수 없는 성격의 것입니다. 단지 흐름의 형태만이 각 개인의 역사에 따라 다를 뿐입니다. 그리고 아날로그적인 시각으로 바라볼 때, 우리들은 자연스레 그 사람의 역사의 굴곡에 주목하게 됩니다. 기존의 디지털적인 교육에선 학생들을 성적이라는 잣대에 맞추었기에 결과적으로 그들의 역사를 단조롭게 만들었습니다. 하지만 아날로그적인 교육에서라면 학생들 개개인 인생의 역사에 주목하는, 이를 더욱 알차게 만드는 역할을 할 수 있지 않을까요?

또한 진정한 교육이란 부족함의 중요성을 돌아볼 수 있는 교육이라는 생각이 들었습니다. 세상 모든 것에 완벽한 사람이 있을까요? 사람인 이상 누구나 2퍼센트 정도는 부족하기 마련입니다. 나는 그 2퍼센트가 기어의 이빨과 같은 역할을 한다고 생각합니다. 서로가 서로의 부족한 점을 메꿈으로써 서로의 유대가 깊어지고 더 나아가서 사회도 안정적으로 운영되는 것입니다. 그리고 그러한 메커니즘의 중심에 교육이 있습니다. 교육은 단순히 지식을 전달하고, 인재를 키우는 데만 의의가 있는 것이 아닙니다. 우리는 교육에 대해서 말할 때, 교육의 사회화 기능에 대해서 말하지 않을 수 없습니다. 우리 학생들은 같은 시간과 공간에서 함께 배워가는 존재들입니다. 그리고 그 과정에서 다양한 사람들과 접하고 그들과 지식이나 가치관 등을 상호작용하면서 발전해갑니다. 물론 서로간의 차이는 있습니다. 어떤 사람은 운동을 잘하고, 어떤 사람은 예술적인 감각이 뛰어나며, 어떤 사람은 리더십이 있습니다. 그러나 같이 배우는 과정에서 이러한 차이들이 융화되고 서로의 차이를 존중하게 됩니다.

물론 어떤 면에선 공부하는 것 하나만으로도 지치는 이 시기에, 새로운 것을 보고 느낀다는 것이, 타인에게 더 많은 관심을 가진다는 것이, 내 삶의 방향타를 일관된 방향으로 밀어붙인다는 것이 힘들지 않을까 하는 걱정이 되기도 합니다. 하지만 저는 그런 걱정에 앞서서 이 시기에 이를 해내지 못한다면 앞으로도 계속 못할 것 같다는 생각이 듭니다. 우스갯소리지만, 저는 잠을 네 시간밖에 못 자도 다음날 멀쩡하고, 앉아서 몇 시간을 공부할 수 있으며, 그런 일상에서도 작은 행복을 찾을 수 있는, 소박한 감성을 느낄 수 있는 대한민국의 고3입니다. 고3에겐 그 어느 시기보다 더 큰 꿈이 있으며, 뜨거운 열정이 있습니다. 그리고 그 큰 꿈과 열정은 단순히 공부에 국한되는 것이 아니라 삶 전체에 관한 것입니다. 그리고 삶에 그런 원동력이 있으니 우리들은 한층 더 성숙해질 수 있고 지혜로워질 수 있습니다.

진정한 인간이 되기 위하여

김지현 ★ 고3이 된 후 전 제가 처한 현실을 더욱 실감할 수 있게 되었습니다. 사회에서 내가 하고 싶은 일을 하기 위해선 입시에서 좋은 성적을 거두어야 하기에, 입시제도는 저에게 최대한 정확하고도 많은 지식을 소유할 것을 요구하고 있었습니다. 얼마 남지 않은 시간 앞에 전 조급해졌고 입시제도에 맞지 않는 공부와 활동들은 모두 잠시 중단하는 것이 좋을 것 같다는 생각을 했습니다. 남은 시간 동안 더 박차를 가해 제가 하고 싶은 일들을 사회에 나가서 할 수 있도록 최대한의 역량을 키우기 위해서. 그 다짐 아래 내달렸습니다. 내가 어떤 아이였고, 무엇을 해왔는가는 잊은 채.

3월의 햇살이 따스하게 교실을 비췄습니다. 얼마 후면 이 햇살을 바깥에서 충분히 즐길 수 있는 날이 올 것이란 생각에 기분이 좋았습니다. 그런데 갑자기 "이거 수능에 나오니까 잘 받아써"라는 선생님의 말씀이 제 귀에 또렷이 박혔습니다. 순간 '난 지금 뭘 하고 있는 거지?' 하는 생각이 들었습니다. 전 지식을 받아적고 있었습니다. 『페다고지』에서 보았던 '은행 저금식 교육'이란 말이 떠올랐습니다.

하지만 갑자기 두려워졌습니다. 이렇게 받아적기만 하고 주어진 지식만 암기하다보면 결국 전 온전한 제가 될 수 없을 것이란 생각이 들었습니다. 사회속에서 가장 잘 살아남는 인간 모델이 되기 위해 달려가는지도 모른다는 생각이 들었습니다. 고3이 되고부터 현실이 저에게 던지는 중압감 때문에 제가 지녔던 소중한 나, 온전한 제 모습을 잃고 있었습니다. 저의 본질을 잊은 채 저를 둘러싼 것과 주변 환경에 매몰되어 있었던 저를 다시 발견하게 되었습니다.

얼마 남지 않은 시간 동안은 최대한 역량을 늘리는 데 투자하자는 생각을 했습니다. 제가 지금까지 배우고 느꼈던 인간성의 소중함도 잃지 않고 마음속에 꼭 간직하고 살아갈 수 있을 것이라 생각했습니다. 하지만 『페다고지』는 저에게 날카로운 비판을 가하고 있었습니다. "완전한 인간성 추구는 고립적으로나 개별적으로가 아니라 동료애와 연대감 속에서 이루어져야 한다. 개인적으로만 인간성을 찾고자 노력하는 것은 결국 이기적으로 보다 많이 소유하는 일과 연결되어 비인간화로 나아갈 뿐이다. 참된 교육은 대화 속에서 함께 행하는 것이어야 한다."

제가 열심히 공부하는 것도 궁극적으로는 저의 행복을 위해서입니다. 목표를 이루었을 때의 성취감은 저에게 기쁨을 가져다주었습니다. 하지만 이와 더불어 진심을 소통했을 때 전 더 큰 행복의 지속을 느꼈습니다. 진심간의 소통. 그건 인간성을 잃지 않을 때 가능한 일입니다. 인간성은 혼자 힘으로 지켜질 수 있는 게 아닙니다. 제가 굳건한 의지를 발휘하면 꼭 지켜낼 수 있을 거라 생각했습니다. 하지만 인간성은 소유물이 아닙니다. 매순간 소통하며 발휘해야 하는 것입니다. 전 제 인간성을 지키기 위하여 현실의 요구에만 매몰되지 않겠습니다. 절 깨어 있게 만드는 책 읽기를 멈추지 않을 것이며 책을 매개로 한 친구들과 선생님과의 소통도 멈추지 않으려고 합니다. 제 삶에서 소중한 것, 중심을 잃지 않는 진정한 인간이 되기 위한 투쟁을 멈추지 않을 것입니다.

학벌에서 자유로울 수 있는 것, 그것은 나 자신의 신념과 확신이다

이윤영 ★ 고등학교 3학년, 대학을 결정해야 하는 시기가 다가올수록 저는 인생을 다 살아보지 않고서야 도저히 풀릴 것 같지 않은 고민을 했었습니다. 좋은 대학에 가는 것과 내가 배우고 싶은 것을 배울 수 있는 곳에 가는 것에 대한 괴리. 물론 좋은 대학이라 함은 진정으로 '좋은' 것이 아닌, 대한민국에서만 명문대를 의미합니다. 전 늘 수능이라는 일회적이고 단편적인, 아주 폭력적인 시험으로 전국의 학생들을 1등부터 꼴등까지 나열하여 그 서열대로 대학에 가야만 하는, 그래서 소위 명문대라 불리는 곳에 가지 못하면 그것이 인생에 걸림돌이 되어버리는 부조리한 학벌사회를 비판했습니다. 그러나 비판하면서도 학벌의 폭력에서 자유롭지 못한 것에서 상당한 좌절감을 느꼈습니다. 학벌사회가 잘못되었고, 그래서 타파해야 할 것이라고 하지만 여전히 일정 대학 이상은 가야 한다고 생각하고 있었고, 그것으로부터 자유로워질 용기가 없었던 것입니다. 학벌에서 벗어나서 내가 하고 싶은 공부를 하며 행복하게 살면, 진정한 지식인이 되고 행복하게 살면 된다고 생각하다가도, 명문대 출신이 아니면 사회의 문제점을 비판해도 제대로 들어주지 않는 썩은 사회에서 당당할 자신이 없었습니다.

그 고민에서 아버지와도 끊임없이 갈등을 빚었지만, "네가 바꾸고 싶은 학벌사회, 나 또한 너무나 그것에 대해 분노하고 바뀌어야 한다고 생각해. 하지만 이 사회에 학벌이라는 것은 너무나 분명하게 존재하고, 네가 그것을 무시한 채 무언가를 바꾸기란 너무나 힘들어. 사람들은 네가 명문대 출신이 아니라면 너의 비판을 사회에서 패배한 자의 한풀이로밖에 들어주지 않아. 진짜 가난한 것과 자발적으로 가난한 삶은 달라. 학벌사회에서 무시당하지 않고 당당히 일어설 수 있기 위해 기본적으로 갖추어야 할 것은, 아직 학벌이 중요한 우리 사회에서는 일정 수준의 학벌이란 사실이 나도 참 슬프지만 그것이 현실이다" 란 아버지의 말씀에, '아니오, 전 그 현실을 뛰어넘을 자신이 있어요' 하고 당당히 대답하지 못했습니다. 아버지의 말씀대로 현실과 사회는 저 개인의 능력이나 노력, 신념으로만 부딪히기엔 너무나 거대하고 단단한 벽이란 것을, 저는 학교라는 작은 사회 하나 바꾸지 못하는 작은 개인이라는 것을 알고 있었기 때문이었습니다.

그래서 '그래, 사회가 요구하는 것들을 가뿐하게 해내서, 겉으로만 멋있는, 학벌만을 가진 사람이 아니라 진정한 학력을 가진 사람이 되면, 진정한 지식인이 되면 돼' 라고 생각하다가도, 많은 사람들이 그런 생각을 갖고 사회에 나가서는, 결국 모순된 사회에 동화되어 그 꿈을 잊어버린다는 어느 책의 한 구절이 그런 생각을 하는 저 자신을 부끄럽게 만들었습니다. 학벌에서 자유롭게 자신이 하고 싶은 일을 하면서 그 능력과 신념을 인정받는 삶을 증명해줄 수 있는 사람이 있었으면 좋겠다고, 그러니 너도 용기를 가지라고 말해주기를 바랐지만, 결국 인생의 선택은 나만이 할 수 있기에 저는 끝이 날 것 같지 않던 고민들을 한참 동안 하면서 나름의 결정을 했고, 대학생이 되었습니다.

대학생활은 기대를 하지 않았기 때문인지 크게 실망도, 그렇다고 그렇게 즐겁지도 않았습니다. 갑자기 많아진 시간을 어떻게 해야 할지 몰라 그냥 멍하게 보내고, 그런 시간이 있다는 것에 자책하면서 대학생활을 그럭저럭 해내고 있었습니다. 그러다 사회학 수업에서 '학벌'이라는 주제로 토론을 한다고 했고, 나름대로 학벌에 대해 고민했던 경험이 있었기에 쉽게 토론에 참여할 수 있을 것이라 생각하여 발제자로 참여했습니다. 토론은 '학벌사회의 현실—타파/유지되어야 하는 이유—대안책'의 순서로 진행되었습니다. 그런데 많은 이야기들이 오고 갔지만, 《인디고잉》이나 친구들과 함께 고민하고 문제삼았던 근본적인 이야기들은 전혀 언급되지 않았습니다. 학벌사회에서 우리는 인간으로서의 권리를 무시당한다는 것, 한 인간에게 학벌이 얼마나 폭력적인지를 생각조차 하지 않는 것 같았습니다. 다만 학벌이 주는 피상적인 피해와 그것 때문에 피해를 받는 것에 대한 부당함을 호소할 뿐이었습니다. 결국 토론은 '학벌을 우선시 하는 기업이 바뀌어야 학벌사회가 타파될 것이다'라는 결론으로 치닫기 시작했습니다. 전 제가 생각하는 학벌의 모순과 그것을 타파해야 하는 이유를 확신을 가지고 말해야겠다고 생각했고, 당당히 발제를 했습니다.

"학벌이 단지 그런 문제만을 가지고 있다고 생각하지 않습니다. 학벌은 대한민국 전체를 열등감에 사로잡힌, 비생산적이고 비윤리적인 사회로 만들고 있습니다. 최고의 학벌을 가지지 않은 사람이라면, 그 누구라도 스스로의 한계선을 긋고, 차별받는다는 사실을 수긍하고 있습니다. 그리고 심각한 것은 자신이 학벌에 의해 한계지어지고, 권리를 빼앗기고 있다는 사실조차 인식하지 못한다는 것입니다. 그래서 저의 대안은 여러분이 제시한 기업이 바뀌어야 하고, 대학교 서열화를 제도적으로 없애야 한다는 거대한 것과는 다릅니다. 물론 제도적으로 학벌을 타파하기 위한 노력이 있어야겠지만, 인간에게 자유를 주고, 평등을 위해 실시되는 교육이 기업에 의해 바뀌어야 합니까? 우리는 기업이 원하는 사람이 되기 위해 공부하는 것입니까?

저는 우리가 학벌이 인간의 자유를 앗아갔다는 사실을 깨닫는 것이 먼저라고 생각합니다. 스스로 학벌사회에서 불합리한 대우를 받고 있다는 사실을, 그것이 불합리한 잣대로 그어진 단 하나의 선에 의해 만들어진 폭력이고 불평등임을 깨닫는 것이 먼저라고 생각합니다. 그러기 위해서는 인문학적 소양이 필요하겠지요. 이것이 추상적이고 이상적이기만 한 것이라고 생각하겠지만, 저는 그렇지 않다고 생각하고 확신할 수 있습니다. 경제적으로나 교육적인 면에서 차별받는 사람들이 투표를 할 때 자신들의 권리를 위한 정당과 정책에 표를 주어야 하는 것이 옳고 당연하지만, 후보가 유명한 대학을 나온 사람이면 그 사람을 더 신뢰하는 것이 일반적입니다. 그것은 좋은 학벌을 가진 사람이 자신보다 우월한 사람이란 것을 인정했기 때문이라 생각합니다. 그들이 스스로가 부당한 대우를 받고 있고, 학벌로부터 자유로워질 권리가 있다고 깨닫게 되면, 학벌에 의해서가 아니라 그들이 바라는 정책과 정당을 선택할 수 있게 되겠지요. 그렇게 학벌사회의 폭력을 알고, 그를 변화시키기 위해 모두가 깨어 있는 것. 그것이 너무나 거대해서 바꾸기 힘든 제도가 혁신되기를 꿈꾸는 것보다 훨씬 현실적이고 효과적이라고 믿습니다. 미국에서 행해졌던 클레멘트 코스는 인문학이 빈곤으로부터 벗어날 수 있게 한다는 것을 증명했습니다. 그것이 하나의 좋은 선례라 생각합니다."

기업이 학벌을 우선시하기에, 일자리를 구하기 위해서는 좋은 학벌을 가져야만 하는 것이 슬프지만 우리 현실입니다. 하지만 그것은 하나의 현상에 불과합니다. 진정으로 중요한 것은 학벌 때문에 대한민국 학생들이, 대한민국

국민들이 아주 어릴 때부터 인간으로서의 존엄을 어떻게 짓밟히고 있는가를 깨닫는 것입니다. 명문대에 가기를 희망하는 사람들은 대한민국에서 거의 대부분을 차지하지만, 정작 명문대를 갈 수 있는 사람은 극소수에 불구합니다. 그 극소수에 포함되지 못한 대부분의 사람들은 '열등감'에 휩싸이고, 그것은 초등학생, 요즘은 유치원생 때부터 생겨나기 시작합니다. 그 열등감은 한 인간의 사유와 능력을 한계지어, 그 사람이 할 수 있는 일임에도 불구하고 스스로 할 수 없다고 믿게 만듭니다. 대부분은 학벌사회의 문제점으로 학벌이 낮으면 기회가 주어지지 않는다는 것만 생각하지, 학벌이 낮은 사람이 사회가 그어놓은 선 이상으로 기회를 꿈꾸지 못한다는 것은 문제 삼지 않습니다. 예를 들어 대부분의 학생들은 공부 잘하는 아이만 할 수 있는 일이 있다는 것을 알고 있고 때때로 그것에 불평을 합니다. 하지만 그것이 '공부를 잘하기 때문'에 용인할 수밖에 없다고 스스로 수긍해버리고, 자신에게 그러한 기회가 돌아오지 않는 것에 대해 열등감을 가집니다. 이미 자신을 패배자로 인식하는 것입니다. 그것이 사회가 만든 생각이라는 것을 깨닫고 분노해야 하는 것이 옳고 당연하지만, 사람들과 사회는 그 경쟁에서 지지 말라고만 격려할 뿐, 아무도 그 진실에 눈뜨라 하지 않습니다. 그래서 이 사회는 대한민국 모든 이들을 고3때의 저처럼 학벌사회가 부조리함을 알지만 그것에서 벗어나기를 두려워하게 하고, 그 사실에 죄책감을 느끼게 하거나 맹목적으로 높은 학벌을 위해 노력하게 하는 것입니다.

　학벌사회를 타파할 수 있는 것은 사회가 만든 열등감에서 자유로워지는 것입니다. 명문대여서가 아니라, 자신의 목표만큼 열심히 한다면, 그곳이 어디가 되었든 당당할 수 있다면 남의 시선 따위는 중요한 것이 아닙니다. 명문대라는 이유로 자신을 지식인이고 엘리트라 생각하며 노력하지 않는 사람보다, 자신이 할 수 있는 최선을 다하고 변화를 이루어내는 사람이 더 위대한 개인이라는 것을 인식한다면, 학벌 따위는 기업이 바뀌지 않아도 타파될 것입니다.

압니다. 개인 하나 바뀌어도 사회는 꿈쩍하지 않는다는 것을. 그러나 저는 지금 저의 선택에 대해 열등감도 죄책감도 느끼지 않습니다. 저는 현재 저의 삶을 온전히 즐기고 열심히 살기 위해 노력하는 것이 더 중요합니다. 나 하나 바뀌어 무엇 하겠는가라는 비겁한 생각은 아무런 변화를 일으키지 못합니다. 토론에 참여해 제가 한 발제로 그 교실의 단 한 명이라도 그 문제에 대해 고민하게 된다면, 저는 제도를 바꾸자고 외치는 것보다 더 큰 변화를 일으켰다고 자신할 수 있습니다. 그리고 저는 그런 변화의 끄덕임을 그 교실에서 경험했습니다. 학벌은 우리를 억압하지만, 우리의 열정과 꿈은 학벌이 만들어주지 않습니다. 무엇이 중요하고 소중한지를 놓치지 말아야 하는지 스스로 깨닫는 것이 학벌을 타파할 수 있는 가장 좋은 방법이 아닐까요. 저는 그렇게 믿습니다.

당신은 교육을
변화시킬 수 있는 한 사람입니까

참여 ■ 《인디고잉》 기자들 | 정리 ■ 유진재

봄비가 내리던 일요일 아침. 인디고 서원 앞에 예쁘게 핀 꽃들이 봄비에 고개를 끄덕입니다. 꽃잎을 따라 흐르는 물방울, 거기서 봄을 느끼며 《인디고잉》 회의실로 들어섰습니다. 이미 자리에 앉아서 이야기를 나누는 친구들도 있었고, 내가 자리에 앉은 뒤에야 나타나는 친구들도 있었습니다. 잠이 부족한 일요일 아침이라 눈가에 잠의 흔적을 남겨둔 친구가 있는가 하면, 학교에서 공부하다가 이 회의에 참여하기 위해 뛰어온 친구도 있었습니다. 학원을 마치고 온 친구도 있었고, 이 회의가 끝나면 학원에 가야 한다고 혹시 회의가 길어지면 먼저 가겠다고 양해를 구하는 친구도 있었습니다. 한편 회의 후에 어떤 밥을 먹을지 고민하는 친구도 있었습니다.

말할 것도 없습니다. 《인디고잉》 기자라는 명칭만 빼면 모두들 대한민국의 평범한 학생입니다. 여기 있는 모두 각자의 삶이 있고, 그 자신의 삶을 아름답고 행복하게 가꾸려는 소박한 꿈을 지니고 있습니다. 그래서 대한민국 청소년의 삶을 규정하는 교육, 직접 혹은 간접적으로 대한민국 전체를 관통하는 '교육'. 우리는 그런 교육을 고민하기 위해, 우리의 삶을 이야기하기 위해 이곳에 모였습니다.

변화는 한 사람의 힘으로 가능한가?

우리는 지금의 교육에 대해 고민하며 『대한민국의 교육은 없다』와 『페다고지』 등을 읽었습니다. 『페다고지』는 교육이 지향해야 할 본질에 대해 이야기하고 있고, 『대한민국의 교육은 없다』는 현재 대한민국 교육현실을 적나라하게 보여주는 책입니다. 토론이 시작되자 『대한민국의 교육은 없다』의 사례와 자신의 경험을 이야기하며 지금 대한민국 교육의 부당함을 이야기했습니다. 이어서 『페다고지』를 인용하며 대한민국 교육은 '은행 저금식' 교육이라 비판하기도 했습니다. 그리고 '문제제기식' 교육이 필요하다고도 했습니다. 그러나 이런 토론을 하면서도 왠지 우리들의 눈에는 힘이 없었습니다. 문제점도 알았고, 그에 대한 대안도 제시했지만 무엇인가가 부족했습니다. 지금 이렇게 토론하는 시간이 끝나면 우리들은 다시 입시제도의 틀 안으로 들어갑니다. 그렇게 들어가면 어제까지 그래왔던 것처럼, 우리는 문제점 많은 교육을 오늘도 내일도 그대로 받아야 합니다. 지금 이렇게 이야기하는 것은 좋지만, 이 이야기가 우리의 현실과 떨어져 있다는 느낌. 이런 토론을 해도 우리 삶에 변화는 없을 거라는 허무감을 우리는 공유했던 것이 아닐까요? '교육'이란 주제가 바로 우리의 삶과 직결되는 문제이기 때문에 할 말이 많고, 활기차게 토론할 수 있을 거라 예상했지만, 왠지 우리의 이야기가 공허한 메아리가 되는 것이 아닐지 걱정이 되기도 했습니다.

"여러분은 교육을 변화시킬 수 있는 한 사람인가요?" 편집장님이 질문했습니다. 그 순간 망치로 머리를 한 대 맞은 느낌이었습니다. 교육이 변화해야 한다는 것은 알았지만, 왜 나 스스로 교육을 변화시킬 생각은 못했을까요? 지금까지 우린 교육이 변화하기만을 기다려왔던 것입니다. 어떤 다른 힘이 교육을 변화시키기만을 바랐던 것입니다. 그렇게 나 스스로가 교육을 받는 주체로서 그 역할을 잊었다는 사실을 깨닫는 동시에 과연 한 사람의 힘으로 변화가 가능할까 하는 의문도 따라왔습니다.

김아라 ★ 저는 제가 당장 교육을 바꿀 수 있다고는 생각하지 않습니다. 그러기엔 저는 너무 미약하고 많이 부족합니다. 하지만 저는 '스스로'를 바꿀 수는 있습니다. 주체적으로 생각하고 능동적으로 행동하는 그런 '김아라'가 될 수 있습니다. 한 개인이 혼자서 거대한 교육을 바꿀 수는 없겠지만, 개개인이 모여 함께한다면 할 수 있을 것입니다. 앞으로 나아갈 수 있을 것입니다. 이제는 끌고 가는 대로 질질 끌려 다니지 않고, 제 두 발로 땅 위에 올곧게 서서 한 걸음씩 걸을 것입니다. 분명 혼자 걷고 있던 외로운 길이 어느새 함께하는 사람들로 꽉 채워질 것을 의심치 않습니다.

'역사는 나와 나 아닌 것의 투쟁이다.' (신채호)

개인의 힘은 미약합니다. 그러나 그런 미약한 개인의 힘들이 모여 연대하고, 같은 목소리를 낸다면 그것이 바로 역사가 되는 것입니다. 그래서 개인은 위대합니다. 당장 커다란 사회제도를 변화시키는 것은 힘들겠지만, 지금부터 우리의 삶을 변화시킬 수는 있습니다. 그런 개인들의 미약한 변화가 모여 교육의 변화를 이뤄낼 것임을 의심치 않습니다. 내 삶에서부터 변화의 실천이 역사이고, 나비의 날갯짓이며, 꿈틀거림입니다. 바로 '나'부터 시작해야 하며, 함께 실천해야 합니다.

인생의 더 많은 기회는 대학이 아닌 사랑 안에 있다 :

김신혜 ★ 저는 망설이지 않고 "네" 하고 대답했습니다. 하지만 그 순간 그것은 진심이었을까요. 그런 대답을 할 수 있었던 이유는 지금 제가 대한민국의 교육제도에 속해 있기 때문일 것입니다. 홈스쿨링을 한다 해도, 대학진학을 목표로 한다면 결코 그 제도에서 빠져나간 것이 아닐 테니까요. 제가 교육을 변화할 수 있다고 믿고 싶었기 때문일지도 모릅니다. 하지만 그 질문을 받기 전까지 저는 교육에 대해 어떻게 생각하고 있는지 스스로 잘 알고 있었을까요? 또한 주위의 시선에 억압받지 않고 용감하게 제 의사표시를 했었을까요?

아닙니다. 저는 주위의 시선을 신경 썼고 학교에서 제 의사표시를 분명히 했던 적은 많지 않습니다. 저는 제 행동을 어떻게 책임져야 할까, 걱정부터 먼저 했을 뿐입니다. 자퇴하기 직전 담임 선생님께 겨우 말씀드릴 수 있었습니다. 저는 제가 움직일 수 있었던 일을 다른 사람에게 떠넘기고 온 것입니다. 저는 결국 모순이 존재하는 교육제도에서 뛰쳐나올 수 있는 만큼 떨어져 나와 누릴 것 다 누리며 공부도 잘 하고 싶었습니다. 하지만 이제는 분명히 알게 됐습니다. 인생의 더 많은 기회는 대학에서만 얻을 수 있는 것이 아니라고. 그것은 사랑이라는 녀석으로부터 무궁무진하게 얻을 수 있다는 것을 깨달았습니다. 저는 겁도 많고 실수하기를 두려워하지만, 모순이라고 말했던 대한민국의 교육제도 속에서 사랑도 하며 이겨나갈 것입니다. 그것이 지금 제가 할 수 있는 최대의 복수가 아닐까. 스스로에게도 무모하고 불가능하게 들리는 이 말을 친구들에게 전하며 함께 강해져서 교육이란 녀석을 집어삼킬 수 없을까요.

어른들은 우리가 세상을 모른다고 말합니다. 우리는 경험도 적고 고통도 덜 겪어봤습니다. 하지만 우리는 눈앞의 모순을 알고 있으며 누구보다도 교육의 불합리를 잘 알고 있는 당사자들입니다. 지금 가지고 있는 경험만으로도 무언가를 할 수 있습니다. 바로 순수라는 무기를 가지고. 사람들은 물러빠진 무기를 들고 무얼 하겠냐며 비웃을지도 모릅니다. 하지만 제가 학교를 뛰쳐나올 수 있었던 이유는, 사랑할 수 있는 이유는 바로 그 순수란 놈 덕분이었습니다. 어른들에게만 모든 것을 맡겨두라는 말은, 결국 교육이 반복했던 미루기라는 실수를 또다시 범하는 일입니다. 어른들은 어른들의 방향에서, 우리는 우리의 방향에서 올바른 마음을 가지고 끌고 가다보면, 그 문제는 적절한 중도를 이루게 되지 않을까. 세상의 개혁은 개인이 모여 만든 집단에 의해 이뤄집니다. 우리는 우리 자신을 믿어야만 합니다.

양으로만 승부하는 돈, 학벌, 교육은 늘 불안하다 :

김지현 ★ 우리 교육은 학생들의 꿈꿀 권리를 박탈하고 있습니다. 다양한 학생들의 다양한 꿈들을 성적과 대학에 가둡니다. 돈이 최고의 가치로 자리잡은 사회입니다. 하지만 생각해보면 돈은 그 자체로서의 가치는 없습니다. 다만 교환가치가 있을 뿐입니다. 돈 자체에 가치가 없기 때문에, 돈은 항상 불안합니다. 질적인 차이를 내지 못하는 돈은 양적 차이로 승부하려 하고, 그래서 돈이 많으면 많을수록 더 돈을 추구합니다. 수단에 불과한 돈의 양적 차이로 신분이 결정되는 사회가 황금만능주의 사회이며, 우리 사회의 한 모습입니다. 그런 사회에서 돈의 재분배를 학벌이란 기준 하나에 맞추고 있습니다. 그러다보니 학벌 역시 그 자체의 가치가 존중받는 것이 아니라 돈으로의 교환가치 대상이라는 생각이 만연합니다. 즉 그 자체의 가치를 존중받을 수 없기에 학벌은 불안합니다. 학벌의 불안은 무조건적인 양의 증식으로만 극복할 수 있는 것으로 여겨집니다. 학습의 질이 아니라 학습의 양으로 말입니다. 어떤 공부를 어떻게 하느냐가 아니라 정해진 과목을 무조건 많이 해야 점수가 오릅니다. 점수라는 단 하나의 기준으로 다양한 학생들을 일렬로 줄세웁니다. 그 줄 앞에 서기 위해 학생들은 너무 바쁩니다. 꿈을 꿀 시간적 여유가 없습니다. 게다가 꿈을 꾼다고 해도 대부분 그 줄에서 앞쪽에 서고 싶은 욕망을 꿈이라 말합니다. 그것이 진정 자신의 욕망이며, 자기를 발현할 수 있는 길인지에 대한 고민은 하지 않습니다.

교육이 변해야 합니다. 학생들을 그릇 취급하며 그 그릇 안에 얼마나 많은 물을 담았는가를 평가하는 교육이 아니라, 학생 개개인의 가치를 실현할 수 있도록 그릇을 잘 만들 수 있도록 도와주는 것이 교육이어야 합니다. 그래서 꿈을 꿉니다. 교육이 변하는 꿈을, 그래서 모두가 함께 꿈을 꾸고, 아름다운 세상을 향해 발을 디디는 꿈을 말입니다.

네가 바로 그 한 사람

"너는 교육을 변화시킬 수 있는 한 사람이니?"라고 물었을 때, 자신 있게 변화시킬 수 있다고 말한 사람이 있는가 하면 솔직하게 그렇게 할 수 없다고 말한 누군가도 있습니다. 지금의 교육에 대한 이해와 비판 정도도 모두 다르지요. 김우창 선생님은 개인들이 각각의 '시적 마음의 동심원'을 갖고 있다고 하셨습니다. 각각의 동심원이 관계망을 형성하면 우리가 그날 손잡아 만든 것처럼 큰 동심원을 그릴 수 있습니다. 바로 여러분이 그 한 사람입니다.

나, 그리고 우리. 우리가 손을 잡아 만든 동심원. 고요한 물에 돌을 던져봤나요? 처음부터 그 돌이 물에 파장을 일으키지 않습니다. 바로 자기가 떨어진 그곳에서부터 동심원을 점점 크게 만들어나가서 결국 물을 흔듭니다. 각각이 만드는 하나의 원들이 다른 원을 만나 더 큰 원을 그립니다. 더 크게 물을 흔듭니다.

작지만 소중한 혁명, 하나의 새싹이 땅을 뚫고 올라옵니다. 그런 새싹들이, 그런 꽃잎들이, 그런 바람에 봄이 옵니다. 새싹들의 부름에 봄이 오는 것입니다. 하나의 새싹이 되어 세상을 향해 온몸으로 부딪칩시다.

진정 무엇이 살아갈 날들을 위한 공부일까요

정리 ■ 변영욱

진정 살면서 해야 할 공부는 무엇일까요? 대한민국의 한 학생으로 사는 저는 당연히 대한민국에서 살 길은 수학공식 외우고 역사 · 사회 과목 외우기라고 생각했습니다. 한번은 누나가 부모님께 왜 나는 살면서 이런 실생활에 필요도 없고 어려운 수학공식 등을 배워야 하냐고 물었습니다. 그러자 부모님은 화를 내셨고 그런 마음으로 공부하려면 하지 말라는 말씀까지 하셨습니다. 그런 집에서 자랐기 때문에 당연히 살아갈 날들을 위해 미친 듯이 교과서 외우기를 해야 한다고 생각할 수밖에 없었습니다.

그런 고정관념 속에 살다가 톨스토이의 『살아갈 날들을 위한 공부』라는 책을 만났습니다. 진정 어떻게 살아야 하는가를 시로 표현한 문학이었습니다. 진정 사는 데 필요한 것들을 적어놓았습니다. 뒤통수를 맞은 듯한 느낌이었습니다. 진정 살아갈 날들을 위한 공부를 교과서에 나와 있는 글로 생각했다는 것이 상당히 부끄러웠습니다. 그중 지금 이순간이 가장 저를 부끄럽게 하였습니다. 저에게 가장 중요한 때는 시험을 칠 때이고 저에게 가장 중요한 일은 당연히 교과서 외우는 것이고 저에게 가장 중요한 사람은 당연히 공부만 하라고 가르쳐주시는 부모님이었습니다. 그러나 지금 이 순간부터는 정말 어떻게 살아가야 하는지에 대해 공부해야 합니다. 그러나 솔직히 말하자면 어떻게 살아갈 것인가에 대한 공부를 해서는 대한민국에서 살 수가 없습니다. 아쉽게도 이런 책을 읽으면서도 어쩔 수 없이 저는 교과서에 얽매여야 합니다. 교과서 공부를 하지 않는다면, 즉 공부를 못한다면 사회에서 아무 쓸모없는 사람이 됩니다. 지금은 어쩔 수 없습니다. 제가 교과서 공부를 하지 않고 이런 공부만 한다면 사회에서 도태될 것입니다. 지금은 할 수 없이 공부를 하고 미래 사회의 영향력 있는 사람이 되어 이런 공부의 중요성을 알리기를 기약하면서 이런 저의 생각에 여러분은 어떤 생각을 하는지 의견을 나누면 좋겠습니다.

손온누리 ★ 교과서 공부도 중요하지만 살면서 배우는 경험도 좋은 공부가 된다고 생각합니다. 공부라는 것이 꼭, 문제를 풀고 외우고 하는 것이 아니라, 자신이 살아가면서 도움이 된다는 것이 공부라고 생각하거든요. 그래서 체험도 하고, 간접 경험도 하면서, 자신의 꿈을 찾아가는 것이 진정한 공부라고 생각합니다. 하지만 이런 공부 말고도, 우리가 살면서 진정으로 배워야 하는 것은 사랑, 우정, 희망, 행복 등이라고 생각합니다.

주예은 ★ 저는 생각이 좀 다릅니다. 여러 사람들처럼 살아가면서 진정한 인생에 대한 공부가 가장 중요하죠. 그리고 머리보다 마음이 꽉 채워진 따뜻한 사람이 되는 것도 중요합니다. 또 학교에서 머리에 지식만 채우고 학력을 중시하는 현재 상황이 그다지 바람직한 것은 아니라고 생각합니다. 그렇지만 지금 우리가 학교에서 배우는 10여 개의 과목들은 꼭 배워야 한다고 생각합니다. 대부분의 사람들이 이렇게 말합니다. "시장에 가서 함수를 쓸 일이 있냐? 사칙연산도 요즘은 계산기가 있기 때문에 필요없고 수학공식을 배워서 뭐에다 쓰냐." 이 말이 완전히 틀린 말은 아니지만 저는 우리가 수학을 배우는 이유가 꼭 나중에 어딘가에 쓰려고 배우는 건 아닌 것 같습니다. 나중에 써먹지도 못할 것을 왜 어렵게 스트레스 받아가며 배워야 하느냐? 제가 생각했을 때 수학은 우리의 사고하는 힘을 키워주는 것 같습니다. 수학이 우리의 합리적인 사고, 논리력, 창의성을 개발시키고 두뇌를 회전시킬 수 있다는 점을 생각해보면 꼭 필요한 과목입니다. 그리고 국어, 미술, 사회 특히 국사 등 그 외에 과목도 나름의 중요한 이유가 다 있기 때문에 지금 배우는 것입니다. 또한, 지금 중학교, 고등학교에서 배우는 지식들은 비록 암기과목일지라도 커서 우리가 가져야 할 최소한 '교양'을 위한 것입니다.

또 많은 사람들이 이런 교육환경에서는 청소년들이 꿈을 가질 수 없고 자신의 적성, 좋아하는 분야를 개발시키기 어렵다고 합니다. 그렇다면, 이런 최소한의 교육조차 하지 않는다면 학생들은 도대체 어떤 방법으로 자신의 적성을 찾는단 말입니까? 처음부터 자신이 좋아한다고 다른 교육을 안 받고 한쪽으로만 노력하면 너무 위험합니다. 그리고 적성이라 하면 어떤 일에 알맞은 성격, 성질을 말하는데 이런 적성만 가지고 직업생활을 하기는 어렵습니다. 개인의 능력도 반드시 뒷받침되어야 합니다. 여러 과목을 두루두루 공부하면서 자신이 좋아하는 분야를 찾게 되고 내가 어느 쪽에 뛰어난지 알게 되는 겁니다. 그러다가 고등학교 때는 자연계, 인문계로 나뉘고 대학교에 가서는 마침내 자신이 진정으로 원하는 공부를 전공하게 됩니다.

어떻게 살아가야 하는지, 진정한 삶을 위한 공부는 너무 이상적이고 막연합니다. 지금 현재에서 교과공부를 충실히 하면서 자신을 점점 알아가고 꿈을 찾아서 노력하는 것이 나의 삶을 위한 공부는 될 수 없을까요? 그리고 따로 행복을 찾고 마음의 공부 같은 걸 하지 말고 학교를 다니면서 즐기고 잊을 만하면 한 번씩 시험도 치면 스릴 있지 않습니까? 엉뚱하긴 하지만 저는 현재 학생으로서 학원 다니고 열심히 공부한다는 것을 행복하게 받아들이고 즐기는 법을 터득하는 것이 지금 우리가 할 수 있는 최선의 인생공부라고 생각합니다.

이윤영 ★ 피할 수 없다면 학원과 시험을 즐기면서 필요한 교양을 쌓는다니, 재미있는 발상인 것 같습니다. 마치 능동적으로 공부를 즐기는 것 같기도 하고요. 그러나 그 태도는 주어진 공식만을, 형식만을 습득하는 수동적인 태도라고 생각합니다. 그렇게 되면 스스로의 판단이 결여된(스스로 생각해볼 겨를도 없이), 무엇이 옳고 그른지를 판단하지 않은 채 받아들이는 위험한 공부방식이 될 수 있다는 생각이 듭니다. 자신이 무엇을 배우는지에 대한 성찰 없이, 그 공부를 통해 스스로를 알아간다면, 그 스스로가 잘못될 수도 있기 때문입니다.

김상원 ★ 만약 자신에게 분명한 꿈이 있다면 노력하는 것이 좋다고 했지만 저는 이런 삭막한 교육시스템에서는 학생들이 꿈을 갖기가 어렵다는 생각이 듭니다. 실제로 과학에 관심이 있는 학생이더라도 교과서나 시험문제로 제출되는 과학에 대한 거부감을 가지게 될 수도 있습니다. 저도 국어책에 있는 시를 읽거나 단편소설을 읽고 감상 적는 걸 좋아하지만, 이런저런 문법적 요소와 표현법을 외워야 하는 시험 치기 위한 강제적 공부가 되다보니 이젠 국어시간이 지루합니다. 지금 수학이나 국어나 모든 과목은 달달달 외우기 그 이상도 이하도 아닌 것 같습니다. 그래서 얼마나 수업시간에 또 시험기간에 열심히 했냐는 성실성과 책임감을 나타내는 것밖에는 안 되는 것 같습니다. 더구나 그렇게 배운 것들은 얼마 가지 않아 잊혀지고 결국 스무 살 이후에 내게 남게 되는 것은 성적표뿐입니다. 지난 십몇 년의 노력과 내 인생을 그런 종이 한 장으로 나타낼 수밖에 없다는 것은 뭔가 억울합니다. 물론 마땅한 꿈이 없을 때는 자기의 현재에 충실하게 공부를 하는 것이 옳겠지만 가끔씩 진짜 나의 미래를 위해 어떤 일을 해야 할까 하고 스스로 고민해보는 것이 미래를 창조하는 데 더 큰 도움이 될 것 같습니다.

박소민 ★ 살아갈 날들을 위한 공부. 우리는 매일매일 공부를 하고 있어요. 학교에서도 학원에서도 길을 걸으면서도 친구와 얘기하면서도. 우리가 인식하면서 하는 공부도 있고 나도 모르게 나에게 나가오는 공부도 있습니다. 어떤 것을 더 가치 있게 생각하는가는 사람마다 다르겠지만, 적어도 저는 잘 살아가기 위해서 공부한다는 것이 제일 소중하다고 생각합니다. 지금 우리가 학교와 학원에서 공부하는 것도 결국은 잘 살기 위해서, 살아갈 날들을 위해 공부하는 것에 포함된다고 할 수 있겠죠. 『살아갈 날들을 위한 공부』에는 〈지금 이 순간〉이라는 시가 있었어요.

당신에게 가장 중요한 때는 언제인가?
당신에게 가장 중요한 일은 무엇인가?
당신에게 가장 중요한 사람은 누구인가?

당신에게 가장 중요한 때는
현재이며,
당신에게 가장 중요한 일은
지금 하고 있는 일이며,
당신에게 가장 중요한 사람은
지금 만나고 있는 사람이다.
〈지금 이 순간〉

어느 순간부턴가 '지금'이라는 말을 좋아하게 된 것 같아요. 지금 최선을 다하는 것, 지금 치열하게 열렬히 살아가는 것, 지금 이 순간을 즐기는 것. '지금'이라는 단어는 제 삶에서 많은 부분을 차지하고 있는 것 같아요. 우연일까요? 며칠 전에 선물 받은 책인 『즐거운 나의 집』에 이런 구절이 있었습니다. 소설 속 엄마가 딸에게 해주는 말이었습니다. "네가 그 대학에 합격하기 위해 오늘을 견딘다면, 그 희망 때문에 견디는 게 행복해야 행복한 거야. 오늘도 너의 인생이거든. 오늘 행복하지 않으면 영영 행복은 없어." 특히 마지막 구절 "오늘 행복하지 않으면 영영 행복은 없어." 이 구절이 왜 이렇게 마음에 와닿았는지 모르겠습니다.

우리에게 어떤 일이 생길지는 아무도 모릅니다. 우리는 우리가 원하는 미래를 위해서 좋은 결정을 하려고 노력하긴 하지만, 세상에 좋은 결정인지 아닌지 미리 아는 사람은 없어요. 단지 그게 좋은 결정이었다고 생각할 수 있도록 노력하는 것뿐입니다. 결국은 지금 내가 하는 것, '지금 이 순간'이 가장 가치 있고 소중하다고 볼 수 있겠죠. 그래서 우리는 행복하지 않으면 안돼요. 지금, 오늘 행복해야 하고 이 행복이 있기에 내일도 모레도 더 행복해질 수 있을 거라고 생각해요. 감추거나 속이지 않고 그냥 내가 나인 것, 내가 원하는 일을 하는 것, 내가 하고 싶은 말을 하는 것, 내게 소중한 것을 알고 가치 있게 여기는 것 그리고 거기에 올인하는 것. 다들 이 순간 나를 행복하게 해주는 일들이겠죠. 내가 하고 싶은 일들을 하고 나서는 그 뒤의 결과를 기다립니다. 그 결과가 나한테 좋을지 나쁠지 아무도 모르지만 좋게 생각되기 위해 노력을 해야 하는 거고, 그 결과는 온전히 나의 것입니다.

나의 결정을 좋은 결과로 만들려면 노력이 필요합니다. 그런 노력들은 꼭 거창하지 않아도 돼요. 아주 간단하게 보이는 것도, 사소한 것들도, 노력에 포함됩니다. 예를 들자면, 선물로 받은 과자를 친구들한테 후하게 베풀기, 남이 말할 때 열심히 듣기, 수업시간에 잠이 올 때 포기하거나 엎드려 자지 않기, 잘 안 되는 일이 있더라도 긍정적으로 생각하며 나를 잘 다스리기, 수학문제가 안 풀릴 때 바보같이 그냥 앉아 있지 말고 얼른 다른 문제를 풀거나 조금 더 생각해보기, 집중이 안 될 때도 계속 연필을 잡고 노력해보기, 멍청한 시간, 버리는 시간을 만들지 않기 등입니다.

말은 다 쉬운 것 같아요. "매순간 깨어 있고 치열하게 살자"라고 생각하고 또 생각하지만 막상 생활하다 보면 풀어지고 게을러지기 마련입니다. 그래서 멍청히 아무 생각 없이 앉아 있을 때도 있고 시간을 그냥 흘려보내는 때도 있어요. 근데 잘 안 될 거라는 거 알지만 그래도 계속 노력해보려고요. 내 것인 내 삶, 열심히 최선을 다해서 내가 내리게 될 결정들이 좋게 되도록, 오늘, 지금 내가 행복할 수 있도록 해보려고요.

공동체로서의 학교,
학교로서의 공동체

크리스 메르코글리아노(알바니 프리스쿨 교사)

"회의를 소집합니다!" 일곱 살짜리 케이븐이 건물을 돌아다니며 소리쳤습니다. 그는 아직까지 끝나지 않은 가레트와의 토론을 해결하기 위해 친구들과 선생님들을 불러모았습니다. 모든 사람이 큰 원탁 테이블에 모이자 사람들은 의장 후보 세 명을 추천하였고, 그 중 한 명을 의장으로 선출했습니다. 이번 회의의 의장은 이전에도 자주 의장으로 뽑히곤 했던 8학년의 미셸입니다.

"누가 회의를 소집한 거죠?" 미셸이 말했습니다.

"저요." 케이븐은 분노를 감추지 못한 채 말했습니다. "가레트가 저를 계속 괴롭혀요. 어제 점심 때에는 제 의자를 뺏어갔고, 오늘 아침에는 욕을 하길래 그만하라고 했더니 저를 밀어 넘어뜨렸어요."

그러자 모든 시선이 가레트를 향했습니다. 가레트는 케이븐보다 세 살이 많고 머리 하나 정도가 더 큽니다. '스톱 룰Stop Rule' 위반에 대한 문제가 심각하게 대두되었습니다. '스톱 룰'이란, 만약 누군가가 당신을 귀찮게 할 때, 당신은 '그만'이라고만 말하면 되고, 그러면 상대는 반드시 그 행동을 멈추어야 하는 규칙입니다. 물론 괴롭히는 일도 해당됩니다. 가레트는 머리를 떨구고 아무 말 없이 무릎만 바라보고 있었습니다. 케이븐의 말에 대해 가레트는 손을 들어 전혀 대답할 수가

322

없었습니다.

알바니 프리스쿨의 독특한 분쟁해결과정을 예로 들면서 글을 시작해보았습니다. 메리 레위Mary Leue가 1969년에 세운 알바니 프리스쿨은 틀림없이 가장 오래된 도심 속 자유학교입니다. 여기 수업료는 한 달에 90달러부터 시작해 차등이 있으며, 교육에 접근하는 방식 역시 기존의 학교와 근본적으로 다르게 진행됩니다. 또한 우리 학교는 인종적으로 또 사회·경제적으로 매우 다양한 모습을 지니고 있습니다. 학생의 약 3분의 1은 도심지에서 오고, 3분의 1은 주택지구에서 오고 나머지 3분의 1은 도시 외곽이나 시골에서 옵니다. 아이들 중 절반은 학생 본인과 부모님이 이 학교가 추구하는 자유에 기초한 철학체계를 선호해서 지원하고, 나머지 반은 전통적인 교육방식으로 생각하거나 또 그것을 받지 못했기 때문에 지원합니다.

허름하다고 느껴지는 140년 된 건물에, 자원봉사자나 변변한 장비도 하나 없는, 그리고 학생이 내는 비용이 주립학교 기준의 4분의 1도 안 되는 이런 학교가 어떻게 사회적 문제로 간주되는 학생들까지도 변화를 이끌어내어 세계적인 명성을 얻었을까요? 그 해답은 '공동체'라는 단어에 있습니다. 학교는 하나의 공동체입니다. 자유학교공동체라는 이름만 있는 것이 아닌, 실재하는 모습으로서의 공동체. 열둘 남짓 되는 가족들과 다양한 개인들로 이루어진 계획된 공동체로서 그들 중 대부분은 개인 또는 학교 소유의 집에서 살고 있습니다. 이제 이 공동체는 지역사회를 구성하는 도심의 다양한 사람들에게 없어서는 안 될 일부분이 되었습니다.

논의를 진행하기에 앞서, 공동체에 대한 정의를 분명히 하는 것이 필요합니다. 왜냐하면 요즘 들어 공동체라는 용어는 너무 쉽고 가볍게 이야기되며, 또 본래의 의미가 많이 퇴색했기 때문입니다. 공동체의 진정한 의미를 정확하게 표현해주는 가장 좋은 구절은 스캇 펙이 쓴 공동체에 관한 탁월한 글 〈다른 목소리들The Different Drum〉에서 발견할 수 있습니다.

> 만약 우리가 공동체라는 단어를 의미 있게 사용하려면, 반드시 그 의미를 서로에게 정직하게 소통하는 방법을 배워왔고, 서로의 관계가 각자의 외면을 뛰어넘을 정도로 더 깊으며, 그리고 함께 기뻐하고 슬퍼하고 서로에게 기쁨을 주고 다른 이의 고통을 자신의 것으로 느낄 정도의 어떤 커다란 유대감을 가진 개인들에 한정해야 한다.

알바니 프리스쿨에서 선생님과 학생, 그리고 학부모 모두는 공동체를 먼저 배우며, 학교는 그 다음으로 여깁니다. 어떻게 남과 더불어 살아갈까, 어떻게 사랑하고 어떻게 사랑받는가, 어떻게 하면 적극적이고 책임감 있는 시민으로 성장할 수 있는가와 같은 단순히 책을 읽고, 글을 쓰고 답을 알아가는 것이 아닌 가치들을 배웁니다. 그리고 공동체에 대한 인식을 더 깊게 하기 위해서 모든 구성원들은 함께 요리를 하고, 먹고, 일하고, 놀고, 여행하고, 기도하고, 기념일을 축하하고, 문제들을 해결합니다. 학생들은 학교를 직접 운영하는 과정에 매우 긴밀하게 참여하게 됩니다. 사람들은 서로를 끔찍하게도 챙겨줍니다. 그 결과 학교를 처음 방문한 사람들은 이 학교 같지 않은 학교에 깜짝 놀랍니다. "책상은 어디 있죠?" 어떤 이들은 속으로 되뇌고, 어떤 이들은 질문을 합니다. "수업은 언제 하죠?", "항상 이렇게 시끄러운가요?" 만약 그들이 기존에 가지고 있던 학교에 관한 생각들이 온전히 무너지기 전까지는 두 살부터 열네 살까지 60명이 되는 아이들과, 10명 정도 되는 어른들의 시각과 목소리가 모두 동시에 다른 방향을 향하고 있는 것이 다름 아닌 순수한 혼란 상태 이상으로는 보이지 않는 것입니다.

그러나 다행히도 방문자들은 곧 그것이 잘못된 방향으로 가는 것을 보게 됩니다. 사실 그러기 위해서는 그리 긴 시간이 걸리지 않습니다. 왜냐하면 다른 이의 인생을 매우 가깝게 공유하는 다양한 개인들의 집단에서 분쟁이란 피할 수 없기 때문입니다. 여기에서는 만약 누군가의 도움이 필요한 심각한 문제가 생기면, 케이튼이 했던 것처럼 '의회'를 소집합니다. 의회소집은 우리의 분쟁 해결방식이고 민주적인 의사결정체계인 것입니다. 서로의 차이점에 대해 창의적이고 비폭력적인 방식으로 문제를 해결할 수 있도록 공개적인 토론을 제공함으로써 학교공동체를 하나로 묶는 역할을 합니다. 또한 그것은 학생들이 학교의 일상적 사건에 대하여 의견을 내게 하고 학생들에게 학교에 대한 애착을 갖게 하는 힘이기도 합니다.

의회소집의 원칙은 다음과 같습니다. 누구나 언제든 의회를 소집할 수 있습니다. 이것이 더 상위의 협약이므로 학생들은 하던 일을 멈추고, 건물 1층에 있는 가장 큰 방으로 모두 모입니다. 세 명이 추천받게 되고, 그 중 한 명이 의장으로 선출됩니다. (일반적으로 학생이 선출되며, 가끔 여섯 살짜리 어린 학생일 경우도 있습니다.) 말하는 사람에게 발언을 허가하고, 논의를 진행시키고 질서를 유지하는 것은 의장의 책임입니다. 흥미롭게도 학교의 분위기는 유별나게도 매우 자유분방하지만, 회의에서는 항상 엄격한 예절이 요구됩니다. 모두가 그것을 중요하게 여기기 때문에 그것이 문제가 되는 일은 거의 없습니다. 회의는 그 회의를 소집한 사람이 제기한 사안을 말하는 것으로 시작되며, 정책이나 규칙은 언제든 새로 만들고 바꿀 수 있으며, 용인할 수 없는 행동들은 주요 규칙에 의해 학생들과 선생님들의 평등한 권리의 투표를 거친 후 벌을 받게 됩니다.

대인관계에서의 불화가 문제의 초점일 경우에 회의는 정치적인 논조가 아닌 치료의 형태로 진행됩니다. 개인의 사생활 보호와 비밀은 항상 지켜져야 하며, 그것을 통해 의회는 그 감정이 자유롭게 흘러가며 문제의 원인인 그 근원으로 되돌아가, 안정되면서도 공감을 형성하는 공간이 형성되는 것입니다. 대부분 그것은 학교에서 하루 이틀 전에 일어났거나, 형제간의 갈등이나 부모님의 다툼 등 가정에서 일어난 몇몇 문제들로 시작되며, 눈물 흘리는 일이 드물지 않게 일어납니다.

가레트가 케이븐을 괴롭힌 것 때문에 그가 얼마나 아프고 힘들었는지 케이븐이 가레트에게 직접 말하면서 회의는 계속되었습니다. 그러자 학교의 공동대표 중 한 명인 낸시가 가레트와 다른 문제가 있었던 사람이 없냐고 크게 물었습니다. 몇몇 어린 학생들이 머뭇거리며 손을 들었습니다. 그들에게 왜 의회를 소집하지 않았냐고 묻자, 한 소년이 만약 회의를 소집하면 다치게 할 것이라는 위협을 받았다고 이야기했습니다. 이 폭로를 들은 아이들의 격분이 가레트에게 쏟아졌습니다. 그는 여전히 얼어 있었고, 그의 반사회적인 행동은 결국 모두 드러났습니다.

가레트가 이 학교에 온 지는 석달밖에 안 되었는데, 그는 일반 학교에서 몇 년 동안 불행한 시간을 보냈었습니다. 그곳에서 그는 괴롭힘의 대상이었던 것입니다. 그래서 학교가 내린 해결책은 가레트를 10분 일찍 마치게 하여 다른 이들보다 일찍 집에 가게 하는 것이었습니다.

마지막으로 네 명의 선생님들 중 한 명인 제프가 가레트에게 하고 싶은 말이 있는지 물었습니다. 가레트는 더 나이 많은 몇몇 학생들이 자신을 놀렸고 그것이 마치 자신이 학교에 있는 걸 원하지 않는 것처럼 느끼게 만들었다고 이야기했습니다. 제프는 이 말이 사실인지 물어봤고 8학년의 두 학생 줄리오와 자말이 일어섰습니다. 그 둘은 그들이 가레트를 여러 번 괴롭혔다는 것을 인정하자 사람들은 그것이 얼마나 비열한 일인지 마구 이야기했습니다. 두 소년은 가레트에게 다시는 그러지 않겠다고 약속했습니다.

조금 마음이 풀린 가레트는 그의 손을 다시 들었고 반대편에 있는 케이븐을 바라봤습니다. 가레트는 그에게 잘못했다고 사과하고, 다시는 괴롭히지 않겠다고 다짐하자, 케이븐은 충분히 진심에서 우러나온 사과였다고 생각하고 사과를 받아들였습니다. 케이븐에게 문제가 해결되었냐고 묻자 그는 머리를 끄덕였고, 회의는 끝났습니다.

학교는 이 의회시스템을 통해서 스캇 펙이 제시한 공동체에 대한 기준인 '다른 이의 상황을 나의 것으로 만드는 것'과 통한다는 것을 배웁니다. 어려운 순간에 서로를 도와주는 일상의 연습들은 나이나 인종이나 성과 상관없이 우리 모두가 같은 투쟁들에 직면해 있다는 것을 알게 하고, 혼자 해결하기엔 너무나도 거대하게 보이는 문제들이라도 함께라면 해결할 수 있다는 것을 가르칩니다. 이것이 공동체의 힘이자 교육입니다.

일전에 지역신문 기자가 와서 학교에서 하루 종일을 보낸 뒤, 장편의 소개기사를 썼습니다. 오후에 나누었던 간단한 대화에서 그는 자신이 기민하게 관찰한 것에 대해 이야기했습니다. 그는 대부분의 학교와 교실에서는, 아이 몇 명이 언제나 어떤 방식으로든 외톨이로 남아 있으며, 그들은 배제되고 고립되어 외로워하고 있음을 발견할 수 있다고 했습니다. 기자는 말을 이어나갔습니다. 그는 주의 깊게 관찰했음에도 이 학교에선 단 한 명의 아이도 이런 유형의 아이가 없다는 것에 감명받았다고 했습니다. 그가 관찰하길, 모든 아이들은 어떤 '흐름 속'에 있는 것처럼 보였다고 했습니다. 혼자서든, 두 명이든 여러 명이든 모두가 어떤 것에 적극적으로 참여하는 것 같다고 했습니다. 그리고는 그는 어떻게 이것이 가능하냐고 물었습니다. 그에 대한 대답 역시 '공동체'였습니다.

서열화하지 않고, 그들 각자가 가진 고유의 재능을 표현할 수 있도록 함으로써 학교운영에 학생들을 포함시키는 것은 평등한 공동체를 만드는 데 대한 인식과 행동을 길러줍니다.

이것이 학교가 몇 년 간 전통적인 학교체제에 적응하지 못하고, 그들 자신에게 큰 상처입었고, 또 배움에 대해 부정적인 태도를 가진 채 들어온 아이들의 마음을 돌려놓는 데 성공해왔던 이유입니다. 비록 그 기자는 정해진 교육과정도 없고, 강제적인 수업도, 학년도, 정해진 시험도 없는 환경에서 학생들이 반드시 배워야 할 모든 것을 습득할 수 있을 거라고는 온전히 믿지 않는 것처럼 보였지만, 수많은 졸업생들이 학교에서의 생활이 그들을 행복과 함께 성공적인 삶을 살 수 있게 하는 힘을 주었다는 이야기들에 대해 그는 수긍하는 듯했습니다. 그리고 그 기자는 깊은 감동을 안고 떠났습니다.

이렇게 알바니 프리스쿨은 하나의 공동체일 뿐이고 그 공동체를 둘러싼 층들은 모두 학교와 같습니다. 학생들은 그들의 가장 중요한 지식을 학교의 수업시간 동안 배우고, 6·7·8년 학년들은 알바니 자유학교공동체의 전문분야 실습생으로 나갈 기회를 갖습니다. 안젤라는 학교 소유의 빌딩 옆 두 명의 공동체 일원이 만든 목제 배를 만드는 회사에서 훌륭한 목수 일을 배웠습니다. 그녀는 일을 계속하여 목재가공사업을 성공적으로 시작했습니다. 엘리샤는 공동체의 산파에게 자연분만법에 대한 모든 것을 배웠고, 조이는 공동체 내의 부부 변호사 팀에게 법률을 배우고는, 그 진로가 자신에게는 맞지 않는다는 것을 깨닫기도 하였습니다. 또 제레미는 전역 후 공동체의 일원이 된 은퇴한 비행기 조종사에게 비행조종술을 배웠고, 릴리는 공동체의 프랑스 요리사의 견습생이 되었고, 그것은 그녀를 요리사로서의 미래로 이끌었습니다.

만약 학생이 공동체 내에 가르쳐줄 수 있는 선생님이 없는 과목들, 이를테면 제2외국어나 제봉기술, 혹은 높은 수준의 과학이나 수학을 배우고자 할 때에는 그들과 함께 일할 수 있고, 또 기꺼이 가르쳐주기를 원하는 어른이 알바니 자유학교공동체 내에는 많이 있습니다. 그렇게 함으로써 공동체는 학교의 범위를 서서히 넓혀갈 수 있었습니다.

학생들은 또한 과감히 도시 밖으로 나가 다양한 분야의 전문가들과 함께하기도 합니다. 어디에도 이렇게 열정을 보이는 젊은 친구들에게 자신의 시간을 쓰지 않으려는 어른은 없었습니다. 그리고 바로 여기에는 보이지 않는 중요한 사실이 숨어 있습니다. 교육을 세상 밖으로 내어놓는 것은 도시 한가운데서는 급속히 사라져가는 상호간의 소통관계를 회복하는 데 큰 도움이 된다는 것입니다.

학교는 자유로운 이웃과의 활용을 교육적 수단 이상의 것으로 만들어줍니다. 박물관, 갤러리, 영화관, 공연장, 법원, 신문사, 공장 말고도 모든 것이 보조적인 교실로 쓰입니다. 현대교육의 가장 큰 잘못 중 하나는 '격리'입니다. 그 격리는 학교가 아이들을 실제 활동으로부터 멀어지게 하고, 아이들에게 오직 복종과 탈권력만을 가르쳐서 생겨났습니다. 반면에 알바니 프리스쿨의 아이들은 그들과 깊은 관련을 가진 이슈들에 대해 투쟁하기 위해 셀 수 없이 많이 정치과정에 참여해왔습니다. 한번은 그들이 주 의회에 뉴욕 주 청소년극장의 투자를 재개하라고 운동을 벌이기도 했습니다. 또 한 번은 도시 쓰레기 소각로를 폐장시키기 위한 일련의 집회에도 참여했습니다. 그 쓰레기 소각장은 시내 지역을 오염시킬 뿐만 아니라, 환경적인 차별화를 보여주는 한 예라는 주장이었습니다. 그러나 한편으로 그들은 마을 가장자리에 있는 역사적으로 중요한 공공수영장을 지키기 위해서도 투쟁했습니다. 학생들의 이러한 참여는 각각의 승리에 커다란 역할을 했습니다.

알바니 프리스쿨 및 알바니 프리스쿨 공동체는 38년이라는 역사 동안 우리를 도와주었던 도시 곳곳의 전문가들과 기업인들은 교육과 지역사회의 자연스러운 융합과 긴밀한 관계 맺음의 가치에 대해 커다란 의의를 보여주었습니다.

지역사회와 격리되어 혼자 움직이는 학교는 마치 빛의 속도로 변화하는 세상의 혼란과 복잡함 속에서 잘 살아갈 수 있도록 아이들을 준비시키는 역할을 할 수 없습니다. 다른 무엇보다도 진짜 세계와 진짜 사람들과 관계를 맺는 것이 필요합니다. 교과서와 인터넷은 정보의 원천으로는 적합하지만, 단지 그뿐입니다. 그것들은 교육과정에 꼭 필요한 토대와 영감 그리고 길잡이를 절대 제공해주지 못합니다. 오직 어른의 역할 모델들과 멘토들만이 그것을 할 수 있습니다―하지만 기존의 교사 1명당 25~30명이라는 학생 비율로는 절대 가능하지 않을 것입니다. 그리고 교사가 압력을 조장한다거나 평가하기 위한 교육에의 압박은 어떠한 경우에도 이를 불가능하게 할 것입니다.

하지만 이러한 것은 오늘날 교사의 운명인지도 모르겠습니다. 이러한 과중한 업무의 요구와 도박과도 같은 시험들―이것은 곧 국가적인 양상을 띨 것입니다―은 교사들로 하여금 이미 정해진 커리큘럼의 굴레에 갇히게 하고, 이 때문에 어떠한 영감을 주는 수업을 할 수 없게 만들 것입니다. 교육은 그 자체의 인간성을 잃어버리고 기계적인 과정으로 변화하고 있습니다.

최근에 늘어나는 학교총기사건들은 미국의 학교들이 얼마나 딱딱하고 비인간적으로 변해가는지를 보여주는 징후라고 할 수 있습니다. 이러한 내적인 악순환을 뒤집을 수 있는 방법은 없을까요? 그 해답은 '공동체'에 있습니다.

프란시스 무어 라페와의 대화

2009년 1월 26일 2시, 작은 행성 기금 사무실

인디고 선생님의 저서들은 저희 인디고 유스 북페어 팀이 프로젝트를 기획하는 데 많은 영감을 주었습니다. 오늘 이렇게 선생님과 나눌 대화도 틀림없이 이 땅의 많은 청소년들에게 큰 힘이 되지 않을까 생각하는데요. 청소년들은 그저 자신이 속한 공동체뿐만 아니라 국가, 인종, 그리고 자본의 이해관계를 넘어서, 인간적인 변화를 이끌어낼 힘을 가지고 있다고 생각합니다. 이렇게 연대를 하는 이유도 바로 우리가 대면한 문제들이 바로 전 지구적 범위의 해결을 필요로 하기 때문이라고 할 수 있습니다.

  이러한 문제의식과 목표를 가지고 열심히 활동하는 젊은 활동가들에게 해주실 말씀이 있다면요? 그리고 다음 '2010 인디고 유스 북페어'에서 젊은 이상가들과 실천가들이 모여 함께 이야기하면 좋을 인간의 가치 혹은 논제에 대해서 이야기해주신다면 어떤 것들이 있을지요? 혹은 다음 세대의 주인공이 될 저희가 꼭 간직해야 할, 그리고 지켜야 할 가치가 있다면 말씀해주시겠습니까?

라페 질문에 대한 답을 저는 여러분이 이러한 프로젝트를 시작한 지점에서 찾을 수 있다고 생각해요. 제가 '감정적인 전염Emotional Plague' 이라는 표현을 자주 쓰곤 하는데, 그 까닭은 우리를, 이 우주 전체를 지배하는 어떤 두려움이 있다고 생각하기 때문입니다. 물론 『살아 있는 민주주의』도 그 생각을 바탕으로 썼다고 할 수 있죠. 제 생각에 모든 인간 존재는 충분한 능력을 갖고 있습니다. 타인에게 도움이 되고 싶고, 다른 사람들과 협력관계를 맺고, 그리고 다른 사람에 대해 자연스럽게 공감을 하는 등의 능력들을 말이죠. 하지만 우리에게는 동시에 세상으로부터 소외될 것만 같은 두려움이 공존하고 있어요. 양극단의 감정들이죠. 변화를 꾀하지 않는 것은 바로 이러한 감정의 복합체들을 깨부수는 것을 두려워하기 때문이라고 생각합니다. 이것은 우리의 강점이자 약점입니다.

그래서 제가 생각하기에 우리의 가장 중요한 문제의식은 용기를 찾는 것입니다. 자기 자신을, 혹은 다른 사람을 보다 좋은 사람으로 만드는 것이 아니라 사람들에게서 용기를 찾아내는 것입니다. 제가 말하는 용기는 여러분들이 말하는 '힘'과 그 맥락이 닿아 있다고 생각합니다. 제가 말하는 용기는 신체적인 용맹함이 아니라, 설령 아무도 이해하지 못한다 하더라도, 혹은 누군가 우리를 비웃는다거나 우리를 쫓아내려 할 때에도 진실을 말할 수 있는 용기를 말합니다. 저 또한 사실 이러한 용기를 완벽하게 갖추었다고 말할 수 없을 만큼 내면에 막연한 두려움을 갖고 있어요. 하지만 제가 지금까지 살아오면서 사람들이 느끼는 두려움이라는 것이 반드시 확실하거나, 실재한다고 믿을 만한 것이 아니라고 느꼈습니다.

우리 인간은 제한된 생각들을 뛰어넘으면서 변화·발전한다고 생각합니다. 우리는 바로 그러한 두려운 감정들, 심장이 뛰는 긴장감 등으로부터 벗어날 수 있는 존재가 아니라는 점에 대해 정확하게 바라볼 필요가 있습니다. 하지만 우리는 흔히 그런 두려운 감정들로부터 벗어나야 한다고 생각합니다. 사실 그러한 사유는 오래되고 진부한 관념의 틀입니다. 지금 여기 지구상에 존재하는 우리는 그러한 감정들을 재해석해야만 하죠.

『살아 있는 민주주의』에서 설명한 것도 바로 이러한 인간 내면에 있는 감정을 재해석하려는 시도라 할 수 있죠. 그래서 우리는 관념의 틀에서 벗어나 두려움과 용기에 대해 다시 생각해야 합니다. 저는 개인적으로 두려움을 극복한다든지, 그것을 뛰어넘는다든지 하는 말을 좋아하지 않아요. 왜냐하면 저에게는 불가능한 일이기 때문입니다. 그럼에도 저는 최소한 앞으로 나아갈 수 있다는 것을 알아요. 두렵지만 말이죠. 두려움을 극복한다는 것이 아니에요. 저는 그럼에도 불구하고 전진하는 겁니다. 그리고 여기 이렇게 여러분이 발견한 것처럼, 여러분에게는 이미 해답이 주어져 있습니다. 왜냐하면 인간존재에게 매우 중요한 것은 바로 나를 이해해주는 단 한 사람, 내가 가는 이 길에 동참하고자 하는 의지를 지닌 단 한 사람이 있다는 사실에 있기 때문입니다. 이는 믿기 힘들 만큼의 놀라운 힘이 됩니다. 그래서 저는 여러분들이 이러한 조직을 구성하는 과정에 그 열쇠가 있다고 생각합니다. 제 말에 진리를 담아낼 수 있다면, 용기야말로 지금 우리가 살고 있는 우주를 위한 가장 중요한 덕목이라고 말하고 싶습니다.

그리고 저는 여러분이 하고 있는 이 일이 바로 사람들로 하여금 용기를 가질 수 있게 도와준다고 생각합니다. 저의 책『실천하는 민주주의』는 두려워하는 사람들 사이의 충돌에 대해 매우 실질적인 방식으로 그 대립을 해결할 수 있는 방법을 설명하고 있습니다. 저는 우리가 민주주의를 하나의 습득된 방법으로, 혹은 조직을 구성하는 실천으로 생각할 수 있다고 봅니다. 타인에게 다가가고, 자신의 생각을 표현할 줄 알며, 사람들의 말에 경청할 수 있는 능력. 오바마의 경우, 그가 자신의 캠페인에서 이러한 민주주의적 실천을 보여준 것이 아닌가 생각해요. 사람들과 충돌을 일으키고 대립하는 방식이 아니라, 자신의 존엄을 유지하는 것으로 타인에게 다가가고, 자신의 생각을 표현하고, 말에 경청하는 것. 이러한 어려운 상황에 대처하는 방식을 택한 것이죠. 제가 말하는 이러한 용기의 모범적인 사례를 그가 보여준 것이 아닌가 생각해봅니다. 그리고 저는 이것이 그가 제시하고자 했던 어떠한 정책들보다도 중요한 요소가 아니었나 생각해요.

제가 질문에 맞는 대답을 잘 하고 있는지 모르겠지만, (웃음) 질문의 시작 지점으로 돌아가보면, 용기를 부여한다는 것에서 결국 "나의 메시지가 어떤 용기를 부여할 것인가"에 관한 것, 그리고 두려움에 대해서 부끄러워하지 않고 당당하게 이야기할 수 있는 힘, 나아가 우리의 이러한 두려움을 인정하며 그것을 절대적인 방해물로 생각하지 않고 새로운 방식으로 사유하는 것이 가장 중요하다고 생각합니다. 그것과 '함께' 나아갈 수 있는 것. 저는 여러분이 이미 그렇게 하고 있다고 생각해요.

인디고 북페어 여정이 가장 본질적으로 묻는 질문, 주제는 바로 '가치를 다시 묻다'입니다. 우리는 정직, 사랑, 평화와 같은 여러 가치들이 매우 중요하다는 것을 압니다. 그러한 가치들의 중요성을 당연하게 여깁니다. 그렇지만 그런 가치들을 해석해서 행동으로 옮기는 것은 매우 어렵습니다. 선생님께서 우리의 활동에 대해 조언을 해주시거나, 한국에 있는 젊은 실천가들에게 영감을 주는, 즉 가치가 그들의 행동을 이끌 수 있도록 하는 말씀을 해주신다면요? 그래서 그들이 더 나은 세상을 향한 자신의 길에 대한 희망을 잃지 않고, 더 좋은 공동체와 사회를 만들어갈 수 있는 동력이 될 수 있는 가치들은 어떤 것이 있을까요?

라페 우리는 종종 이러한 사랑이나 평화와 같은 고귀한 가치들을 저기 너머에 있는, 그래서 인간이라면 늘 갈망해야 하는 그 무엇으로 생각합니다. 바로 그것이 저에게는 큰 힘이 됩니다. 즉 인간 본성에 대한 여러 연구를 통해서 알 수 있듯, 모든 인간은 그 자신 안에서 협력과 공감, 그리고 공평함에 대한 깊은 갈망이 있다는 것입니다. 그래서 우리는 사람들로 하여금 그들의 본성 자체를 바꾸라고 요구하지 않습니다. 다만 우리가 살고 있는 문화는 "아니야, 너는 그러한 본성을 표현해서는 안 돼. 넌 돈을 벌어야 하고, 또 경쟁에서 이겨야 해"라고 부추길 뿐이지요. 그래서 우리는 사람들에게 본성을 회복하여 스스로의 모습이 될 수 있도록 용기를 북돋아주어야 합니다. "여러분은 바뀌어야 합니다"라고 강요하는 것이 아니죠. 바로 여기에 행복이 있습니다. 이러한 노력을 실천하는 것은 본성을 바꾸어야 하는 힘들고 이상적인 것이 아닙니다.

하지만 이는 물론 배워야 하는 것이기도 합니다. 일종의 아이러니죠. 자연스레 타고나는 것이지만, 동시에 배워서 습득해야 하는 것이기도 하니까요. 특히 이렇게 "안돼, 안돼, 안돼"만을 반복하는 사회에서는 우리의 깊은 욕망을 표현하는 일은 매우 중요하다고 할 수 있습니다. 이러한 배움은 어려서부터 이루어져야 하고, 또 우리의 자녀를 어떻게 키울 것인가와도 관계가 있습니다. 이것이 제가 생각하는 중요한 가치 중 한 부분입니다.

그리고 또 하나 말씀드리고 싶은 것은 『희망의 경계』에도 나와 있는 이야기입니다만, 희망이란 세상에 있는 증거들을 찾아서 "오, 나는 이렇게 당신에게 어떤 것들이 대단한지 증명할 수 있어"와 같은 방식으로는 설명될 수 없다는 점입니다. 우리가 참여하고, 자신의 한계를 극복하려고 노력할 때, 그리고 함께 길을 걸어갈 사람들을 발견하고, 또 세상에 새로운 무언가를 창조할 수 있는 시각을 지니게 될 때, 우리가 희망이 되는 것이자, 바로 우리 자신이 그 희망인 것입니다. 따라서 희망이란 행동하는 것입니다. 『민주주의의 경계』라는 책을 출판할 때 '민주주의는 동사다'라고 이름을 지을 뻔했던 것처럼 희망도 역시 동사^{verb}입니다. 하지만 존재의 상태가 아니라, 변화하는 행동을 말하는 것입니다. 즉, 사람들에게 "세상을 바꾸는 것이 쉽지 않죠? 우리의 이 짐을 나눠 가집시다"라고 요청하는 것이 아니라, "네, 이것은 도전입니다. 누구나 내리막이 있고, 오르막도 있죠. 하지만 이를 통해 우리는 늘 살아 있음을 느끼잖아요. 늘 깨어 있게 되고, 늘 배울 수 있고, 늘 멋진 사람들을 만나게 되고, 새로운 질문들을 갖게 되는 것입니다"라고 말해야 합니다. 그것보다 더 좋은 것이 세상에 무엇이 있겠어요? 저는 이 경험이 최상의 것이라 생각합니다. 이 답변은 사실 여러분이 저에게 이미 보여주었다고 생각해요. 저는 다만 여러분에게서 받은 느낌을 다시 여러분에게 전한 것에 불과해요. (웃음)

인디고 좋은 말씀 감사합니다.

라페 아니에요. 제게 또 이런 영감을 얻고, 희망을 받을 수 있는 기회를 줘서 오히려 고마워요.

한줄 사전 ....

희망에 대하여

· 윤수민 ·

우리는 살아가면서 희망에 부풀어 금방이라도 터질 것만 같은 행복을 느끼기도 하고 손끝에나마 남아 있는 희망을 간절히 원하며 절망감에 빠지기도 합니다. 자주 등장해서일까, 어떤 사람들에게는 그 의미가 퇴색되어 단순한 욕망이나 욕구가 희망이라는 이름으로 덧칠되기도 합니다.

진정한 희망이란 무엇일까요. 사전에서는 희망을 '앞일에 대하여 어떤 기대를 가지고 바람, 앞으로 잘 될 수 있는 가능성'이라고 정의합니다. 하지만 희망을 말하는 것이 단지 다가오는 미래를 말하는 것만은 아니라고 생각합니다. 희망은 지금 여기서 끊임없이 생동하고 꿈꾸고 숨쉬고 존재하는 현재를 말하는 것이어야 한다고 생각합니다.

우리가 생각하는 희망이란, 한없이 가라앉기만 하는 마음에 날개를 달 수 있는, 황량하기 그지없는 마음에 꽃을 피울 수 있는, 괴로움이 잠식할 때도 마음안에 있는 여유라는 방 한 칸을 내줄 수 있는, 끊임없이 상처받아도 아프게 사랑하는 용기를 가질 수 있는 그런 힘의 원천입니다.

✚ 내 삶이 의미있다고 말해주는 것, 결국 의미를 만들게 하는 것. **윤한결**

✚ 언제나 하루를 즐겁게 보내는 것. 늘 목표가 있다는 것. 물질보다는 사람

337

을 사랑하며 사는 것. **김성우**

✦ 항상 꿈꿔왔던 내가 되어가는 것. 그리고 그 열정이 나의 가족들, 친구들, 선생님들, 그렇게 모두에게 퍼져나가서 우리 모두가 행복해지는 것. 아름다운 세상을 만들 것이라는 믿음이 바로 나의 희망입니다. 그리고 희망은 내가 반드시 도달해야 할, 허황되지 않은 미래라 믿고 언제나 열심히 살려고 노력하는 자세와 태도를 주는 것이라고 생각합니다. **이윤영**

✦ 희망은, 비 온 뒤 하늘이 개는 것처럼 무한히 되풀이되는 것과도 같은 나와 내 삶에 대한 '긍정의 되풀이'입니다. 비가 오고 바람이 부는 어려움 뒤에 찾아오는 맑은 날. 그런 날씨의 나날이 반복되는 건 실로 아무런 의미가 없어 보입니다. 그러나 사실 그것은 내가 죽는 날까지 끝없이 앞으로 나아가는 발전의 연속입니다. 그렇기에 나는 의미 없이 반복하는 것처럼 느껴지는 삶 속에서 새로운 의미를 만들어갈 수 있습니다. 그것이 내 가슴을 쿵쾅쿵쾅 뛰게 만드는, 희망이라는 것입니다. **김정엽**

✦ 희망은 내 삶에 대한 긍정적인 에너지를 잃지 않는 것이라고 생각합니다. 누구나 쉽게 좌절하고 절망할 수 있습니다. 그것은 아주 자연스러운 감정입니다. 하지만 희망은 다릅니다. 희망적이기 위해선 우리는 항상 행복하고자 하는 의지를 발휘해야만 합니다. 주어진 결과가 실망스러워서 주저앉고 싶을 때, '아니야 난 할 수 있어, 내 삶은 행복해, 내 미래는 밝아'라고 외치며 당당하게 다시 일어서서 나아갈 수 있는 것, 이것이 희망의 모습이고 희망이 우리에게 주는 큰 힘이라고 생각합니다. **김지현**

✛ 절망의 유일한 치료제인 동시에 존재가 살아가는 힘입니다. 어찌 보면 그 자체가 비극이고 고통이라고 할 수 있는 인간의 삶에서, 희망은 그 고통 속에서도 행복을 찾을 수 있게 하는 마법입니다. 또한 희망은 좀 더 나은 현실을 향해 우리를 끝없이 달리게 하는 힘입니다. **최승규**

✛ 내 심장이 아직 살아 있다는 것. **이인재**

✛ 바닥일 거라고 생각했는데, 가슴에 차오르는 샘이 존재함을 느낄 때. **김지영**

✛ 삶이 죽음을 향한 레이스라는 사실을 잊게 해주는 것. 영혼의 심장을 뛰게 하는 것. 여기, 나를 세상의 중심이게 하는 것. 떠올리기만 해도 잠을 설치는 기분 좋은 설렘. **유진재**

✛ 희망은 모르핀, 삶의 부정적인 것들을 잠시 동안 마취시켜주고 이겨내도록 도와주는 것. **류성훈**

✛ 희망은, 사막의 모래 한 알, 수없이 많은 같은 것들 속에서 빛을 감추고 있는, 하지만 모두가 사라져버리면 빛이 나는, 잘 보이지 않지만 어느 누구보다 잘 보이는, 옆을 지켜주는 든든한 한밤중에 빛나는 나의 별자리. **전채홍**

✛ 불모지에 자라난 한 포기 풀처럼 그 자체만으로 새로운 꿈을 꾸게 해주는 존재. 불가능을 가능으로 바꿔주는 것. **황정민**

✚ 어여쁜 꽃이 되기 전의 소박한 꽃봉오리, 지구라는 퍼즐의 한 조각. **홍지윤**

✚ 절벽 밑으로 떨어지려는 순간 '절벽 위의 조그만 풀뿌리라도 있으면' 하는 생각을 하게 되는 것처럼, 삶에서 여러 가지 시련을 조금이라도 극복할 수 있게 도와주는 눈에 보이지 않는 힘. **박나원**

✚ 아무것도 보이지 않는 어둠 속에서 한 줄기 빛을 찾았을 때, 내가 힘들고 외로울 때 일으켜주고 따뜻한 말 한 마디 해줄 수 있는 사람이 곁에 있다는 사실. 누구보다도 내 자신을 믿고 사랑할 줄 아는 힘. **변연경**

©한지섭

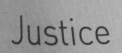
Justice

8부

사랑하기
： 정의

꿈꾸고 희망하는 것을 창조한다 할지라도 그것을 지켜내려는 노력을 게을리 한다면 애써 창조한 것도 금세 부서져버리고 말 것입니다. 우리는 소중한 것일수록 더욱더 아끼고 지키려는 노력을 끊임없이 해야 합니다. 인간의 역사에서 정의로운 사회를 위한 모든 이상은 처음 창조되었을 때는 아름답고 강력했지만 시간이 지나면서 빛이 바래진 이유 역시 끊임없는 반성의 노력을 기울이지 않았기 때문입니다. 이는 마치 사랑의 문제와 비슷합니다. 어떤 사람과 처음 사랑하는 사이가 되었다고 해서 사랑이 완성된 것이 아닙니다. 오히려 그것은 사랑의 시작이고 진정한 사랑은 그때부터 끊임없이 관심과 노력을 기울여 지켜나가야 합니다.

우리가 이때까지 이야기해왔던 '정의'도 마찬가지입니다. 우리가 정의를 찾았다고 해서, 정의가 무엇인지 알았다고 해서 끝이 아니라 오히려 그 정의를 우리의 삶에서 지켜나가려고 노력하는 과정이야말로 진정한 정의라고 생각합니다. 8부에서는 정의와 같은 가치들을 어떻게 삶에서 실현할 수 있는지 이야기해봅시다.

법과 정의의 모순 –
정의로운 세상을 꿈꾸다

질문 ■ 이정민, 이윤영, 공준호, 이희선, 최승규, 박은빈

답 ■ 조국 선생님 | **정리** ■ 이윤영

지난 7월 17일, 인디고 서원에서는 조국 선생님과 함께 '27회 주제와 변주'를 진행했습니다. 인디고 서원에서 진행하는 토론행사인 '정의로운 세상을 꿈꾸는 청소년, 세계와 소통하다'에 참여하는 청소년들은, '정의'라는 키워드와 가장 잘 어울리는 어른을 모셔 자신들의 생각을 소통하고자 했는데, 평소 여러 신문의 칼럼에서 정의로운 사회를 향해 지속적으로 기고활동을 해오신 법학자 조국 선생님을 모셔 뜻 깊은 시간을 보내게 된 것입니다. 이날의 주제는 '법과 정의의 모순-디케의 눈가리개와 저울'이었습니다. 법과 정의의 여신 디케는 눈을 가린 채 한 손에는 칼을, 다른 한 손에는 저울을 들고 있는데, 이는 사회질서를 파괴하는 자에게는 제재를 가하고, 여러 가지 분쟁을 공평무사하게 해결하려는 뜻이 담겨 있습니다. 여느 '주제와 변주'와 다름없이 이날도 뜨거운 공기 속에서 질문과 답변이 오갔습니다. 여기에 오랫동안 깊게 토론 주제에 대해 고민하고 준비했던 패널들의 질문과 조국 선생님의 답변을 정리해봅니다. 치열했던 시간을 돌아보고 미처 다 풀어내지 못한 이야기들을 살펴보며 정의로운 세상을 꿈꾸는 청소년으로서의 자세를 반성하고, 언제까지나 세계와 소통할 것을 다짐합니다.

질문 1 :

이정민 ★ 흔히 우리는 말합니다. 세상은 정의로워야 하며 우리는 정의로운 세상을 만들어야 한다고. 과연 그 정의正義는 무엇일까요? 사전에서는 정의를 '개인 간의 올바른 도리 또는 사회를 구성하고 유지하는 공정한 도리'라고 풀어놓았습니다. 사회를 구성하고 유지하는 보이지 않는 틀이 세상에 존재하고 그에 따라 사회가 어느 정도는 잘 발전하고 유지되는 것을 보면, 정의라는 것이 존재한다는 것을 어렴풋이나마 알 수 있습니다. 제가 생각하는 '정의'는 생각하는 진실과 말 그리고 행동이 모두 일치되게 행하는 것입니다. 각 개인이 생각하는 정의가 같을 수도 있고 다를 수도 있기 때문에 저는 의문이 생겼습니다. 세상 사람들이 합의한 우리 모두의 '정의'가 존재할 수 있을까요? 저는 세상 사람들 간에 합의한 정의로 대표되는 것이 헌법이라고 생각합니다. 그런데 그 '정의'가 정말 우리 모두의 '정의'일까요?

···· **조국 ★** 우리는 먼저 각 계급/계층/집단의 세상을 바라보는 시각이 다르다는 것을 전제해야 합니다. 즉, 각자가 생각하는 정의가 다르기 때문에, 사람들은 각자의 시각과 가치와 지향점을 가지고 살아가는 것입니다. 정의는 가치에 대한 이야기이기 때문에, 명쾌한 답이 있는 문제가 아닙니다. 그렇기 때문에 헌법이라도, 그것이 모두가 동의하는 법이라기보다 서로가 서로의 정의를 공유하고 타협하여 만든 법인 것입니다. 정의의 문제는 추상적인 것이 아니며, 우리가 살고 있는 이 땅, 이 사회에서 시작됩니다. 우리의 목소리와 꿈과 고통과 욕망과 희망이 버무려져 나와서 어떤 합의를 이루게 되는데, 그것이 통상 법과 제도의 형태로 표출되는 것입니다. 따라서 우리가 공유하고 있는 헌법이나 여타 법이 우리의 자유와 권리를 보장하지 못한다고 생각될 때, 그것은 언제든지 바뀔 수 있습니다.

질문 2. '법은 정의롭지 않다'에 대한 두 가지 의견 ⠿

이윤영 ★ 법의 핵심은 정의로운 것이라 했습니다. 하지만 현재의 법은 그 핵심이 정의가 아니라는 생각이 듭니다. 거슬러 생각해보면 애초에 법은 권력을 쥐게 된 사람들이 자신의 재산과 힘을 지키기 위해, 약한 자들을 다스리기 위해 만든 것이지 않나요? 우리나라 최초의 법이라고 알려져 있는 고조선 8조법은 사유재산이 생겨나면서, 그리고 권력을 가지게 되면서 그것들을 보호하기 위해 '가진 자'들이 만들어낸 것이었습니다. 물론 고조선 시절과 지금, 법을 제정한다는 것의 의미와 절차는 많이 다르겠지만, 지금의 법 역시 과거의 성격에서 완전히 벗어나지 못했다고 생각합니다. 권력자들에게 유리한 법이라면, 사회의 많은 사람들의 기본적인 권리조차 보장하지 못하는 법이라면, 법은 과연 원래 정의로운 것일까요? 법이 누군가에 의해 잘못 쓰여 정의에 모순된 것이 아니라, 누가 사용하든지 그 핵심내용이 권력자들을 위한 것이기에 정의를 구현할 수 없는 것이 아닐까요?

　: 법 자체가 권력자들에 의해 만들어졌기 때문에 정의롭지 않다는 의견.

⋯▶ **공준호** ★ 법은 규칙 그 자체일 뿐 정의와 선에 대한 어떠한 판단도 내리지 않습니다. 마치 과학 자체에는 가치판단이 들어 있지 않듯이 법도 마찬가지입니다. 사회의 질서를 유지하고 사회를 존속시키기 위해 강제력을 행사할 수 있는 강력한 힘을 가진 것이 법이지만 그 자체는 가치중립적이며 수동적입니다. 그래서 과거 군사독재 시절에는 법이 반대파를 제거하기 위한 유용한 수단으로 사용되었던 것입니다. 또 거주 이전의 자유를 명시한 헌법이 있는 나라에서 공권력이라는 이름으로 수많은 강제철거를 실시할 수 있었던 것도 다 법과 정의는 별개의 문제이기 때문입니다. 무엇을 근거로 법이 정의롭다는 말이 생겼는지는 모르겠지만 현실에서 법은 힘없는 사람들의 고통을 외면하고

오히려 국가의 통제와 지배를 정당화하고 있습니다. 많은 사람들이 '악법도 법이다'라는 소크라테스의 말이 옳은지 고민하면서도 정작 선한 법도 존재하는지, 법을 선악의 가치관으로 판단할 수 있는지, 그럴 수 없다면 가치중립적인 법은 정말 정의로운지에 대해서 고민하지는 않는 듯합니다.

   : 법은 정의롭지도, 그렇지 않지도 않은 가치중립적이라는 의미에서 정의
     롭지 않다는 의견.

⋯▶ **조국** ★ 법은 인간의 역사 속에서 강자의 도구로 사용되었던 적이 많았고, 지금도 그러하기 때문에 법이 강자의 도구라는 것은 부정할 수 없습니다. 하지만 법은 강자의 도구인 동시에 피치자, 즉 약자들의 통로일 수 있습니다. 현실에서 법은 강자의 도구인 경우가 많지만, 법 스스로가 노골적으로 이를 천명하는 경우는 드뭅니다. 현대사회에서 법은 중립성과 공정성의 외관을 띠는 경우가 다수입니다. 바로 여기서 약자가 법을 자신의 이익을 지키는 수단으로 사용할 수 있는 여지가 생깁니다. 그리고 법은 강자와 약자가 투쟁하고 타협하는 장場이기도 합니다. 예컨대, 자본주의 사회에서 어떻게 노동3권이 법적으로 인정되었는가를 생각해보십시오. 더 정의로운 세상을 꿈꾸고, 진짜 '정의'를 실현하고자 한다면, 법을 강자의 도구로 치부하며 법에 대한 냉소적인 시선을 갖기보다는, 법이라는 장에서 진실과 정의를 찾고 만들어가는 방향을 택해야 할 것입니다.

질문 3 :

이희선 ★ 등굣길에 건널목으로 길을 건너려면 1백 미터 이상 돌아가야 합니다. 그 동안 학생들이 타야 할 버스가 지나갈 가능성은 충분하죠. 그렇기 때문에, 부끄러운 이야기일지도 모르겠습니다만 저희 학교와 이웃 학교 학생들은 거

의 대부분이 무단횡단을 합니다. 하지만 거기에도 암묵적인 법칙 같은 것이 존재합니다. 파란 불이 아닐 때에도 주위의 차들이 전혀 지체되지 않게, 적게 는 2~3명 많게는 50명 이상씩 함께 건너죠. 일반인들도 마찬가지입니다. 그 곳을 자주 지나다니는 차라면 그것을 당연하게 여길 정도죠. 학생들은 수없이 많은 건의를 해왔고, 관할 경찰서 또한 학기 초마다 무단횡단에 대한 위험을 경고합니다만, 문제는 관할 관청에서는 우리의 건의에 전혀 아랑곳하지 않는 다는 겁니다. 거기서 계속 악순환은 반복되는 것이죠. 이렇듯 융통성 없는 법 의 강제 또한 따라야만 하는 건가요? 공공의 이익을 위해서가 아닌 단지 '국 가의 질서'만을 위해서 개인에게 법을 강제하는 것이 정당할까요?

⋯▶ **조국** ★ 사람들은 자신이 법을 어기더라도 적발되어 처벌되는 경우가 적거 나, 자신이 속한 1차적인 공동체에서 법을 위반해도 괜찮다는 분위기가 만연 해 있을 때에는 자신의 행위가 잘못 되었다고 생각하지 않으며, 심지어 그 행 위가 법적으로도 정당하다는 생각도 하게 됩니다. 질문자가 든 예는 그런 상 황을 보여줍니다. 공동체 성원이 모두 무단횡단 하고 이에 대한 처벌이 없게 되어 결국 자신들의 민원을 들어주지 않는 관청이 더 잘못되었다는 생각을 하 게 되는 것입니다. 법률을 준수하는 것이 시민의 삶의 효용성을 떨어뜨리도록 구조화되어 있다면 시민의 법 준수는 기대하기 어려워집니다.

　질문의 핵심을 확장해보면 '시민 불복종'의 문제로 연결될 수 있습니다. 시 민이 자신의 권리를 침해당했을 때, 그 시민은 가능한 합법적인 방법을 동원 하여 문제를 해결해야 합니다. 그러나 합법적인 어떠한 방법으로도 자신들의 의견을 관철할 수 없을 때, 최후의 수단으로 법률의 요구를 따르지 않고서 자 신들이 옳다고 생각하는 것을 실천하는 것을 '시민 불복종'이라 합니다. 형식 적 절차를 통과하여 제정된 법률이라고 하더라도 그 실질이 정당하지 못한 법률에 대해서 시민이 취할 수 있는 최후수단이 바로 시민 불복종입니다.

질문 4 :

최승규 ★ 요즈음 친구들과 함께 공부를 하면서 알게 되어서, 반 친구들 모두가 가슴에 새기고 있는 말이 하나 있습니다. "강자와 약자 사이의 싸움에서 누구의 편도 들지 않는 것은 결국 강자의 편을 드는 것이다"라는 문장입니다. 어쩌면 너무도 당연한 진리처럼 느껴질 수도 있겠지만, 이는 그리 간단하게 생각할 문제가 아닙니다. 오랫동안 우리 사회의 문제가 되고 있는 '왕따'를 예로 들어 이야기해봅시다. 한 반에서 어떠한 이유로 인해 소위 '왕따'가 정해지고 나면, 그를 직접적으로 괴롭히는 것은 소수의 심술궂은 아이들뿐입니다. 나머지 대다수의 아이들은 그러한 상황에서 오직 침묵하거나, 그저 한 번 웃어 넘겨버립니다. 이 '대다수의 아이들'은 아마 '나는 저 아이에게 아무런 해코지를 하지 않았으니 괜찮을 거야'라는 생각을 할지도 모르죠. 그러나 이들의 '표면적 중립'은 자신도 모르는 사이에 '왕따'라고 하는 비극적 상황에 대한 암묵적 합의가 되어버리고, 또 다시 비극의 악순환은 계속됩니다. 누구의 편도 들지 않는 것이 결국엔 강자의 편을 들게 되는 상황을 초래하는 것입니다.

····▶ **조국** ★ 미국의 유명한 대법관이었던 더글러스 대법관은 자신의 판결을 회고하면서 이런 말을 했습니다. "중립을 지키고자 했던 판결은 승자 쪽에 유리한 것이었고, 약자 쪽에 유리하다고 생각했던 판결은 지금 생각하니 공정한 것이었다." 판사는 외견상 중립적인 법률에 기초하여 판결을 하지만, 그 법률의 배경이 어느 한쪽에게 유리하게 조성되어 있다면, 그 법률에 의거하여 판결을 내린다고 해서 공정한 결론이 나오지 않습니다. 그렇기에 법률가는 법률 뒤에 있는 배경에까지 주의를 돌려야 합니다. 그리고 '왕따' 현상에 대한 다수

의 방조현상은 다수의 대중이 독재자의 출현을 묵인하거나 심지어 그를 찬양하는 대중의 심리현상과 결부되어 있습니다. 시민 각자 개개인의 양심과 이성의 결단에 기초하여 약자의 처지를 생각하고 그와 연대하지 않는다면 결국 전체 시민이 도탄에 빠질 수밖에 없을 것입니다. 물론 이 경우 소수의 강자와 일대일로 맞서는 것은 쉽지 않습니다. 따라서 학교 선생님, 부모님, 학급 내외의 친구와 지인 등의 힘을 빌리는 현명한 접근, 정치적 표현을 쓰자면 '전략'과 '전술'이 필요합니다.

질문 5 :

이희선 ★ 현대사회에 개개인이 자유와 평등을 추구할 수 있게 되면서 많은 차별들이 미약하나마 하나 둘씩 고쳐지기 시작하고 있습니다. 대표적인 것이 1965년에 UN에서 채택된 '인종차별철폐선언'이라고 볼 수 있는데요. 우리나라도 아직 많이 부족하지만 외국인 노동자에 대한 계속적인 TV프로그램, 책, 칼럼 등을 통한 의식개혁이나 여성부의 등장으로 여성에 대한 성차별을 줄이려는 노력이 엿보이고 있다고 생각합니다.

12시 뉴스에서는 소수계 우대정책의 하나로 소수인종만을 위해서 운영되는 한 미국 대학의 언론 워크샵이 백인에 대한 역차별이라는 소송이 제기되어 논란이 되는 상황을 보도한 적이 있었습니다. 뿐만 아니라 최근에 여성가족부로 개칭된 여성부 또한 여러 가지 폐단으로 인해 여성부 폐지운동이 일어나고 있습니다. 이처럼 차별을 개선하기 위한 노력이 오히려 역차별 논란에 휩싸이고 있는 상황에서 인권운동은 어떠한 태도를 취해야 하며, 어떠한 방향을 지향해야 할까요? 역차별 논란은 인권운동에서의 불가피한 과정 중 하나일 뿐일까요?

···· **조국 ★** 모든 사람이 인종, 성별, 정치적 성향, 재산, 장애 유무 등의 이유에 의해서도 차별받지 않아야 하는 것이 민주주의 사회입니다. 그러나 실제로는 민주주의 사회에서 살아가는 다수의 사람들은 소수자에 대하여 편견을 지니고 있습니다. 다수자의 머릿속에 있는 차별의식은 보이지 않기 때문에 그것을 철폐하는 것이 매우 힘듭니다. 소수자에 대한 차별이 노골적으로 이루어지는 경우도 있지만, 교묘한 방법으로 간접적, 우회적으로 이루어지는 경우도 많습니다. 과거 눈앞에 명백히 보이는 독재권력에 대항해 싸우기 위해 연대가 이루어져 일정한 승리를 이루어냈습니다. 민주화 이후에는 시민 내부에서 다수자가 소수자를 차별하는 현상이 분명히 보이고 있습니다. 바로 이 대목에서 우리는, 시민 각자는 자기 성찰을 해야 합니다. 보다 정의롭고 공정한 사회가 실현되기 위해서는 다수자가 일정한 손해와 불편을 기꺼이 감수하면서 소수자, 약자의 처지를 이해해야 하며, 나아가 그들을 포용하고 연대해야 합니다.

질문 6 :

박은빈 ★ 우리나라의 헌법조항을 잘 살펴보면, 조항들의 모호함이 안개와 같습니다. 기나긴 서술과 부정어구의 나열, 일상에서 잘 쓰이지도 않는 한자가 쓰여져 있어, 헌법을 이용하려는 사람들이 법 조항을 해석하기란 정말 어렵습니다. 정말 국민을 위한 법이라면, 국민이 가장 쉽게 이해할 수 있어야 하지 않을까요? 저는 헌법이 누구에게나 쉽게 읽혀야 한다고 생각합니다. 왜냐하면 헌법은 판사와 변호사만의 전유물이 아니라, 대한민국에서 사는 모든 사람들을 위한 것이기 때문입니다.

교육에 참여하는 일원으로서 교육법의 변화를 우리들도 만들 수 있어야 한다고 생각합니다. 하지만 앞서 말씀드린 것처럼, 법 조항의 모호성과 국민을 홀대한다고 느끼게 하는 정치상황 때문에 학생들은 정작 교육을 받는 주체임에도 불구하고 교육법에 전혀 영향을 미치지 못합니다. 법을 바꾸어야 하는데도 국민, 그리고 주체의 위치에 있는 사람들이 법에 접근조차 할 수 없는 현실을 어떻게 바꿀 수 있습니까?

···▶ **조국** ★ 헌법과 법률이 법전문가들의 밥그릇에 불과하다면 아무 의미가 없겠지요. 법률용어를 시민이 이해할 수 있도록 바꾸는 작업은 반드시 필요하다고 봅니다. 그래야만 시민이 자신의 권리와 의무를 알 수 있을 테니까요.

다음으로 모든 권리는 그 권리의 주체가 나서야만 살아 움직입니다. 우리의 권리는 우리가 주장하고 지켜야 하는 것이지요. 사실 우리가 접하고 있는 문제의 궁극적 해결주체는 자기 자신이지요. 현재 많은 사람들은 자신의 권리가 어떠한 것인지 모르는 경우가 많습니다. 특히 청소년들은 자신들의 권리를 인지하지 못하고, 그것을 억압하는 교육체제, 사회체제에 미칠 수 있는 자신들의 힘이 얼마나 대단한지를 모릅니다. 이것을 깨닫고 그 체제를 바꾸기 위해 연대한다면 체제는 바뀔 수 있습니다.

내 삶의
존재 방식

윤한결, 하성봉

우리는 행복하기 위해 태어난 사람 :

프랑스가 낳은 위대한 시인 보들레르는 "목적 없이 존재하는 것은 아무것도 없다"라고 말했습니다. 그의 말로 미루어보건대, 우리들은 인간으로서 존재하는 이상 누구나 저마다의 삶의 목표를 가지고 있을 것입니다. 그것이 돈이든 사랑이든 권력이든 간에 사람들은 저마다의 삶의 목표를 추구하는 과정에서 행복을 느끼는데, 사실 행복이야말로 사람들의 궁극적인 삶의 목표라고 할 수 있습니다. 다르게 말하자면, 사람들이 돈, 사랑, 권력 등의 삶의 목표를 위해 살아가는 것도 결국 행복을 위해서란 말입니다.

때문에 성공한 삶을 산다는 것은 행복한 삶을 산다는 말이 되는데, 대체 우리는 어떻게 해야 행복한 삶을 살 수 있을까요? 어쩌면 인간의 삶에서 가장 중요한 이 문제에 대해, 프랑스의 철학자 미셸 푸코는 '자기배려'라는 개념을 해답으로서 제시했습니다. 자기배려는 자신의 가치관, 인생관, 삶의 철학 등과 같은 삶의 존재양식을 존중함으로써 자신과 자신의 삶이 소중하고 가치 있다고 느끼는 것을 말합니다. 우리는 자기배려를 통해 우리들 자신의 삶의 존재양식에 대해 긍정적인 사고를 가지게 되고, 삶의 존재양식에 대한 긍정적인 인식은 삶의 행복을 창출해낸다는 것입니다.

하지만 우리 청소년들에게 행복은 가깝고도 멉니다. 항상 행복해지기 위해 아등바등 공부하고 있지만 정작 일상생활 속에선 행복을 느끼지 못하며 사는 것이 사실입니다. 학교, 야간자습, 학원으로 이어지는 쳇바퀴와 같은 일상생활과 대학입학을 위한 경쟁적 분위기 속에서 행복을 찾기란 불가능하게 보일지도 모릅니다. 우리 청소년들의 행복은 어떤 힘에 의해 좋은 대학에 입학하고 나서, 또는 좋은 직장을 구하고 난 후로 보류되었습니다. 하지만 행복이 그렇게 멀리 떨어져 있을까요? 정말 행복은 그러한 사회적 요구와 조건을 충족하고 난 후에야 누릴 수 있는 특권일까요? 아니라고 생각합니다. 우리 인간에게 주어진 시간은 평생을 행복하게 보내기에도 짧은 시간입니다. 때문에 우리에게는 자기배려를 통해 우리가 누리는 삶의 순간순간을 행복하게 살 수 있는 방법을 발견하려는 노력이 절실히 필요합니다.

오늘 우리는 청소년들에게 어쩌면 교육정책이나 대학입시보다도 더 중요한 이 문제를 논하기 위해 이 자리에 모였습니다. 나는 누구인지, 나는 무엇을 좋아하는지, 내가 지향하는 삶은 무엇인지에 대해서 토론해봅시다. 이 토론에서 우리는 행복이라는 화학반응을 위한 촉매를 얻을 수 있을 것입니다.

사회에 저당 잡힌 우리들의 행복 :

하성봉 누군가 여러분에게 "너는 왜 사니?"라고 물으면 어떻게 대답하실 건가요? 아마 우리 중 대부분이 "그거야 당연히 행복하기 위해 살지!"라고 대답할 것입니다. 그렇다면 사는 것이 행복한 걸까요? 정말 우리가 행복하기 위해서 존재하는 것이라면, 어떻게 사는 것이 행복한 건지 생각해보는 것은 우리에게 가장 중요한 문제일 것입니다. 그래서 이번 토론의 주제는 '내 삶의 존재방식'입니다.

우리 각각의 모습이 다르듯이 우리가 생각하는 행복해지는 방법, 즉 우리 삶의 존재양식에 대한 생각도 각자 다를 것입니다. 미셀 푸코는 자신의 삶을 사랑할 때, 즉 '자기배려'가 이루어질 때 행복해질 수 있다고 했는데 여러분은 여러분의 삶을 행복하게 살기 위해 어떤 존재방식으로 살아가고 있는가요?

유진재 네, 제가 먼저 말해보겠습니다. 제가 행복을 느낄 때는 바로 제 가슴에 심장이 뛰는 것이 느껴질 때입니다. 열정이란 이름 아래 뛰기 시작한 심장이 제 몸의 모세혈관 구석구석까지 피를 보내고, 피가 흘러서 차가운 뇌를 따뜻하게 할 때, 따분함은 잊게 되고 저는 행복하다는 생각을 합니다. 아침에 뜨는 해를 하염없이 바라볼 때, 산과 숲의 초록빛 순수함에 빠져들 때, 단풍나무 밑을 걸으며 하늘을 바라볼 때, 한 걸음 한 걸음 걸을 때, 계절마다 바뀌는 하늘의 모습을 감상할 때, 내 친구들과 함께 마음을 확인할 때, 사랑하는 사람과 함께 있을 때, 꿈을 꿀 때, '내가 열정적이다'라고 느낄 때, 내가 이 사회 속에서 해야 할 일을 찾을 때 등이 심장이 뛰는 일입니다. 하지만 제가 말한 이런 당연한 행복조차 지금의 학생신분에서 누리기에는 불가능한 것들이 많아 보입니다.

아침에 일어나서 학교엔 가고 학교에서 야간자율학습까지 하루의 대부분을 보낸 뒤, 학원이 있으면 또 학원 갔다가 그제야 집에 돌아옵니다. 지금 제 삶은 이런 일상의 반복이죠. 아침에 뜨는 해를 감상하고 있을 틈도 없이 움직이다가 저녁에 지는 해마저 보지 못합니다. 밤에 집에 돌아올 때 별이라도 보고 싶어 하늘을 올려다보지만 이미 도시의 하늘은 별빛마저 삼켜버렸습니다. 한두 개 반짝이는 별을 보면 그제야 반가운 생각이 들지만 그것도 가끔일 뿐입니다. 사실 마지막으로 하늘을 바라본 것이 언제였던지 생각이 나지 않을 때도 있습니다. 학생이라는 이름하에, 공부라는 본분하에 제가 정말 행복하다고 믿는 일들을 하지 못하는 것입니다. 그럴 때면 제 자신이 정말 불행하다고 느끼는 거죠. 제가 궁금한 것은, 지금 제가 행복하다고 생각하는 일을 하는 것을 참고 공부에 매진하면, 학교를 졸업하고 나서 제가 행복해질 수 있는가 하는 것입니다.

윤수민 맞아요. 저도 중학교 3학년 때까지만 해도 편지 쓰고 음악 듣고 일기 쓰기를 좋아하는, 감수성 풍부한 아이였는데 언제부턴가 좋아하는 일들을 포기하게 되었고 예전에 비해 제가 많이 무뎌지고 메말라가고 있음을 느낍니다. 『호밀밭의 파수꾼』 속의 순수함을 잃고 싶지 않아 발버둥치던 주인공을 보고 좋아하는 일을 계속 하려 애쓰고 노력하고 힘들어하던 제 모습이 생각났어요. 지금도 가끔 틈이 나면 예전에 쓰던 일기를 읽어보거나 좋아하는 친구에게 메모를 써보기도 하고 라디오도 어쩌다 한 번씩 듣곤 합니다. 하지만 주변 시선은 그리 곱지 않죠. 마치 몽상가라도 되는 것처럼 쳐다보곤 합니다. "소설을 써라"와 같은 비아냥도 들어봤고요, 그럴 시간에 공부나 하라는 면박도 받았습니다. 이런 주변의 시선과 불안감 때문에 다른 친구들은 1점이라도 더 올리려 교과서 읽을 동안 소설책을 읽거나 일기를 쓰는 일과 같이 내가 좋아하는 일들을 하기가 힘든 것이 사실이에요. 학생으로서의 의무를 다하면서 내가 하고 싶은 일들도 하는 것이 참 어려운거죠.

박소민 네, 수민이 말에 공감합니다. 특히 우리나라 같은 학벌사회에서는 좋은 대학을 나오지 못하면 사회에서 많은 제한을 받는 것이 사실이잖아요. 그래서 저는 어른이 되어서라도 진정 하고 싶은 것을 하며 행복하게 살기 위해서 학생인 지금은 미래에 어떤 일을 정말 하고 싶을 때 내 능력이나 환경에 의해 그것이 제한되지 않도록 하기 위해 준비해야 한다고 생각합니다. 그렇지 못하면 경제적으로나 직업적으로 삶의 여유가 없어 어른이 돼서도 하고 싶은 일을 하는 데 제한을 받게 될 것입니다. 그래서 저는 제가 어른이 돼서 진정 행복한 삶을 살기 위해 필요한 능력이나 환경을 갖추기 위해 공부를 열심히 하는 방법을 택했습니다. 제가 하고 싶은 것들을 당장은 못 해도 미래에 마음껏 하기 위해 보류하는 것입니다. 하지만 미국의 청소년들은 공부도 하면서 자신이 하고 싶은 것들을 마음껏 할 수 있도록 교육체계가 되어 있는데, 우리나라는 공부만 강요하는 것이 억울하다는 생각이 들 때도 있습니다.

윤한결 네, 지금 하고 싶은 일들을 미래에 하기 위해 보류할 수밖에 없는 현실이 안타깝습니다. 하지만 10년, 20년 후의 행복을 위해 지금의 내 삶을 희생하는 것이 옳은 일일까요? 지금 행복하지 못한데도 앞으로 공부를 열심히 해서 좋은 대학에 가면 정말 행복해질 수 있을까 하는 물음은 중학교 때부터 쭉 제 마음속 한구석에서 내가 원하는 것을 하고 싶다는 욕망과 함께 불편한 공존을 하고 있었습니다. 사실 이러한 의문은 이 시대의 청소년이라면 누구나 한 번씩 가져봤을 겁니다. 우리에게는 지금도 행복하면서 나중에도 행복할 수 있는 삶의 존재방식이 필요하다고 생각합니다.

잃어버린 나를 찾아서 :

하성봉 저도 대한민국의 고등학생으로서 시간에 쫓겨 정작 자기 자신을 돌아볼 시간조차 없는 현실에 공감합니다. 그렇게 바쁘게 돌아가는 현실 속에서 우리 자신만의 행복한 존재방식을 찾는 것은 어려울 수도 있습니다. 그러므로 우리는 우리의 행복한 존재방식에 대하여 생각하기 전에 우선 우리를 둘러싼 현실에 대해 생각해볼 필요가 있습니다. 여러분, 톨스토이에 대한 일화 중 이런 것이 있습니다.

"하루는 톨스토이가 방을 청소하다가, 소파를 닦으러 소파로 다가갔다. 그런데 자신이 소파의 먼지를 털었는지 털지 않았는지 생각나지 않는 것이었다. 왜냐하면 톨스토이에게 이러한 동작은 습관적이고 무의식적인 것이어서 기억해낼 수 없었던 것이다. 소파의 먼지를 털고 그 사실을 잊어버렸다면, 다시 말해서 무의식적으로 행동했다면, 그것은 행동하지 않은 것과 같은 셈이다."

혹시 우리도 쳇바퀴처럼 돌아가는 현실 속에서 이처럼 무의식적으로 반복된 일상을 살고 있는 것은 아닐까요? 이러한 일상의 반복 속에서 우리가 행복을 느낄 수 없고, 심지어 우리 자신이 누구인지, 우리가 왜 여기서 이렇게 살고 있는가에 대한 생각마저 할 수 없다면 불행히도 우리의 삶은 무의미하게 흘러가고 있는 것이 아닐까요? 여러분은 어떻게 생각하십니까?

이정민 오늘날 청소년이라면 누구나 삶이라는 것에 대해 생각하고, 진로에 대해 고민할 것입니다. 그 과정에서 자신의 이상과 현실과의 접점을 찾지 못해 방황하기도 하겠죠. 하지만 마음껏 방황하는 것도 한계가 있어, 점점 꿈의 경계는 좁아지고 결국 그 꿈 안에서 우리 자신은 없어지는 것이 현실입니다. 저역시 이렇게 내가 진정 원하는 것을 찾지 못하고 방황하던 적이 있었습니다. 그렇게 조금씩 위태로워질 때쯤, 저는 니체의 책을 통해 '나'가 존재한다는 것을 알게 되었고, 나의 삶이란 것이 있다는 것을 알게 되었습니다. 이때까지 무엇을 보고 쫓아갔던 건지, 내가 왜 진정 원하는 것을 못 찾을 수밖에 없었는지 알게 되었죠. 어느새 '나'가 아닌 누군가로부터 만들어진 우상을 향해 달려가고 있었던 저를 발견한 것입니다. 항상 나 자신을 위해 살고 있다고 생각했지만 정작 저는 저도 느끼지 못할 정도로, 그래서 섬뜩할 만큼 자본주의 사회의 소비 중심적인 문화에 익숙해져 있다는 것을 알게 되었습니다.

박제준 맞습니다. 우리는 우리가 감당하기 힘든 현실을 접하고 있다고 생각합니다. 저도 중학교 때 많은 시간을 제가 하고 싶은 것을 하면서 보냈는데, 고등학생이 되어서 충격을 받았습니다. 틀에 박힌 생활이랄까? 중학교 때는 오후 3시에 마쳤지만, 고등학교는 밤 9시에 끝나잖아요. 그리고 그 후에 학원 갔다 와서 바로 자고 또 일어나서 학교 가고, 학원 갔다 와서 자고. 이런 생활이 반복되는 거죠. 그런 일상의 반복 속에서 내가 정말 어떻게 살아야할지 내가 왜 이렇게 사는지 생각할 시간조차 없었습니다. 공부와 시간에 쫓겨서 아무 생각 없이 지내온 것입니다. 이런 저를 발견한 것도 방학이 되어서 저를 돌아볼 시간의 여유가 생긴 후의 일입니다.

거대한 기계의 부품이 되어가는 우리 :

하성봉 지금의 우리 사회가 좋은 대학을 나오지 못하면 하고 싶은 일을 하며 사는 데 많은 제약이 따르는 것은 사실입니다. 그러다보니 많은 사람들이 일단 좋은 대학을 나오고 보자는 생각을 하게 되고 이러한 생각이 보편화되면서 우리 청소년들의 꿈도 획일화되어가는 것이죠. 그리고 비단 우리나라뿐 아니라 전 세계가 모두 산업화되고 또 자본화된 사회로 변하여 점차 그 사회 구성원들의 삶을 획일화, 규격화하고 있습니다. 비유하자면, 인간의 행복을 추구하기 위해 사회가 존재하는 것이 아니라 사회체제의 존속을 위해, 즉 사회라는 큰 기계가 돌아가기 위해 존재하는 부품으로 인간의 가치가 전락해버린 것입니다. 이런 사회 속에서 자기 자신의 삶의 방식이나 철학을 생각하는 것은, 불필요한 부품이 되는 것이죠. 불필요한 부품이 되면 사회에 필요가 없어지고, 결국 사회로부터 격리되는 것이 현실입니다. 그렇다면 이 벗어나기 힘든 현실의 굴레에서 우리는 어떻게 우리만의 행복한 존재방식을 찾을 수 있을까요?

유진재 저는 우리에게서 그러한 인간 본연의 가치를 깎아내고, 우리를 사회라는 기계에 꼭 들어맞는, 말끔한 부품으로 재생산해내는 것이 지금의 학교가 하는 일이라고 생각합니다. 그렇지만 저는 우리가 결코 그러한 부품이 되어서는 안 된다고 생각합니다. 차라리 우리가 금속이라면 기계부품보다는 금속예술품이 되어야 한다고 생각합니다. 그렇게 되기 위해서는 지금의 사회를 개혁하려는 노력이 필요하고 또 그 노력을 우리가 해야 한다고 생각합니다.

김민규 저도 제가 하고 싶은 것을 마음껏 할 수 있는 사회가 오면 좋겠지만 지금 우리의 힘으로는 무리라고 생각합니다. 그러면 우리의 행복은 언제 누리나요? 인생은 짧습니다. 그래서 저는 우리가 행복해지려면 지금의 자본주의 사회에서 최고의 부품이 되어야 한다고 생각합니다. 다른 사람들과 경쟁해서 이기고 최고가 되는 거죠. 지금의 사회는 경쟁에서 이기면 많은 것을 누릴 수 있도록 되어 있기 때문에 경쟁에서 이기고 이겨서 최고가 되는 것이야말로 우리가 지금의 사회에서 행복을 누릴 수 있는 최선의 방법이라고 생각합니다.

윤한결 하지만 지금과 같은 자본주의 경쟁사회 속에서는 이기는 사람이 있으면 지는 사람이 있기 마련입니다. 모든 경쟁에서 이기는 사람은 아주 극소수고 거의 대부분의 사람들은 경쟁에서 질 수밖에 없다고 생각합니다. 저는 인간의 행복은 타인의 행복을 전제로 한다고 생각합니다. 내가 경쟁에서 이기더라도 내 주위에 경쟁에서 진 많은 사람들이 신음하는 소리를 들으면 나도 행복하다고 할 수 없을 것입니다. 결국 지금과 같은 무한경쟁사회에서는 아무도 행복할 수 없다고 생각합니다. 그래서 저는 무한경쟁을 부추기는 부조리한 사회부터 바꿔야 한다고 생각합니다. 그리고 그 첫걸음은 지금 사회의 모순과 부조리함을 여러 사람들에게 알리는 것이라고 생각합니다.

트루먼True Man, 갈림길에 서다 :

하성봉 네, 여러분의 말처럼 우리의 삶이 거대한 사회적 틀에 의해서 규정되고 있다는 생각을 하니 떠오르는 영화가 있습니다. 바로 짐 캐리 주연의 〈트루먼쇼〉라는 영화입니다. 볼 때마다 새롭고 많은 걸 생각하게 해주는 영화죠. 이 영화에서 트루먼은 자기가 살던 세계가 카메라에 의해 감시되며 주변의 모든 것이 어떤 힘에 의해 계획적으로 움직인다는 것을 깨닫게 됩니다. 사실 트루먼을 감시했던 카메라는 이때까지 우리가 말한 사회적 틀과 같은 것입니다. 그리고 이것들은 우리의 삶 도처에 있습니다. 제도, 규칙, 원리, 법, 심지어 도덕적 양심, 종교적 계율조차 우리를 규정하는 사회적 틀인 것입니다. 영화는 트루먼이 세트장 밖을 나오는 것으로 끝납니다. 세트장 밖으로 나가기 전, 트루먼은 노마드식 인사법으로 인사를 하죠.

"Good morning, Good afternoon, Good evening, Good night."

그렇다면 여러분은, 현실의 카메라들에 어떻게 맞서고 있습니까? 트루먼같이 거짓된 현실을 박차고 뛰쳐나갈 건가요? 현실 속에서 자신만의 행복을 찾을 건가요? 즉 지금 우리 사회에서 여러분의 삶의 존재방식은 무엇입니까?

이소연 "학문 연구에 평생을 바쳤다. 과연 학문의 끝에는 무엇이 있을까? 학문의 끝에 설 때 즈음이면 '나, 파우스트'를 규명해낼 수 있을 것인가? 끊임없이 파고 들어가 보지만 결국 답이 없다. 이 세상에 과연 '진실'이란 존재하는가? 나를 찾을 수만 있다면 악마 메피스토펠레스와의 영혼을 건 계약도 서슴지 않는다. 나를 찾을 수만 있다면"

네. 이 독백은 소설 파우스트에 나오는 한 구절입니다. 이 소설에서 파우스트는 자기 자신을 찾기 위해 악마 메피스토와 자신의 영혼을 담보로 한 계약도 서슴지 않습니다. 저도 파우스트처럼 설사 우리의 행동이 불러올 결과가 걱정되고 그로 인해 마음의 동요가 인다고 해도, 어쩌면 조금은 무식하게, 또 단순하게 나를 찾아서 뛰어들 때야말로 좀 더 적극적으로 나^{우리}를 찾을 수 있고 파우스트가 그러했듯이 무차별한 자기실현을 이룰 수 있다고 생각합니다. 그러기 위해서는 우리들 스스로의 내면에 귀 기울일 수 있어야 하고 좀 더 솔직해질 수 있어야 하겠죠. 그리고 적어도 우리가 생각했을 때 옳지 못하다고 판단한 것에 대해서는 쉽게 타협하지 않는 '나의 삶의 원칙'을 정하는 겁니다. 그런 의미에서 내 삶의 존재 방식은 나 자신을 사랑하고 인간으로서의 '나'를 포기하지 않는 것이라고 말할 수 있습니다.

김지현 │ 제 삶의 존재방식은 세상에서 단 하나밖에 없는 '나'가 되는 것입니다. 자꾸만 남과 같이 소비해야 한다고 부추기는 광고들, 일류대학에 들어가는 것 미래를 보장해주는 것이 아님에도 불구하고 학생의 꿈과 희망을 입시제도 안에 가두는 주위의 압력들 등 우리 모두는 자신의 신념을 지키기에는 너무나 완고한 사회체제와 사람들의 시선에 놓여 있습니다. 어떤 때에는 내가 살고 있는 세계가 너무나 왜곡된 모습을 하고 있어 바로잡고 싶지만 그러기엔 세상이 너무나 커 보입니다. 하지만 세상을 탓하기 전에 먼저 나를 변화시키라는 말, 내가 스스로를 변화시키고 나면 다른 것도 변한다는 말은 정말 옳다고 생각합니다. 우리가 가장 두려워하는 것은 기존의 안정된 생활 속에서 벗어나 용기를 발휘해서 새롭게 도전하는 모험의 첫 발걸음을 내딛는 것입니다. 내 삶의 주체를 다시 나 자신으로 찾아오는 것이 지극히 옳은 일이면서도 조금은 두려운 일인 것입니다. 하지만 진정으로 행복한 삶, 내가 '나'가 될 수 있는 기회는 이런 모험에서 비롯된다고 생각합니다. 그러므로 저는 저를 찾기 위한 끊임없는 도전, 그리고 그 도전 속에서의 용기, 열정과 패기, 항상 이런 것들로 가득 찬 삶을 영원히 살았으면 하는 바람입니다.

김유민 저는 잘못된 사회에 내가 속해 있다는 것에 대해 언제까지나 순응하거나 불평만 할 것이 아니라 그런 사회를 바꿀 수 있는 용기와 현명함을 갖추도록 노력하는 것이 어쩌면 우리 학생들에게 꼭 필요한 자세가 아닐까 생각합니다. 그런 의미에서 '내가 살아가는 목표는 무엇이고 난 어떤 방식으로 살아가야할까' 라는 질문에 대한 저의 대답은 '나아감' 이라고 말하고 싶습니다. 저는 성적이나 재산이 아닌, 제 안에서 더 많은 용기와 열정을, 더 넓어진 이해심을, 더 따뜻해진 마음을 발견할 때 제가 발전하고 있음을 느낍니다. 그리고 그때 진정으로 살아가고 있음을 느낍니다. 그러한 발전이 우리의 삶의 목표가 되어야 하지는 않을까 하는 생각이 듭니다. 발전하지 못하는 삶은 아무런 의미가 없지 않을까요? 늘 더 나은 사람이, 발전하는 사람이 되고자 하는 것이 제 존재 방식이고 그렇게 살도록 노력할 것입니다.

이인재 여러분들은 공감하지 않을 수도 있겠지만 저는 바로 죽음과 고통을 느낌으로써 나의 존재를 확인한다고 말하고 싶습니다. 우리들은 세상을 살아가면서 수많은 고통과 죽음들을 마주하게 됩니다. 그리고 그것들은 우리들에게 부정적인 의미로 다가오는 것이 대부분입니다. 하지만 저는 어떤 면에서 죽음과 고통이 긍정적인 의미로 다가올 수 있다고 생각합니다. 왜냐하면 우리는 고통과 죽음을 보게 됨으로써 살아 있다는 것을 느낄 수 있기 때문입니다. 한 가지 예를 들어 석가모니의 경우를 보더라도 저는 그가 주변에서 보게 된 고통과 죽음들을 통하여 인간의 존재에 대해 생각하게 되고 결국 자신만의 도를 깨우치게 되었다고 생각합니다. 그런데 여기서 보통의 범인들과 석가모니와 같은 비범인의 차이점이 있습니다. 바로 그것은 죽음과 고통을 직시하느냐 하지 않느냐에 있습니다. 인간이라면 누구나 모두 죽음과 고통을 두려워합니다. 그것은 살아 있는 생물로서 당연한 본능이니 좋다 나쁘다고 판단할 만한 것이

못 됩니다. 하지만 그것을 두려워하되 똑바로 당당하게 바라보는 것과, 그것을 두려워하여 눈을 돌리고 피하는 것은 큰 차이가 있습니다. 바로 그 차이가 같은 죽음과 고통을 바라보면서도 석가모니가 자신만의 도를 깨우칠 수 있었던 이유입니다. 이렇듯 죽음과 고통은 내가 존재함을 증명해줄 수 있는 하나의 방법이 될 수 있습니다. 또한 때때로 생의 의지를 불어넣어주기도 하지요. 그리고 이것은 에리히 프롬이 쓴『소유냐 존재냐』에서 말한 존재양식에서의 접근으로도 볼 수 있습니다. 우리가 두려워하는 본질적인 그 무엇인가를 통해 나의 존재가치를 확인하는 것. 이것은 고도로 발달된 자본주의 사회에서 살아가는 우리들에게 한번쯤 생각해볼 만한 문제이지 않겠습니까?

남지훈 현대의 고도화된 사회에서 제가 생각하는 저의 존재양식은 '불편' 입니다. 이 불편은 조선시대에 살아가는 불편을 말하는 것이 아닙니다. 물질사회에서의 단순한 불편이죠. 산업과 과학의 발달은 인간에게 많은 편리를 주고 있습니다. 하지만 그것이 우리 인간으로부터 빼앗아간 것들도 많죠. 예를 들면 사람과 사람 사이의 관계, 아름다운 자연과 같은 우리 인간에게 가장 중요한 가치들을 조금의 편리함과 맞바꿔버린 것입니다. 그래서 제 생각은 조금 불편하더라도 편리의 대가로 우리가 빼앗긴 그 가치들을 다시 찾자는 것입니다. 이 불편을 간접적으로 실천해본 것이『즐거운 불편』이라는 책을 통해서였습니다. 이 책의 글쓴이 후쿠오카는 원래 평범한 사회인이었습니다. 그러나 이 즐거운 불편을 하면서 다시 태어났죠. 그는 건강해진 몸과 정신 그리고 이웃과의 친밀감을 되찾게 된 것입니다. 늘 회사만 왔다 갔다 하고 업무에만 열중하던 사람의 몸은 이 지구상에 존재하지만 마음은 이미 죽은 것이나 다름없다고 생각합니다. 후쿠오카는 자동차로 아무 느낌 없이 가던 출 · 퇴근길을 자전거로 직접 운전하면서 자연과 같이 달리고 유쾌한 대화를 하면서 즐거운 운전을 할 수 있었습니다. 이렇게 즐거운 불편을 실천하면서 행복을 느끼는 것, 이것이 각박한 물질사회에서 인간자신의 본연의 가치를 찾을 수 있는 존재방식이라고 생각합니다.

하성봉 여러분들의 의견 잘 들었습니다. 오늘 우리가 말한 각자의 삶의 존재방식은 모두 달랐지만, 당연히 모두 달라야만 하고 또 모두 가치 있는 것이었다고 생각합니다. 저는 이번 토론을 통해 우리의 삶에서 '나'를 찾기 위해 많은 노력을 해야 한다는 것을 알게 되었습니다. 그것은 바로 나와 세계를 향해 한 발자국 다가갈 수 있는 용기였습니다. 지금의 시대를 살아가는, 진짜 사람 True Man인 우리 청소년들은 지금보다 더 큰 용기를 냄으로써 영화 속 트루먼이 마지막으로 서 있던 문, 거짓된 사회의 경계, 바로 그 앞에 다다를 수 있습니다. 이번 토론이 여러분 각자의 행복의 방법을 찾을 수 있도록 돕는 시간이었길 바랍니다. 감사합니다. "Good morning, Good afternoon, Good evening, Good night."

존재를 향유하라

김용규(철학자)

향유냐, 이용이냐

영어로 'enjoy'라고 표현되는 '향유享有'라는 말은 일상용어로 '누리다' 또는 '즐기다'로 이해됩니다. 따라서 누군가가 인간의 존재양식으로 향유를 권장한다면 '존재를 누려라 또는 즐겨라'라는 말이 됩니다. 때문에 자칫 삶을 즐기라는 쾌락주의를 떠올릴 수 있습니다. 그러나 그렇게 생각하고 나면, 뛰어난 철학자이자 위대한 신학자이기도 했던 아우구스티누스가 존재양식으로서의 향유를 교훈했다는 것은 사뭇 놀랄 만한 일이 됩니다.

약 1,600년 전 아우구스티누스는 향유Frui와 이용Uti이라는 개념 쌍을 사용하여 사람들에게 마땅한 존재양식으로서 향유에 대해 이야기했습니다. 한마디로 그는 존재를 향유하고 이용하지 말라고 가르쳤습니다. 그가 말하는 향유란 '어떤 것을 그 자체를 위하여 사랑하는 것diligere propter se'입니다. 반면에 이용은 '어떤 것을 그것 이외의 것을 위하여 사랑하는 것diligerere propter aliud'입니다. 그러므로 향유란 그 자체가 목적인 사랑이고, 이용이란 그것이 수단인 사랑이라고도 했습니다. 아우구스티누스는 여행을 예로 들어 그 차이도 설명했습니다.

어떤 사람이 고향에 가기 위해 수레나 배를 탈 경우 그는 그것들을 이용하는 것입니다. 그러나 그가 여행을 즐기기 위해 수레나 배를 탈 경우에 그것은 향유가 된다는 것입니다. 즉 내가 어떤 대상을 향유한다면 그것을 넘어선 어떤 것도 추구하지 않는다는 것을 의미하며, 내가 어떤 대상을 이용한다면 그것은 다른 대상에 이르기 위한 수단이라는 말입니다.

그렇다면 철학자로서 아우구스티누스가 '존재를 향유하고 이용하지 말라'고 했을 때, 그 말은 '존재를 그 자체로 사랑하며 그것을 넘어선 어떤 것도 추구하지 말고 다른 대상에 이르기 위한 수단으로 사용하지도 말라'는 의미를 가졌습니다. 물론 존재가 곧 신神인 교리를 신봉하는 신학자로서 그에게는 이 말이 '신을 그 자체로 사랑하며 그를 넘어선 어떤 것도 추구하지 말고, 다른 대상에 이르기 위한 수단으로 사용하지 말라'는 의미도 함께 가졌습니다. 그렇다면 그가 말한 존재양식에 대한 교훈으로서 향유라는 말이 구체적으로 뜻하는 것은 과연 무엇일까요? 한번 이런 상상을 해봅시다.

어떤 큰 부자가 어느 여름날 황혼녘에 바닷가 언덕에 펼쳐진 아름다운 초원에서 파티를 열었습니다. 서편 하늘에는 한낮을 달구던 태양이 아직 서성거리고 있지만 어느덧 검푸르게 물들어가는 동쪽 하늘에는 성급한 초저녁별이 하나둘 떠오르고 서늘한 바닷바람이 이제 막 불어오기 시작합니다. 하얀 식탁보가 깔린 한없이 기다란 식탁 위에는 금과 보석으로 장식된 값진 그릇에 담긴 온갖 맛있는 음식들과 귀한 음료들이 차려져 있고, 악사들은 더없이 아름다운 음악들을 연주합니다.(내 생각에는 그 가운데 조지 거쉰의 〈썸머타임〉도 분명 들어 있어야 합니다!) 많은 멋진 사람들이 이 음식과 음악을 즐기며 대화를 나누고 있습니다. 바로 이 아름다운 파티에 당신이 '웬일인지' 초대되었다고 하자는 것입니다.

주인은 밤하늘을 황홀히 가르는 은하가 빛을 잃고 다시 동녘이 밝아오면 파티도 함께 끝이 난다고 합니다. 그러니 그 전까지 마음껏 파티를 향유하라 합니다. 그러나 무엇인가를 위해 파티를 이용하지는 말라 합니다. 그렇다면 당신은 무엇을 어떻게 하겠는지요? 우선 아름다운 음악을 들으며 음식과 음료들을 즐기고 멋진 사람들과 대화를 하거나 춤을 출 건가요? 아니면 당신이 남성이라면 아름다운 여인을, 여성이라면 멋진 청년을 탐하여 자기 것으로 만들기 위해 갖은 애를 다 써볼 건가요? 그것도 아니면 금과 보석으로 장식된 그릇과 잔들을 가져가기 위해 온갖 궁리를 할 건가요? 밤은 자꾸 깊어가고 파티가 끝나가고 있습니다. 어떻게 할 건가요?

만일 당신이 음식과 음료들을 즐기고 아름다운 음악에 싸여 대화와 춤을 경험한다면 어쨌든 당신은 행복할 것이고 파티를 향유하는 것입니다. 하지만 금과 보석으로 장식된 그릇이든, 아름다운 여인이든, 무언가를 탐하여 그것을 갖기 위해 궁리하며 애쓰는 데 시간을 다 보낸다면, 그것을 얻었든 못 얻었든 어쨌든 당신은 힘들 것이고 파티를 전혀 향유하지 못하는 것입니다. 당신의 입에는 진귀한 음식이나 음료도 맛을 잃었을 것이고, 귀에는 아름다운 음악도 들리지 않았을 것이며, 멋진 대화도 전혀 나누지 못하고 춤도 추지 못했을 것입니다. 다만 당신은—금과 보석으로 장식된 그릇이든 아름다운 여인이든— 그 무엇인가를 얻기 위해 파티를 이용했을 뿐입니다.

아무튼 새벽별이 떠오르고 파티는 끝났습니다. 이제 모두가 돌아가야 할 때가 왔습니다. 그런데 그때서야 당신이 이 파티에서는 어떤 것 하나도 갖고 돌아갈 수 없다는 것을 알게 된다면, 주인이 왜 파티를 향유하고 이용하지 말라고 한 이유를 비로소 깨닫게 될 것입니다. 아우구스티누스가 우리에게 존재를 향유하고 이용하지 말라고 한 의미가 바로 이것입니다.

그에게서는 삶이란 신이 초청한 한여름밤의 파티나 다름이 없습니다. 그러니 삶 그 자체를 향유하되 그 어떤 다른 것을 탐하여 그것을 갖기 위해 이용하지 말라는 것입니다. 그럼으로써 부디 모처럼 초대된 짧은 삶을 부질없고 허망한 한여름밤의 꿈이 되게 하지 말라는 것입니다. 같은 말을 거의 1천 6백 년이 지나 독일 출신 정신의학자 에리히 프롬이 그의 저명한 저서 『소유냐 존재냐』에서 했습니다.

소유냐, 존재냐 :

프롬은 아우구스티누스가 철학적 또는 신학적으로 고찰한 바로 이 문제를 정신의학적인 방법으로 고찰하였습니다. 그는 먼저 삶에 대한 인간의 태도를 '소유양식'과 '존재양식'이라는 두 가지 대립하는 생존양식으로 구분합니다. 그가 말하는 소유양식이란 재산, 지식, 사회적 지위, 권력 등의 소유에 전념하며 소유에 대한 탐욕과 그것의 상실에 대한 공포에 사로잡힌 삶의 태도입니다. 반면 존재양식이란 소유에 집착하지 않고 자기능력을 능동적으로 발휘하며, 희열을 갖고 성장해가는 삶의 태도입니다.

그런데 프롬이 주목하는 것은 인간의 생존양식이 존재양식에서 점점 더 소유양식으로 변해간다는 사실입니다. 흥미롭게도 그는 이 문제를 언어의 변천 과정을 통해 고찰하였습니다. 예컨대, 히브리어를 비롯한 고대어에는 소유를 나타내는 '갖는다'라는 동사가 없었다는 점에 프롬은 주목하였습니다. 그래서 히브리인들은 '나는 그것을 갖고 있다'라는 소유를 나타내는 말을 '그것은 내게 있다jesh li'라는 존재를 나타내는 간접적 말로 표현해야만 했습니다. 근동 지방 외에도 대부분의 나라에서 이렇게 소유를 존재로 표현하는 언어가 지배적이었다고 지적하였습니다.

그러나 언어가 발달함에 따라 '그것은 내게 있다'가 '나는 그것을 가지고 있다'로, 즉 존재를 나타내는 형식에서 소유를 나타내는 형식으로 점차 바뀌었습니다. 놀라운 것은 이러한 변화가 농경사회에서 산업사회로 변한 지난

2~3세기 동안에 더욱 급격히 일어났다는 사실입니다. 심지어 그 동안 '사랑한다' '원한다' '미워한다' 와 같은 동사적 표현마저 '나는 …… 사랑을 갖고 있다', '나는 …… 소망을 갖고 있다', '나는 …… 증오를 갖고 있다' 와 같은 명사적 표현으로 급격히 변하였다는 것입니다. 프롬은 이처럼 소유할 수 없는 정신적인 대상까지 소유의 대상인 것처럼 하나의 물건으로 환원시켜버리는 언어습관에서 소유에 대한 현대인의 정신병리적 집착을 보았습니다.

이러한 병리적 현상이 생겨난 것은 소유가 현대 산업사회의 기본적인 생존양식이기 때문이라는 것입니다. 우리는 이미 자기의 소유물로서 자신의 가치와 정체성 그리고 더 나아가 자신의 존재를 증명하는 데 익숙해져 있습니다. 이러한 경우 '나는 무엇을 가지고 있다' 라는 말은 궁극적으로 어떤 대상의 소유를 통해 자신의 존재를 드러내려는 것이므로, 주체는 이미 '내 자신' 이 아니라 '내가 가진 것' 이 됩니다. 바로 여기에서 자아상실, 존재상실이 발생합니다.

그런데 내가 가진 것은 파괴될 수도 있고 잃어버릴 수도 있으며, 또 그 가치가 없어질 수도 있습니다. 그것이 무엇이든 내가 어떤 물건을 소유하고 지배하는 것은 삶의 한순간에 불과합니다. 그럼에도 이렇듯 소유양식으로 삶을 경험하는 사람들은 같은 이유에서 오히려 소유에 더욱 집착하게 되는 악순환에 빠집니다. 이것이 프롬이 말하는 현대인의 정신병리적 현상입니다.

이러한 사람들은 더 많이 소유하면 할수록 그의 존재가 확실해지기 때문에 필연적으로 점점 더 탐욕스러워집니다. 그 결과 재산이든 배우자든 아니면 자식이든 비록 한 가지라도 진정 사랑하길 바라지 않고 보다 많은 재산, 보다 많은 애인, 보다 많은 자식을 소유하길 바랍니다. 나아가 지식, 관념, 건강이나 질병, 심지어는 신神까지도 소유하는 것으로 체험한다고 프롬은 주장하였습니다.

프롬의 이러한 주장은 현대 정신분석학의 시조인 지그문트 프로이드에서부터 이미 시작되었습니다. 그도 인간의 지나친 소유욕을 일종의 정신병적 증세로 보았습니다. 무조건 물건을 차지하려는 소유집착형 성격은 항문애Anal Erotic와 연관된다는 것입니다. 프로이드에 의하면, 인간은 유아시절 수동적 수용단계를 거치고, 그 뒤에 공격적이고 착취적인 수용단계가 지난 후 항문애기Anal Erotic Phase라는 강한 소유욕의 단계를 지나게 됩니다. 그런데 이 단계가 한 사람의 성장과정에서 지속적으로 남으면 항문애적 성격Anal Erotic Character이라는 병적 성격을 형성하게 된다는 것입니다. 이러한 강한 소유욕을 지닌 항문애적 성격의 사람은 신경증 환자이며 정신적으로 병든 사람입니다.

프로이드는 이러한 자신의 주장을 뒷받침하기 위해 몇 가지 근거를 제시했는데, 그 중 매우 흥미로운 점은 돈과 배설물 그리고 탐욕과 배변 콤플렉스 사이의 연관관계입니다. 그는 그의 논문에서 다음과 같이 주장했습니다.

돈에 집착하는 콤플렉스와 배변 콤플렉스를 결합시키는 것은 무척 어울리지 않아 보이지만 가장 광범위하게 나타난다. 정신분석을 해본 의사들은 누구나 알고 있다. 그들은 신경증 환자들의 습관성 변비라고 일컬어지는 가장 치료하기 힘들고 오래된 증상이 이 치료법으로 고쳐질 수 있다는 것을 안다. 그 기능이 최면적 암시에도 마찬가지로 쉽게 따르는 것으로 나타나는 것을 상기하면 이 점은 그다지 놀랍지 않다. 그러나 정신분석에서는 환자의 돈에 대한 콤플렉스를 다루어 그와 연관된 모든 것을 의식 밖으로 끌어내려고 유도해야만 이 결과를 얻을 수 있다. 돈에 너무 철저하게 집착하는 사람을 더럽다느니 상스럽다고 생각할 수 있다. 그러나 이 설명은 너무 피상적일 것이다. 실제로 사고의 고대 형태가 지배적이었거나 고수되었던 곳에서는—고대 문명사회, 신화, 미신, 무의식적인 생각, 꿈, 신경증에서—언제나 돈은 더러움과 가장 밀접한 관계가 있다. …… 사실 고대 바빌론의 교리에 따르면 황금은 '지옥의 똥'이다. 그러므로 언어의 용법, 신경증도 마찬가지로 원래의 함축적 의미로 단어를 취하고 있으며, 어떤 단어를 비유적으로 사용하는 듯이 보일 때 대개는 단지 그 언어의 옛 의미를 되찾고 있는 것뿐이다.

이에 대해 프롬도 그의 저서 『존재의 기술』에서 아래와 같이 부연 설명하였습니다. 황금은 똥뿐만 아니라 죽음과도 관련 있다는 것입니다. "몇 마디 해석을 해야 할 필요성이 보입니다. 황금은 '지옥의 똥'이라는 바빌론적 관념에서, 그 연관은 황금, 똥, 죽음 간에 이루어진 것이라는 점입니다. 죽은 자들의 세계인 지옥에서는 가장 가치 있는 물건이 똥이며, 이것은 돈, 더러움, 죽은 자가 같은 개념이라는 결론에 이른다"라며 소유에 대한 탐욕이란 죽음과 연결되는 열정적 욕망으로서 정신병적 증후군이라는 것입니다. 이렇듯 심리적 지향이 온통 소유욕뿐인 사람은 무조건 아끼고 도통 쓰지를 않아 그것들을 지키려는 데 대부분의 힘을 쏟는다면서, 이러한 사람들의 심리에 대해 이렇게 묘사했습니다.

그는 자신을 요새 같은 것으로 생각하여 아무 것도 새어나가서는 안 되고, 절대로 필요한 것 이상을 써서는 안 된다고 여긴다. …… 거의 아무 것도 지출하지 않으려고 맛있는 음식이나 좋은 옷, 편안한 집 같은 삶의 온갖 즐거움을 자신에게 허락하지 않는 사람도 많다. 보통 사람들은 왜 온갖 즐거움을 거부해야 하는지 이해하지 못할 것이다. 그러나 이것이 실제로는 사실이 아니라는 것을 잊지 말자. 이 수전노는 바로 소유경험에서 가장 큰 즐거움을 발견한다. 소유한다는 것은 그에게 아름다움이나 사랑 또는 그 어떤 감각적·지적 즐거움보다 더 달콤한 즐거움인 것이다.

프롬은 자동차 기업의 설립자인 헨리 포드를 예로 들었습니다. 그는 양말을 더 이상 꿰맬 수 없을 때까지 신었는데 아내가 가게에서 새 양말을 살까봐 자동차 안에서 양말을 갈아신었고, 더 이상 꿰맬 수 없을 정도로 낡은 양말은 길거리에 버렸다는 것입니다. 이처럼 소유지향적인 성격의 사람들은 대부분 물건뿐만 아니라 힘이나 감정, 생각, 시간 등 그가 소유할 수 있는 것이면 무엇이든지 아끼려는 정열에 사로잡혀 있다고 합니다. 심지어 성생활에서도 건강을 목적으로만 성교를 한다는 것입니다. 이들은 대부분 정액을 아끼기 위해 그 횟수를 조절하는데, 상당수 남자들이 이 때문에 발기불능이라고 합니다.

여기에서 한번 생각해봅시다! 인간의 본성이 탐욕적이라는 사실을 인정한다고 해도 이 같은 병적 소유욕이란 인간이 본래부터 갖고 태어나는 어떤 것이 아닙니다. 그것은 어떤 외적 요인에 의해 생겨난 것이 분명합니다. 그렇다면 그것이 과연 무엇일까요?

탐욕을 강요하는 사회 :

현대인이 병적 소유욕이 지난 2~3세기 동안에 더욱 급격히 자라나게 한 이유는 다분히 사회적이며, 그것이 자본주의의 본질과 결코 무관하지 않다는 것을 주목해야 합니다. 일찍이 막스 베버가 그의 『프로테스탄트 윤리와 자본주의 정신』에서 지적한 대로 자본주의의 본질을 한마디로 정리한다면, "체계적인 이윤추구의 정당화"입니다. 따라서 그것의 윤리는 "돈을 벌고 더욱더 많이 버는 것"입니다. 그럼으로써 사람들은 돈벌이를 자신의 물질적 생활의 욕구를 만족시키기 위한 수단이 아니라 삶의 목적 자체로 여기게 되었습니다.

바로 이것이 우리를 병적 소유욕으로 몰아가는 외적 요건입니다. 이를 겨냥해 마르크스는 그의 저서 『경제와 철학 원고』에 다음과 같은 매우 흥미로운 말을 남겼습니다.

돈이라는 수단을 통해서 나를 위해 존재하는 것, 내가 돈으로 살 수 있는 것, 그것이 바로 그 돈의 소유자인 나의 것이다. 나의 힘은 내가 가진 돈의 힘만큼 크다. 돈의 속성은 내 자신의 속성이자 능력이다. …… 나는 못생겼지만, 나는 가장 아름다운 여자를 사 가질 수 있다. …… 내가 혐오스럽고 치욕스럽고 파렴치하고 어리석은 사람이라 할지라도 돈은 존경받으며 돈의 소유자도 존경받는다. 돈은 최고로 좋은 것이며, 돈을 가진 사람도 그러하다. 게다가 돈은 내가 부정직한 사람이 될 수 있는 곤란함을 면하게 해준다. 그러므로 나는 정직하다고 인정도 받는다. 내가 어리석어도 돈이 만물을 움직이는 진짜 머리이니 돈을 가진 사람이 어찌 어리석을 수 있겠는가? …… 인간이 열망하는 모든 것을 돈으로 살 수 있으니 나는 인간의 모든 능력을 소유한 것이 아닌가? 그러므로 내 돈은 나의 모든 무능력을 능력으로 바꾸어주지 않는가?

자본주의 사회는 이 힘을 바탕으로 하고 있습니다. 자본주의는 인간사회에 존재하는 다양하고 숭고한 가치들을 단 하나의 가치 곧 화폐가치로 환원시키는 것이 정당화되는 체제입니다. 자본주의 사회에서는 의사나 법률가도 교사나 성직자도 시인이나 학자도 단순한 임금노동자일 뿐이며, 모든 인간관계, 심지어는 가족관계 속에서도 경제력이 힘을 미칩니다. 그래서 마르크스는 『공산당 선언』에서 냉소적으로 비판했습니다.

부르주아지는 역사상 가장 혁명적인 역할을 수행했다. 부르주아지는 인간과 인간 사이에 …… 적나라한 이해관계, 냉정한 현금 계산 외에는 그 어느 것도 남겨두지 않았다. …… 인격의 가치를 교환의 가치로 해소시켜버렸고, 스스로의 힘으로 쟁취했던 무수한 자유를 그 어떤 것으로부터도 방해받지 않는 단 하나의 파렴치한 상업적 자유로 바꾸어버렸다. …… 부르주아지는 가족관계 위에 드리워진 그 감동적인 감상의 포장을 찢어버리고, 그것을 순전히 금전관계로 만들어버렸다.

이러한 사회에서 인간은 소유욕에서 벗어나길 바라기는커녕 오히려 기꺼이 탐욕스러워지길 바라게 되기 마련입니다. 이것이 오늘날 자본주의 사회에서 사는 우리가 겪는 탐욕의 사회적 강요입니다.

그나마 초기 자본주의 사회에서는 상황이 그리 악화되지 않았습니다. 초기 자본주의 사회에서 요구되었던 것은 사회의 생산조건을 확립하는 것이었고, 이 시기에 국가는 경제발전을 추진하는 데 박차를 가하였습니다. 또한 그것을 위해 노동자들에게는 산업노동에 필요한 규범으로서 성실, 근면, 절제, 시간엄수와 같은 노동윤리를 가르쳐야 했습니다. 그리고 이러한 모든 것들이 청교도적 금욕주의로 무장된 프로테스탄티즘 윤리에 의해 고무되고 또한 성공리에 진척되었습니다.

청교도 정신의 영향 아래에 있었던 초기 자본주의자들은 재산의 유무와 관계없이 근면하게 일해야 했으며, 그 재화를 신과 공익을 위해서 써야지 자신의 쾌락을 위해 사용할 수 없었던 것입니다. 이것이 초기 자본주의를 건전하게 했던 도덕적 기반이었습니다. 베버는 그의 『프로테스탄트 윤리와 자본주의 정신』에서 이러한 내용을 아래와 같이 쓰고 있습니다.

우리가 여기에 퓨리터니즘영국 청교도 정신의 영향을 모두 논의할 수는 없으나, 다음 한 가지 사실만큼은 분명히 해야 한다. …… 달리 말하자면 쾌락을 위해서는 어떠한 지출도 하지 말아야 한다는 점이다. 인간은 신의 은총으로 그에게 주어진 재화의 관리인일 뿐이며 성서에 나오는 종처럼 단 한 푼의 위탁된 돈이라도 보고를 올려야 하며, 그 중 얼마든 신의 영광을 위해서가 아닌 자신의 쾌락을 위해서 지출하는 것은 위험한 일이다.

그러나 세월이 흐르면서 프로테스탄티즘 자체에 금욕주의가 사라졌듯이 자본주의에도 금욕주의적 윤리는 사라졌습니다. 더욱이 초기 자본주의에 의해 마련된 생산시스템이 완전히 가동하기 시작하자 사정은 더욱 악화되고 말았습니다. 생산체계가 이미 완비되고, 과학기술의 눈부신 발전에 의해 생산성이 끊임없이 증가하고 있었기 때문에 소비만이 자본주의라는 체제를 유지할 수 있는 유일한 길이 된 시대가 도래한 것입니다.

이것이 바로 20세기 중, 후반부터 시작된 후기자본주의 시대입니다. 그리고 이때부터 사회적으로 탐욕을 강요하기 시작하였습니다. 후기자본주의 사회는 경제적 요구가 생산에서 소비 쪽으로 기울어짐에 따라 삶의 질을 높인다는 명분 아래, 노동의 윤리를 대신하여 소비와 여가의 윤리를 강요하였습니다. 소비물질주의가 시작된 것입니다. 그리고 대두된 화두가 욕망입니다.

오늘날 욕망은 모든 유행과 상품광고의 유일무이한 공략지이자 그 본질로서, 헤게모니 장악의 확실한 도구로 자리잡았습니다. 후기 자본주의는 그 체제를 유지하기 위해 소비를 촉진시켜야만 하는데 이를 위해 정치적, 경제적, 문화적 수단을 총동원하여 인간의 욕망을 부추기는 것입니다. 정치인들은 소비를 애국으로 포장하고, 기업인들은 상품을 문화화하여 상품의 질보다는 디자인과 예술적 취향 제고에 더 힘을 쏟습니다. 즉 유행과 광고를 통해 인간의 원초적 욕망을 부추기고 있습니다.

후기 자본주의적 관점에서 보면, 유행은 생산자와 소비자 모두에게 유익한 것처럼 보입니다. 자본가들은 지속적으로 이윤을 추구하기 위해서는 아직 사용가치가 남아 있는 물건들도 새 상품을 위하여 폐기처분하도록 하는 통로가 필요한데 유행이 바로 그 역할을 훌륭히 수행하기 때문입니다. 또한 소비자는 유행을 통해 새 상품을 구매함으로써 소유와 소비를 통해 자아실현이라는 쾌감을 맛볼 수 있기 때문입니다.

그러나 비판적 시각에서 보면 '유행'이란 끊임없이 제품을 생산해내야 하는 대기업의 생산 메커니즘과 소비를 함으로써 자신의 존재를 확인하는 소비 이데올로기가 한데 어울려 창출되는 것으로 후기 자본주의의 자체생존방식에 불과합니다.

광고도 마찬가지입니다. 전통적 의미에서 광고란 상품이 얼마나 가치있고 유용한가, 즉 상품에 대한 정보와 평가를 소비자에게 제공하는 것이었습니다. 하지만 광고가 대중문화에 의해 주도되는 지금은 광고가 상품의 내용이나 그것의 질적 가치보다는 상품 자체의 미적, 감각적 이미지 표현에 더 많은 관심을 쏟습니다. 상품미商品美와 이미지를 극대화하는 것이 욕구를 욕망으로 바꾸어야 하는 소비물질주의에 합당한 광고전략이기 때문입니다.

이러한 광고는 가상적인 쾌락과 행복으로 인간을 뒤덮고, 왜곡된 욕망의 정당화를 각자 자기 식대로 형성하게 합니다. 그 결과 개인은 점점 상품에 효용이나 질에 대한 지식보다는 세련된 감성과 감각으로 승부하는 탐미적 인간이 되어갑니다. 그리고 사회는 이러한 광고의 요구에 민감하게 대응하며 더 많은 상품을 소비하는 개인일수록 자신의 가치를 빈번히 그리고 높게 확인하는 식으로 발전합니다. 이로써 소비와 향락적 삶의 추구는 현대인의 미덕이 되었고, 절제와 성찰적 삶은 세련되지 못하고 고리타분한 인간의 변명이 된 것입니다.

하지만 이 모든 것은 후기자본주의가 만들어낸 환상에 불과합니다. 거대한 수퍼마켓이 되어버린 소비사회에서 인간은 소유와 소비를 부추기는 왜곡된 쾌락원칙에 사로잡혀 열광적이고 만족스러운 상품소비자가 됨으로써, 사실인 즉 자아와 자신의 존재를 상실해가는 것입니다. 광고와 유행은 소비자로 하여금 내적으로는 탐욕을 충동질하고 외적으로는 선망과 질투를 불러일으킴으로써 이기적인 욕망을 즉각 실현하도록 추궁합니다. 만일 그렇지 못할 경우 불행하다거나 비참하다는 생각을 갖게 함으로써 인간을 총체적인 타락과 파멸의 길로 몰아갑니다. 그렇다면 어떻게 해야 할까요?

대전환 :

프롬은 인간의 삶의 양식을 소유양식에서 존재양식으로 바꾸는 대전환만이 탐욕적으로 흐르는 우리의 삶과 현대사회를 파국으로부터 구해내기 위한 전제조건이라고 주장했습니다. 프롬이 말하는 존재양식이란 무엇을 소유하고 집착하며 그것을 속박하고 그것에 속박당하는 것이 아니라, 언제나 자유롭고 변화를 두려워하지 않으며 상호관계 속에서 대상을 파악하고, 타자와 주고받으며 함께 나누고 관심을 갖는 긍정적인 삶입니다.

이러한 삶의 양식을 갖는다는 것은, 프롬의 표현으로는 "삶의 무도회the Dance of Life"에 참석하는 것입니다. 이러한 삶에는 굳이 소유할 필요가 없으므로 탐욕과 소유 상실에 대한 공포가 없으며, 타인에 대한 시기와 적대적 경쟁관계도 자연히 없어지고, 자연에 대한 지배와 정복도 그만큼 불필요하게 된다는 것입니다.

그렇다면 프롬이 "삶의 무도회"라고 표현한 존재양식이란 아우구스티누스의 향유에 대한 다른 표현이고, 소유양식이란 아우구스티누스가 말하는 이용의 다른 이름일 뿐입니다. 따라서 프롬은 정신의학적으로 보면 소유양식에서 존재양식으로 변하는 것은 불안에서 안정으로, 타인에 대한 적의에서 연대로 바뀌는 지름길이라 했습니다. 그리고 바로 이것이 일찍이 부처와 예수, 마이스터 에크하르트와 카를 마르크스가 인류에게 가르쳤던 지혜라고도 주장했습니다.

그런데 여기에서 한 가지 의문이 생길 수 있습니다. 그렇게 살아도 우리가 행복할 수 있느냐는 것입니다. 이 질문은 사실상 지난 수천 년간 모든 도덕적 그리고 종교적 교훈이 공통적으로 가진 아킬레스건입니다. 존재양식으로서의 삶이 아무리 그렇듯 하다 해도, 그것이 소유양식으로서의 삶이 우리에게 약속한 물질적 풍요만큼 우리를 행복하게 하지 못한다면 전환은 불가능하기 때문입니다. 한마디로, 샤를르 페기가 칸트의 도덕률에 대해 했던 "그것은 숭고한 손을 갖고 있습니다. 그러나 그것에는 손이 없다"라는 말이 여기에도 똑같이 적용된다는 말입니다.

이에 대해 호주 출신의 실천윤리학자 피터 싱어는 다음과 같이 쉽고도 평이하게 대답했습니다.

"문제는 행복한 삶에 대한 우리의 생각이 '소비의 증대'에 의존해 있다는 사실에 있습니다. 저명한 하버드 경제학자 J. K. 갤브레이스가 1958년 『풍요한 사회』를 발간했을 때만 해도 아무도 이 책이 미국의 상황을 잘 묘사하고 있다는 사실을 의심하지 않았습니다. 그리고 역시 누구도 그 책에서 그리고 있는 미국의 모습 곧 풍요의 정점에 도달한 모습의 문제점을 보지 못했습니다.

미국은 그때 이래로 물질의 관점에서 본다면, 즉 25년 전보다 훨씬 풍요로워졌습니다. 80년대 초반에 이르러 개인을 기준으로 5배 많은 에어컨과 4배나 많은 의류건조기 그리고 7배나 많은 식기세척기를 보유하게 되었습니다. 1960년만 해도 미국인의 1퍼센트만이 컬러 TV를 보유했는데, 1987년 이 비율은 93퍼센트로 증가했습니다. …… (그러나 문제는) 이 같은 물질적인 풍요의 극적인 증가에도 불구하고 사람들은 더 풍요롭다거나 행복하다고 느끼지 않습니다.

시카고대학의 국민여론 연구센터는 수년간에 걸쳐 미국인들에게 얼마나 행복한가를 조사해왔습니다. 1950년대 이래로 지금까지 '대단히 행복하다'고 답변한 사람들은 1/3 정도를 넘나들고 있습니다. 왜 사람들은 물질적 풍요의 증가에 따라 행복해하지 않을까요? …… 나이지리아인과 서독인, 필리핀 사람과 일본 사람을 비교해보면 엄청난 부의 차이가 있습니다. 그럼에도 불구하고 자신이 얼마만큼 행복한가에 대한 평가에 대해서는 별다른 차이를 보이지 않습니다. R. A. 이스터린 교수는 부와 행복의 관계에 대해 국가간의 비교연구를 수행했습니다. 그가 내린 결론은 한마디로 둘 사이에는 아무 상관관계가 없다는 것이었습니다.

그것은 또한 우리가 자기 이익에 대해 가져온 생각을 바꾸어야 한다는 이유이기도 합니다. 수세기 동안 서구사회는 풍요한 물질이라는 성배로부터 만족을 찾으려고 노력해왔습니다. 그런 노력은 참으로 흥미로웠던 것입니다. 우리는 실제로 가치 있는 많은 것을 발견할 수 있었습니다. 그러나 불행히도 우리는 그 밖의 다른 목적이 있을 수 있다는 것을 잊고 말았습니다. 다른 사람보다 부유하게 된다는 것, 그전보다 더 부자가 된다는 것 이외에 우리가 살아가는 목적은 무엇일까요?

물질적인 성공이라는 관점에서 볼 때, 성공한 사람들 중 많은 이들이 일단 목적을 이루고 나면 자신들이 그토록 얻고자 노력해왔던 것들이 더 이상 매력적이지 않음을 깨닫게 됩니다. …… 물질적인 부를 통한 행복추구는 착각에 토대를 두고 있습니다. 따라서 진정한 자기이익이라는 점에서 생각해볼 때, 행복한 삶에 대한 우리의 생각을 바꾸어야 할 이유는 충분합니다.

이 말에 동의하나요? 만일 동의할 수 있다면, 당신은 적어도 삶의 방식을 소유양식에서 존재양식으로 전환할 최소한의 준비가 되어 있는 것입니다. 하지만 만일 그렇지 않다면, 날이 새면 아무 것도 가져갈 수 없는 파티에 '웬일인지' 당신이 초대되었다고 가정하고 다시 한번 생각해봅시다. 삶이라는 이 황홀한 파티를 향유할 것인가, 아니면 이용할 것인가? 어찌할 것인가? 다시 한번 생각해봅시다.

우리가 지배관계와 권력관계의 포로이고, 지식과 편견의 포로일 수 있다는 것은 거의 확실합니다. 그러나 푸코는 우리가 우리 자신으로부터 해방될 여지가 아직도 있다고 말하는 것 같습니다. 이는 우리가 우리 자신의 노예라는 것을 의미합니다. 그런데 이것이 의미하는 바는 무엇일까요? 그것은 우선 우리가 우리 자신의 포로이기보다는 우리가 우리 자신과 맺는 관계구축방식의 포로임을 의미합니다. 일상적인 자기개혁의 노력을 예로 들어봅시다. 나는 타인들과 맺는 이러저러한 관계에 진저리가 나고, 그들과의 관계에서 나의 비겁함에 진저리가 나고, 결국 타인과의 관계에서 나의 처신방식에 염증을 느끼며, 어떤 공포나 욕망을 극복할 수 없는 상황에 처할 수 있습니다. 요컨대, 내가 내 자신에 대해 더 이상 참을 수 없는 상황을 가정할 수 있습니다. 이 상황으로부터 벗어나기 위해 나는 분명히 푸코가 '자기 기술' la Technique de Soi이라 부르는 다수의 기술에 호소하게 될 것입니다. 그러나 오늘날 이 기술들은 사실상 심리학적 테크닉, 자기 인식의 테크닉과 같은 것으로 극도로 제한되어 있습니다. 그래서 사람들은 자기 자신이 누구인지를 잘 알고, 자신의 심층적인 성격이 무엇인지를 잘 파악하고, 자신의 숨겨진 정체성의 문제가 무엇인지를 잘 파악할 수 있을 때, 비로소 자기 자신을 변형시키고 향상시킬 수 있다고 생각할 것입니다. 그러나 푸코는 『주체의 해석학』과 『성의 역사』를 비롯한 말기 연구를 통해 고대의 자기 기술들, 특히 스토아주의와 에피쿠로스주의의 자기 기술들을 연구하면서 고대인들이 '나는 누구인가?' 라는 오이디푸스적인 질문을 결코 던지지 않았다는 사실을 발견해냅니다. 고대인들이 자기 자신에게 가해야 할 노력이 있었다면, 그것은 결코 '자기 인식' 의 작업이 아니었다는 말입니다. 고대의 윤리적 주체가 제기하는 문제는 오히려 '나는 나를 무엇으로 만들어야 하는가?' 였습니다. 그것은 발견해야 할 정체성의 문제가 아니라 실천해야 할 행동의 문제였습니다. 고대에 자기와 자기를 분리시키는 것은 '인식' 의 거리가 아니라 '현재의 자기' 와 완성해야 할 '생이라는 작품' 사이의 거리였다는 점을 푸코는 강조합니다. 고대 주체의 문제는 자기를 인식하는 데 있는 것이 아니라 자기의 삶을 작품의 재료로 간주하는 데 있었습니다. 푸코는 이를 일컬어 '실존의 미학' l'esthetique de l'existence이라 명명했고, 그것은 주체가 자기 자신을 인식하려 노력하는 것이 아니라, 숙고된 규칙에 따라 자신의 생을 구축하고, 자기 실존의 근간 내에서 일정한 행동원리들을 보여주려 하는 것입니다. 푸코는 지배적인 심리학이나 정신분석학적 테크닉과 '나는 누구인가?' 와 같은 오이디푸스적인 탐색으로부터 우리를 해방시키려 합니다. 실제로 실존의 테크닉은 다수입니다. 우리는 그것들을 발명해내야 합니다. 따라서 중요한 것은 우리 자신을 해석을 통해 재발견하는 것이 아니라, 우리 자신을 만들어내는 일입니다.

많은 사람들이 타자의 해방에만 골몰할 때 자기 자신으로부터의 해방을 피력하며 푸코가 재발견한 실존의 미학과 관련해 많은 비평가들은 푸코가 정치적 영역과 권력비판의 장을 포기하고 개인적인 윤리의 장으로 피신했다고 주장했었습니다. 그러나 푸코가 정치영역으로부터 윤리영역으로 이행하고 권력의 메커니즘과 통치의 절차들에 집중된 일련의 역사적 연구로부터 주체화의 테크닉을 중심으로 전개되는 주체화 절차에 대한 연구로 이행한 것은 위와 같은 단순한 피신의 문제와는 전혀 관련이 없습니다. 이 점을 정확히 평가하기 위해서는 1976년부터 1984년까지의 텍스트 전반을 검토해야 할 것입니다. 또 이 이행을 단절이나 포기로 생각하면 얻을 것이 하나도 없다는 것이 필자의 생각입니다. 푸코는 생의 황혼기에 정치의 막다른 골목 앞에서 절망하며, 그 출구로서 윤리의 장을 열려고 시도한 철학자가 아니었습니다. 그는 집단적·정치적 목표들에 환멸을 느껴 자기 자신의 내면세계로 퇴각해 어쩔 수 없이 개인생활의 세심한 연출을 통해 해결책을 발견한 철학자도 아니었습니다. 말기에 푸코가 시도한 자기테크닉에 관한 일련의 연구가 동성애자, 여성, 소수민 등을 위한 새로운 형식의 투쟁을 명확히 현시하고 또 지속하고 있다는 사실을 유념할 필요가 있습니다.

　푸코는 자기와 자기와의 관계에서만 권력에 대한 궁극적인 저항이 가능하다고 주장합니다. 푸코는 윤리를 정치의 포기 속에서가 아니라, 정치와의 팽팽한 긴장관계 속에서 성찰하고 있기 때문에 이 같은 주장은 대단히 중요합니다. 따라서 이 같은 투쟁의 심층부에 관심을 기울일 필요가 있습니다. 그렇지 않으면 우리는 곧장 오해에 빠질 것입니다. 이 맥락을 제거하면, 고대의 자기배려형식들에 대한 역사적 연구는 현대의 천박한 쾌락주의나 단순한 삶의 행복이나 오늘날 우리 사회에서 소위 웰빙이라 불리는 바에 대한 어리석은 호소와 혼동될 것입니다. 푸코는 자기 자신에게 해야 하는 배려·경배·통제를 환기시키킵니다. 그러나 푸코는 결코 고대의 지혜로 되돌아갈 것을 제안하거나, 영성훈련들의 치료적 효력을 과장하지 않습니다. 푸코가 제안하는 것은 행복의 기술이 아닙니다. 결국 내적 만족의 원천을 발견하는 것이 중요한 게 아니라, 주체성에 대한 역사적 탐구가 주요 관건입니다. 푸코는 이러한 역사적 연구를 통해 차이와 거리를 도입함으로써, 사람들이 너무 쉽게 받아들이는 주체의 정체성을 해체하여 재창조하려 시도합니다. 푸코는 '주체의 해석학'에서 고대의 주체화 방식을 기술하면서 근대의 주체화 방식의 역사성과 불안정성을 폭로합니다. 푸코는 고대철학을 통해 우리에게 차이와 낯섦의 효과들을 발생시키려 했습니다. 고대 철학자들의 언표들에 입각해 상이한 주체성의 모태들을 복원함으로써 푸코는 근대주체에 대한 철저한 문제제기를 합니다. 그래서 푸코는 우리가 주체로서 우리자신과 맺는 가장 비역사적으로 보이는 관계방식의 역사성을 증명함으로써 우리를 우리 자신의 이방인으로 만들어버립니다. 푸코는 역사적 불안정 속에 몰아넣어 동요시키고 일시적인 것으로 만들어버립니다. 이것은 정치적인 문제임이 확실합니다. 그리고 이것은 오늘날 투쟁이 정치적 지배에 대한 저항이나 경제적 착취로부터의 해방만이 아니라 정체성의 예속에 항거하는 투쟁임을 명확히 보여줍니다. 따라서 오늘날 혁명을 말하는 것이 아직도 시의 적절하다면, 그것은 윤리적 혁명이 가장 장래성이 있다는 한에서일 것입니다.

푸코는 철학을 실천하는 독특한 양식을 창조해냈습니다. 우리는 이 점을 그의 저서, 정치적 참여, 강의 등 그의 다양한 실천을 통해 확인할 수 있습니다. 그의 철학적 실천의 특수성은 철학적 실천이 담론의 가치나 인식의 가치만을 지니는 것이 아니라, 행동의 가치를 지녀야 한다는 점을 강조하는 데서 찾을 수 있습니다. 이 행동은 우리들 각자가 처한 당면 문제와 관련됩니다. 따라서 한편으로 우리의 현실태를 파악하는 것과, 다른 한편으로는, 이 현실태와 절연하는 것이 중요합니다. 달리 말하면 이 현실태의 수동적 반복을 중단하고 새로운 삶의 가능성을 창조하고 그것을 사는 것이 관건이라는 말입니다. 푸코는 우리의 현실태들 파악하기 위해 두 도구를 제시합니다. 한편으로는 우리가 지극히 자연스럽고 자명하게 생각하는 장소인 사유체계의 현실태를 달리 파악할 수 있는 고고학이라는 도구가 있고, 다른 한편으로는 우리를 지배하는 권력체계의 현실태를 파악할 수 있게 해주는 계보학이라는 도구가 있습니다. 고고학적 현실태는 인간과학의 현실태이고, 계보학적 현실태는 권력, 규범의 현실태입니다. 결국 이 수치스러운 현실태로부터 우리 자신을 해방시키는 것이 문제입니다. 이러한 해방의 문제를 통해 푸코는 윤리의 문제에 접근합니다. 윤리가 필요한데, 그 이유는 자기 자신의 무엇인가를 해방하는 것이 중요한 것이 아니라, 자기로부터 무엇인가 새로운 것을 생산해내는 것이 관건이기 때문입니다. 해방·억압의 이분법에 기초한 억압적 가설은 지배적 지식과 권력이 우리에게 강요하는 수치스러운 현실태의 승인과 수용을 전제합니다.

그러므로 푸코의 문제는 해방의 문제가 아니라 자기 배려와 실천에 입각해 수치스럽지 않고 살 만한 자기를 생산하는 절차와 실천의 문제입니다. 우리는 이것이 어떤 의미에서의 생산인지, 어떤 기준에 입각한 생산인지에 대해 자문해야 할 것입니다. 바로 이 점과 관련해 푸코는 배려^{souci}개념을 도입합니다. 즉 푸코는 담론과 권력행사, 자기와 자기, 자기와 타인의 관계 속에 배려개념을 도입합니다. 그리고 이 배려의 조절이 자기 생산을 윤리적 생산으로 만듭니다. 결론적으로 푸코는 행동철학을 제안하고 있고, 이 행동은 판별하여, 배려에 입각해 자기를 생산해의 메커니즘과 양식들을 달리 분석하여, 새로운 삶의 가능성을 실험하고 창조하는 것이야말로 푸코가 그의 말기의 사유를 통해 우리에게 외치는 것은 아닐까요?

철학과 삶

사이먼 블랙번(케임브리지대학 철학과 교수) | 번역 ▪ 박용준

철학은 우리로 하여금 더 나은 삶을 살 수 있게 할까요? 나는 철학을 전통적으로 관습화되어 나에게 형성된, 일종의 '개념공학'이라고 부릅니다. 기술자는 우리가 필요로 하는 건물이나 교각 같은 물리적인 구조물을 고안합니다. 그는 이전의 고안물들을 비판하기도 하고, 작업을 더 잘하는 방법에 대해 생각하기도 합니다. 철학자는 우리의 사고구조에 대해 생각합니다. 예를 들어 우리의 사고방식, 우리가 이끌어내는 추론, 우리가 결과적으로 가지는 믿음 등에 대해서 말입니다. 그는 또한 이러한 방법들을 비판할지도 모릅니다. 그리고는 일을 잘하는 방법을 제안할지도.

이러한 것들은 마치 대학 내 소수의 사람만이 철학자인 것처럼 만들어버릴지도 모르겠습니다. 하지만 실은 아주 많은 수의, 아니 거의 모든 사람들이 철학자가 말하는 그런 지적 구조 속에서 살아갑니다. 사람들은 권리, 자유, 정부, 본성, 정의, 옳고 그름, 섭리, 운명, 삶의 의미와 같은 것들에 대한 생각을 가지고 있으며, 아마 모든 이들이 이러한 관념들을 곰곰이 생각하기도 하고 그것이 어디서 비롯되었는지 의문을 품기도 하며 또 그것이 어떻게 작용^{작동}하는지에 대해 어느 정도의 시간을 투자하여 생각합니다. 이것은 곧 우리 모두가 철학자임을 뜻합니다. 그렇게 생각하는 그 시간만큼은.

 그럼에도 불구하고 인생의 많은 일들은 대부분 생각 없이 흘러갑니다. 우리는 스스로 행동하고 또 생각하는 방식으로 자라나는데 그것들에 대해 스스로 문제 삼지는 않습니다. 아마도 우리는 그러한 방식이 도전을 받거나, 세상이 변해서 그러한 방식이 더 이상 잘 적용되지 않을 때에만 그것들에 대해 다시금 생각해볼 것입니다. 철학자들의 목소리가 들리는 바로 이 순간은 스트레스의 시간들 속을 의미합니다. 유럽에서 그러한 스트레스의 시간이 있었습니다. 구시대의 정치구조와 종교의 권위가 민주화와 과학의 발전에 그 자리를 내어 주었던 시간들. 그것이 바로 우리가 '계몽Enlightenment' 이라고 부르는 것에 의해 제공된 스트레스의 순간들이라 할 수 있습니다. 이런 변화들에 반응하는 철학은 비종교적이고 경험적이며 과학적이었습니다. 지적·정치적 두 세계 모두에서 철학은 매우 자유로웠고 민주적이었습니다. 그들은 서구 현대사회의 출현에 밑바탕이 되었고, 여전히 선진국들의 지배적인 세계관을 형성하고 있습니다.

 어떤 이들은 철학이 대체되어야 할 시기가 되었다고 말합니다. 이런 사상가들은 미국과 중동에서의 근본주의를 알기 쉬운 예로 들면서 종교의 격렬한 목소리들을 지적하는데, 이렇게 철학자들은 이런 불합리한 현상들에 대해서 염려합니다. 이것은 종교나 현혹적인 독단주의의 목소리들을 찾는 사람들의 잘못이 아닙니다. 아마도 이러한 불합리비이성는 경제적으로 불공정한 세계질서나 권력의 오용 그리고 정부나 국가에 의한 영향력 등에 대한 당연한 반응이라 할 만합니다. 그러나 철학자에게는 이성합리성에의 의무가 있으며, 편협한 사고, 편견들, 증오심 등을 양산한 독단주의와 맹목적인 믿음들의 부활에 대해 팔짱끼고 지켜볼 수만은 없습니다.

 18세기의 위대한 스코틀랜드 철학자 데이비드 흄은 인간이 판단을 하는 데 생길 수 있는 오류가능성과 인간세계에 대한 증명이나 확실성 또는 객관성을 발견하는 데 있어서의 어려움에 대한 온건한 인식을 뜻하는 '완화된 회의주의 Mitigated Scepticism' 를 주장합니다. 그는 우리의 일상적 경험과 인간본성이 완전한 회의주의에 대해 항상 승리할 수 있다고 생각했지, 이러한 반성_{오류가능성 및 객관성 발견의 어려움}이 우리의 판단을 쓸모없게 만든다고는 생각하지 않았습니다. 그러나 종교와 같이 논쟁적인 영역에서의 인간존재는 너무 쉽게 요상한 의견들이나 절대적인 지도자나 예언자들에게 매료되고, 그러면서 그들 스스로가 독단적이고 분열적인 요소를 내포한 미신이나 광적인 믿음들 속으로 빠져들게 되는 것입니다. 흄은 이렇게 인간을 괴롭히는 어리석음과 악惡으로부터 온건하고도 즐거운 방식으로의 이탈_{벗어남}을 보여주고자 하였던 것입니다.

　서구의 스토아학파나 동양의 불교와 같은 철학들은 보다 더 나아간 의견을 주장합니다. 그들은 보다 강하게 세상으로부터의 물러남을 주장합니다. 그들은 우리가 삶에 대한 무관심, 욕망에 대한 억압, 감정이나 욕망에의 결여나 아파테이아_{무감동, 무감정}에 대한 지각에 길들여지기를 원합니다. 철학적인 현자는 그를 둘러싼 필요나 욕구에 의해 유발되는 고통스런 인간성으로부터 벗어나야만 도달할 수 있는 '자신을 위한 행복_{안위}' 에 대해서 숭고한 의미로서의 무관심을 달성한다는 것입니다. 그러나 나는 이러한 생각을 받아들일 수 없습니다. 우리에게 필수적으로 요구되는 것들과 희망들을 가지는 것과 마찬가지로 우리는 감정과 욕망을 가집니다. 그것은 인간이라는 동물에게는 본질적인 것들입니다. 그리고 우리가 그것들을 진정으로 지배할 수 있다면 우리는 바로 인간 그 이상도 그 이하도 아닌 것입니다. 아마 내가 내 스스로의 행복_{안위}과 삶을 위한 필요조건들에 무관심하다면 그건 매우 우스꽝스러운 일일 것입니다. 그러나 같은 순간에 내가 만약 세상 다른 곳의 가난과 질병에 무관심하다면 나는 악한 것이고, 결코 보다 나은 삶을 살 수 없음을 의미합니다. 흄은 생각하길, 지나친 규율^{수도원의 규칙 같은-옮긴이 주}이나, 금식과 금욕은 전인적 인간에게 가장 쓸모없는 짓이자 그를 둘러싼 것들에 대해 자신의 욕망과 영향력을 부과하기 위한 '통제 중독자'가 사용한 최악의 방법들에 지나지 않는 것들입니다.

때때로 우리의 선택은 종교적인 믿음과 돈이나 소비에 몰두하는 삶을 뜻하는 조야한 물질주의 사이에, 또 예술, 음악, 시, 자연을 음미하는 데 대한 무관심과 삶에서의 보다 상위의 것들에 대한 추구 사이에 놓여 있다고 생각됩니다. 이러한 것들은 전적으로 잘못된 선택이라 할 수 있습니다. 새로 태어난 아기를 보고 있는 한 아이의 엄마는 자신의 인생의 상위의 것^{물질적인 것}들을 놓치고 있는 것이 아니며, 또한 그랜드캐년을 보고 감탄하는 여행자도, 또는 풍경의 아름다움과 밤하늘을 감사하는 평범한 농부도 마찬가지입니다. 시와 음악은 어느 누구의 개인적 자산이 아닙니다. 정부나 민주주의의 사회가 그것들을 모든 이들에게 열려 있는 것으로 만드는 것은 그들에게 주어진 하나의 임무입니다. 이것은 학교에 있어서의 광범위하고 인간적인 조건이자, 최대한의 많은 교육을 목표로 하는 공리주의자들의 한계를 의미하기도 합니다. 모든 인간존재가 무엇이든 즐길 수 있다는 것에 대한 일반적 상식과 우리가 우리의 인생을 잘 사는 방법에 대한 인식은 이미 부유한 경제의 광폭한 팽창만큼 중요합니다. 철학자들은 우리에게 이 세상에 등을 돌릴 것을 충고할 것이 아니라 우리가 최선의 노력을 기울여 그것들을 품어안으라고 이야기해야 합니다.

케임브리지에서, 2006년 겨울

가장 소중한 가치

· 이윤영 ·

여러분은 인생을 살아가는 데 가장 소중한 가치가 무엇이라고 생각합니까? 사랑, 정의, 진실 등일 수도 있고 돈, 명예, 권력, 지위 등일 수도 있습니다. 한 단어로 자신의 삶에서 가장 가치 있는 것을 표현하기 힘들다면, 문장으로도 표현할 수도 있습니다. 그러곤 다시 한 번 되물어봅니다. 과연 그 가치는 내가 가장 중요하게 생각하는 가치일까요? 가장 중요하다고 생각한 가치는, 그것을 위해 살아가는 삶이어야 할 것입니다. 인생에서 가장 중요하다고 생각한 가치를 위해 살아가는 것이 인간이기 때문입니다. 돈이 최상의 가치였던 사람, 성적과 학벌이 최상의 가치였던 사람은 돈이 없으면, 성적과 학벌의 경쟁에서 이기지 못하면 삶을 포기하곤 합니다. 가장 중요한 가치를 잃어버렸기에, 살아갈 이유가 없어졌기 때문입니다.

그렇다면 지금 살아 있는 우리는, 어떻게 살아 있는 것일까요? 무엇이 가장 가치 있기에, 우리는 이렇게 살아가는 것일까요? 만약 사랑이 가장 가치 있다고 생각했다면, 과연 나는 사랑으로 살아가고 있는 것일까요? 나의 가족, 나의 친구, 나의 일상, 나 자신을 과연 사랑하기에 나는 살아 있는 것일까요? 나의 일상을 들여다보면, 여전히 나는 학교생활에서 성적이 떨어질 것을 걱정하고, 경쟁사회에서 뒤쳐질까봐 노심초사하고 있습니다. 나는 내가 사랑을 가장 가치 있다고 생각한 사람이라 스스로를 위안하면서 사랑을 전혀 하지 않는 그러한 삶을 살아가고 있지는 않을까요?

과연 나 자신이 이렇게 죽지 않고 살고 있는 이유는 무엇일까요? 정말로 나의 삶에서 가장 가치 있는 것은 무엇일까요? 답하기에 어렵고, 혼란스럽기도 하지만, 근원을 흔드는 물음이 있어야 진정으로 가치 있는 것을 찾을 수 있기에, 이러한 물음은 반드시 던져봐야 합니다.

✚ 처음에는 순수라고 대답하기도 했지만, 사실 그 바탕엔 사랑이란 가치가 전제조건이 되어야만 제가 생각하는 순수의 의미를 채울 수 있을 것 같아요. 그래서 저는 사랑이라는 가치가 제 삶에서 가장 중요하다고 감히 말씀드릴 수 있습니다. 사랑이 전제조건이 되어야 한다는 건 다른 가치들도 마찬가지가 아닐까 생각이 들어요.

돈과 명예를 최고 가치라고 생각하는 이들은 돈과 명예를 잃었을 때 스스로 목숨을 끊기도 합니다. 하지만 저는 제가 사랑이라는 가치를 잃었을 때 과연 목숨을 끊을 수 있을까 확답하지 못합니다. 사랑은 제게 있어 세상이 의무로만 가득 차 보일 때조차도 싱긋 웃을 수 있는 원동력, 심장이 뜨거운 피를 온몸으로 보내는 이유를 납득할 수 있는 가치이지만요. 사랑이 제게 가장 소중한 가치라는 것은 분명해요. 하지만 저는 목숨을 끊겠다는 말은 하지 않겠어요. 설령 제가 가치를 잃고 나쁜 짓을 서슴없이 하는 사람이 되더라도요. 죽음은 아무것도 바꾸지 못하니까요. 언제 누군가가 나타나 다시 그 소중한 가치를 제 마음에 새겨줄지 모르는 일이잖아요? 또다시 저는 가치를 안고 사는 인간다운 인간이 될 수 있을 거라 믿어요. ★ **김신혜**

✚ 자유로운 지성이라고 생각합니다. 시대의 권력, 근거 없는 강요에 저항하

는 자유로운 지성이 정말 가치 있는 게 아닐까요? 자유로운 지성이 없다면 우리 인간들은 사회라는 큰 조직에 작은 부품으로 쓰이는 기계와 다름 아닐 것입니다. 완전한 하나의 인간이 되기 위한 자유로운 지성이 가장 소중한 가치라고 생각합니다. ★ **최준선**

✚ 처음에는 '행복'이 제 가장 소중한 가치라고 생각했습니다. 나는 행복하기 위해 모든 것을—공부를 하고, 먹고, 자고, 숨쉬는 것까지—하고 있었기 때문입니다. 하지만 다시 물었습니다. 내가 지금 하기 싫은 것을 하는 이유는 미래의 행복을 위한 것이지, 그것을 행하는 지금 제가 행복한 것은 아니었습니다. 말로만 행복하기 위해 모든 것을 한다고 했지, 나는 진정 행복으로 살고 있지 않았습니다.

다시 생각해보았습니다. 분명 하기 싫은 것도 하고 싶게 만드는 그 소중한 무엇이 내게 있으리라는 확신이 들었기 때문입니다. 결국 그것이 '사랑'이라는 생각이 들었습니다. 하고 싶은 일만 하면서 살지 않는데도, 분명 힘든 일이 있는데도, 내가 죽지 않고 지금 여기에 있는 것은 내 삶에 대한 사랑이 있기 때문이라는 생각이 들었습니다. 하나뿐인 내 인생에서 내가 하고 싶은 것들을 다 해보지 못하고 죽는 것이, 꿈을 다 이루지 못하고 죽는 것이, 너무 억울하고 싫어서 계속 살고 싶은 것은, 결국 그것들에 대한 나의 사랑 때문이었습니다.

그리고 내가 이 자리에 설 수 있도록 한 것은, 나에 대한 다른 사람들의 사랑 덕분이라고 말하고 싶습니다. 당신이 나를 사랑해주었기에 나는 존재할 수 있었습니다. 애초부터 나는 엄마 아빠의 사랑 가운데에서 태어났습니다. "사랑이 아니면 인생은 아무것도 아니야." 이 말을, 나는 지금 당당하게 하고 싶습니다. 그리고 조금 더 열정적으로 치열하게 존재하기 위해서, 그리고 나도 당신들이 존재하도록 하기 위해서, 더 많이 사랑하고 존재하겠다고 말해봅니다. ★ **허혜령**

✚ 제 인생에서 가장 소중한 가치. 저를 살아 있게 하는 가치. 저에게 그것은 '자유'입니다. (여기서 제가 말하는 자유란, 그냥 마구 자유롭게 풀어져 있고 책임은 없는 '방종'의 상태가 아니라 '책임'이 있는, 진정한 자유로서의 의미를 가진 '자유'입니다.)

중·고등학교에 진학하며 치열하게 공부해야 하는, 그리고 경쟁해야 하는 현실에 맞닥뜨리면서 "과연 나는 어떤 사람이 되어야 하는가? 어떻게 살아야 할 것인가?" 하는 질문을 스스로에게 던져보곤 했습니다. 꽤 오랫동안 고민하며 제가 발견해낸 것은 바로 '자유를 갈망하는 나'였습니다. 제게 자유란 저 자신에 대한 책임을 지고, 제가 하고 싶은 일을 열심히 하는 것이었습니다. 또한 저는 자유가 저만이 누릴 수 있는 것이 아니라 모든 이들이 가지고 있는, 그 누구도 그것을 빼앗거나 침해해서는 안 되는 것이며, 자기 자신의 자유를 위해 각 개인은 끊임없이 노력해야 한다는 걸 깨닫게 되었습니다. 그리고는 다짐했습니다. '내 자유를 위해 살자'라고요.

그런데 과연 지금의 저는 자유를 위해 살고 있는지, 제 삶에 자유가 있는지 한 번 돌이켜봅니다. 아침 8시부터 저녁 9시까지 계속되는 학교공부, 학원, 때때로 부당하게 적용되는 학교규칙들, 청소년이라는 이유로 받는 차별 등등. 저를 둘러싼 환경은 사실 진정한 자유와는 거리가 멀게 느껴졌습니다. 하지만 저는 슬프지 않았어요. 아무리 주위환경이 갑갑할지라도 저는 이렇게 살아 있지 않습니까? 제가 살아 있다는 말은 바로 제 가슴 속에 자유가 살아 있다는 말과도 같다고 할 수 있지요.

앞으로도 저는 힘들고 갑갑하더라도 제 안에 존재하는 자유만은 잃지 않겠다고 스스로에게 다짐합니다. 그리고 그 진정한 자유를 위해서 살아갈 것입니다. 또한 저는 자신의 자유를 잃을 위기에 처한 많은 이들을 위해, 지금 저의 현실과는 비교할 수 없을 정도로 억압받고 고통받는 이들을 위해, 그들이 자유를 잃지 않도록 도울 것입니다. 제 자신의 자유를 지키고 다른 이들의 자유 또한 지키는 것. 이것 역시 제가 추구하는 자유의 방향입니다.

"내게 가장 소중한 가치는 자유입니다"라고 앞으로도 계속 말할 수 있도록, 저는 자유를 지키기 위해 노력할 것입니다. 그것은 바로 내가 죽지 않고 살아 있게 하는, 내 존재를 지키는 일과도 같기 때문입니다.

★ 김민아

모두가 "인문학이 죽었다"라고 말하기에, 인문학이란 그만큼 재미없고 지루할 것이라 생각했었습니다. 하지만 누군가의 권유로 읽어보았던 몇 권의 책을 통해 그것이 사실이 아니라는 것을 쉽게 알 수 있었습니다. 책에 익숙하지 않은 세대의 일원으로서, 특히 판타지 소설, 심지어 만화책의 글자 읽는 것도 별로 좋아하지 않던 저로서는 가끔 어려운 개념으로 가득 찬 책을 읽는 것이 꽤 힘들었던 적도 있었지만, 그 속에서 발견하는 새로운 세상은 나 자신이 얼마나 어리석은지를 뼈저리게 느끼게 합니다. 모순덩어리인 사회와 세상에 분노하게 하기도, 세상을 바꾼 위대한 사람들에 감동하기도, 더 좋은 세상을 꿈꾸게 하기도 했습니다. 책을 읽기 전에는 일상 속에서 쉽게 느껴볼 수 없고 표현할 수 없었던 감정과 생각들이었습니다.

그리고 그러한 감정과 생각들이 결여된 삶이 지금과 같은 메마르고 딱딱한 사회를 만들고 있다는 것을 알게 되었습니다. 정의를 향한 분노와 반성, 이상을 향한 행복과 희망은 세상을 조금 더 정직하고 순수하게, 능동적이고 적극적으로 바라볼 수 있게 한다는 사실을 알게 된 것입니다. 여전히 이익과 두려움 앞에서 비겁하거나 이기적인 인간이 되기도 하지만, 그렇기에 책들에게서 더욱더 벗어나서는 안 된다고 생각했습니다. 비겁하고 이기적인 사람이 되기 싫다는 신념 하나만큼은 분명하게 자리 잡았기 때문입니다.

부산 남천동 인디고 서원에는 그러한 이유로 책을 읽는 청소년들이 있습니다. 모두 제가 설명한 방식과 꼭 들어맞게 책을 읽고 있는 것은 아니겠지만, 적어도 누군가가 요구하는 필요에 의해서가 아니라, 남들과 비교하는 이익을 얻기 위해서가 아니라, 스스로를 발전시키고 스스로가 더 정의롭고자 하는 이유는 모두 같다고 말할 수 있습니다. 그래서 우리는 "인문학이 죽었다"라는 말을 이해할 수 없고, 용인할 수 없습니다. 그것은 인간의 죽음이나 다름없기 때문입니다.

또한 인문학의 힘은 근원적으로는 책으로부터 비롯되지만, 단지 책의 형태가 아니더라도 우리의 삶에 충분히 스며들 수 있고, 그래야 한다고 생각합니다. 그래서 《인디고잉》을 만들게 되었고, '정세청세'를 진행하게 되었습니다. 인문학의 힘을, 인문학의 필요성을 느끼는 청소년이 많지 않다고 생각할 지도 모르겠지만, 2년간 '정세청세'를 진행하면서 그렇지 않다는 것을 입증할 수 있게 되었습니다. 많은 청소년들은 자기 자신과 사회의 문제를 고발하고 정의로운 순간을 지지하고 대면하는 법을 알고 싶어했습니다. 비록 그것이 힘들고 괴로울지라도 말이죠.

'정세청세'에 관심을 가지거나 참여를 한다는 것은 이미 그 방법을 알고 있는 것이라 생각합니다. 적어도 '정의로운 세상을 꿈꾸는 청소년'이 '세계와 소통'하기 위해서일 테니까요. 처음에는 인문학 행사, 혹은 청소년 토론행사라는 이름에 주춤거리던 친구들도, 함께 시간을 보내면 자신의 일상에서 고민하며 대화할 수 있는 장이 별로 없다는 것에 놀라곤 합니다. 어렵지 않고 너무나 중요한 경험이 삶에서 당연하다는 듯 결여되었다는 사실을 깨닫기 때문입니다.

그래서 처음 보는 사람들과 말하는 것이 어렵고 자신의 생각을 정리하는 것을 어설프다고 생각하지만, 끝까지 말하는 사람에게 눈을 맞추며 대화하려고 노력합니다. 저는 바로 여기에서 더 나은 세상이 열릴 수 있는 가능성이 생겨난다고 생각합니다. 사회 여기저기서 불만처럼 터져나오는 소통의 부재와 인간성의 결여는 청소년기부터 스스로가 인문학 공부를 하며 배운 것을 실천할 때 극복해낼 수 있기 때문입니다.

2년간의 '정세청세'는 부산이라는 지역에서(서울이 아니라는 점은 주목할 만한 사실이라 생각합니다) 인문학이 얼마나 청소년들에게 필요하고 절실할 것인지를 입증했습니다. 그리고 교육제도나 어른들의 기획에 의해 실행된 것이 아니라, 필요성을 느낀 청소년들에 의해 기획되고 실행되었다는 점 또한 이 행사의 지속성을 보장할 수 있다고 생각합니다. 그래서 더 많은 청소년들과 함께 정의로운 세상을 꿈꾸기 위해 이제 부산뿐만 아니라 다른 지역에서도 '정세청세'의 장을 펼치려 합니다. 2009년도 '정세청세'는 6개 지역(부산, 울산, 전주, 순천, 대구, 서울)에서 같은 날, 같은 시간에 열릴 것입니다. 이는 단순히 행사 개최지 개수의 증가가 아니라, 더 정의로운 사회가 이루어질 수 있는 가능성의 확대라고 믿고 있습니다.

올해의 경험을 토대로 앞으로 더 많은 청소년들과 '정세청세'를 만들고 지켜나가고 싶은 꿈이 있습니다. 그것은 앞으로 전국의 더 많은 지역에서, 나아가 세계 여러 나라에서 다양한 생각들과 감정들에 부딪혀 정직하고 인간적인 사회를 만들고 싶은 꿈입니다. 단지 꿈에 불과한 것이 아니기 위해 오늘도 부단히 정의로운 세상을 꿈꾸며 세계와 소통하고자 합니다. 그 세계를 변화시키는 중심에 여러분도 함께할 수 있기를 바랍니다.

2009년 3월

이윤영

정의로운 세상을 꿈꾸는 청소년, 세계와 소통하다

1판 1쇄 펴냄 2009년 4월 6일
1판 4쇄 펴냄 2013년 4월 5일

지은이 인디고 아이들
엮은이 윤한결, 이윤영

주간 김현숙
편집 변효현, 김주희
디자인 이현정, 전미혜
영업 백국현, 도진호
관리 김옥연

펴낸곳 궁리출판
펴낸이 이갑수

등록 1999. 3. 29. 제300-2004-162호
주소 110-043 서울특별시 종로구 통인동 31-4 우남빌딩 2층
전화 02-734-6591~3
팩스 02-734-6554
E-mail kungree@kungree.com
홈페이지 www.kungree.com

ⓒ 인디고 아이들, 2009. Printed in Seoul, Korea.

ISBN 978-89-5820-158-8   03300

값 15,000원